글로벌마케팅

윤훈현 · 오장균 공저

형지사

머리말

글로벌마케팅은 세계 시장이 블록화되면서 국경의 개념이 약화됨에 따라 글로벌 시장을 대상으로 전개하는 마케팅이다. 한국은 좁은 국토에서 4천 9백만 명의 인구가 살고 있어서 기업들이 시장을 창조하고 유지하며 성장하기 위해서는 글로벌 시장에 성공적으로 진출해야 한다. 본서는 한국 기업들이 나가야 할 전략적 방향을 글로벌마케팅이라는 주제를 가지고 이론과 사례를 중심으로 논의하고자 한다.

본서는 미국 포춘지(Fortune)가 선정하고 있는 '글로벌 500'에 속한 기업들의 마케팅 사례를 광범위하게 살펴보면서 한국 기업들이 이러한 글로벌 기업들과 경쟁하여 성장하기 위해서는 어떠한 글로벌마케팅 전략을 펼쳐가야 하는가를 제시하고자 한다.

제1장에서 기술 · 제품 · 시장이 글로벌화되어 가는 현실을 직시하고 글로벌 지향 기업으로 변화해 가는 과정과 이에 따른 마케팅전략의 변화를 이론적으로 살펴보고, '글로벌 500'에서 우량 기업들과 한국 기업들의 위상을 살펴본다.

제2장에서는 한국 기업들이 글로벌마케팅 기회를 창출하기 위해서는 글로벌 환경을 분석해야 한다. 세계의 정치 · 경제적인 환경과 경제블록화에 대해 이해하고, 문화적 환경의 차이에 대해 연구한다. 특히, 한국, 중국, 일본 등 아시아 문화와 미국, 캐나다, 유럽 등 서구 문화 간의 차이를 학습하고 대응방안에 대해 연구한다.

제3장에서는 글로벌 시장에서 전개되고 있는 경쟁 환경 분석을 통하여 경쟁의 범위를 보다 넓게 바라보고, 경쟁분석에 관한 이론을 살펴보며, 글로벌 배열과 조정에 대한 관점을 학습한다.

제4장에서는 한국 기업들의 내부적 강점이 어떻게 경쟁적 강점으로 나타날 수 있는가 하는 경쟁력 분석에 관한 이론을 탐색한다. 즉, 글로벌마케팅에서 경쟁우위를 점유할 수 있는 기업 내부의 경쟁 원천을 규모, 범위, 속도, 네트워크 및 지식이라는 요소의 관점에서 제시한다.

제5장에서는 한국 기업들이 글로벌 시장에 어떻게 진입할 수 있는가에 대한 진입전략을 탐색한다. 글로벌 시장진입 전략에서 시작하여 선발 기업인가 후발 기업인가에 따른 우위전략의 차이를 살펴본다.

제6장에서는 한국 기업들이 글로벌마케팅을 성공적으로 전개하기 위해서는 글로벌 제휴

및 네트워킹 사고가 필수적이라는 전제하에 전략적 제휴와 네트워킹을 이룰 수 있는 방법을 연구한다. 글로벌 환경 하에서는 경쟁의 범위가 넓어지고 있기 때문에 우리 기업들이 대응하는데 어려움이 있다. 이에 승리하기 위해서는 경쟁의 중복을 피하고 상호의존성을 발전시켜 자원의 낭비를 줄이는 방법을 연구해야 한다. 이러한 한국 기업들이 나가야 할 방향을 제시하고 있다.

제 7 장에서는 글로벌마케팅 부문으로서 고객 지향적 마케팅 사고의 기초가 되는 글로벌 시장의 STP전략을 글로벌 시장세분화, 글로벌 표적시장 선정 및 글로벌 포지셔닝 전략에 대하여 살펴본다.

제 8 장에서는 글로벌 시장에서 중요하게 대두되고 있는 이슈인 표준화와 현지화 전략을 어떻게 균형을 유지하며 조화롭게 형성할 것인가를 논의한다. 즉, 제품과 마케팅을 표준화할 것인가, 현지화할 것인가에 대해 학습한다.

제 9 장에서 제 12 장까지에는 마케팅 믹스를 중심으로 글로벌마케팅 전략에 대해 학습한다. 제 9 장에서는 글로벌 제품과 글로벌 상표전략, 제 10 장에서는 글로벌 유통전략, 제 11 장에서는 다문화 커뮤니케이션과 글로벌 촉진전략, 제 12 장에서는 글로벌 가격전략을 제시하였다.

제 13 장에서는 글로벌마케팅 도구로서 중요시되고 있는 인터넷을 이용한 인터넷마케팅 전략을 학습한다. 제 14 장에서는 글로벌마케팅 조직에 대하여 학습한다.

본서는 글로벌마케팅에 대한 이론과 사례를 광범위하게 제시하여 글로벌마케팅을 이해하고자 하는 대학생들 그리고 산업계에 종사하는 담당자들에게 도움이 되고자 하였다. 글로벌마케팅을 집필하는 과정에서 활발한 토의에 적극적으로 참여해 주신 교수님들께 감사드리고, 출판을 독려해 주신 형지사의 유성렬 사장님께 감사드린다.

본서를 통하여 독자들의 마케팅 지식을 글로벌 시각으로 확장할 수 있기를 바라며, 독자들과의 지속적인 대화를 통하여 점진적인 개선을 시도할 것임을 약속드린다.

2008 년 5 월

저자 일동

차 례

머리말/3

제1부 기업의 글로벌 지향성과 글로벌마케팅

제1장 한국 기업의 글로벌 지향성 17

제1절 기업 활동의 글로벌화 진전 18
1. 기술의 글로벌화 18
2. 제품의 글로벌화 19
3. 시장의 글로벌화 20

제2절 글로벌 지향성과 마케팅의 변화 22
1. 해외 지향 기업 24
2. 현지 지향 기업 25
3. 글로벌 지향 기업 25
4. 글로벌마케팅으로 변화 26

제3절 한국 기업의 글로벌 위상 28

제4절 본서의 전개방향 32
1. 외부 환경 분석 32
2. 글로벌 경쟁 및 경쟁원천 분석 33
3. 글로벌 시장의 유형과 진입전략 33
4. 글로벌 제휴와 네트워킹의 전개 34
5. 글로벌 시장의 STP전략 34
6. 글로벌마케팅 믹스 전략 34
7. 조직변화 및 조정과 통제 35
[사례 1-1] 삼성전자의 글로벌전략/35
[사례 1-2] LG전자의 글로벌전략/41

제2부 글로벌 환경 및 경쟁분석

제2장 글로벌 거시환경 분석 — 45

제1절 정치적 환경분석 …… 46
1. 경제활동에 대한 정부의 역할분석 …… 46
2. 정치적 안정성 분석 …… 47
3. 국제 정치관계 분석 …… 48

제2절 법률적 환경분석 …… 48
1. 법률적 환경의 중요성 …… 48
2. 법률 환경의 구성체계 분석 …… 49

제3절 경제적 환경분석 …… 49
1. 거시 경제적 환경분석 …… 50
2. 미시 경제적 환경분석 …… 57

제4절 문화적 환경분석 …… 60
1. 문화 환경의 구성요소 분석 …… 60
2. 글로벌 경영과 기업문화의 관계분석 …… 65
3. 문화차이분석 …… 66
4. 다문화간 소비가치 지향성 분석 …… 70

[사례 2-1] 유로 디즈니랜드의 문화적응전략/71

제3장 글로벌 경쟁 환경 분석 — 79

제1절 글로벌 산업 내 경쟁분석 …… 80
1. 기존 기업 간의 경쟁분석 …… 80
2. 잠재적인 진출기업의 위협분석 …… 81
3. 공급자 교섭력 분석 …… 81
4. 구매자 교섭력 분석 …… 82
5. 대체품의 위협 분석 …… 82

제2절 글로벌 시장의 본원적 경쟁분석 …… 83
1. 본원적 경쟁분석 …… 83
2. 본원적 경쟁전략의 위험분석 …… 85

제3절 글로벌 산업의 전략대안 분석 …… 86
1. 글로벌 저원가·차별화전략 …… 86
2. 보호받을 시장추구전략 …… 87

3. 글로벌 세분화전략 ··· 87
4. 현지국 시장상황에 부응전략 ··· 87
제 4 절 국가 비교우위와 기업 경쟁우위 분석 ··· 88
제 5 절 글로벌마케팅의 배열과 조정 분석 ··· 90
1. 글로벌 배열과 조정의 중요성 ··· 90
2. 글로벌 경영의 유형분석 ··· 92
3. 글로벌 배열과 조정 분석 ··· 93
[사례 3-1] KFC와 맥도널드의 중국시장 경쟁전략/97

제 4 장 글로벌 경쟁원천 분석 ··· 103

제 1 절 글로벌 경쟁력원천 분석 ··· 104
1. 규모의 경제성 분석 ··· 104
2. 범위의 경제성 분석 ··· 105
3. 속도의 경제성 분석 ··· 106
4. 네트워크 경제성 분석 ··· 107
5. 지식의 경제성 분석 ··· 109
제 2 절 글로벌 경쟁력 원천의 변화 분석 ··· 110
[사례 4-1] 월마트의 글로벌 경쟁우위전략/112

제 3 부 글로벌 진입 및 협력전략

제 5 장 글로벌시장 진입전략 ··· 121

제 1 절 글로벌시장 진입전략 ··· 122
1. 간접수출 ··· 122
2. 직접수출 ··· 122
3. 글로벌 라이센싱 ··· 123
4. 글로벌 합작투자 ··· 124
5. 글로벌 직접투자 ··· 125
6. 글로벌시장 진입전략에서 위험과 통제력 ··· 126
제 2 절 글로벌시장 진입전략의 접근법 ··· 127
1. 글로벌시장 진입전략의 선정모형 ··· 127
2. 국제생산의 절충이론 ··· 128
3. 글로벌 전략변수에 의한 통합모형 ··· 130
제 3 절 글로벌 라이센싱을 통한 진입전략 ··· 132

1. 라이센싱의 장단점 이용전략 ······ 132
2. 글로벌시장의 공업소유권 보호전략 ······ 133
3. 글로벌 프랜차이징전략 ······ 134

제 4 절 글로벌 직접투자를 통한 진입전략 ······ 135
1. 합작기업을 통한 진입전략 ······ 135
2. 글로벌시장 진입전략의 결정 ······ 136

제 5 절 글로벌시장 진입순서 효과전략 ······ 139
1. 선발기업의 우위전략 ······ 140
2. 후발기업의 우위전략 ······ 141
3. 진입순서효과전략 ······ 141
[사례 5-1] LG전자의 글로벌 시장진입전략/142
[사례 5-2] 코카콜라와 펩시콜라의 진입경쟁전략/145

제 6 장 글로벌 제휴 및 네트워킹 전략 ── 153

제 1 절 글로벌 전략적 제휴전략 ······ 154
1. 전략적 제휴의 필요성 ······ 154
2. 전략적 제휴의 정의 ······ 155
3. 전략적 제휴의 목적 ······ 156
4. 전략적 제휴의 이점 ······ 157
5. 전략적 제휴전략의 활용부문 ······ 161

제 2 절 글로벌 합작투자전략 ······ 164
1. 합작투자전략의 유형 ······ 164
2. 합작투자 및 전략적 제휴전략의 동기 ······ 165
3. 전략적 제휴의 파트너 선정시 고려사항 ······ 168
4. 성공적인 전략적 제휴전략 ······ 170

제 3 절 글로벌 인수합병전략 ······ 171
1. 인수합병의 개념 ······ 171
2. 글로벌기업 인수합병의 동기 ······ 171
3. 글로벌 인수합병전략의 유형 ······ 173
4. 글로벌 인수합병의 장단점 ······ 174

제 4 절 글로벌 아웃소싱전략 ······ 175
1. 글로벌 아웃소싱의 개념 ······ 175
2. 글로벌 아웃소싱의 목적 ······ 175
3. 글로벌 아웃소싱의 위험 ······ 175
4. 국내 공급사슬과 글로벌 공급사슬의 비교 ······ 176
[사례 6-1] 글로벌 자동차산업의 전략적 제휴/178

[사례 6-2] 나이키의 아웃소싱전략/183

제 4 부 글로벌 STP 및 표준화·현지화 전략

제 7 장 글로벌 시장의 STP전략 ―― 189

제 1 절 글로벌 시장세분화의 개념 ······ 190
1. 글로벌 시장세분화 ······ 190
2. 글로벌 시장세분화의 의의 ······ 192

제 2 절 글로벌 시장세분화 전략 ······ 193
1. 거시적 세분화 전략 ······ 193
2. 미시적 세분화 전략 ······ 199

제 3 절 글로벌시장 세분화의 분류 ······ 202

제 4 절 글로벌 표적시장 전략 ······ 204
1. 무차별 글로벌마케팅 전략 ······ 204
2. 집중적 글로벌마케팅 전략 ······ 204
3. 차별적 글로벌마케팅 전략 ······ 204

제 5 절 글로벌 포지셔닝 전략 ······ 205
1. 글로벌 포지셔닝 전략의 유형 ······ 205
2. 글로벌 소비자문화 포지셔닝 전략 ······ 206
3. 글로벌 시장 포지셔닝 전략 ······ 206

제 6 절 글로벌 고객맞춤전략 ······ 211
[사례 7-1] 폭스바겐과 GM의 중국시장 세분화전략/213

제 8 장 글로벌 표준화와 현지화 전략 ―― 221

제 1 절 글로벌 표준화전략 ······ 222
1. 글로벌 기업들의 표준화전략 ······ 222
2. 글로벌마케팅 표준화전략 ······ 223
3. 글로벌 마케팅 믹스의 표준화전략 ······ 225
4. 글로벌 마케팅 믹스 표준화의 결정요소 ······ 226
5. 글로벌 제품의 표준화전략 ······ 227

제 2 절 글로벌 현지화전략 ······ 228
1. 현지화와 지역화전략 ······ 228
2. 글로벌마케팅의 현지화전략 ······ 229
3. 글로벌 제품의 현지화전략 ······ 229

제 3 절 글로벌 표준화와 현지화의 균형전략 ········ 230
제 4 절 글로벌마케팅 표준화와 현지화의 전략적 대안 ········ 232
1. 제품 - 커뮤니케이션 표준화 전략 ········ 232
2. 제품 표준화 - 커뮤니케이션 현지화 전략 ········ 233
3. 제품 현지화 - 커뮤니케이션 표준화 전략 ········ 233
4. 제품 - 커뮤니케이션 현지화 전략 ········ 233
5. 현지화를 넘어선 제품개발전략 ········ 234
제 5 절 글로벌 표준화와 현지화의 촉진요인 ········ 234
1. 글로벌 표준화의 촉진요인 ········ 235
2. 글로벌 현지화의 촉진요인 ········ 236
[사례 8-1] 한국 기업들의 현지화전략/237

제 5 부 글로벌마케팅 믹스전략

제 9 장 글로벌마케팅의 제품전략 ———— 243
제 1 절 글로벌 생산과 마케팅의 연계전략 ········ 244
1. 생산요소 지향적 생산과 판매전략 ········ 244
2. 시장 지향적 생산과 판매전략 ········ 244
3. 독립적 글로벌 생산과 판매전략 ········ 245
4. 글로벌화된 생산과 판매전략 ········ 245
제 2 절 글로벌 제품수명주기전략 ········ 246
1. 도입기전략 ········ 247
2. 성장기전략 ········ 248
3. 성숙기 전략 ········ 248
4. 쇠퇴기전략 ········ 249
제 3 절 글로벌 신제품개발전략 ········ 249
1. 신제품 개발과정 ········ 249
2. 글로벌 신제품 개발전략 ········ 252
3. 글로벌 신제품의 성공과 실패요인 ········ 253
4. 글로벌 신제품의 확산전략 ········ 253
5. 글로벌 제품의 원산지전략 ········ 256
제 4 절 글로벌 상표전략 ········ 259
1. 상표의 개념 ········ 259
2. 주문자상표생산과 현지상표전략 ········ 260
3. 글로벌 상표자산전략 ········ 261

4. 세계 50대 상표파워 ··· 262

제 5 절 글로벌 상표확장전략 ··· 264

제 6 절 글로벌 인터넷 상표전략 ··· 266

[사례 9-1] 델컴퓨터의 저가 주문제품전략/267

[사례 9-2] 스타벅스의 글로벌 상표전략/271

[사례 9-3] 코닥의 글로벌 상표확장전략/276

제10장 글로벌마케팅의 유통전략 — 281

제 1 절 글로벌 기업의 유통경로전략 ··· 282

1. 글로벌 시장지향의 유통경로전략 ··· 282
2. 글로벌 생산에 따른 유통경로 전략 ··· 284
3. 글로벌지향 유통경로 전략 ··· 285

제 2 절 글로벌 유통업태전략 ··· 286

1. 양판점전략 ··· 286
2. 슈퍼마켓전략 ··· 287
3. 전문할인점전략 ··· 288
4. 슈퍼센터전략 ··· 288
5. 하이퍼마켓전략 ··· 289
6. 무점포판매전략 ··· 290

제 3 절 글로벌 물적 유통전략 ··· 291

1. 물적 유통시스템의 중요성 ··· 291
2. 글로벌 생산-물적 유통전략 ··· 292

제 4 절 글로벌 유통과 정보기술 도입전략 ··· 293

1. 전자식 정보교환시스템 ··· 293
2. 바코드와 POS시스템 ··· 293
3. 소비자 ID카드 ··· 294
4. 무선주파수 인식기술 ··· 294
5. 정보기술전략의 영향 ··· 295

제 5 절 글로벌 유통과 SCM전략 ··· 296

1. 공급사슬의 기본개념 ··· 296
2. 공급사슬관리의 목적 ··· 297
3. 글로벌 SCM전략 ··· 299
4. 공급사슬관리의 핵심 포인트 ··· 300
5. 공급사슬의 구성요소 ··· 301

[사례 10-1] 까르푸의 글로벌 소매점전략/302

[사례 10-2] 토이저러스의 글로벌 유통전략/308

제11장 글로벌마케팅의 촉진전략 ── 317

제 1 절 글로벌 다문화전략 …… 318
1. 문화의 독특성과 보편성 …… 318
2. 자기 준거기준과 다문화 커뮤니케이션전략 …… 318
3. 다기업 문화와 커뮤니케이션전략 …… 319

제 2 절 글로벌 대면 커뮤니케이션전략 …… 321
1. 동태적 정보와 대면 커뮤니케이션전략 …… 321
2. 메시지의 명시성과 언어 커뮤니케이션전략 …… 322

제 3 절 글로벌 커뮤니케이션 과정 …… 326
1. 글로벌 커뮤니케이션의 과정 …… 326
2. 글로벌 커뮤니케이션전략의 장애요인 …… 327

제 4 절 글로벌 기업문화 접근전략 …… 328

제 5 절 글로벌시장의 커뮤니케이션전략 …… 330
1. 글로벌 푸쉬전략 …… 330
2. 글로벌 풀전략 …… 331
3. 글로벌 푸쉬-풀전략 …… 332

제 6 절 글로벌 촉진믹스전략 …… 332
1. 글로벌 광고전략 …… 334
2. 글로벌 인적판매전략 …… 340
3. 글로벌 PR전략 …… 341
4. 글로벌 판매촉진전략 …… 342

제 7 절 글로벌 촉진수단으로써 스포츠마케팅전략 …… 343
1. 스포츠마케팅전략 …… 343
2. 스포츠마케팅의 특성 …… 344
3. 스포츠마케팅의 구성요소 …… 344
4. 스포츠마케팅의 효과 …… 346
[사례 11-1] 맥도널드의 광고캠페인전략/347
[사례 11-2] 베네통의 글로벌 촉진전략/350

제12장 글로벌마케팅의 가격전략 ── 355

제 1 절 글로벌 가격의 중요성 …… 356

제 2 절 글로벌 가격결정의 영향요인들 …… 358
1. 원 가 …… 358
2. 수 요 …… 358

3. 경쟁강도 ········· 359
4. 유통경로 ········· 359
5. 정부정책과 규정 ········· 360
6. 관 세 ········· 360
7. 인플레이션과 환율변동 ········· 360
제 3 절 글로벌 가격결정전략 ········· 360
1. 원가가산 가격전략 ········· 361
2. 초기 고가격과 침투가격전략 ········· 362
3. 경쟁가격전략 ········· 363
4. 경쟁원천과 글로벌 가격전략 ········· 363
제 4 절 규모·경험곡선에 따른 글로벌 가격전략 ········· 366
제 5 절 반덤핑 규제 가격전략 ········· 367
제 6 절 글로벌 이전가격전략 ········· 368
1. 시장가격전략 ········· 368
2. 원가중심가격전략 ········· 369
3. 협상가격전략 ········· 369
[사례 12-1] 스칸디나비아항공의 가격전략/370

제13장 글로벌마케팅의 인터넷전략 ——— 375
제 1 절 글로벌마케팅의 인터넷전략 ········· 376
1. 인터넷의 보급과 확산 ········· 376
2. 인터넷마케팅의 속성 ········· 376
3. 마케팅 패러다임의 변화 ········· 378
제 2 절 글로벌마케팅의 인터넷제품전략 ········· 381
1. 고객 주문형 제품제공전략 ········· 382
2. 제품 정보의 제공전략 ········· 382
3. 제품차별화전략 ········· 383
제 3 절 글로벌마케팅의 인터넷가격전략 ········· 385
1. 주문기준 가격전략 ········· 385
2. 인터넷 경매를 통한 가격전략 ········· 387
제 4 절 글로벌마케팅의 인터넷유통전략 ········· 388
1. 인터넷 경로전략 ········· 388
2. 인터넷 물류전략 ········· 388
3. 인터넷 소매업전략 ········· 388
제 5 절 글로벌마케팅의 인터넷촉진전략 ········· 390

1. 인터넷 광고관리 …… 390
2. 인터넷 광고전략 …… 390
3. 인터넷광고의 가격전략 …… 393
4. 인터넷 PR전략 …… 394
5. 인터넷 판촉전략 …… 396
[사례 13-1] 아마존닷컴의 인터넷 마케팅전략/397

제 6 부 글로벌마케팅 조직

제14장 글로벌마케팅의 조직구조 —— 405

제 1 절 글로벌마케팅과 조직변화 …… 406
1. 수출부서와 해외지향 전략 …… 406
2. 해외 제조자회사 조직과 현지지향 전략 …… 408
3. 국제사업부 조직과 글로벌 지향 전략 …… 410

제 2 절 글로벌마케팅 조직구조의 결정요인 …… 412
1. 경영진의 능력 …… 412
2. 제품계열화의 다양성 …… 412
3. 글로벌 경영활동의 비중 …… 413
4. 현지 자회사의 입지와 특성 …… 413
5. 경제블록화 …… 413

제 3 절 글로벌마케팅의 조직구조 …… 414
1. 제품별 조직구조 …… 414
2. 지역별 조직구조 …… 415
3. 직능별 조직구조 …… 416
4. 매트릭스 조직구조 …… 417

제 4 절 글로벌마케팅의 통합 네트워크조직 …… 419
1. 전통적인 글로벌 조직구조의 한계 …… 419
2. 글로벌 통합 네트워크조직 …… 420
3. 글로벌 네트워크조직의 특징 …… 421

◆참고문헌 …… 425

◆찾아보기 …… 429

제1부

기업의 글로벌 지향성과 글로벌마케팅

제1장 한국 기업의 글로벌 지향성

제1부: 기업의 글로벌 지향성과 글로벌마케팅

제1장: 한국 기업의 글로벌 지향성

제2부: 글로벌 환경 및 경쟁분석

제2장: 글로벌 거시환경 분석
제3장: 글로벌 경쟁환경 분석
제4장: 글로벌 경쟁원천 분석

제3부: 글로벌 진입 및 협력전략

제5장: 글로벌시장 진입전략
제6장: 글로벌 제휴 및 네트워킹 전략

제4부: 글로벌 STP 및 표준화 · 현지화 전략

제7장: 글로벌 시장의 STP전략
제8장: 글로벌 표준화와 현지화 전략

제5부 글로벌마케팅 믹스전략

제9장: 글로벌마케팅의 제품전략
제10장: 글로벌마케팅의 유통전략
제11장: 글로벌마케팅의 촉진전략
제12장: 글로벌마케팅의 가격전략
제13장: 글로벌마케팅의 인터넷전략

제6부: 글로벌마케팅 조직

제14장: 글로벌마케팅의 조직구조

제 1 장

한국 기업의 글로벌 지향성

한국 기업의 경영자들은 기업을 창업하여 대기업으로 성장시켜 가는 과정에서 글로벌 마인드를 가지고 접근하는 것이 무엇보다 중요하다.

본 장에서는 기업 활동으로 나타나는 기술 · 제품 · 시장이 글로벌화되어 가는 현상에 대해 이해하고, 기업의 글로벌 지향성이 어떻게 이루어지고 있는지를 해외 지향, 현지 지향, 글로벌 지향의 단계로 나누어 논의한다. 또한 포춘지가 선정한 '글로벌 500'을 중심으로 한국 기업들의 글로벌 위상을 살펴보면서 본서의 전개방향에 대해 논의한다.

제 1 절　기업 활동의 글로벌화 진전
제 2 절　글로벌 지향성과 마케팅의 변화
제 3 절　한국 기업의 글로벌 위상
제 4 절　본 서의 전개방향

[사례 1-1]　삼성전자의 글로벌전략
[사례 1-2]　LG전자의 글로벌전략

제 1 절 기업 활동의 글로벌화 진전

기업은 재화와 서비스를 창출하고 분배하는 과정에서 기술·제품·시장 영역에서 변화를 시도한다. 이러한 기업 활동은 기술·제품·시장의 영역에서 경제적으로 국경이 없어지고 시장이 하나로 통합되는 현상의 글로벌화(globalization)가 되고 있다.

1. 기술의 글로벌화

첨단기술(high technology)은 세계를 하나의 공동체로 묶고 있는 강력한 힘으로 나타나고 있다. 이러한 첨단기술은 정보통신기술, 생명공학기술, 나노기술로 특징지을 수 있는데, 이들은 정부와 기업이 관련되어 발전한다.

정부는 출연연구원들을 중심으로 대단위 연구개발과 기초 연구를 촉진시키고, 기업 연구소들은 이를 바탕으로 응용 연구를 촉진시키면서 새로운 기술을 개발하고 있다.

오늘날 첨단기술은 파도타기원칙(the principle of surfriding)이 작용하여 하나의 기술의 파고가 높아질 때 새로운 기술이 빠르게 출현하면서 파도가 연속적으로 밀려오는 양상으로 새로운 기술들이 글로벌 시장으로 확산되고 있다.

기술의 첨단화는 기업 활동을 다양하게 변화시키고 촉진시켜 사회적인 변화를 주도하고 있으며, 그에 따른 기업 경영의 방법과 범위를 변화시키고 있다. 기술의 첨단화는 새로운 수요를 창출하여 자원결합 과정에서 유연성과 신속성이 중요한 변수로 대두되고 있다.

또한 인터넷이나 무선통신기술의 발달 등 혁신적인 정보통신기술이 출현함으로써 기업 활동의 글로벌화를 촉진시켜 왔다. 세계적인 정보통신의 기반 구축과 정보통신기술의 발전은 글로벌 전자상거래를 촉진하여 소비 환경을 근본적으로 변화시키고 있다.

정보통신기술은 새로운 기술의 응용으로 사업의 대상, 주체 및 수단을 혁신적으로 변화시키며, 글로벌 사업 환경을 변화시키는데 핵심적 영향을 미치고 있다. 이러한 정보통신기술의 효율적인 이용은 개인, 기업 및 정부의 모든 활동에 영향을 미쳐 생활양식, 조직구성, 사고방식까지 변화시키고 있다. 이러한 변화는 인터넷이나 위성기술, 컴퓨터 및 전송 능력의 발전으로 느낌이나 존재까지 실감할 수 있는 상황을 전개시키고 있다.

이러한 기술개발 분야에서 우리가 관심을 기울여야 하는 것은 기술융합(technological fusion)이다. 컴퓨터 칩의 발달은 기술 돌파의 모습을 보여주고 있지만, 멀티미디어 기술이나 항공우주 위성기술의 발달은 컴퓨터, 반도체, 통신, 신소재 등 여러 다른 기술들이 융합되는 현상을 보여주고 있다.

기술융합은 정보통신(IT), 생명공학(BT), 나노기술(NT) 등에서 가장 뚜렷하게 나타나고 있으며, 국가의 경계를 초월하여 이루어지고 있다. 또한 새로운 융합기술을 창출하기 위하여 글로벌 기업 사이에 전략적 제휴의 움직임이 뚜렷해지고 있다.

2. 제품의 글로벌화

새로운 기술이 출현하고 보편화되면서 신제품들이 지속적으로 나타나 세계적으로 확산되면서 제품의 글로벌화가 실현되고 있다. 글로벌 기업들은 표준화된 제품을 세계적으로 확산시킨다. 이러한 현상은 자동차, 철강, 화학제품, 석유, 시멘트, 건축, 금융업, 보험업, 컴퓨터, 반도체, 전자제품, 운송업, 통신 등에서 광범위하게 나타나고 있다.

〈표 1-1〉은 제품과 서비스가 얼마나 글로벌화되어 있는지를 잘 보여준다. 원유, 철광석, 목재 등은 글로벌화가 가장 많이 이루어졌고, 상표 제품이나 전문서비스는 중간 정도의 글로벌화가 이루어졌으며, 국방이나 공무원은 자국인에 대한 서비스 제품이기 때문에 글로벌화가 가장 늦은 부문이다.

맥도널드(McDonald's)사의 제품은 상표의 글로벌화를 피부로 느끼게 하는 대표적인 제품이다. 세계적으로 확산되어 가고 있고, 제품가격을 가지고 만든 맥도널드 지수는 세계의 물가수준을 측정하는 지표가 되어 있을 정도이다. 또한 스타벅스(Starbucks)사의 제품이 글로벌화되어 가격지수가 세계 환율의 표준으로 측정되기도 한다.

〈표 1-1〉 제품과 서비스의 글로벌화 수준

산 업		글로벌화	예
글로벌화 상위 33%	· 규모위주의 제품 및 서비스	1 2	원유, 광석, 목재 항공기 엔진, 건설장비, 반도체, 항공기동체, 해상운송, 정유, 공작기계, 통신장비
	· 기술 및 생산성 위주의 소비재	3 4	석유정제제품, 알루미늄, 특수강 대량생산 의약품, 펄프, 특수 화학제품, 가전제품, PC, 사진기, 자동차, 텔레비전
글로벌화 중위 33%	· 상표가 있는 규제된 소비재	5	맥주, 신발
	· 전문서비스	6	투자은행, 법률, 회계, 컨설팅
	· 역사적으로 규제가 큰 국가적 산업	7	개인금융, 통신서비스, 전력
글로벌화 하위 33%	· 상호작용 비중이 높은 제품과 서비스	8	식품, TV 프로그램 제작, 유통, 장의업, 중소 사업
	· 지역적으로 규제되거나 수송비용이 높은 제품 및 서비스	9	건설자재, 부동산, 교육, 가사관리, 의료
	· 정부업무	10	공무원, 국방

자료원 : World Development Report(World Bank), *Mckinsey* 분석

3. 시장의 글로벌화

기술과 제품의 창출이 글로벌화됨에 따라 시장도 글로벌화되어 가고 있다. 교통과 통신의 발달과 글로벌 기업의 영향으로 선진국에서 후진국으로 기술과 제품의 이전 속도가 빨라지고 있다. 특히, 글로벌 기업들은 임금이 싼 저개발국이나 개발도상국으로 생산 공장과 판매시스템을 확대하면서 시장의 글로벌화가 급속히 이루어져 왔다.

시장의 글로벌화는 기업 간 경쟁 강도를 높이고 제품 및 서비스의 수명주기를 단축시키며, 제품을 소유 개념에서 사용 개념으로 변화시키고 있다. 자본이나 사회 간접 자본의 형태도 하드웨어 측면에서 소프트웨어 측면이 보다 강조되고 있다.

이러한 소유 개념의 변화에 따라 글로벌 사업 환경은 제품을 판매하는 방식에서 핵심 제품(core product) 즉, 제품의 혜택이나 특성을 판매하는 방식으로 전환되고 있다. 따라서 경제 활동에서는 교환 가치와 사용 가치의 분리가 증대되어 사용자의 지식, 구매자의 인식이나 감각 등이 가격에 커다란 영향을 미치게 된다. 즉, 제품

및 서비스의 특성뿐만 아니라 상표의 중요성이 증대되어 기업 경영에서 글로벌 시장의 요구에 부응하는 마케팅이 점차 중요해 지고 있다.

시장이 글로벌화되는 개념은 선진국의 경쟁력 있는 분야에서 시장 규모가 증대하여 시장 창출의 기회도 증대된다는 의미이다. 시장의 글로벌화를 주장하는 학자인 Levitt(1983)의 말을 인용해 보자.

> 펩시콜라와 코카콜라를 보자. 세계 어디서나 똑같이 표준화된 슬로건을 이용해 세계인의 기호에 맞는 제품을 세계 어느 지역에나 팔고 있다. 그런데도 모든 사람들로부터 열렬히 환영받고 있지 않는가! 가장 특기할 사항은 두 가지 모두 먹는 제품이란 점이다. 오래 전부터 깊이 뿌리박힌 다른 지역 대중의 입맛을 향, 농도, 청량감, 뒷맛 등의 특색으로 표준화하고 있다. 세계 곳곳에서 이 두 제품은 잘 팔리고 있고 판매지역도 점점 넓어지고 있다.
>
> 담배도 그렇다. 미국 산 담배는 지금까지 다른 제품의 담배 맛에 익숙한 세계 담배시장을 거의 잠식하고 있다. 이러한 예들은 그저 우연한 사건이 아니라 세계 시장에서 하나의 일반적인 흐름이다. 물론 그 흐름은 하이터치 제품에서 조차 동질화되고 있다. 이러한 흐름은 생산하고 유통하는 모든 제품이나 이용해야 할 수단과 가격결정 방식 및 유통기관까지도 똑같게 동질화시킨다. 어떤 것도 예외가 없다.
>
> 산업화된 모든 제품과 방식은 세계 시장을 상대로 단 하나의 음조로 연주하는데, 세상 사람들이 이에 맞추어 모두 힘차게 춤추고 있는 것이다.

문화적 요인들에 영향을 적게 받는 제품들은 규모의 경제나 능률을 고도로 누리고 있어 다른 제품보다 글로벌 전환이 용이하다. 퍼스널 컴퓨터와 같은 제품은 세계에 걸쳐 공통적인 기술용어가 통하는 제품이다.

또한 냉동식품과 같이 가정에서 사용되는 소비 제품은 가정 밖에서 사용되는 승용차나 신용카드보다 문화적인 요인으로부터 영향을 많이 받기 때문에 현지화로 접근하는 것이 유리하다.

이제 글로벌화되는 시장의 규모가 얼마나 커질 것으로 예상하는가에 대해 이해해 보자. 맥킨지(McKinsey)는 1997년 자료에서 28조 달러에 달하는 세계 GDP 가운데 세계 생산품의 20%에 달하는 6조 달러가 글로벌화된 시장에서 생산되어 소비되고 있으나, 2027년에는 세계 생산품 가운데 80%가 세계화된 시장에서 유통될 것으로 추정하고 있다.

이 때 세계시장 GDP규모가 91조 달러에 이를 것으로 예상되는 가운데 글로벌된 시장규모는 73조 달러에 달하여 현재보다 12배 증가할 것으로 예상하고 있다(〈그림 1-1〉 참조).

〈그림 1-1〉 2027년까지의 세계화된 시장규모 (단위: 조 달러)

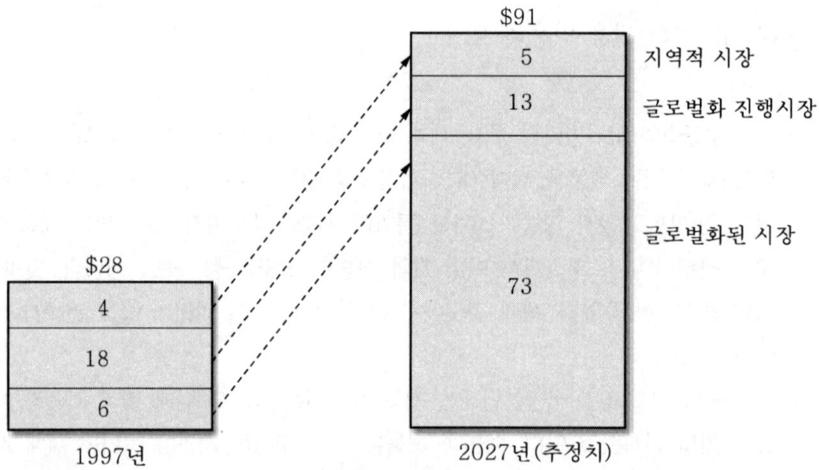

자료원 : Bryan Lowell, et. al.(1999), *Race for the World : Strategies to Build a Great Global Firm*, McKinsey & Company Inc., Chapter 2.

제 2 절 글로벌 지향성과 마케팅의 변화

한국 기업들은 시장 규모가 작고, 자연자원이 부족함으로 시장과 자원이 풍족한 지역시장으로 기업 활동을 확장할 필요성이 나타남에 따라 국내 지향에서 글로벌 지향으로 넘어가고 있다.

이는 1970년대 이후 종합무역상사들을 중심으로 놀라운 성과를 보여주었다. 즉, 수출단계에서 기술제휴나 합작투자 등의 단계로 넘어가는 기업들도 많이 나타났고, 자동차와 전자 등을 생산하는 대기업들은 해외에 자회사를 설립하여 다른 나라에서 공장을 가동시키면서 생산 활동을 하고, 생산한 제품들을 판매하는 단계로 넘어가 2007년 발표된 자료에 따르면 '글로벌 500'의 기업순위에서 14개 기업이 들어가 있다.

한국 기업들은 국내 임금이 비싸서 국내에서 생산된 제품의 원가가 높아졌기 때문에 임금이 싼 국가로 진출해야 할 필요성이 나타남에 따라 저임금 국가로 공장을 이전하는 사례가 나타나고 있다. 중국, 인도, 베트남, 인도네시아, 말레이시아와 같은 저임금 국가로의 이전이 대표적인 사례이다.

이와 같이 원가를 낮출 수 있는 국가에서 제품을 생산하고, 생산된 제품을 글로벌 시장에 판매할 수 있는 생산 설비와 판매망을 가진 글로벌 지향기업으로 넘어가는 과정에서 수많은 기업들이 장벽에 부딪치고 있다. 이는 정치·경제·사회 문화 시스템의 차이에서 비롯된다.

많은 한국 기업들이 수출을 중심으로 한 해외지향성을 지니고 있는 것은 글로벌화하려는 움직임의 시작으로 볼 수 있다. 〈그림 1-2〉에서 보듯이 이러한 글로벌 지향성의 정도에 따라 시장점유율을 확대시키고 있는 한국 기업들의 시장지향 유형을 확산곡선으로 나타낼 수 있다.

〈그림 1-2〉 한국 기업들의 글로벌 지향성

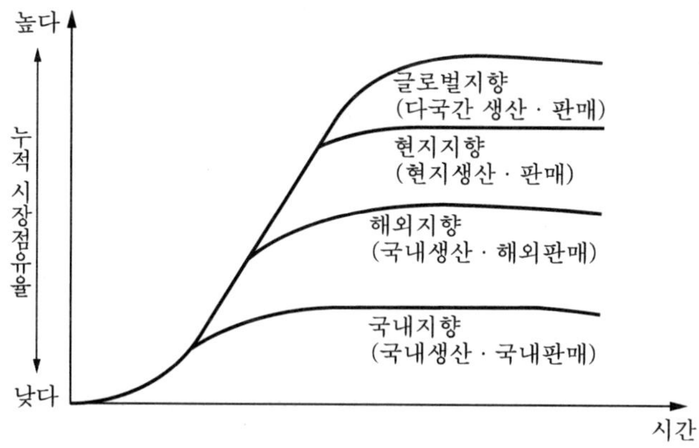

이 모형은 시간이 흐름에 따라 국내 지향에서 해외 지향으로 변화하고, 해외 지향에서 현지 지향으로 변화하며, 현지 지향에서 글로벌 지향으로 변화해 가는 과정을 모형화하고 있다. 아직도 한국 기업들에게는 이러한 네 가지 시장지향성의 유형이 공존하고 있다.

포춘지가 선정한 '글로벌 500'에 들어간 한국 기업들은 글로벌 기업으로 변화함에 따라 조직구조를 변화시키고, 기업의 분위기와 경영층의 사고를 글로벌 표준으로 변화시켜 왔다. 〈표 1-2〉는 해외 지향, 현지 지향, 글로벌 지향에 따른 경영사고의 변화를 보여주고 있다.

〈표 1-2〉 해외 지향, 현지 지향, 글로벌 지향의 사고 변화

특 성	해외 지향	현지 지향	글로벌 지향
고 객	수출되는 국가의 고객	현지 판매회사의 고객	지역/글로벌 고객 동시 만족
제품・서비스	표준화	현지화	지역고객 특화와 표준화
부가가치활동	본국 위주의 중앙 집중화	분산화: 본국의 강력한 통제	세계적인 네트워크화
경쟁원천	규모의 경제	본국으로부터 현지로 혁신의 이전	규모의 경제/ 고객 중심
조 직	본국 요원	본국의 통제・운영	각 지역별 의사결정

1. 해외 지향 기업

해외 지향은 국내 시장에서 생산과 판매를 하다가 해외에 자사 제품이나 서비스를 소비할 시장이 있다는 것을 깨달으면서 시작된다. 즉, 자국 제품의 생산량을 증대시켜 적절한 해외 유통대리점을 형성하는 단계를 말한다. 초기에는 소규모로 시작하지만, 현지 시장에서 성공하면 해외 파트너의 책임이 증가하고 수출기업으로서 명성이 높아진다.

이러한 상황에 있는 한국 기업들은 해외 파트너와 제휴를 통해 생산한 제품을 해외 시장에 유통하여 판매하기 때문에 제품의 표준화 전략을 선택할 수 있다. 이 경우의 기업 지향성은 본국 중심(home country oriented)이 된다. 해외 지향 기업은 해외 판매와 서비스를 위해 고객과 경쟁자에 관한 정보가 필요하므로 해외로부터 자료를 수집하고 분석하지만, 주로 본국에서 기업을 운영하고 통제한다.

이들 기업은 세계 시장을 경영적 측면보다는 지역적 측면에서 바라보게 되고, 기업을 하나의 경영시스템으로 인식하며 관리하고 운영한다. 해외 지향 기업은 주요 인력과 기술의 대부분을 본국 위주로 운영하고 해외 시장에서 고객 지원을 주로 대리점이나 파트너를 통해 하기 때문에 글로벌 지향성이 낮은 단계이다.

이들 기업은 제품개발에 있어 지역시장의 욕구를 충족시키기 위한 변화보다는 가장 공통적이고 일반적인 제품개발에 초점을 맞추는 표준화 전략을 수행한다. 또한 본국에 있는 본사의 강력한 통제와 지시를 받고 있어서 상당히 통합된 경영시스템을 갖게 되고, 자원의 중복이 거의 없어 효율적인 규모의 경제를 실현하고 있다.

2. 현지 지향 기업

해외 지향 기업이 글로벌화에 눈을 뜨게 되면서 지역 시장에서 오는 압력을 조금씩 수용하게 되고, 지역 판매를 지원하기 위해 제조 활동을 해당 지역에서 수행하게 되며, 최종적으로는 해당 지역 시장에서 제품개발을 하게 되면 해외 지향 기업은 현지 지향 기업으로 발전할 수 있다. 해외 지향 기업이 글로벌화하는 가장 용이한 방법은 자신의 장점을 가지고 현지 지향 기업의 형태로 최단시간 내에 성장하는 전략이다.

이 경우에 해당 시장의 진입장벽을 극복하기 위해서 기업자원을 세계 주요 시장에 분산하게 되며, 강력한 중앙통제에 의해 자원을 최대한 활용하여 현지 고객의 욕구를 충족해야 한다. LG전자는 한국의 김치냉장고와 같이 중동 사람들이 좋아하는 대추야자 냉장고를 개발하고 현지 소비자 욕구에 맞는 제품을 개발하였다. 이러한 제품을 가지고 규모의 경제를 실현하여 상당히 저렴한 가격으로 제품을 제공하면서 현지의 생산과 판매시스템을 구축하였다.

세계 시장의 욕구가 다양화되면 각 국가시장의 독특성이나 차이에 차별화하여 접근하는 다민족 지향성(polycentric orientation)을 선택하면서 본국으로부터 현지 국가로 혁신을 이전할 수 있다.

3. 글로벌 지향 기업

이 단계는 해외 지향처럼 제품과 마케팅 프로그램을 확장하고, 현지 지향처럼 제품을 그 지역에 맞게 현지화함으로써 고객 가치를 창조하는 단계이다. 글로벌 지향은 여러 나라에 합작투자 회사나 자회사를 설립하고 운영하여 그 지역에 적합한 생산과 마케팅 전략을 펼치고, 모기업은 이들 전략의 조정과 통합에 강조를 둔다.

글로벌 지향의 전형적인 유형은 미국과 유럽 기업들의 글로벌 기업모형이다. 글로벌 시장 중심의 경영으로 가기 위해 경영진은 강력한 중앙집권적 접근법에서 자율경영으로 경영방식을 전환해야 한다. 이러한 자율경영 접근은 지역 고객의 욕구 충족에 초점을 맞춘 경영을 가능하게 한다.

이는 지역 시장의 욕구에 융통성을 가지고 대응해야 하기 때문에 해당 국가의 현지에서 활동하고 있는 기업에 상당한 권한을 위임해야 한다. 따라서 본사는 지역 기업이 독립적으로 운영되고, 자생적이고 지역적으로 분산되어 나름대로의 권한을 갖고 지역 관리자들로 하여금 경영 능력을 스스로 학습해 나가도록 지원해야 한다.

글로벌 지향 기업은 해외 지향 기업이나 현지 지향 기업과는 상당히 다른 속성을 가지고 있다. 글로벌 지향 기업은 세계 시장을 여러 개의 각기 다른 시장의 집합으로 인식하면서 각 시장의 특성에 맞게 개별적으로 접근하려 한다. 이러한 접근은 각 지역 기업별로 독특한 업무절차와 규정을 갖게 되어 글로벌 지향 기업이 현지 지향 기업보다는 경영을 지원하기가 어렵지만, 해외 지향 기업보다는 지역적으로 넓은 범위에 존재한다는 점에서 유리한 지위에 있다.

한국 기업이 해외 지향과 현지 지향에서 글로벌 지향으로 변화해 가면서 제품원가와 시장점유율이 동시에 높아지는 것이 현실이다. 따라서 〈그림 1-3〉에서 보듯이 이상적으로는 제품원가를 낮추는 경영혁신을 실현시켜 제품원가를 낮추면서 시장점유율을 높이는 것이 이상적인 글로벌화의 방향이다. 이것은 생산성을 높여 원가를 낮추고 시장의 가치를 창출하는 창조성을 높이는 능력이 요구된다.

〈그림 1-3〉 경쟁우위가 있는 이상적 글로벌 기업의 지위

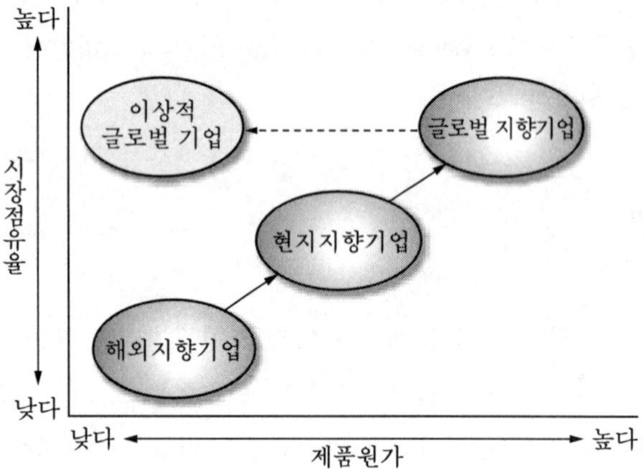

4. 글로벌마케팅으로 변화

기업 활동이 글로벌 지향성으로 변화함에 따라 마케팅의 지향성도 변화하며, 해외지향 단계에서는 수출마케팅을 수행해야 한다. 수출마케팅(export marketing)은

해외의 불특정 다수 시장을 대상으로 마케팅을 하고, 완제품이나 원자재 등의 제품과 기술, 자본 및 인력 등의 단일 요소를 마케팅 대상으로 하며, 바이어에 의존하는 전략을 수행하게 된다.

해외지향 단계에서 현지지향 단계로 변화하면, 기업은 현지마케팅을 수행해야 한다. 현지마케팅(local marketing)은 특정 현지시장을 대상으로 하여 제품, 기술, 자본, 인력, 상표, 경영 등의 복합요소 및 시스템을 마케팅 대상으로 하며, 마케팅 전략은 현지적응 전략을 수행하는 것이다.

현지지향 단계에서 글로벌 지향 단계로 변화하면 기업은 글로벌마케팅을 수행해야 한다. 〈그림 1-4〉에서 보듯이 글로벌마케팅(global marketing)은 세계의 특정 다수 시장을 대상으로 하여 제품 · 기술 · 자본 · 인력 · 상표 · 경영 등의 복합요소 및 시스템을 마케팅 대상으로 하며, 이 경우 마케팅 전략은 표준화 전략을 수행하게 된다.

〈그림 1-4〉 글로벌마케팅의 진화과정

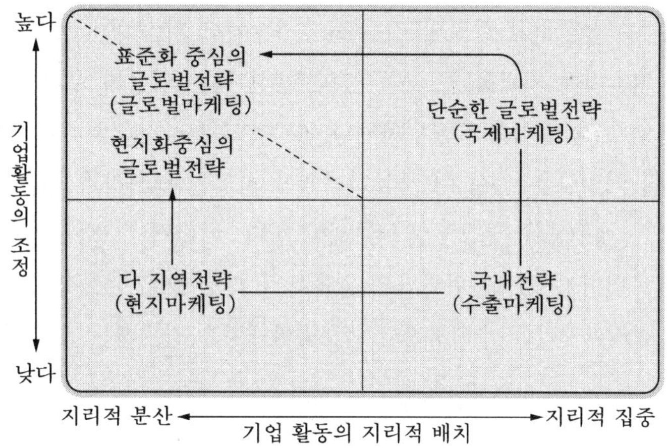

삼성전자와 LG전자 등 한국 기업들의 글로벌마케팅은 세계를 하나의 동일 시장으로 보고 마케팅 활동을 전개하는 것이다. 글로벌마케팅 전략을 선택하고 있는 글로벌 기업들은 글로벌 시장에 적정한 가격으로 판매하는데 목적을 두고, 신뢰할 수 있는 품질의 표준화된 제품을 개발함으로써 규모의 경제와 경험곡선 효과를 실현해야 한다.

한국 기업들은 글로벌마케팅 활동에 참여하지 않으면 개발도상국 시장과 국내 시장에서의 성장기회를 잃을 가능성이 더욱 높아질 것이다. 따라서 글로벌마케팅 관리자는 다음과 같은 문제인식에서 접근해야 할 것이다.

- 지역시장이나 글로벌 시장에서 어떠한 시장지위를 원하고 있는가?
- 글로벌 시장에서 우리의 경쟁자는 어느 기업이며, 그들의 전략과 경쟁 역량은 무엇인가?
- 글로벌 시장의 어느 곳에서 한국 기업의 제품을 생산하고 생산요소를 조달할 것인가?
- 글로벌 기업들과 전략적 제휴의 형성은 가능한가?

글로벌 시장에서는 외국 기업에게 자국 기업과의 합작투자를 요구하거나 자국 노동력을 일정비율 고용할 것을 요구하며, 이익의 본국 송금을 제한하는 등 제약을 가하는 경우가 많다. 더욱이 자국의 산업을 보호할 목적으로 높은 관세나 쿼터와 같은 무역장벽을 유지하는 나라도 있다.

그럼에도 불구하고 글로벌 기업들이 시장에서 지속적인 경쟁우위를 확보하기 위해서는 기술력에 기반을 둔 제품 능력, 생산 및 운영상의 우위를 바탕으로 한 원가우위 또는 고객 밀착의 글로벌마케팅 역량을 확보하는 것이 중요하다.

글로벌 기업들은 하나 이상의 나라에서 사업을 영위하기 때문에 마케팅 · 생산 · 연구개발 · 재무상의 경쟁력을 확보해야 한다. 이렇게 수출마케팅에서 현지마케팅을 거쳐 글로벌마케팅으로 변화되고 있음을 논의했지만, 현실적으로는 이러한 수출마케팅과 현지마케팅을 수행하면서 글로벌마케팅을 강조하는 것이 효율적일 것이다.

제 3 절 한국 기업의 글로벌 위상

미국의 포춘지는 해마다 글로벌 기업들의 매출액을 비교하여 '글로벌 500'의 기업 순위를 발표하고 있다. 2006년도에 나타난 매출액을 기준으로 2007년 7월에 발표한 글로벌 기업 순위는 〈표 1-3〉과 같다.

〈표 1-3〉 포춘지가 선정한 글로벌 기업 순위 (단위: 백만 달러)

2007	2006	기 업	매출액	수익	국 가
1	2	Wal-Mart Stores	351,139.0	11,284.0	미국
2	1	Exxon Mobil	347,254.0	39,500.0	미국
3	4	Royal Dutch Shell	318,845.0	25,442.0	네덜란드
4	2	BP	274,316.0	22,000.0	영국
5	5	General Motors	207,349.0	-1,978.0	미국
6	11	Toyota Motor	204,746.4	14,055.8	일본
7	6	Chevron	200,567.0	17,138.0	미국
8	7	Daimler Chrysler	190,191.4	4,048.8	독일
9	8	ConocoPhillips	172,451.0	15,550.0	미국
10	12	Total	168,356.7	14,764.7	프랑스
11	9	General Electric	168,307.0	20,829.0	미국
12	10	Ford Motor	160,126.0	-12,613.0	미국
13	17	ING Group	158,274.3	9,650.8	네덜란드
14	16	Citigroup	146,777.0	21,538.0	미국
15	13	AXA	139,738.1	6,379.9	프랑스
16	14	Volkswagen	132,323.1	3,449.0	독일
17	15	Sinopec	131,636.0	3,703.1	중국
18	30	Credit Agricole	128,481.3	8,975.8	프랑스
19	60	Allianz	125,346.0	8,808.9	독일
20	19	Fortis	121,201.8	5,459.0	미국
21	24	Bank of America Corp.	117,017.0	21,133.0	미국
22	21	HSBC Holdings	115,361.0	15,789.0	독일
23	31	American International Group	113,194.0	14,048.0	미국
24	18	China National Petroleum	110,520.2	13,265.3	중국
25	22	BNP Paribas	109,213.6	9,169.0	프랑스
26	36	ENI	109,014.2	11,564.1	영국
27	33	UBS	107,834.8	9,776.6	이탈리아
28	35	Siemens	107,341.7	3,728.2	독일
29	20	State Grid	107,185.5	2,237.7	중국
30	26	Assicurazioni Generali	101,810.7	3,017.2	이탈리아
31	27	J.P. Morgan Chase & Co.	99,973.0	14,444.0	미국
32	40	Carrefour	99,014.7	2,846.2	프랑스
33	28	Berkshire Hathaway	98,539.0	11,015.0	미국
34	45	Pemex	97,469.3	4,151.2	멕시코
35	-	Deutsche Bank	96,151.5	7,510.3	독일
36	66	Dexia Group	95,846.6	3,450.3	스위스
37	52	Honda Motor	94,790.5	5,064.1	일본
38	23	McKesson	93,574.0	913.0	미국
39	46	Verizon Communications	93,221.0	6,197.0	미국
40	51	Nippon Telegraph & Telephone	91,998.3	4,077.4	일본
41	29	Hewlett-Packard	91,658.0	6,198.0	미국
42	32	International Business Machines	91,424.0	9,492.0	미국
43	34	Valero Energy	91,051.0	5,463.0	미국
44	73	Home Depot	90,837.0	5,761.0	미국
45	65	Nissan Motor	89,502.1	3,939.6	일본
46	46	Samsung Electronics	89,476.2	8,301.9	한국
47	25	Credit Suisse	89,354.4	9,034.8	스위스

〈표 1-3〉 계속

2007	2006	기 업	매출액	수익	국 가
48	68	Hitachi	87,615.4	-280.4	일 본
49	87	Société Générale	84,485.7	6,550.5	프 랑 스
50	38	Aviva	83,487.0	4,075.3	영 국
73	72	LG	68,754.1	481.6	한 국
76	80	Hyundai Motor	66,666.0	1,319.0	한 국
98	111	SK	59,001.9	1,461.0	한 국
228	240	Korea Electric Power	28,708.4	2,331.1	한 국
229	224	Samsung Life Insurance	28,639.2	544.3	한 국
244	236	POSCO	27,067.7	3,471.3	한 국
349	364	Kookmin Bank	20,224.1	2,589.3	한 국
374	381	Hanwha	19,085.5	286.5	한 국
388	397	KT	18,598.1	1,353.1	한 국
422	-	Hyundai Heavy Industries	17,298.0	736.9	한 국
436	445	Samsung	16,778.8	204.8	한 국
438	467	SK Networks	16,733.9	494.9	한 국
491	-	S-Oil	15,246.1	794.5	한 국

자료원: http://www.fortune.com, 2007. 7.

2005년까지 1위를 지키던 월마트는 고유가에 따른 정유회사들의 약진으로 2006년 2위로 밀렸으나, 2007년 곧바로 회복되어 1위의 명성을 되찾았다. 월마트는 2006년 3,511억 달러의 매출액과 112억 달러의 순이익을 기록하여 2006년 2위에서 1위로 상승하였다.

엑슨모빌을 비롯하여 정유업체 5개가 10위 안에 랭크된 것이 큰 특징이다. 즉, 엑슨모빌(2위), 로열더치셸(3위)과 BP(4위), 셰브론(7위), 코노코필립스(9위) 등 5개 정유회사가 10대 기업에 포함되었다.

2006년 11위였던 미국의 가전업체인 GE는 11위를 고수하였고, 자동차 회사들은 상위에 랭크되어 강세는 여전하였다. GM(5위)과 도요타(6위), 다임러크라이슬러(8위), 포드(12위) 등 4개 사가 상위 기업에 랭크되었다. GM사는 2006년 198억 달러의 적자를 냈으나, 매출액 덕분에 5위 자리를 유지하였고, 도요타는 8위에서 6위로 올랐으며, 아시아에서는 1위 자리를 굳건히 지켰다. 자동차 회사들은 글로벌 100대 기업에 11개, 글로벌 500대 기업에 33개가 포함되었다.

한국 기업들은 삼성전자를 선두로 14개 기업이 글로벌 500대 기업에 이름을 올렸다. 삼성전자는 2007년 894억 달러의 매출액으로 글로벌 39위에서 글로벌 46위로 떨어졌으나, 아시아 기업 중에서 8위를 기록하였고, 아시아 전자기업 중에서는 일본의 미쓰비시전자나 소니를 제치고 세계 2위를 기록하였다.

〈그림 1-5〉 포춘지의 '글로벌 500'의 13년 전과 현재의 비교

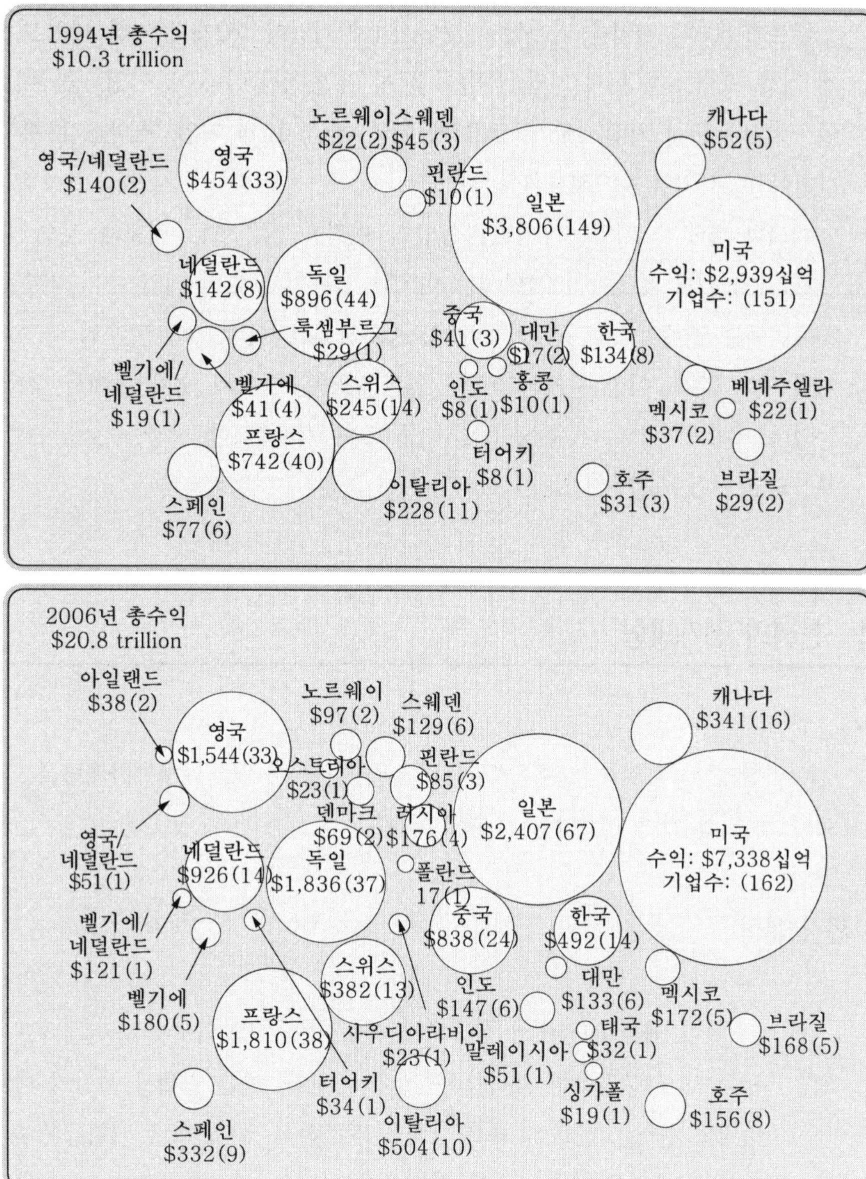

자료원: Fortune 2005, 2006년의 매출액은 산출함.

LG전자는 73위, 현대자동차가 76위, SK그룹이 98위를 차지해 4개 기업이 글로벌 100대 기업에 포함되었다. 금융회사는 삼성생명이 229위, 국민은행이 349위로 한국의 대표 금융회사로 기록되고 있다. 이 밖에 한국 기업은 한국전력(228위),

POSCO(244위), 한화그룹(374위), KT(388위), 현대중공업(422위), 삼성그룹(436위), SK 네트웍스(438위), S-오일(491)등 14개 기업이 글로벌 500에 들었다.

글로벌 500대 기업을 국가별로 보면, 미국 기업이 162개로 가장 많았고, 일본 67개 기업, 프랑스가 38개 기업, 독일이 37개 기업, 영국이 33개 기업, 중국이 24개 기업, 캐나다 16개 기업, 네덜란드 14개 기업, 한국 14개 기업, 스위스 13개 기업, 이탈리아 10개 기업 순으로 나타났다.

이러한 글로벌 기업들의 13년 동안의 변화를 국가별로 비교해 보면 흥미롭다. 〈그림 1-5〉에서 보듯이 1994년에는 미국과 일본의 글로벌 기업 수가 비슷하였으나, 2007년에는 전체적으로 규모가 상당히 증가하였고, 미국 기업은 수익 규모가 2.5 배, 기업 수가 25 % 이상 증가하였으나, 일본 기업은 규모나 숫자 면에서 상당히 줄어들었다. 유럽의 영국, 프랑스, 독일은 규모면에서 급격한 성장을 보였으며, 중국이 부상되고 있음을 볼 수 있다.

제 4 절 본서의 전개방향

이러한 한국 기업들의 글로벌 위상을 고려하여 본서는 글로벌마케팅을 다음과 같이 크게 일곱 가지 큰 주제를 다루고 있다.

1. 외부 환경 분석

한국 기업이 세계 시장에서 성공하기 위해서는 기업 외부에서 전개되고 있는 환경을 분석하고 시장기회를 탐색할 수 있어야 한다. 이를 위해서 본서의 제 2 장에서 정치·경제적 환경과 문화적 환경 분석을 강조하고 있다. 한국 기업들은 해외 시장을 구성하고 있는 모든 국가들이 경제발전 단계와 시장잠재력이 각기 상이하다는 것을 인식하고, 사회간접자본의 이용가능성과 질적 수준 등을 보면서 해외 시장의 마케팅 기회를 평가할 수 있어야 한다.

또한 정치적 환경에 대한 분석은 한국과 외국 사이의 고유한 법률과 상거래에 대한 관례가 상이하기 때문에 소비자의 안전 및 환경보호에 관한 규제와 마케팅 활동의 중심인 마케팅 믹스에 관련된 규제가 다르게 전개되고 있기 때문에 이에 대한 이해가 중요하다. 정치적인 위험 수준에 따라 투자 수준이 변한다. 마케팅 활동을 전개하는데 있어서 가장 중요한 요소가 문화적 환경 분석이다.

한국 기업들이 한국 문화에 젖어 있다가 외국으로 건너가면 문화적 차이 때문에 많은 장벽들에 부딪치게 된다. 따라서 이질적인 문화와 사회규범에 대하여 이해하고 이를 관리할 수 있는 능력은 강한 경쟁력이 될 수 있다.

2. 글로벌 경쟁 및 경쟁원천 분석

거시환경 분석이 끝나면 동종 기업들 사이의 경쟁만을 보기보다는 자사가 활동하고 있는 산업 내의 경쟁분석이 수행되어야 하며, 또한 국가 간 글로벌 비교우위와 기업의 경쟁우위를 고려하면서 글로벌 배열과 조정을 잘 해야 한다(제3장).

따라서 자사의 경쟁 원천이 어디에서 창출될 수 있는지를 분석할 수 있어야 한다. 이는 경쟁력을 확보하기 위하여 자사가 가야 하는 방향을 잡는 것이다(제4장).

3. 글로벌 시장의 유형과 진입전략

경쟁 및 경쟁원천에 대한 분석을 마친 한국 기업들은 진출을 고려하고 있는 해당국 시장의 유형과 진입전략을 결정해야 한다. 진출할 시장의 유형 결정은 진출대상국가의 매력성을 기초로 판단해야 한다.

이러한 국가의 매력성은 제품, 지리적 요인, 소득수준, 인구수, 정치적 환경 등에 의해 결정된다. 이는 진출 가능한 해외 시장을 시장규모, 시장 성장률, 사업비용, 경쟁력, 위험 등을 요인별로 평가하여 순위를 결정해야 한다.

대부분의 글로벌 기업들은 진출시장을 결정할 때 진출하려는 국가에 대해 잘 알고 있고, 유통 비용과 통제 비용이 적게 소요되는 이웃나라 시장에 판매하는 경향이 있다. 미국 기업의 가장 큰 해외 시장은 캐나다이며, 스웨덴 기업들은 스칸디나비아 국가들에 제품을 판매하였다.

그러나 언어와 문화도 중요한 변수가 된다. 글로벌 시장진입 유형과 함께 진입방법을 수출, 라이센싱, 합작투자, 프랜차이징, 직접투자 등 어떠한 방법을 택할 것인가를 결정해야 한다(제5장).

4. 글로벌 제휴와 네트워킹의 전개

현지 시장의 특성, 기업의 역량, 해외 시장에 대한 공헌도를 고려하여 간접수출, 직접수출, 라이센싱, 합작투자, 프랜차이징 및 직접투자와 같은 진출방법을 결정하였다고 하더라도 기업 성장을 위하여 가장 중요한 것은 글로벌 제휴와 네트워킹을 펼치는 것이다(제 6 장).

이는 자원이 부족한 한국 기업이 전략적 제휴와 네트워킹을 통하여 자원의 범위를 넓히면서 경쟁력을 높이는 방법으로서 본서가 글로벌마케팅에 경쟁과 협력의 관점을 택하고 있는 이유이다.

5. 글로벌 시장의 STP전략

글로벌마케팅 믹스를 결정하기 전에 글로벌 시장세분화, 표적시장 선정 및 포지셔닝 전략을 활용하여야 한다(제 7 장).

그리고 전략을 전개하는데 제품이나 마케팅 믹스를 표준화할 것인가, 현지화할 것인가를 결정해야 한다. 현지화는 현지의 시장 환경에 맞추어 제품, 촉진, 유통, 가격 등 마케팅 믹스를 변화시켜 현지 실정에 맞게 접근하는 것이다. 반면에 표준화는 현지 시장의 차이가 적거나 없을 때는 가능한 한 글로벌마케팅 믹스를 변경하지 않고, 글로벌 시장에서 하나의 마케팅 믹스를 그대로 실행하는 것이다(제 8 장). 표준화와 현지화 중에서 어느 접근법을 택할 것인가에 따라 마케팅 믹스의 실행이 달라질 수 있다.

6. 글로벌마케팅 믹스 전략

마케팅 믹스 전략은 해당 시장에 대한 구체적인 정보를 필요로 하며, 글로벌 시장 사이의 표준화 가능성 정도를 고려해야 한다. 즉 각 시장의 독특성에 부합하는 현지 적응화(local adaptation)를 어느 정도 추구하고, 표준화된 마케팅 믹스를 어느 정도까지 수행할 것인가 하는 문제이다. 이러한 이론과 실제를 글로벌 제품전략(제 9 장), 글로벌 유통전략(제 10 장), 글로벌 촉진전략(제 11 장), 글로벌 가격전략(제

12 장) 순서로 마케팅 믹스 전략을 논하고, 글로벌마케팅의 인터넷전략(제 13 장)에 대하여 언급하고자 한다.

7. 조직변화 및 조정과 통제

모든 전략이 그러하듯이 글로벌마케팅 전략 역시 효율적인 전략의 실행을 위해서는 적절한 조직을 설계하는 것이 필수적이다. 글로벌 지향성으로 변화하면, 마케팅 전략은 조직변화를 수반해야 한다(제 14 장). 조직변화를 통해 글로벌마케팅 전략시스템이 안정성을 찾게 되는 것이다.

[사례 1-1] 삼성전자의 글로벌전략

Ⅰ. 서 언

2007년 7월에 미국 경제전문지 포춘지가 발표한 '글로벌 500'에 따르면 삼성전자는 46위에 올라 한국 기업의 대표 주자로 떠올라 있다. 총 매출액은 894억 달러로 세계 전자기업 중에서 2위, 전체 아시아 기업 중에서 8위의 기업이 되어 있다. 한국 기업 중에서 삼성전자(Samsung Electronics)는 글로벌화의 성공적인 추진을 잘 보여주고 있다.

Ⅱ. 삼성전자의 사업분야

1. 디지털미디어 부문

2006년 디지털미디어 부문은 안정적인 성장을 이루고 있어서 디지털 TV와 같은 핵심 제품의 마케팅에 주력하고 있고, TV, 모니터, 평판형 레이저 복합기는 세계 시장에서 정상의 지위를 확고히 하고 있다. 특히, 고가격 제품인 DLP프로젝션 TV는 경쟁사 제품에 비해 20 % 이상 높은 가격임에도 불구하고, 미국시장에서 판매율 1위를 기록하는 성과를 거두고 있다. 삼성전자는 2005년 1월 초 102인치 PDP TV를 출품하여 미국인을 놀라게 했다. 이들 제품의 세계 시장 점유율은 〈표 1〉과 같다.

〈표 1〉 디지털미디어 부문의 세계시장 점유율 (2006. 12)

품목	세계시장 점유율	세계기업 순위
TV	13.5 %	1위
모니터	22.5 %	1위
평판형 레이저 복합기	22.5 %	1위

자료원 : http://www.sec.co.kr

삼성전자는 소호(SOHO)사업자들의 요구에 부응하기 위해 세계 최초로 40인치 TFT-LCD모니터와 고성능 칼라 레이저프린터를 출시하였다. 이러한 노력으로 삼성전자의 홈시어터 시스템과 디지털 캠코더는 'CES 2005'에서 혁신 제품에 주어지는 상을 수상하였다. 삼성전자는 디지털미디어 분야에서 원가 경쟁력을 강화하고 프리미엄 제품의 확장을 통한 시장 선도력과 상표 가치를 높여 나가기 위해 노력을 집중하고 있다.

2. 생활가전 부문

삼성전자는 고객의 가정에 뛰어난 기능과 디자인, 환경 친화적인 가전제품을 제공하고 있다. 생활가전 부문은 해외 매출 증대를 위해 글로벌 체제에 맞도록 조직을 개편하고, 미래형 디지털 가정의 구현을 위해 혁신 제품을 개발하고 있으며, 디지털 가전제품의 시장선도자로서 지위를 확고히 하고 있다.

삼성전자의 글로벌화는 인도에 냉장고 생산시설을 완료하였고, 2006년 세계 최초의 4도어 독립 냉각 콰트로 냉장고는 세계 최대 가전박람회인 CES(Consumer Electronics Show)에서 최고 혁신상(Best Innovation Award)을 수상했다. 삼성전자의 생활가전 제품 세계시장 점유율은 〈표 2〉와 같다.

〈표 2〉 가전제품 부문의 세계시장 점유율 (2006. 12)

품목	세계시장 점유율	세계기업 순위
양문형 냉장고	-	50개국 1위

자료원 : http://www.sec.co.kr

3. 반도체 부문

2006년 메모리 반도체시장은 세계적 경제회복과 IT시장의 투자확대, PC 및 휴대폰, 디지털 가전제품 수요의 증가 등으로 인하여 20 % 이상 확대되었다. 삼성전자는 혁신적인 고부가가치 제품을 개발하여 시장에 출시하는 전략에 집중함으로써 시장점유율 및 수익성에서 경쟁기업을 압도하는 성과를 거두고 있다.

메모리 반도체 부문은 PC시장에서 휴대용 단말기시장과 디지털 제품시장의 확대로 확장되고 있다. 따라서 이들은 적기 투자로 경쟁우위를 유지하고 있으며, 인텔(Intel)의 아성이던 플래시메모리 반도체 시장에서 1위에 오르는 성과를 거두었다. 플래시메모리 사업은 D램과 같이 성장가능성이 높은 부문으로 기대하고 있다. 이들 제품의 세계시장 점유율은 〈표 3〉과 같다.

〈표 3〉 반도체 부문의 세계시장 점유율 (2006. 12)

품목	세계시장 점유율	세계기업 순위
DRAM	32.0 %	1위
SRAM	24.0 %	1위
Flash Memory	34.0 %	1위
LCD Driver IC	18.0 %	1위

자료원 : http://www.sec.co.kr

4. 정보통신 부문

삼성전자의 무선 멀티미디어의 글로벌화에 집중해 온 정보통신 부문은 휴대폰 시장점유율을 꾸준히 확대하여 왔다. 휴대폰시장에서 DMB(위성, 지상파) 등에서 세계의 모든 모바일 TV기술을 확보해 상용화된 제품을 출시하고 있으며, 이동 중에도 초고속 인터넷이 가능한 휴대 인터넷 분야에서도 가장 선두에 있다.

삼성전자는 혁신적인 기술과 기능으로 무장한 고부가가치 제품을 꾸준히 개발하여 세계 휴대폰시장의 선도자로써의 지위를 확보하기 위하여 글로벌 사업인프라 개발에 과감하고도 지속적인 투자노력을 기울이고 있다.

미국과 유럽, 중국으로의 수출을 확대하는 한편 인도와 러시아, 동남아시아 등 개발도상국에서 선두주자로서 글로벌 시장에 미치는 영향력을 증대하고 있다. 이들 제품의 세계시장 점유율은 〈표 4〉와 같다.

〈표 4〉 정보통신 부문의 세계시장 점유율 (2006. 12)

품목	세계시장 점유율	세계기업 순위
휴대폰	11.6 %	3위

자료원 : http://www.sec.co.kr

5. LCD 부문

삼성전자의 LCD 부문은 2006년 노트북 PC, LCD 모니터와 LCD TV의 안정적인 수요에 힘입어 목표를 초과하는 매출액을 달성하였다. 이러한 성과는 프로세스 기술과 사업구조 개선을 위해 적절한 투자를 하였고, 이로 인해 경쟁우위를 확보한 결과라 할 수 있다. 삼성전자는 LCD 사업의 선도자로서 압도적인 경쟁우위를 확보하기 위해 모든 핵심역량을 집중하여 4가지 전략을 수립하였다.

- 4대 주요 제품에 쓰이는 LCD패널의 시장지배력을 확대하고 있다.
- 필수 부품의 개수와 원자재 비용을 과감하게 줄이고, 불량률을 개선함으로써 원가경쟁력을 높여 나가고 있다.
- 혁신을 통한 기술개발과 제품의 차별화에 주력하고 있고, 개발기술의 표준화를 선도해 나가고 있다.
- 생산능력을 높이고 사업을 이끌어 나갈 훌륭한 인재를 확보함으로써 미래를 대비하고 있다.

TFT-LCD 제품의 세계시장 점유율은 〈표 5〉와 같다.

〈표 5〉 LCD 부문의 세계 시장점유율 (2006. 12)

품목	세계 시장점유율	세계 기업순위
Notebook	23.9 %	2위
Monitor	20.5 %	1위
LCD-TV	28.4 %	1위
대형 Total	23.8 %	1위

자료원 : http://www.sec.co.kr

Ⅲ. R&D 투자 현황

삼성전자는 끊임없는 연구개발을 통해 경쟁력 제고를 위해 연구개발 투자를 늘려 나가고 있다. 이들은 2006년에 총 매출액의 약 9.42 %를 연구개발 분야에 투자하였다.

이를 바탕으로 국내에 디지털미디어연구소, 정보통신연구소, Digital Appliance연구소, 반도체연구소, SOC연구소, LCD연구소를 설치해 운영하고 있으며, 영국, 미국, 일본, 중국 등 세계 7개 지역에 디지털미디어, 소프트웨어, 통신 분야의 10개 연구소를 운영하고 있어서 글로벌 연구개발 시스템을 구축하고 있다. 이들의 연구개발 인력 및 연구비는 〈표 6〉과 같다.

〈표 6〉 삼성전자의 R&D 투자 현황 (2007. 12)

연도	연구인력	연구개발비	미국 특허등록
2007	39,000명(추정)	6조 1,400억 원(추정)	-
2006	36,000명	5조 5,800억 원	17,377건

자료원 : 삼성전자, Annual Report 2008.

Ⅳ. 글로벌 네트워크전략

삼성전자는 해외의 많은 기업들과 공동으로 연구개발, 기술이전, 상호협력 투자 등 전략적 제휴를 맺고 있다.

1. 해외 생산법인

삼성전자는 북아메리카, 중・남아메리카, 유럽, 동남아시아, 서남아시아, 중국 및 중동과 아프리카 지역에 모두 8개의 해외 지역별 총괄시스템을 운영하고 있으며, 지역별로 차별화된 연구개발, 마케팅 및 서비스를 시행하여 글로벌 기업으로서의 핵심 역량을 발휘하고 있다.

이들은 글로벌전략을 적극적으로 수립하여 시장이 있는 곳에서 직접 생산하고 판매함으로써 해당 국가와 지역사회에 공헌하고 함께 성장해 나간다는 원칙하에 현지사회에 대한 진정한 이해와 연구로 체계적인 해외진출 전략을 실천하고 있다.

2. 글로벌 시장전략

세계 휴대폰 업체들의 최대 각축장인 미국에서 삼성전자의 애니콜 휴대폰이 판매실적 1위를 기록하였다. 또한 삼성전자는 프랑스, 칠레, 중국 등의 소비자층을 깊숙이 파고들어 '삼성전자'의 브랜드파워를 키워가고 있다.

1) 미국시장

2007년 삼성전자는 최초로 HSDPA폰 등 총 5종의 최다 모델을 출시하여 미국의 차세대 이동통신 시장을 주도하면서 유리한 고지를 선점하고 있다. 스마트 폰 블랙잭이 70만대 이상 팔리며 히트모델로 떠오른 가운데 미국의 HSDPA 폰으로는 최다 판매인 200 만대를 돌파하였다.

2) 프랑스시장

다티(Darty), 프낙(Fnac), 폰하우스(Phone House) 등 프랑스 최대 유통점포 550여 매장을 대상으로 조사기관인 GFK가 조사한 자료에 의하면, 삼성전자는 노키아를 제치고 1위를 달성하였다.

이러한 프랑스 휴대폰 시장에서 삼성 휴대폰의 선전은 올림픽을 활용한 적극적인 브랜드 마케팅, 각 사업자별 차별화된 맞춤형 제품의 제공, 고객만족도 강화 등의 결과이었다. 삼성은 파리, 마르세유 등에서 올림픽을 활용한 다양한 로드쇼 및 프랑스 전역에서 옥외 광고 등 마케팅 활동을 펼쳤다.

3) 칠레시장

삼성전자는 칠레에서 6 %의 휴대폰 관세가 철폐됨에 따라 칠레 3대 휴대폰 업체로 입지를 강화하게 되었다. 또한 가전제품 부분에서도 다양한 마케팅과 옥외 광고로 칼라 TV, DVD 플레이어, 모니터, 양문형 냉장고, 오디오, 전자레인지 부문에서 1위를 굳건히 지키고 있으며, 캠코더, VCR에서는 40 % 이상의 점유율을 차지하는 등 8개 가전제품에서 현지시장 점유율 1위를 차지하고 있다.

이러한 칠레시장에서의 성과는 러닝페스티발, 사회공헌 활동 등을 통한 현지화 전략의 성공과 구매력을 갖춘 새로운 젊은 계층인 '싱글톤'을 적극적으로 공략한 결과이다. 칠레의 '싱글톤'을 공략하기 위해 삼성 제품의 전시와 패션쇼를 함께하는 '디지털 패션아트쇼(Digital Fashion Art Show)'를 칠레의 수도 산티아고(Santiago)에서 개최하였다.

4) 중국시장

중국에는 모토로라, 노키아, 에릭슨 등 세계적인 통신회사들이 진출하고 있다. 대부분 1천~2천 위안 정도의 가격제품이 대부분이지만, 삼성전자의 애니콜 제품은 3,500~4,500 위안의 고가에 팔리고 있다. 애니콜 상표는 중국 최고의 핸드폰이라는 이미지를 갖고 있다. 삼성전자는 고가격 시장에서 승부를 걸고, 고급제품을 전략 제품으로 선정하였고, 고가격의 상표이미지를 굳히기 위한 광고를 계속하고 있다.

삼성전자의 애니콜 핸드폰은 중국 젊은이들을 사로잡을 수 있는 다양한 기능이 있기에 고가격전략이 성공할 수 있는 것이다. 또한 삼성전자는 중국 대리점간 과당경쟁을 원천적으로 막은 '모델별 총판 유통'이 성공요인이다. 이는 전국을 장악할 수 있는 총대리점에게 한 모델의 독점 공급권을 줘 가격을 관리하도록 한 것이다.

생각해 볼 문제

1. 삼성전자의 사업 분야인, 디지털미디어, 생활가전, 반도체, 정보통신, LCD 분야가 글로벌화의 어느 단계에 와 있는지를 논하고, 성공요인에 대하여 조사하여 보라.

2. 삼성전자가 펼치고 있는 지역인 미국, 프랑스, 칠레, 중국에서의 글로벌 전략의 주안점이 무엇인지 조사하고 토론하여 보라.

[사례 1-2] LG전자의 글로벌전략

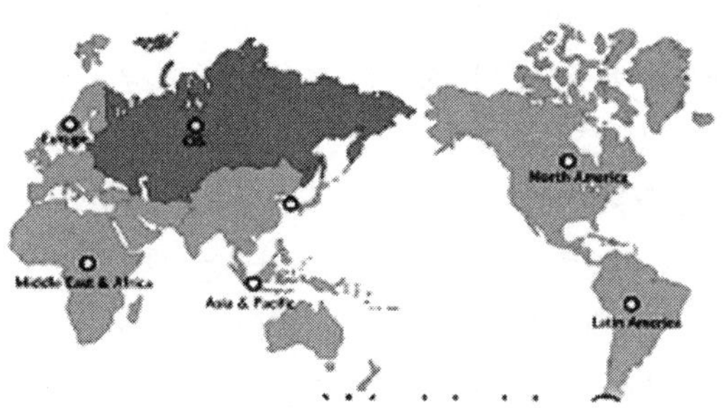

글로벌 생산시스템으로 수익성 높인다

LG전자는 2007년 글로벌 500순위에서 687억 달러의 매출을 기록하여 글로벌 73위에 올랐고, 세계 전자기업 중 6위, 아시아 기업 중 5위로 부상하였다. 〈그림 1〉에서 보듯이 2007년에는 가전 매출에서 140억 달러로 해외 경쟁업체들의 매출을 뛰어넘겠다는 전략이다.

2007년에 영업이익률은 5.1 %에서 10 % 달성을 목표로 잡았다. 수익성을 개선하기 위해서는 최대 발목인 환율 피해를 최소화해야 한다. 시장혼선에도 불구하고 LG전자가 최근 갑작스럽게 수출현장에 일괄적으로 제품 가격 15 % 인상을 지시한 것도 환율로 인한 채산성 악화 때문이다.

LG전자는 글로벌 톱, 수익성 개선으로 가는 길이 해외 생산 확대로 보고 있다. 이들은 해외 공장들이 원화절상 영향을 받지 않고 물류비도 절감할 수 있기 때문에 해외사업을 강화해야 한다고 보고 작업추진에 속도를 내고 있다.

〈그림 1〉 LG전자 가전 매출 추이 (단위: 억 달러)

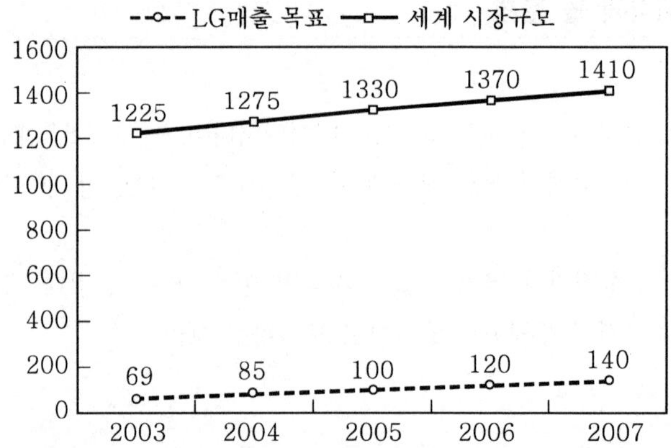

LG전자는 러시아 모스크바 인근 가전공장 외에 동유럽에 새로운 생산 공장을 건설할 예정이며, 2005년 하반기에는 멕시코 생산 공장을 2배 이상으로 증설하는 등 글로벌 생산거점 확보하였다. 중국은 보급형 제품 위주의 수출 전진기지 역할을 하고 있으며, 인도와 태국의 공장은 지역별 생산기지로 육성하고 있다. 창원공장은 신규 제품을 개발하고 신사업을 태동시키는 프리미엄제품 위주의 연구개발센터로 키우고 있다.

LG전자는 세계 1등 제품과 1위 지역을 확대하고, 새로운 성장산업을 집중 육성하며, 프리미엄 제품의 마케팅을 강화하고, 혁신활동 강화 등의 전략을 마련했다. 현재 가정용 에어컨과 전자레인지, 일반형 청소기 등 3개의 세계 1위 제품을 시스템 에어컨과 드럼세탁기, 양문형 냉장고 등 6개로 늘릴 계획이다. LG전자 제품이 시장 1위를 차지하고 있는 국가 수도 현재 65개국에서 80개국으로 늘릴 방침이다.

2008년 1월 7일 열린 '2008 International CES'에서 선보인 제품은 LG전자의 PDP TV가 Video & Display 부문 최고 혁신상을 수상하였다. 이외에도 평판 TV(5개), 휴대폰(4개), 생활가전(2개), 오디오(1개), 비디오(1개) 등 13개 제품이 'CES 혁신상'을 수상하였다.

제2부

글로벌 환경 및 경쟁분석

제 2 장 글로벌 거시환경 분석
제 3 장 글로벌 경쟁 환경 분석
제 4 장 글로벌 경쟁원천 분석

제1부: 기업의 글로벌 지향성과 글로벌마케팅

- 제1장: 한국 기업의 글로벌 지향성

제2부: 글로벌 환경 및 경쟁분석

- **제2장: 글로벌 거시환경 분석**
- 제3장: 글로벌 경쟁환경 분석
- 제4장: 글로벌 경쟁원천 분석

제3부: 글로벌 진입 및 협력전략

- 제5장: 글로벌시장 진입전략
- 제6장: 글로벌 제휴 및 네트워킹 전략

제4부: 글로벌 STP 및 표준화 · 현지화 전략

- 제7장: 글로벌 시장의 STP전략
- 제8장: 글로벌 표준화와 현지화 전략

제5부 글로벌마케팅 믹스전략

- 제9장: 글로벌마케팅의 제품전략
- 제10장: 글로벌마케팅의 유통전략
- 제11장: 글로벌마케팅의 촉진전략
- 제12장: 글로벌마케팅의 가격전략
- 제13장: 글로벌마케팅의 인터넷전략

제6부: 글로벌마케팅 조직

- 제14장: 글로벌마케팅의 조직구조

제 2 장

글로벌 거시환경 분석

한국 기업들이 글로벌마케팅 전략을 전개하기 위해서는 해당 국가의 정치, 법률, 경제 및 문화에 대한 분석이 필요하다.

본 장에서는 글로벌마케팅에서 가장 중요시 다루어야 할 정치·경제 환경으로서 경제블록화에 대한 이해와 환경을 평가하는 거시환경 분석들을 소개하고자 한다. 21세기 기업 경쟁은 문화 경쟁이라고까지 할 정도로 글로벌마케팅에서 성공하려면 소비자들이 살아가고 있는 문화에 대한 이해가 중요하기 때문에 국가 간의 문화 차이를 중심으로 문화적 환경에 대해서 이해하고자 한다.

제 1 절 정치적 환경분석
제 2 절 법률적 환경분석
제 3 절 경제적 환경분석
제 4 절 문화적 환경분석

사례 2-1: 유로 디즈니랜드의 환경적응전략

제 1 절 정치적 환경분석

정치적 환경(political environment)은 글로벌마케팅 전략을 결정할 때에 중요하게 고려해야 하는 요인이다. 정치적 환경에는 글로벌 정치적 환경으로 각 국가들이 소속된 지역의 정치적 환경, 개별 국가시장 내의 정치적 환경이 포함된다.

글로벌마케팅 관리자는 마케팅 전략을 수립할 때 이러한 요인들의 변화를 우선적으로 파악하고 고려해야 한다. 또한 글로벌마케팅 관리자가 진입전략이나 현지화전략을 결정할 때 관심을 가져야 하는 것은 개별 국가시장의 경제 활동에 대한 정부의 역할, 경제 및 정치적 이념, 국제 관계, 정부와 기업의 관계 등이다. 이들 요인을 중심으로 살펴보자.

1. 경제활동에 대한 정부의 역할분석

1) 정부의 역할

글로벌 기업 활동에 대한 정부의 역할은 규제적 역할과 참여적 역할이 있다. 규제적 역할은 모든 기업들을 개인이 소유하고 운영하기 때문에 공익을 도모할 목적으로 정부가 규제하는 것을 말한다. 기업 경영자들은 기업에 대한 공정하고 적정한 규제가 이루어지길 바라고 있다.

참여적 역할은 정부가 주요 생산요소들과 기업들을 직접 소유하거나 정부기관들을 통하여 기업 활동에 직접 참여하는 것을 말한다. 이는 시장체제를 추구하면서 민영화되고 있으며, 글로벌 기업 활동에 대한 규제와 통제도 완화되고 있다.

2) 정부의 규제완화

선진국들은 민주정치 체제, 시장경제 체제, 자유기업 제도의 원칙을 상대적으로 잘 준수하고 있기 때문에 경제적으로 부유한 나라가 되었다. 이러한 흐름은 세계적인 현상이 되었고, 1980년대 선진국들은 기업 규제의 완화를 수행하였으며, 1990년대에도 새롭게 규제 완화에 심혈을 기울였다. 이는 급변하는 글로벌 환경에 기업이 국내·외적으로 경쟁력을 강화할 수 있도록 촉진하고 지원하기 위해서이다.

3) 지나친 정부규제에 대한 우려

이러한 흐름은 글로벌화가 추진됨에 따라 특정 국가시장의 정부가 기업 활동을 지배하거나 지나치게 규제하는데 대해 글로벌 기업의 마케팅 관리자들이 우려하는 이유를 보면 다음과 같다.

- 특정 국가에 정부소유 기업들이 많을 경우, 현지 기업들과 글로벌 기업들이 경쟁력을 갖추기가 어렵다. 이는 담배, 전신전화, 철도 등은 대부분 해당국에서 공기업으로 운영되고 있어서 이러한 업종에 글로벌 기업들이 참여하기가 어렵다.
- 글로벌 기업들이 현지에서 생산하는 특정한 제품은 정부 유통기구들과 의료기관, 교육기관, 철도 등에만 판매하도록 규정되어 있어 공정한 협상을 통하여 적정한 거래조건으로 제품을 판매하기가 어렵다.
- 정부가 글로벌 기업들에게 합작투자에 한하여 허용하는 경우, 정부기관이나 정부기업과의 합작투자가 유일한 대안이지만, 이는 현지 마케팅을 성공하기 위한 최적 마케팅 믹스를 활용하는 것이 어려워 비능률적인 운영이 될 수 있다.
- 정부가 법이나 정책적으로 기업 활동을 규제할 경우, 자율적이고 합리적인 의사결정을 하기 어렵다.

글로벌마케팅 관리자는 국가마다 법, 규제정책, 행정지도 및 부정부패의 정도를 파악하는 것도 중요하지만, 법, 규제 등 국제적 가변성에 적응하고 대응하면서 글로벌마케팅 전략을 수행하는 것이 중요하다.

2. 정치적 안정성 분석

글로벌마케팅 관리자는 표적 국가시장의 정치적 안정성(stability of political)을 고려하여야 한다. 이러한 안정성의 평가기준은 정권교체의 빈도, 폭력·분쟁·시위 등의 빈도와 심각성, 문화적 분단의 심각성 및 복수 종교의 존재여부 등이다. 글로벌마케팅 관리자는 이러한 요인의 평가결과 정치적 불안정성 및 국가적 위험 등을 고려하여 글로벌 시장진출 여부를 결정해야 한다.

3. 국제 정치관계 분석

글로벌 기업들은 개별 국가시장의 정치적 환경도 중요하지만, 지역시장과 글로벌 시장을 대상으로 동시에 마케팅을 해야 하기 때문에 국제 정치관계를 분석하고, 이를 글로벌마케팅 활동에 반영해야 한다.

현지국 입장에서 보면, 글로벌 기업은 외국 기업이라는 점이고, 여러 나라에 생산 자회사, 마케팅 자회사를 운영하고 있기 때문에 공급원과 판매시장 측면에서 국제 관계를 원만하게 유지해야 한다. 또한 글로벌 기업은 진출한 국가와 본사가 있는 본국 사이의 국제 관계가 대단히 중요하다.

제 2 절 법률적 환경분석

글로벌 시장으로 진출하고자 하는 기업들은 현지국의 정치적 불안정과 빠른 변화가 공장 설립 등 대단위 투자를 불확실하게 만들 수 있다. 정치적으로 불안정해 지면 외국 투자자들이 현지국을 떠나버리고 정치적으로 안정되면 투자가 다시 몰려오는 현상이 나타난다.

또한 정치적으로 특정 나라와 적대국으로 있을 경우에 해당국의 기업들이 만든 제품을 선호하지 않게 되는 것은 정치적 요소가 소비자들에게 해당국과 제품의 심리적 거리를 멀게 하는 요소이기 때문이다.

1. 법률적 환경의 중요성

정치적 위험이 소비자 심리에 미치는 영향뿐만 아니라 법률적 환경은 매우 중요하다. 문화적 산물로서 법률적 환경은 매우 중요하고, 이것은 각 나라별로 상이하여 네 가지 체제로 나눌 수 있다. 즉, 민법 체제(70 개국), 공법 체제(12 개국), 아랍법 체제(30 개국), 공산주의법 체제(12 개국) 등이 그것이다. 법률적인 고려를 신중하게 하지 못하면 글로벌마케팅에서 심각한 위험에 빠질 수 있다.

현지국의 행정규제, 무역제도, 외환제도 및 관세제도 등은 글로벌 기업 경영에 중요한 영향을 미친다. 이러한 국가간 법률적 환경의 차이는 기업의 진출국 선택에 중요한 요인이 되며, 기업 간의 국제적 거래에서 법률적 환경의 영역은 국제 관습과 규범을 포함하고 있는 국제거래법과 분쟁이나 중재를 다루는 국제 사법이 있다.

2. 법률 환경의 구성체계 분석

1) 현지국의 법률 환경

현지국의 기업 활동에 대한 규제와 법적 체계로는 일반 기업에 대해 규정하는 상법, 특정 사업에 관한 사업법, 경쟁 정책과 관련한 공정거래 및 독점금지에 관한 법 등이 있다. 이 외에도 기업의 국제 거래와 관련한 무역, 외환, 관세 및 조세, 투자 등과 관련된 제반 법규가 있다. 이러한 법률들은 글로벌 기업이 활동하는데 직접적으로 규제 및 제재를 가할 수 있기 때문에 현지국의 법적 환경을 세밀하게 분석해야 한다.

2) 국제 법률 환경

국제 거래에 일반화된 법률 환경은 국제 상사거래법, 국제 경제법, 국제 사법 등이 적용된다. 국제 상사거래법은 국제 거래의 형식과 방법을 결정해 주며, 국제 계약법과 국제 결제, 보증법 등이 대표적이다.

국제 경제법은 자유롭고 공정한 국제 교역조건을 형성하고 감시하기 위한 국제기구와 관련된 법으로 통상법이라고도 한다. 국제 사법은 거래과정에서 분쟁을 해결하는 방법 또는 분쟁이 발생하는 상황에 대비하여 사전에 어떠한 제도적 장치를 갖추는가에 대한 지침을 제공해 준다.

제 3 절 경제적 환경분석

세계의 경제 환경은 급격하게 변화하고 있다. 우리는 글로벌마케팅 전략을 수립함에 있어 세계무역기구(WTO : World Trade Organization)의 출범과 강화되고 있는 경제적 지역주의를 이해하는 것이 중요하다.

본 절에서는 글로벌 거시환경 중에서 경제적 환경을 거시분석과 미시분석으로 나누어 살펴보고자 한다.

1. 거시 경제적 환경분석

1) 세계무역기구의 출범

세계 각 국가는 외국에서 상품을 자국으로 들여올 때 수입품에 관세를 부과하면서 외국으로부터 값싼 제품이 대량 유입되어 국내 산업이 황폐화되는 것을 방지하려고 한다. 이제까지 국제간 무역질서를 관장하던 '관세 및 무역에 관한 일반협정(GATT)'이라는 국제기구가 9년에 걸친 제8차 다각적 무역교섭(우루과이라운드)이 체결된 후 1999년 4월에 보다 강화된 세계무역기구 체제가 나타났다.

이 기구는 준사법적 제도에 해당하는 분쟁처리절차를 정해 놓고 있어 강제력을 지니게 되었다. 2000년 2월 미국과 일본의 무역사례를 보자. WTO분쟁처리 기관은 '일본의 식물검역은 수입 장벽에 해당한다'는 판단을 제시하였다. 이것을 받아들여 일본은 미국이 요구한대로 미국산 사과 5개 품종과 체리 2개 품종을 수입금지 품목에서 제외할 것을 결정하였다. 이는 새로운 무역구조의 출범을 보여주는 사례이다.

2007년 7월 WTO의 가맹국은 151개국이며, 대부분의 국제기관이 모여 있는 스위스의 제네바에 본부를 두고 있다. WTO체제는 글로벌마케팅에서 중시해야 하는 제품의 경쟁력에 절대적인 영향을 미치게 될 각종 경제정책에 관한 규제로 4개의 라운드가 타결되었다.

(1) 환경문제

그린라운드(green round)는 환경문제를 다루고 있다. 이것은 각종 국제 환경협약 체결과 함께 환경문제를 무역에 공식적으로 연계시키는 라운드로 경제적인 환경을 담보로 황폐해진 지구의 환경문제를 해결해 보자는 인류의 생존을 위한 최상의 방법과 대책이 포함되어 있다.

이 라운드는 기존의 다자간 무역협상과 같이 선진국들 특히, 환경문제에 적극적인 유럽연합과 일본에 의해 주도되고 있다.

(2) 노동문제

블루라운드(blue round)는 노동문제를 다루고 있다. 이것은 국제노동기구(ILO)

등을 통해 권고되고 있는 근로규정을 국제 규범으로 하자는 라운드이다.

이는 선진국들의 시각에서 보면, 개발도상국들이 노동력을 착취하여 제품의 경쟁력을 높이고 있다는 인식에 바탕을 두고 있기 때문에 세계 각 국가의 근로조건을 평등하게 하려는 것이다.

(3) 기술문제

기술라운드(technology round)는 기술정책을 다루고 있다. 이것은 미국과 유럽 선진국들을 중심으로 기술개발에 대한 기준을 설정하자는 라운드이다.

이는 선진국이 개발한 기술을 사용하여 개발도상국들이 빠른 경제발전을 이룩한 것으로 판단하고, 선진국의 지속적인 국제 경쟁력 유지를 위해서는 개발도상국의 기술정책에 제한을 가하겠다는 것이다. 이것은 개별 국가의 기술개발 정책이 다른 나라에 영향을 미쳐 국가 간의 마찰요인이 되고 있다는 경제협력개발기구(OECD)의 국제기술 규범제정 논의에 의해서 나타났다.

(4) 경쟁문제

경쟁라운드(competition round)는 공정경쟁을 다루고 있다. 이것은 무역거래를 제한하는 모든 경제 제도를 국제 무역규범의 대상으로 하자는 라운드이다.

이것은 OECD가 오래 전부터 심도 있게 논의해 온 것으로 글로벌 제품의 공정한 경쟁을 제한하는 모든 경제정책이 무역협상의 대상이 되어야 한다는 것이다.

2) 경제블록화의 진전

글로벌 경제 환경에서 고려해야 하는 것은 경제블록화이다. 글로벌마케팅에서 성공하기 위해서는 경제권 형성 흐름에 대한 이해가 필수적이다. 세계 경제의 대표적인 블록화는 〈그림 2-1〉과 같다.

(1) 유럽경제권의 형성

유럽공동체(EC)는 1957년 프랑스, 독일, 이탈리아, 벨기에, 네덜란드, 룩셈부르크 등 6개국을 회원국으로 시작하여 1973년에 영국, 덴마크, 아일랜드가 가입하였고, 1981년 그리스, 1986년에 스페인, 포르투갈 등이 가입하여 12개국이 되었다. 1987년에는 경제통합의 진척보다 단일시장 완성을 위한 유럽단일의정서(SEA : single european act)가 조인되었다. 1993년 11월 정식 발효된 마스트리히트조약에 따라 유럽연합(EU : European Union)이 탄생하였다. 1995년에 오스트리아, 핀란드, 스웨덴이 가입하여 EU 회원국은 15 개국이 되었다.

〈그림 2-1〉 세계경제 블록화의 진전

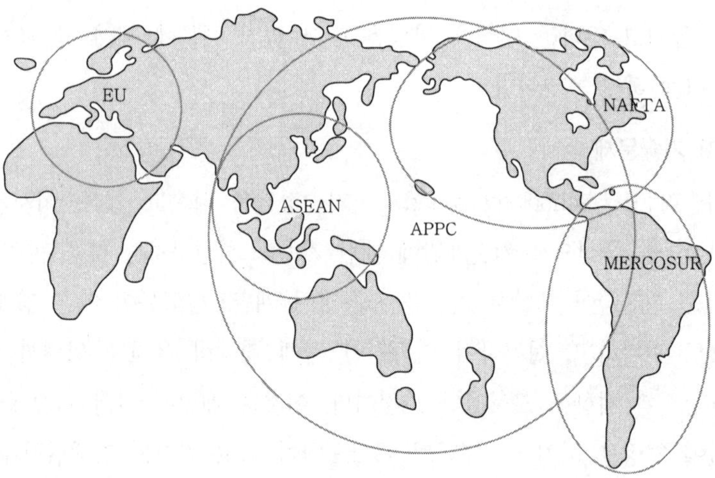

2004년 5월 1일부터 폴란드, 체코, 헝가리, 슬로바키아, 슬로베니아, 리투아니아, 라트비아, 에스토니아 등 동유럽 8개국과 지중해 연안의 몰타, 키프로스 등 모두 10개국이 EU에 공식 가입하였고, 2007년 불가리아, 루마니아가 가입하였다. 따라서 EU는 27개 회원국과 인구 4억 8,300만 명을 보유한 세계 총 소득 및 무역의 20% 내외를 차지하는 세계 최대의 시장이 되었다.

〈표 2-1〉 EU 신규 가입국의 GDP 성장률 (단위: %)

	2003년	2004년
기존 EU 15개 회원국	0.8	2.2
체코	3.7	4.0
에스토니아	5.1	6.2
헝가리	3.0	4.0
라투비아	7.5	8.5
리투아니아	9.7	6.7
폴란드	3.8	5.3
슬로바키아	4.5	5.5
슬로베니아	2.5	4.6
키프로스	1.9	3.7
몰타	-1.8	1.5

표에 제시된 동유럽 국가의 EU가입 시점은 모두 2004년 5월 1일.

최근 가입한 이들 10 개국은 EU 가입으로 커다란 시장기회를 부여받고 있다. EU 회원국이라는 명함은 해외 직접투자를 끌어오는데 유용한 수단이 될 수 있어서 EU 가입 시점에서 보면, 이 지역에 대한 대기업은 물론 중소기업의 투자도 급증하여 <표 2-1>과 같이 대체적으로 커다란 GDP 성장률이 나타났다. 이들은 EU 가입의 전제 조건으로서 부패 척결, 경제 개혁 등이 이루어져 기존 15 개 EU 회원국보다 훨씬 빨리 구조조정에 성공하게 되었다.

유럽연합의 궁극적인 목표는 유럽연합 국가들을 중심으로 유럽과 밀접한 관계를 가지고 있는 지중해 연안의 아프리카 일부와 중동지역의 일부 국가들이 포함되는 경제권의 형성이다. 따라서 유럽연합은 지역 내 무역장벽의 완전 철폐를 목표로 하는 유럽 단일통화법률 및 EU, NAFTA간 유럽 경제영역의 구축을 유럽통합 차원의 경제통합 노력에 박차를 가하고 있다.

27개 EU 회원국의 2007년 GDP 성장률은 <표 2-2>와 같다.

〈표 2-2〉 EU 회원국의 GDP 성장률 (2007. 11.30)

국가명	GDP 성장률(%)	국가명	GDP 성장률(%)
벨기에	2.6	룩셈부르크	-
불가리아	-	헝가리	1.1
체코	6.1	네덜란드	3.8
덴마크	1.7	몰타	0.1
독일	2.5	오스트리아	3.4
에스토니아	6.5	폴란드	5.8
아일랜드	3.9	포르투갈	1.8
그리스	-	루마니아	-
스페인	3.8	슬로베니아	6.3
프랑스	2.2	슬로바키아	9.7
이탈리아	1.9	핀란드	4.1
시프러스	4.6	스웨덴	2.6
라투비아	10.8	영국	3.3
리투아니아	11.6	총 27개국	평균 3.0

자료원: http://www.epp.eurostat.ec.europa.eu.

이것은 1970년대 일본 및 아시아 신흥공업국의 유럽시장 침투로 인하여 산업의 경쟁력 기반이 약해지자 EU 경제의 재활성화를 적극 모색하고자 하는 것이다. 이러한 노력은 유럽 단일통화(Eurodollar)의 사용이라는 결실을 맺고 있다. EU는 터키와 크로아티아가 2008년 가입을 목표로 협상 중에 있다. EU 회원국과 가입 예정국의 현황은 〈그림 2-2〉와 같다.

〈그림 2-2〉 EU 회원국 및 가입 예정국 현황

2008년 가입 협상국	터키	크로아티아
면적(㎢)	780,580	56,542
인구(백만명)	68.9	4.5
1인당GDP($)	6,700	10,700
실업률(%)	10.5	19.5
수도	앙카라	자그레브

(2) 북미 경제권의 형성

미국 경제는 대외적으로 국제 경제 질서의 지역화 경향이 심화되고, 아시아·태평양지역에서 일본 경제력의 증대에 따른 위협 및 유럽통합에 따른 지역주의의 강화에 효과적으로 대응하는 문제에 직면하고, 대내적으로는 재정 및 무역적자 등의 구조적인 문제에 직면하고 있다. 따라서 미국은 경제의 활성화를 촉진하기 위해 캐나다의 자원과 기술, 멕시코의 저렴하고 풍부한 노동력을 활용하여 제조업의 경쟁력을 향상시키고자 하였다.

이들은 상호 입장이 조화를 이루어 경제 통합체를 이룰 수 있었다. 즉, 미국은 막대한 잠재력을 지닌 멕시코시장과 중남미 시장에 진출을 확대하려는 입장이었고, 캐나다와 멕시코는 총 수출의 막대한 비중을 차지하고 있는 미국시장에 보다 자유롭게 접근할 수 있다는 장점이 있다. 이러한 흐름에서 1994년 1월 1일 발효된 북미 경제권(NAFTA : North American Free Trade Agreement)이 발효되게 되었다.

NAFTA는 미국·캐나다·멕시코 등 3개국이 교역 및 투자 확대를 통한 상호고용 및 성장을 촉진하는데 목적을 두고, 협정 발효일로부터 15년 이내에 관세를 전부 폐지시키는 등 관세 폐지와 제품에 대한 수입규제 완화뿐만 아니라, 투자·금융 등의 부문까지도 포괄하고 있다.

이 협정이 체결된 후 NAFTA는 EU와 어깨를 나란히 하는 세계 최대 규모의 단일시장이 되었다. NAFTA는 인구 3억 6,000만 명으로 GDP는 6조 7,000억 달러를 기록하고 있다. 따라서 캐나다와 멕시코는 거대한 미국시장에 참여하는 발판을 마련하면서 대미 수출이 눈에 띄게 증가하였다.

(3) 아시아 경제권의 형성

아시아 경제권은 일본이 중심적 역할을 하면서 형성되었다. 이것은 국가 간 분업관계의 심화를 통해 지역 내 경제권 형성을 의미하는 것이다.

이 지역에서 일본의 역할은 크지만, 이 지역의 구조상 일본이 중심 국가라기보다는 다극화되고, 중층적인 구조로 형성될 수밖에 없다. 아시아지역은 시장 규모와 경제 잠재력에서 세계를 선도하고 있으며, 21세기에는 세계 경제의 중심축으로 부상할 것으로 전망되어 관심의 대상이 되고 있다.

이러한 의미에서 아시아지역의 경제공동체는 동남아시아국가연합, 아시아·태평양 경제협력체 등이 있다. 동남아시아국가연합(ASEAN)은 태국, 인도네시아, 필리핀, 말레이시아, 싱가포르, 부르나이 등 6개국으로 구성된 경제·사회·문화·기술 등에 걸친 지역 협력기구이다.

또한 아시아·태평양경제협력체(APEC)는 ASEAN의 6개국에 한국, 미국, 캐나다, 호주, 뉴질랜드, 일본, 중국, 홍콩, 대만, 칠레, 멕시코, 파푸아뉴기니, 페루, 러시아 및 베트남 등 21개국의 회원국을 가진 경제기구이다.

APEC은 경제발전단계, 경제력, 산업구조 등이 상이한 국가들의 집합체이며, 세계 경제의 핵심 국가인 미국과 일본을 포함한 선진국들과 개발도상국들로 구성되어 있다는 점에서 다자주의의 확립을 촉진시키는 지역주의적인 면모를 갖추고 있다.

(4) 남아메리카 공동시장

남아메리카 공동시장(MERCOSUR)은 남아메리카지역에서 자유무역과 관세동맹을 목표로 결성된 경제 공동체이다.

남아메리카 공동시장은 브라질과 아르헨티나의 수출주도형 경제정책에 따라 설립되었으며, 최근 급속히 진행되고 있는 경제 글로벌화와 지역블록화 추세의 영향력이 크다. 수출중심 정책과 함께 등장한 것이 바로 경제 공동체였다. 새로운 수출중심의 경제 정책을 실현시키기 위해서는 수출시장의 확보가 필수적이었으므로 지역경제 통합은 필연적이었다.

남아메리카 경제의 대부분을 차지하는 브라질과 아르헨티나가 중심이 되어 1995년 출범하였다. 현재 브라질과 아르헨티나를 비롯하여 우루과이와 파라과이가 정식 회원국으로 활동하고 있고, 칠레와 볼리비아가 준 회원국으로 자유무역 수준에서 경제 협력을 하고 있다. 또한 페루, 에콰도르, 콜롬비아, 베네수엘라와 남아메리카 자유무역지대 결성을 위한 협상을 진행하고 있다.

1985년 이구아수 선언으로 브라질과 아르헨티나는 실질적인 외교 관계를 개선하였고, 1986년 브라질과 아르헨티나의 경제 통합을 위한 의정서인 '경제협력 및 통합 프로그램'이 체결되어 양국 간의 경제 통합이 강화되었다. 1988년 브라질과 아르헨티나는 향후 10년 이내 양국의 거시 경제정책의 조화와 관세 장벽의 점진적인 철폐를 통해 공동시장을 결성한다는 목표로 '발전 · 협력 · 통합을 위한 협약'을 체결하였다.

이 조약은 1989년 8월 양국의 의회에서 각각 비준되었으며, 라틴아메리카 통합연합(LAIA : Latin American Integration Association)의 이념에 따라 모든 라틴아메리카 국가들에 대한 회원 가입과 개방 원칙을 채택하였다. 1990년 7월에 브라질과 아르헨티나는 보다 적극적인 경제 개방화정책을 채택함에 따라 통합의 일정을 앞당기는 부에노스아이레스 의정서에 서명하였고, 8월 파라과이와 우루과이가 통합에 참여를 결정하였다.

1991년 3월 26일 '남아메리카 공동시장 결성을 위한 아순시온 협약'이 공식 체결되었고, 실질적인 남아메리카 경제통합을 위한 발판이 마련되었다. 그리고 1995년 1월 1일에 남아메리카 경제공동체가 발족되었다. 2007년 현재 남아메리카 공동시장의 총 인구는 3억 6,089만 명이며, GDP 총액은 2조 3,200억 달러이다.

(5) 경제협력개발기구

경제협력개발기구(OECD : organization for economic cooperation and development)는 자유 시장경제를 추구하는 국가들이 세계 경제의 현안을 협의하여 해결방안을 도출하기 위해 결성된 기구이다.

이 기구의 설립 목적은 통화 안정을 유지하면서 고도성장을 촉진하고, 고용 증대 및 생산 수준의 향상을 도모하고, 개발도상국의 경제개발을 지원하며, 무차별 · 다각적 원칙에 따른 세계무역의 확대에 기여하는 것이다.

1948년 4월 16일에 OECD로 서유럽 14 개국이 참여하였는데, 프랑스, 이탈리아, 영국, 네덜란드, 스위스, 벨기에, 스웨덴, 오스트리아, 덴마크, 노르웨이, 포르투갈, 아일랜드, 룩셈부르크, 아이슬란드 등이 중심이 되어 발족하고, 독일, 스페인이 가입하여 16 개 회원국이 되었다.

1961년 9월 30일에 경제협력개발기구로 확대 개편되어 미국, 캐나다가 가입함으로써 18 개국으로 구성되고, 이어서 일본(1964), 핀란드(1969), 호주(1971), 뉴질랜드(1973), 그리스, 터키 및 멕시코(1994년 5월), 체코(1995. 12.), 헝가리(1996. 5.), 폴란드(1996. 11.), 한국(1996. 12.) 및 슬로바키아(2000. 12.)가 가입하여 회원국은 30 개국과 러시아, 중국, 브라질, 칠레, 인도 등이 회원국 가입을 준비 중이다. OECD는 개방된 시장경제와 다원적 민주주의의 양대 가치관을 공유하는 국가들 간의 경제사회정책 협의체이다.

(6) 석유수출국기구

석유수출국기구(OPEC : organization of petroleum exporting countries)는 이라크 정부의 주도로 구성되었으며, 1960년 9월 14일에 이라크, 이란, 쿠웨이트, 사우디아라비아, 베네수엘라 등 5 개국이 결성한 석유생산 수출국의 협의체로서 카타르(1961), 인도네시아(1962), 리비아1962), 아랍토호국(1962), 알제리(1969), 나이지리아(1971), 에콰도르(1973), 가봉(1975) 등이 가입하여 13 개국의 기구가 되었다. 그러나 아랍토호국(1974)이 아랍에미레이트에 편입되고, 에콰도르(1982), 가봉(1995) 등이 탈퇴함으로써 11 개 국가가 되었다.

1960년대의 설립 초기에는 원유가격의 하락을 방지하기 위한 산유국간의 정책협력을 위한 정보의 수집 · 교환을 목적으로 하는 가격카르텔 성격으로 출발하였다. 그러나 석유파동 이후 원유가격의 계속적인 상승을 도모하기 위하여 자신들의 생산량을 조절하는 생산카르텔로 변질되었다.

2. 미시 경제적 환경분석

글로벌마케팅에서 미시 경제적 환경을 평가하는데 중요시되는 요소는 인구분석, 산업구조 분석, 소득분석 등이다.

1) 인구분석

글로벌마케팅에서는 그 범위가 넓고 다양한 인종을 상대로 해야 하기 때문에 인구분석이 일차적으로 중요시된다. 중국시장을 중시하는 것은 후진 경제임에도 불구하고 12억 9천만 명이 넘는 인구가 시장 잠재력으로 존재하기 때문에 한국시장에서의 판매액 이상으로 중국시장을 보고 있는 것이다.

인구가 많을수록 시장 규모가 크다는 가정 하에 진입하려는 글로벌시장을 탐색할 필요가 있다. 또한 그 많은 인구의 사람들이 어떠한 지역연합과 관계를 맺고 있는가를 분석할 필요가 있다. 글로벌 시장은 EU, NAFTA, ASEAN, MERCOSUR 등의 지역연합을 통해서 관계를 맺고 있기 때문이다.

현재의 인구뿐만 아니라 장기적인 인구 성장률의 변화 동향에도 관심을 가져야 한다. 글로벌마케팅 활동의 효과가 미래까지 나타나기 때문이다. 인구가 증가하고 있다는 것은 제품과 서비스의 수요를 증가시켜 순기능을 하지만, 인구가 적정수준 이상으로 성장하면 경제개발에 역기능을 할 수 있다.

또한 인구의 연령층 분포를 살펴볼 필요가 있다. 이 분포는 제품의 수요에 크게 영향을 미친다. 선진국으로 갈수록 장년층과 노년층이 많고, 개발도상국으로 갈수록 낮은 연령층이 높은 비율을 차지하고 있다. 인구의 지리적 분포도 이해해야 한다. 인구가 대도시에 집중되어 있을수록 글로벌마케팅에서는 유리하다.

2) 산업구조 분석

산업구조는 선진국, 개발도상국, 후진국에 따라 상이하기 때문에 글로벌마케팅을 수행해야 할 시장의 산업구조를 분석하는 것은 필수적이다. 세계의 산업구조를 분석하면, 미국, 일본, 서유럽 국가들처럼 산업화되어 있는 경제구조, 한국과 대만처럼 개발도상에 있는 경제구조, 칠레, 베네수엘라 등 자연자원 수출에 의존하는 원료 수출형 경제구조, 그 외 농업에 종사하면서 자급자족에 의존하는 경제구조가 있다.

미국과 서유럽 등 선진국 사이는 경제구조가 비슷하여 산업구조에 대한 분석이 쉬우나 다른 경제권에 대한 구조분석은 상대적으로 복잡하다. 산업구조의 차이는 글로벌 수요가 필요로 하는 제품이 다르기 때문에 글로벌마케팅 내용에서 차이를 가져올 수밖에 없다.

3) 소득분포 분석

소득분포 분석은 국가에 따라 빈부의 차이가 있어서 제품소비에서도 현저한 차이가 나타나기 때문에 글로벌마케팅에서도 차이가 나타날 수밖에 없다. 필리핀, 인도, 태국 등에서 상류층의 소비수준이 높아 고급 제품판매가 많이 나타난다.

대부분의 국가에서 국민소득 분포가 모래시계형의 부유층과 빈곤층으로 이분화된 구조를 가지고 있어서 소득격차가 심하다. 이는 글로벌마케팅에서 시장을 세분화하여 접근하여야함을 말해준다. 소득분석을 할 때 1인당 소득을 참조할 필요가 있다. 1인당 국민소득의 정도는 그 국가의 경제발전단계, 산업화, 복지 수준뿐만 아니라 시장규모와 그 질적 수준을 설명하고 있기 때문이다.

세계 경제 환경이 선진국과 개발도상국 사이에서 변화되고 있어서 앞으로 개발도상국에서 생산이 계속 늘어갈 것으로 예상할 수 있다. 세계은행의 전망에 따르면, 2020년 중국 경제가 미국 경제보다 40 % 정도로 성장하고 인도 경제가 독일 경제보다 훨씬 커질 것으로 예상하고 있는데 〈그림 2-3〉과 같다.

〈그림 2-3〉 세계 생산의 추이

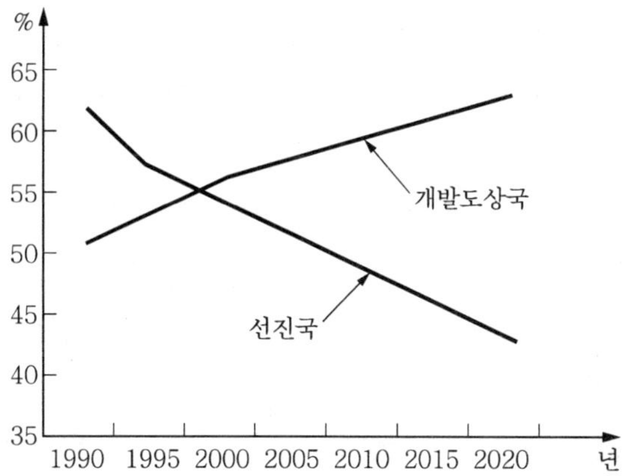

자료원 : http://www.worldbank.org

제 4 절 문화적 환경분석

본 절에서는 문화적 환경의 구성요소를 언어, 종교, 가치와 태도, 법률, 교육, 정치, 기술과 물질문화 및 사회구조 등 8개 요인을 제시하고자 한다.

문화 차이에 대한 이해를 상호의존적 자아와 독립적 자아를 존중하는 문화, 배경을 중시하는 정도에 따라 고배경 문화와 저배경 문화, 그리고 집단주의 문화와 개인주의 문화를 가지고 동양과 서양의 문화 차이에 대해 학습한다. 그리고 문화 차이에 따라 소비가치 지향이 어떻게 다르게 나타나는가를 살펴보고자 한다.

1. 문화 환경의 구성요소 분석

문화(culture)는 '지식과 믿음, 예술, 도덕, 법률, 전통 및 한 사회의 일원으로서 지니고 있어야 하는 모든 것들이 복합된 것'이다. 즉, 문화는 한 사회의 인간 행동을 규정짓는 가치관과 사회적 규범의 총체적 시스템이다. 텝스트라와 사라시(Terpstra & Sarathy 2000)는 글로벌 사업의 문화적 환경의 구성요소를 〈그림 2-4〉와 같이 8가지로 구성된다고 주장하고 있다.

문화는 사회 구성원들 사이에서 오랫동안 학습되어 공유되면서 행동의 기준이 되고 있다. 언어, 종교, 교육, 사회조직은 구성원들 상호간에 영향을 미치는데, 가치와 도덕은 사회구조에 영향을 주고, 사회구조와 종교는 개인의 가치와 도덕성의 형성에 영향을 미친다.

이러한 문화는 한 집단이 형성해 온 가치관과 규범의 내부를 형성하고 있어 소비자들이 돈과 시간을 소비하는 라이프스타일에 영향을 미칠 뿐만 아니라 인간 삶의 내부에 뿌리 깊게 박혀서 보이지 않으면서 인간들의 삶에 영향을 미치기 때문에 글로벌마케팅 활동을 수행하는데 문화적 차이를 고려하면서 접근하여야 성공할 수 있다.

〈그림 2-4〉 글로벌 사업의 문화적 환경 구성요소

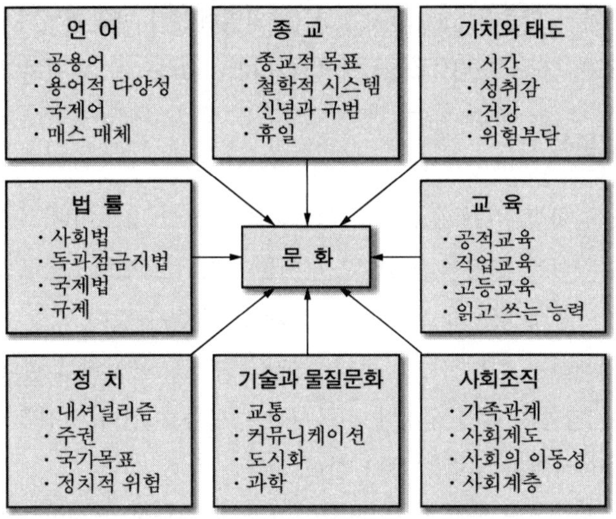

자료원 : V. Terpstra and R. Sarathy(2000), *International Marketing*, 8th ed., The Dryden Press. p. 24.

1) 언어분석

문화 사이의 가장 뚜렷한 차이점은 언어에서 비롯된다. 지구상에는 3,000여 종의 언어가 있으며, 사투리를 포함할 경우 약 10,000여 종에 달하는 것으로 추정되고 있다. 특정 문화의 형성과 직접적인 관련을 가지고 있는 언어는 그 문화의 특성과 가치관을 결정한다.

영어를 모국어로 사용하는 국가들은 물질 지향적 사회의 특성과 가치관을 반영하는 상업, 산업 활동과 연관된 풍부한 언어를 지니고 있다. 이러한 언어의 차이로 인하여 발생한 글로벌마케팅 실패 사례는 많이 발생하고 있다. 펩시콜라는 '리더스 다이제스트' 대만판에서 '펩시와 함께 삶을!(Come alive with Pepsi!)'이라는 광고 슬로건을 사용하였다. 그러나 이 슬로건의 발음을 중국어로 표기하면 '죽음에서 조상을 소생시키다(Pepsi brings your ancestors back from the dead!)'라는 의미로 해석되었다.

켄터키 후라이드 치킨사는 자사의 유명한 광고 슬로건인 'It's finger licking good!'을 이란에서 그대로 사용하였다. 그러나 이 슬로건이 이란어인 Farsi어로 표기되었을 때 '당신의 손가락을 먹는 것은 매우 좋다'라는 의미를 나타내었다.

또한 GM사의 푸에트리코 판매딜러는 시보레 계열의 한 신모델에다 '노바'라는 승용차 명을 사용하는 것에 매우 불만이었다. 그 이유는 스페인어로 표기되었을 때 '노바'는 '가지 않음(it does not go)'을 의미하였기 때문이었다. 따라서 GM사는 즉시 승용차 명칭을 '노바(Nova)'에서 '카리베(Caribe)'로 변경하였다.

2) 종교분석

종교는 문화적 인간적 환경을 형성하는 중요한 요소이다. 이는 구성원들의 가치관과 행동양식에 영향을 주고 있기 때문이다. 글로벌마케팅 관리자는 국가별로 소비자들이 어떻게 행동하고 있는지를 파악할 필요가 있다.

이를 이해하기 위해서는 문화의 종교적 측면도 분석해야 한다. 종교가 경제 성장에 미치는 영향은 기업 성장에도 유사한 영향을 미친다는 점을 이해하고 부정적 영향을 최소화하려는 노력을 해야 한다.

힌두교인은 소고기를 먹지 말아야 하고, 회교도와 유태인은 돼지고기를 먹지 못하도록 되어 있다. 미국의 패스트푸드 전문업체인 맥도널드는 최근에 인도에 진출하였는데, 전 인구의 83%에 이르는 힌두교 주민들이 소를 성스럽게 여기고 있어 햄버거에 소고기 대신 닭고기나 양고기를 쓰기로 했다. 맥도널드의 상징처럼 된 '빅맥'은 '마하라자 맥'으로 이름이 바뀌었으며, 모든 원료는 인도산을 사용하였다.

9억이 넘는 인구를 가진 인도에 상륙한 맥도널드는 경쟁회사가 거의 없기 때문에 사업 전망을 매우 밝게 보고 있다. 이 기업은 더 나아가 인도의 종교적 특색을 감안해 회교도를 위해 돼지고기를 쓰지 않는 것은 물론 꽤 많은 수에 이르는 채식주의자들을 위해 야채 버거도 만들어 선보이고 있다.

3) 가치와 태도분석

이는 세계 모든 나라의 사회가 경제수준이나 소비자들의 가치관이 다르기 때문에 문화가 지배하는 사회구조가 다르게 형성된다. 기업 활동에 대한 현지국의 사회구조는 기업의 운영과 의사결정에 중요한 영향을 미친다.

맥도널드는 천천히 즐기면서 식사하는 프랑스인들이 시간에 쫓기면서 급히 햄버거를 먹으려고 하지 않았기 때문에 성공할 수 없었다. 또한 프랑스 남편은 자기 아내보다 화장품을 거의 배 가까이 많이 쓰며, 붉은 색이 중국에서는 많이 쓰이지만, 아프리카에서는 잘 받아들여지지 않는다든지, 말레이시아에서는 녹색이 병을 의미하며, 한국과 중국에서는 흰색이 죽음을 의미한다거나, 이탈리아에서는 남편이 집에 없을 때 판매원이 부인을 방문하면 안 된다는 것 등 가치관이 다르기 때문에 나타나는 현상이다.

4) 법률분석

문화 구성요소로서 법률은 사회법, 독점금지법, 국제법, 규제 등으로 구성된다. 각 국가의 법률은 그 나라의 전통적인 관습이나 사회구조에 따라 문화를 다르게 형성하고 있다. 영국, 미국, 캐나다는 관습법 체계를 따르고, 독일, 프랑스, 일본 등은 성문법 체계를 따르며, 파키스탄, 이란, 사우디아라비아 등 회교 국가는 회교법을 따른다.

이것은 지적재산권 보호에서 큰 차이를 보이는데 관습법 체계에서는 '사용우선주의'를 따르며, 성문법 체계에서는 '등록우선주의'를 따른다. 해외 시장을 분석하는 경우에 이러한 법률적인 규제를 파악하여 글로벌마케팅에 영향을 미치는 요인에 대한 이해와 적응이 필요하다.

5) 교육수준 분석

교육은 기존 문화와 전통을 다음 세대에 전달하는 기능과 문화적 변화를 일으키는 기능을 수행한다. 글로벌마케팅 관리자는 개별 국가들이 어떤 수준의 교육제도를 운영하고 있고, 어떤 목적을 달성하기 위해서 교육을 활용하고 있는지에 관심을 두어야 한다.

교육은 개인의 태도나 가치관을 결정하는 가치체계에 영향을 주기 때문에 글로벌마케팅 관리자는 해당 국가의 소비시장을 이해하고 그에 적합한 제품을 개발해야 한다. 특히, 현지화마케팅을 수행하는 데는 해당 국가의 문화에 대한 철저한 이해가 필수이다.

이렇게 교육에 의해 형성된 가치관은 상품을 사용하는 방식에 영향을 미친다. 미국에서는 다른 사람에게 보내는 카드에 미리 적당한 문안이 인쇄되어 있다. 생일카드를 사면 생일을 축하하는 내용이 카드에 적혀 있고, 문병카드를 사면 카드를 받는 사람이 건강을 빨리 회복하기를 바란다는 내용이 인쇄되어 있다. 그러나 독일 사람들은 미리 문안이 인쇄되어 있는 카드를 좋아하지 않는다. 왜냐하면 그들은 자기 스스로 개성을 살려 카드에 글을 써넣기를 원하기 때문이다.

6) 정치체제 분석

이는 국가에 따라 각기 정치형태가 다르고, 이에 따라 경제관이 다르게 형성되고 있기 때문에 정치체제 분석은 매우 중요하다. 또한 정치구조는 현지국 정부의 형태와 역할, 정치 및 경제이념, 다른 국가와의 외교관계, 기업과 정부의 관계 등을 말하는데, 이러한 정치구조가 해당 국민들의 구매행동에 크게 영향을 미친다.

미국의 맥스웰 하우스(Maxwell House)는 독일에서 '맥스웰 하우스가 위대한 미국의 커피'라고 광고했으나 결과는 실패였다. 그것은 독일인들이 미국산 커피를 그다지 높게 평가하지 않기 때문이었다.

7) 기술과 물질문화 분석

기술과 물질문화는 교통, 커뮤니케이션, 도시화, 과학, 발명 등으로 구성된다. 물질문화는 해당 국가의 기술수준과 그 사회의 경제생활, 사회 간접자본의 충분성 · 가용성 · 적합성에 의해 형성된다.

또한 기술은 신제품 개발기술의 수준으로 평가하고, 물질생활은 국민소득으로 평가하며, 사회 간접시설은 마케팅 하부구조(infrastructure)의 효율성 등으로 평가한다. 따라서 글로벌마케팅 관리자는 글로벌 시장의 선택에 있어서 구매행동에 영향을 미치는 물질생활의 지표를 분석 평가해야 한다.

8) 사회조직 분석

사회조직은 기본적인 사회집단의 단위인 가족에서부터 지역집단, 특수 이익집단, 성별 집단, 연령 집단, 종교 집단 등으로 나눌 수 있다. 이러한 사회조직의 구성내용은 시장세분화를 결정하는 기준으로 사용된다. 사회조직의 구성내용에 따라 시장세분화의 정도가 다를 수 있고, 제품에 대한 소비자도 다르게 결정될 수 있다.

글로벌마케팅의 제품전략, 가격전략, 유통경로전략, 촉진전략에서는 현지국 시장의 자급자족 구조를 파악하는 것이 무엇보다 중요하다. 가족들이 생활하는 장소인 주택을 보면, 일본에서는 주거용으로 충분하지만, 미국에서는 하층인 노동자들도 거실, 식당, 욕실 등이 완비되어 개인 중심의 가옥구조로 개인의 프라이버시를 존중하고 있다.

또한 글로벌마케팅과 관련되어 문제가 되는 것은 인종이다. 한 국가에 90 %이상을 한 종족이 구성하고 있는 경우는 인종적 동질성을 가지고 있지만, 인종적인 이질성을 내포하고 있는 국가들은 복잡한 인종문제가 발생하고 있다. 미국 사람들은 개성이 강하고, 자기 권리의 주장이 강하며, 기업행동에서도 자유경쟁을 기반으로 하고 있다.

2. 글로벌 경영과 기업문화의 관계분석

글로벌마케팅에서 다문화에 대한 이해와 제품개발은 분명한 관계를 가지고 있으므로, 글로벌 시대의 제품개발은 양질의 제품뿐만 아니라 고객의 욕구에 맞는 제품을 만들어야 한다는 점에 중점을 두어야 한다.

일본의 시계회사는 중동지역에 시계를 팔고자 했다. 중동은 유목민족의 전통이 아직 남아 있어서 시계로 보는 시간보다는 자연의 시간을 더 좋아하기 때문에 시계를 잘 보지 않는다. 이러한 사람들에게 시계를 판다는 것은 잘못된 발상일 수 있다. 그러나 중동지역 사람은 기도시간을 철저히 지킨다는 사실에 착안하여 기도시간에 맞추어 알람(alarm)이 울리는 손목시계를 만들었다. 기도시간에 맞추어 알람이 울리는 시계를 중동시장에 내놓고, 기도시간을 잘 지킬 수 있다고 광고를 한 결과, 일본시계는 불티나게 팔려나갔다.

자국의 고유문화를 잃지 않으면서 다른 문화를 받아들일 수 있는 문화 수용의 유형을 가진 사람만이 다문화를 이해하고 활용할 수 있다. 글로벌 경영에서 국제 문화의 다문화 요인을 중요시하는 것은 다문화 환경 하에서 경영 활동을 하고 있는 글로벌 기업의 기능이 다문화 환경에 적응해야 하기 때문이다. 글로벌 기업은 자사의 국제적인 경쟁우위를 유지하고 기업문화 등을 탐색하여 새로운 문화 창출을 가능하게 하는 것은 무엇인가를 간파해야 한다.

문화요인으로서 국민문화는 그 국가의 역사 · 정치 · 경제 · 사회시스템으로부터 형성되어 국민에 공통적인 문화로 형성되고, 기본적 가치로서의 세계관이다. 기업의 조직 구성원인 경영자 · 관리자 · 종업원은 국민문화의 일부이고, 기업조직에 의한 국민문화는 외부 환경변수인 동시에 내부변수이기도 하다. 그래서 국가를 초월한 공통적인 지역문화나 세계적인 보편문화로서 글로벌 문화가 있다.

한편 기업문화(organizational culture)는 기업의 조직구성원이 공유하는 독자적인 가치와 행동양식이다. 국제적인 경영환경에 적응할 때에는 장기적인 경영전략과 경영시스템이 필요하게 되어 기업문화와 현지 문화와의 적합성과 변화를 요구한다. 이들 관계는 〈그림 2-5〉와 같다.

글로벌 발전단계인 수출 지향, 현지 지향, 글로벌 지향에 따라 문화가 기업 경영에 미치는 영향은 상이하다. 기업에서 경영시스템과 기업문화 및 현지 국민문화와의 관계가 경영행동을 결정하고 글로벌 경영에서 본사와 해외 자회사와의 관계가 크게 변화하여 중요해지는 것이다. 독일의 다임러 벤츠와 미국의 크라이슬러가 합병한 이후 직면하게 된 것처럼 기업 문화와 사회 문화의 차이가 기업 경영에 미치는 영향이 크다.

〈그림 2-5〉 기업문화와 경영조직

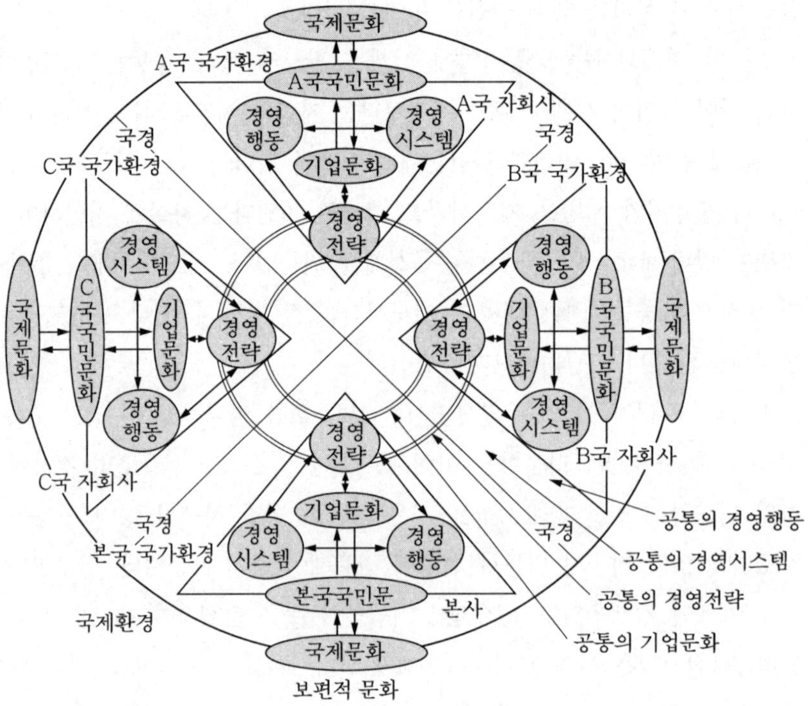

자료원: 根本孝, 吉本容子 著, 『國際經營と企業文化』, 學文社, 1994, p. 242.

3. 문화차이분석

글로벌마케팅을 전개하려고 할 때 가장 중요하게 고려해야 하는 것은 국가 간에 나타나는 문화적 차이 때문에 나타나는 행동 차이이다. 이 행동 차이는 글로벌 기업의 제휴 후에 조직행동에서의 차이로 나타난다. 또한 글로벌 기업이 창출한 제품을 확산시키기 위한 광고 등 모든 활동을 수용하는 과정에서 나타날 수 있다. 문화

차이를 잘 설명하고 있는 학자들의 이론을 소개하고자 한다.

1) 상호의존적 자아와 독립적 자아 분석

미국인 마르쿠스와 일본인 키타야마((Markus & Kitayama 1991)는 문화심리학과 사회심리학에서 자아를 연구하면서 사람들 사이에서 상호의존적 자아(interdependent self)와 독립적 자아(independent self)에 따라 차이가 나타나며, 이에 따라 인간의 태도와 행동에 차이가 있음을 보여주었다. 상호 의존적 자아로 넘어가면 사회적 자아(social self)가 중요해진다.

이 연구에 따르면, 한국, 일본, 중국 등은 상호 의존적 자아가 강한 나라이며, 미국, 캐나다 등 북아메리카와 영국, 프랑스 등은 독립적 자아가 강한 나라로 분류될 수 있으며, 이들 나라에서 소비자들의 행동 차이가 나타난다는 것을 알 수 있다. 상호 의존적/독립적 분류는 고배경 문화/저배경 문화, 그리고 집단주의/개인주의 문화와 관련된다.

2) 고배경 문화와 저배경 문화분석

홀(Edward T. Hall)은 배경을 중요시 여기는 정도에 따라 문화를 고배경 문화(high context culture)와 저배경 문화(low context culture)로 분류하고 있다.

〈표 2-3〉 고배경 문화와 저배경 문화의 비교

문화권 / 구 분	고배경 문화 (high context culture)	저배경 문화 (low context culture)
법률 또는 법률가	덜 중요하다.	매우 중요하다.
개인이 하는 말	매우 중요하며, 개인의 비공식적인 의사표시가 보증의 역할을 한다.	서면으로 보증한다.
공간개념	서로 어울리는 공간을 중요하게 여긴다.	개인적 공간을 중요하게 여기고 침해받는 것을 싫어한다.
실패에 대한 책임	조직의 최고위층이 책임을 진다.	조직의 최하위층에 책임이 돌려진다.
시간개념	시간 구분이 분명하지 않다.	'시간은 돈이다'라는 개념이 매우 강하다.
협상	오래 끄는 것이 보통이다.	매우 신속히 수행한다.
경쟁입찰	빈번하지 않다.	일반적이다.

자료원: Warren Keegan and Mark Green(1997), Principle of Global Marketing, Englewood Cliffs: Prentice Hall, p. 87. 수정.

〈표 2-3〉에서 보듯이 고배경 문화는 공유하는 전제 조건이 많기 때문에 언어보다는 배경이 중요한 역할을 하며, 저배경 문화는 배경보다는 언어를 구사하여 명확한 정보를 전달할 필요성이 높아서 언어가 중요한 역할을 하는 문화를 말한다.

중국, 일본 및 아랍 문화는 배경을 중요시 여기는 정도가 높은 고배경 문화에 해당하며, 미국, 독일 문화는 배경을 중요시 여기는 정도가 낮은 저배경 문화에 해당한다. 전자는 전달되는 메시지 자체보다는 그 정황, 즉 정보의 전달자와 수용자의 인지된 해석을 중요시하는 문화이고, 후자는 언어의 의미가 투입되고 해석되는데 동일한 개념을 갖는다는 전제에서 구체적으로 표시된 문서 또는 객관화된 것을 중요시하는 문화이다.

한국과 같은 고배경 문화에서는 의사소통에 필요한 정보가 사회적 배경이나 정보 전달자와 수용자의 상황에 내재화되어 있기 때문에 명백한 문장으로 표현되지 않더라도 해석이 가능한 문화이다. 따라서 사회 전체적으로 책임과 명예 등이 큰 의미를 갖게 된다. 또한 책임의 소재는 고위층에 있고, 행동에서 집단 지향적인 성격이 강하게 나타난다.

미국과 같은 저배경 문화에서는 구체적이고 분명한 대화를 통하여 정보의 교환이 이루어지고, 명백한 문장으로 기술된 법률적인 서류가 보증의 역할을 하게 된다. 따라서 합의 내용이 법률적인가 하는 것은 매우 중요한 의미를 가지며, 책임은 일반적으로 최하위층의 업무 당사자가 지게 된다. 행동에서는 개인주의적인 성격이 강하다.

3) 집단주의 문화와 개인주의 문화분석

심리학자인 홉스테드(Hofstede)는 1967년부터 1973년까지 IBM에 근무하면서 10만 명이 넘는 직원을 대상으로 한 가치관과 그들의 자세에 대한 통계자료를 수집하였다. 이 자료를 이용하여 40개가 넘는 문화를 서로 비교하면서 각기 다른 문화들을 권력 거리, 불확실성의 회피 정도, 개인주의 성향, 남성적 문화 등의 요소로 압축시켰다.

홉스테드(1995)는 집단주의 사회와 개인주의 사회의 정치와 사상 차이를 〈표 2-4〉와 같이 요약하고 있다.

〈표 2-4〉 집단주의와 개인주의 사회의 주요 차이점

집합주의 사회	개인주의 사회
· 집단의 이익이 개인의 이익보다 우선한다.	· 개인의 이익이 집단의 이익보다 우선한다.
· 집단에 의해 사생활이 침해당한다.	· 모든 사람에게 사생활의 권리가 보장된다.
· 집단에 속해 있다는 사실 때문에 의견이 미리 결정된다.	· 모든 사람이 개인적인 의견을 갖고 있는 것으로 기대된다.
· 집단에 따라 법률과 권리가 다르다.	· 모두에게 법률과 권리가 똑같다고 가정한다.
· 1인당 GNP가 낮다.	· 1인당 GNP가 높다.
· 경제체제에 정부가 지배적인 영향력을 갖는다.	· 경제체제에 정부가 한정된 영향력만을 갖는다.
· 집단의 이익에 기반을 둔 경제	· 개인의 이익에 기반을 둔 경제
· 이익집단들이 정치적 힘을 행사한다.	· 유권자들이 정치적 힘을 행사한다.
· 정부가 출판을 통제한다.	· 출판이 자유스럽다.
· 외국에서 들어온 경제이론들은 집단의 이익이나 특수주의적 관점을 다룰 수 없기 때문에 대체로 적용이 어렵다.	· 개인의 자기 이익 추구에 기반을 둔 경제이론들이 자생적으로 발달한다.
· 개인의 자유이념보다 평등이념이 우세하다.	· 평등이념보다 개인의 자유이념이 우세하다.
· 사회의 조화와 합의가 궁극적인 목표이다.	· 개인의 자아실현이 궁극적인 목표이다.

자료원: Geert Hofstede(1995), *Culture and Organizations: Software of the Mind*, IRIC, Netherlands.

권력 거리(power distance)는 한 사회에서 수용되는 구성원들 간의 불평등 정도를 말한다. 그는 조직 내의 종업원과 그 상사 사이의 의존관계와 감정적 거리 등을 도출하여 국가별로 비교분석하였다. 그 결과 한국, 일본, 미국의 세 나라를 비교해 보면, 권력 거리의 크기가 한국, 일본, 미국 순이었다. 권력 거리가 큰 사회에서는 권력이 상위의 소수에게 집중되고 이들이 모든 의사결정을 내린다. 즉, 한국은 일본과 미국보다 상사와 부하 사이의 감정적 거리가 가까워 쉽게 반대의견을 낼 수 없음을 나타내고 있어서 상사와 부하의 관계에서 평등과 불평등의 문화를 보여준다.

불확실성의 회피(uncertainty avoidance)는 한 문화의 구성원들이 불확실한 상황이나 미지의 상황으로 인하여 위협을 느끼는 정도를 말한다. 불확실성을 회피하는 경향이 짙은 문화의 사람들은 안정된 직장, 경력의 유형, 은퇴 등을 우선적으로 고려한다. 그들은 규칙과 규제의 필요성을 많이 느끼는데, 이때의 경영진은 명확한 지시를 내려야 하고 부하들을 솔선수범하여 관리해야 한다.

불확실성을 피하는 경향이 적은 문화에 속하는 사람들은 위험을 무릅쓰기도 하고 어떠한 변화에도 심리적으로 크게 동요하지 않는다. 일본, 한국, 미국 순으로 불확실성 회피가 강하게 나타나고 있다.

개인주의(individualism)는 개인과 동료 간의 관계를 보여준다. 개인주의 사회는 개인과 개인 간의 유대가 느슨한 대신 개인의 성취와 개인적 자유의 가치를 중요시 여긴다. 집단주의 사회는 개인과 개인의 유대가 매우 강하며, 사람들은 대가족 사회 분위기에서 태어나고 서로가 서로의 이해관계에 대단히 깊은 관심을 가진다. 미국은 극단적인 개인주의 사회이며, 한국은 집단주의 성향이 매우 강하다.

남성적 문화(masculinity)는 남성성 대 여성성 차원으로 사회를 볼 때, 남성성은 사회적 남녀 역할이 명확하게 구분되는 사회 즉, 남자는 자기주장이 강하며 거칠고 물질적인 성공을 추구하는 반면, 여자는 보다 겸손하고 부드러우며 삶의 질에 관심을 두는 사회에 해당한다. 여성성은 사회적 남녀 역할이 중첩되는 사회 즉, 남성과 여성이 모두 겸손하고 부드러우며 삶의 질에 관심을 두는 사회에 해당한다. 남성성이 가장 강한 나라는 일본이며, 그 다음으로 오스트리아, 이탈리아, 스위스, 독일이 강한 남성성을 보이고 있다. 미국은 중간 정도이고 한국은 미국보다 더 여성성을 보이고 있다.

4. 다문화간 소비가치 지향성 분석

문화 차이는 소비가치 지향성에서 차이를 유발한다. 이를 개인주의와 집단주의, 남성성과 여성성, 과거지향성과 미래지향성, 행동지향성과 존재지향성 등으로 살펴보자.

1) 개인주의와 집단주의

사회문화의 주도체와 역할기능의 전개에 따라 사회주체 간에 소비가치의 유형에 영향을 미친다. 개인주의(individualism) 문화는 개인의 욕구가 중시되고 개인의 창의력이 중시되지만, 집단주의(collectivism) 문화에서는 집단 목표가 중시되고 집단의 성과가 중시된다. 일반적으로 선진국에서는 이러한 개인주의 지향성이 강하여 개성과 독립을 중시하지만, 후진국에서는 개성의 미분화로 인하여 집단주의 성향이 강하다.

2) 남성성과 여성성

성이 지배하는 문화는 소비에도 영향을 미치고 의사결정에도 작용한다. 남성성(masculinity)이 강한 문화는 남성우위성을 강조하고, 모든 의사결정과 행동결정을 남성 주도적으로 행사한다. 이러한 문화에서 여성은 남성의 부수적 종속적 역할을 한다. 일반적으로 문화 발전에 강한 부계사회는 남성성이 강하고, 원시적인 사회는 모계사회로 여성성(femininity)의 지배사상이 강하다.

3) 과거지향성과 미래지향성

시간 지향성의 여부에 따라 국가 또는 국민의식에 큰 영향을 미치고, 행동 문화와 소비문화에도 영향을 미친다. 시간을 중시하고 시간을 가치로 여기는 문화에서는 생산성과 능률을 중시한다. 따라서 이들은 미래의 목표와 방향을 설정하고, 목표를 달성하는데 효율성을 가장 중시한다.

4) 행동지향성과 존재지향성

한 국가의 행동과 존재 가치의 지향성은 소비생활에도 영향을 미친다. 행동을 중시하는 문화는 존재 자체가 의미가 있고 가치가 있다고 믿는다. 즉, 행동을 중시하는 문화는 공격, 자치, 지배, 성과를 강조하는 한편 존재를 중시하는 문화는 인생의 경험을 중시하며 회고적이며 발전과정을 강조한다.

일반적으로 행동을 중시하는 사회는 실용적 소비가치 지향성을 지니는데 비해 존재를 중시하는 문화는 본질적 존재와 속성을 소중히 여기는 소비 가치를 지향한다. 미국은 행동지향성이 강한 문화이고, 중국은 존재 지향성이 강한 문화로 나타나고 있다.

[사례 2-1] 유로 디즈니랜드의 문화적응전략

Ⅰ. 서 언

디즈니랜드는 2007년 매출액을 기준으로 미국 경제전문지 포천지가 선정한 '글로벌 500'에서 342억 8,500만 달러의 매출액을 기록하여 191위에 올랐다.

유로 디즈니(Euro Disneyland)는 1992년 4월에 유럽인의 기대 속에 프랑스 파리의 외곽에 개장되었다. 미국의 플로리다, 캘리포니아 그리고 일본 동경에 개장되었던 디즈니랜드가 대성공을 거두었기 때문에 프랑스 파리의 유로 디즈니의 성공은 보장된 것처럼 보였다.

유로 디즈니가 과연 살아남을 수 있을지 생존가능성 마저 불투명한 실정이다. 무엇이 잘못된 것일까?

Ⅱ. 장밋빛 낙관주의

프랑스에서는 1987년에서 1991년 사이에 1억 5,000만 달러씩을 투자한 놀이공원 세 곳이 개장하였으나, 2곳은 1991년에 파산하고 말았다. 이러한 상황에서 1992년 월트 디즈니는 파리 외곽에 5,000에이커의 면적에 44억 달러를 들여 디즈니랜드를 건설한다는 계획을 발표하였다. 유로 디즈니랜드에는 6개의 호텔을 지어 5,200실 규모의 숙박시설을 확보하고, 대형 쇼핑몰, 아파트, 골프장 및 별장을 건설하겠다는 계획이었다.

디즈니의 경영진은 디즈니 방문객을 1,100만 명에 달할 것으로 예측하였다. 그 근거는 미국에 있는 디즈니랜드를 방문하는 유럽인의 수가 연간 270만 명에 이르기 때문에 가까운 유럽에 건설되면 더 많은 사람들이 와서 돈을 쓸 것이라고 예상하였기 때문이다.

이들의 계산은 당시 미국 인구 2억 5,000만 명에서 디즈니랜드를 방문한 관광객은 4,100만 명에 이르기 때문에 당시 유럽 인구가 3억 7,000만 명이어서 이러한 비율을 적용하면 6,000만 명은 유로 디즈니를 방문할 것이라는 결론이었다. 〈표 1〉은 미국과 일본의 디즈니랜드의 방문객 수를 인구비율로 계산한 것이다.

이렇게 유로 디즈니가 개장 준비를 하고 있는 시점에서 놀이공원을 반대하는 사람들과 부딪쳤다. 그들은 유로 디즈니의 주식공개 현장에서 디즈니 경영진에게 계란과 케첩을 던지며 'Mickey Go Home'을 외쳤다. 프랑스의 일부 지식인들은 미키 마우스와 디즈니가 프랑스의 문화유산을 오염시킬 것이라고 비난하면서 유로 디즈니를 미국문화를 대변하는 혐오시설이라 불렀다.

〈표 1〉 디즈니랜드 입장객 수와 인구대비 방문객 비율 (1990년)

	방문객 (백만 명)	인구 (백만 명)	방문객/인구 비율(%)
미국			
디즈니랜드(캘리포니아)	12.9	250	5.2
디즈니 월드/업콧 센터(플로리다)	28.5		11.4
미국 전체	41.4		16.6
일본: 도쿄 디즈니랜드	16.0	124	13.5
프랑스: 유로디즈니랜드	?	310a	?

주) a: 비행기로 2시간 거리에 살고 있는 인구

자료원 : Euro Disney, Amusement Business Magazine.

따라서 프랑스 관리들은 유로 디즈니에서 미국적인 요소를 줄이고 유럽적인 요소가 풍기는 공원으로 만들기 위해 노력하였다.

Ⅲ. 입지결정전략

디즈니 본사는 유로 디즈니의 최적 입지를 찾기 위해 유럽의 200여 곳을 돌아보았다. 프랑스 파리는 유럽의 중심에 있다는 장점 때문에 최적지로 결정되었다. 〈표 2〉에서 보면 파리는 2~6시간 거리에 위치한 유럽지역의 인구가 얼마나 많은가를 나타내고 있다.

〈표 2〉 파리에서 2~6시간 거리에 거주하는 인구

승용차로 2시간 거리	1,700만 명
승용차로 4시간 거리	4,100만 명
승용차로 6시간 거리	1억 900만 명
비행기로 2시간 거리	3억 1,000만 명

자료원 : Euro Disney, Amusement Business Magazine.

프랑스 정부는 유로 디즈니 건설로 인하여 3만개 일자리가 창출될 것이며, 연간 수입이 10억 달러에 달할 것으로 예상하고, 5,000에이커의 거대한 땅을 1971년 가격으로 디즈니에 팔았다. 그리고 시장가격 이하의 금리로 7억 5,000만 달러의 차관을 디즈니에 제공하였으며, 수억 달러를 투자하여 파리의 지하철을 유로 디즈니까지 연결하고, 다른 편의시설도 건설하였다.

Ⅳ. 자금조달전략

유로 디즈니에 소요되는 비용은 44억 달러였다. 〈표 3〉을 보면, 유로 디즈니의 자금 조달원과 전체 비용에서 각 조달원이 차지하는 비율을 알 수 있다. 디즈니 본사는 1억 6,000만 달러를 투자하여 유로 디즈니 지분의 49%를 갖게 되었고, 기타 투자가들이 주식확보를 통하여 12억 달러를 투자하였다.

나머지 자금은 프랑스 정부, 은행, 부동산이나 임차 관련 기업들과의 제휴로 조달하였다. 유로 디즈니가 빌린 돈은 매장이 개장되면 상환하는 조건이었고, 디즈니는 입장수입의 10%, 음식 및 관련 상품판매 수입의 5%를 받는 조건이었다. 이는 일본 도쿄의 디즈니랜드와 동일한 조건이었다.

〈표 3〉 유로 디즈니의 자금 조달원

총 소요자금	100%
주식발행을 통한 자금 (월트 디즈니사의 직접투자 자금 1억 6,000만 달러 포함)	32%
프랑스 정부 차관	22%
45개 은행 차관	21%
디즈니 호텔에 대한 은행 대출	16%
부동산 회사의 지분 투자	9%

자료원 : Euro Disneyland, Amusement Business Magazine.

Ⅴ. 유로 디즈니의 건설시 배려사항

유로 디즈니는 일본에서의 건설 경험을 바탕으로 바람, 비, 추위로부터 방문객을 보호할 수 있는 시설을 건설하였다. 또한 유로 디즈니는 미국적 요소에 유럽적 요소를 가미하여 영어, 불어 외에도 네덜란드어, 스페인어, 독일어, 이탈리아어로 만든 안내 책자를 발간하였다.

이들은 문화적 충돌을 가장 우려하였기 때문에 가능한 한 많은 문화를 수용하려고 하였다. 최대한 문화의 다양성을 고려하여 공원에서 일하는 백설 공주는 독일어로 말하도록 하였으며, 프랑스식 피자가게 옆에서는 미녀와 야수의 주인공 벨이 안내를 하고, 이탈리아 식당에서는 피노키오가 안내를 하도록 하였다.

Ⅵ. 경영성과

1992년 4월, 유로 디즈니의 개장을 앞두고 디즈니는 매스컴을 동원하여 '멀리 있어 가볼 수 없었던 전설적인 디즈니랜드를 모든 유럽인들이 방문할 수 있게 되었다'는 사실을 대대적으로 선전하였다. 디즈니는 각종 매체의 기자 2,500명을 디즈니 시설로 초대하여 파티를 열었다. 대부분의 기자들은 방대하고 화려한 시설과 직원들의 친절한 태도에 깊은 감명을 받았다.

유로 디즈니랜드가 개장되고 나서야 디즈니 측은 수입이 예상보다 훨씬 적다는 사실을 알았다. 디즈니 측은 유럽인들이 미국인들보다 훨씬 검소한 생활을 한다는 것을 파악하지 못한 것이다. 유로 디즈니를 방문한 많은 유럽 방문객들은 도시락을 가지고 왔으며, 디즈니랜드 안에 있는 호텔을 이용하지 않았다. 유로 디즈니의 가격전략은 초기고가전략(skimming price)을 선택하였고, 이러한 전략은 유럽의 방문객들이 유로 디즈니 안에서 머무는 시간을 줄이는 역할을 하였다.

이는 유럽인의 미국문화에 대한 거부감에 원인이 있는 것은 아니었다. 유로 디즈니는 예상대로 유럽 사람들이 가장 많이 방문하는 관광지가 되었다. 그러나 유로 디즈니의 문제점은 다음 다섯 가지로 요약할 수 있다.

- 방문객들이 쓰고 가는 경비가 적어 유로 디즈니가 예상했던 수입이나 수익성이 악화되어 투자액을 회수하기가 어려웠다.
- 문화적 차이로 테마파크에서 주류 판매를 금지했는데, 프랑스 사람들은 식사 때 와인을 물처럼 마시기 때문에 주류 판매금지를 이해하기가 힘들었다.
- 방문객 수가 시기와 계절에 따라 변동 폭이 컸기 때문에 직원 수를 탄력적으로 운용해야 하지만, 프랑스의 법은 인력을 마음대로 줄이는 것을 허용하지 않았다.
- 유로 디즈니가 유럽 사람들이 아침식사를 하지 않는 것으로 알고 식당규모를 350석으로 했으나, 아침식사를 요구하는 손님들이 2,500명이 넘어 오랫동안 기다려야 했다.
- 관광버스 기사들의 수를 제대로 예측하지 못하였다. 유로 디즈니는 50명의 관광버스 운전기사가 이용할 수 있는 시설을 하였으나, 성수기에는 2,000명이 넘는 기사들이 이용하였다.

Ⅶ. 결　론

월트 디즈니는 2007년 발표된 상표가치 세계 6위의 글로벌 기업이다. 이들은 미국에 2곳, 일본의 동경과 프랑스의 파리에 디즈니랜드를 개장하고 있고, 홍콩에 개장을 준비하고 있는 글로벌 기업이다.

1993년 9월 30일에 유로 디즈니는 9억 6,000만 달러의 적자를 냈고, 이는 연말까지 10억 3,000만 달러에 이르게 되었다. 따라서 1994년 초, 유로 디즈니는 가격조정전략을 수행하였다. 이들은 숙박료 인하, 저가상품으로의 교체, 셀프서비스 식당으로 개조, 비수기 입장료 인하, 필요경비 경감 등의 전략을 수행하였다. 프랑스에 있는 유로 디즈니의 사례에서 얻은 글로벌마케팅 차원의 교훈은 몇 가지로 요약할 수 있다.

- 새로운 환경, 새로운 문화에서는 자만심을 경계해야 한다.
- 큰 성공은 늘 계속되는 것이 아니다.
- 부채에 의존하는 사업은 취약할 수밖에 없다.
- 지나치게 높은 초기 고가전략은 경계해야 한다.

생각해 볼 문제

1. 미국 소비자와 다르게 프랑스 소비문화의 어떠한 면을 잘못 인식하였다고 판단되는가?

2. 유로 디즈니가 문화적 환경 분석이 수익성과 연결되기 위해서는 어떠한 요인들을 고려하여야 하였는가?

3. 유로 디즈니가 수익성 측면에서 어려움을 겪게 된 이유는 무엇인가?

이 페이지는 비워 둡니다.

제1부: 기업의 글로벌 지향성과 글로벌마케팅

- 제1장: 한국 기업의 글로벌 지향성

제2부: 글로벌 환경 및 경쟁분석

- 제2장: 글로벌 거시환경 분석
- **제3장: 글로벌 경쟁환경 분석**
- 제4장: 글로벌 경쟁원천 분석

제3부: 글로벌 진입 및 협력전략

- 제5장: 글로벌시장 진입전략
- 제6장: 글로벌 제휴 및 네트워킹 전략

제4부: 글로벌 STP 및 표준화 · 현지화 전략

- 제7장: 글로벌 시장의 STP전략
- 제8장: 글로벌 표준화와 현지화 전략

제5부 글로벌마케팅 믹스전략

- 제9장: 글로벌마케팅의 제품전략
- 제10장: 글로벌마케팅의 유통전략
- 제11장: 글로벌마케팅의 촉진전략
- 제12장: 글로벌마케팅의 가격전략
- 제13장: 글로벌마케팅의 인터넷전략

제6부: 글로벌마케팅 조직

- 제14장: 글로벌마케팅의 조직구조

제 3 장

글로벌 경쟁환경 분석

글로벌 시장지향성을 취하면 반드시 경쟁기업들이 존재하게 되고, 경쟁강도는 강해진다. 이때 글로벌 기업은 경쟁의 범위를 보다 넓게 분석하고 전개하지 않으면 어려움에 빠질 수 있다. 글로벌 기업은 동종 기업뿐만 아니라 글로벌 산업 전체와 관련 산업까지를 분석해야 한다.

본 장에서는 포터가 일반 산업조직론 분석을 통하여 요약·제시한 경쟁분석에서 일반화된 모형을 중심으로 글로벌 경쟁이론을 살펴보고, 글로벌마케팅의 글로벌 배열과 조정의 방향에 대해서 연구하고자 한다. 글로벌 경영전략이나 조직의 형태에 따라 글로벌마케팅의 방향은 상당히 다르게 전개될 수 있기 때문이다.

제 1 절 글로벌 산업 내 경쟁분석
제 2 절 글로벌 시장의 본원적 경쟁분석
제 3 절 글로벌 산업의 전략대안분석
제 4 절 국가 비교우위와 기업 경쟁우위 분석
제 5 절 글로벌 배열과 조정 분석

사례 3-1 : KFC와 맥도널드의 중국시장 경쟁전략

제 1 절 글로벌 산업 내 경쟁분석

한국 기업이 글로벌 시장에 뛰어들 때 동종 기업들 사이의 경쟁만을 보지 말고 글로벌 산업 내 경쟁상황을 파악하는 것이 중요하다.

포터(Michael Porter 1980)는 산업조직론 관점에서 경쟁의 범위를 넓게 보았다. 〈그림 3-1〉에서 보듯이 기존 동종 업종에서 사업하는 기업 간의 경쟁을 넘어서 산업 내에 참여하는 공급자와 구매자, 잠재적인 진출기업과 기존의 대체 제품 생산자들 전체가 기업의 잠재수익에 중대한 영향을 미치는 경쟁자임을 잘 밝혀주었다.

〈그림 3-1〉 산업 내에서 경쟁을 유발하는 요인들

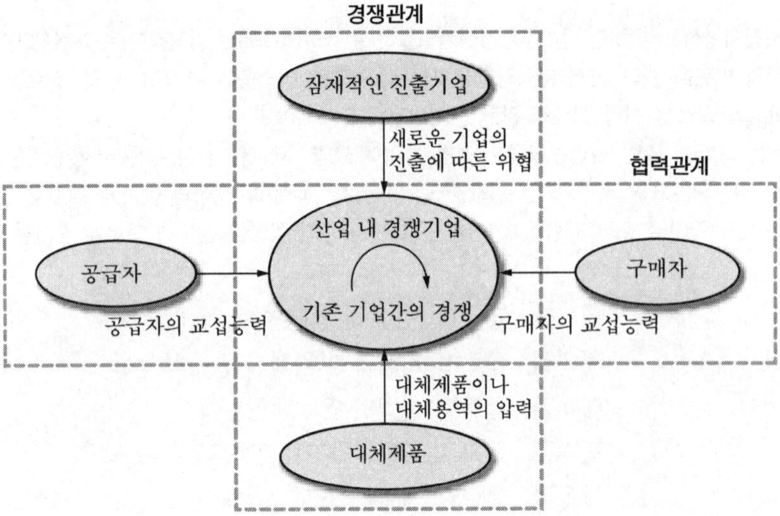

자료원: Michael E. Porter, *Competitive Strategy*, Free Press, 1980, p. 14. 수정

1. 기존 기업 간의 경쟁분석

글로벌 시장에서 기존 기업 간의 경쟁은 유사한 업종에서 사업을 하기 때문에 항상 치열할 수밖에 없다. 이러한 경쟁은 가격경쟁이나 광고경쟁, 신제품 출시, 고객

서비스나 제품보증 등의 형태로 전개된다. 이 경쟁에서 이기기 위해서 글로벌마케팅이 고도로 활용되고 있다.

기존 기업 간의 경쟁은 이러한 요인에 따라 경쟁강도가 결정되고 있다. 즉, 경쟁력이 비슷한 기업이 많을수록, 산업의 성장률이 완만할수록, 고정비용과 재고비용이 클수록, 부가가치가 클수록, 제품의 차별성이 적고 교체비용이 적을수록, 정보차원이 복잡하고 경쟁자가 다양할수록, 해당 산업에 대한 전략적 이해관계가 클수록, 철수장벽이 높을수록 경쟁은 보다 치열해진다.

2. 잠재적인 진출기업의 위협분석

새로운 진출기업이 글로벌 시장의 특정 산업에 진출할 때는 새로운 능력과 시장을 확보하려는 강한 의욕 및 상당한 자원을 가지고 진입하게 된다. 이때는 그 산업의 진입 장벽과 기존 기업들의 대응에 따라 진출기업의 폭이 결정된다. 즉, 진입 장벽이 높고 새로운 진출기업에 대한 기존 기업들의 보복적 대응이 강할 경우, 신규진입이 주는 위협요인은 미약할 것이다.

이러한 진입 장벽은 절대적인 원가우위, 규모의 경제, 제품 차별화, 상표인지도, 소요자본, 교체비용, 유통경로의 접근성, 규모와 무관한 비용 상의 불리함, 정부의 정책, 예상되는 보복 등이 있으며, 이들이 클수록 신규 진입이 어려워 억제된다.

현대자동차는 삼성자동차의 시장진출 결정에 위협을 느낄 수 있다. 글로벌마케팅 상황에서는 특정 시장에 새로운 진출기업의 위협이 항상 존재하고 있을 수 있어서 면밀한 분석이 요구된다.

3. 공급자 교섭력 분석

공급자가 구매자보다 유리한 상대적 지위를 점유하고 있는 경우에 가격인상이나 판매하는 제품의 질을 떨어뜨리겠다는 위협을 통해서 공급자가 교섭력을 발휘할 수 있다. 공급자들이 강력한 힘을 지니게 만드는 여건은 구매자들을 강력하게 만드는 상황과 유사한 형태를 보인다.

이러한 공급자의 교섭력을 결정하는 요인은 글로벌 산업 내 전반적인 구매에 대한 상대적 비용, 원가 또는 차별화에 대한 투입요소의 영향, 글로벌 산업 내 기업에 의한 후방 통합의 위협과 전방 통합의 위협, 투입요소의 차별화, 글로벌 산업 내 공급자 및 기업들의 교체비용, 대체 투입요소의 존재, 공급자의 집중, 공급자 매출 비율의 크기 등이 있다.

이러한 공급자의 영향력을 결정하는 여건들은 주변 상황에 따라 변화할 수 있으며, 기업이 통제할 수 없는 경우가 많지만, 글로벌마케팅 전략을 통해 상황을 유리한 방향으로 호전시켜야 한다.

4. 구매자 교섭력 분석

글로벌 구매자들은 가격 인하, 품질 향상 및 서비스 증대를 요구한다. 가격 인하의 목소리는 산업의 수익성을 감소시킬 수 있기 때문에 구매자의 교섭력이 경쟁을 좌우할 수 있다. 특정 산업의 구매집단이 마케팅 활동에서 어느 정도 상대적인 비중을 지니는가에 따라 달라진다.

이러한 구매자의 교섭력을 결정하는 요인은 구매자 집중도와 기업 집중도, 기업 교체비용에 대한 구매자의 교체비용, 구매자 정보, 후방 통합 능력, 대체재의 존재 등이 있다. 구매자의 가격민감성은 가격/총 구매량, 제품차별화 정도, 상표인지도, 품질 성과에 대한 영향, 구매자 이익, 의사결정자의 인센티브 등에 의해 결정된다. 이러한 요인들은 시간이 흐르거나 기업의 전략적 결정에 따라 변화하게 된다. 주변 여건이 변화하게 되면 구매자들의 힘도 커지거나 작아지게 된다.

5. 대체품의 위협 분석

글로벌 산업 내의 기업들은 대체품을 생산하는 글로벌 기업들과 경쟁을 벌이고 있기 때문에 경영자들은 경쟁의 범위를 포괄적으로 보아야 한다. 대체품의 위협을 중시하는 글로벌 기업은 대체품이 특정 산업의 수익을 잠재적으로 제한하기 때문에 경쟁의 범위를 넓게 보는 것이다.

이러한 대체품 위협의 결정요인은 대체품의 상대적 가격, 교체비용, 대체품에 대한 구매자 성향 등이 있다. 즉, 설탕 제조업자는 옥수수 시럽으로부터 경쟁 압력을 받고, 섬유 유리 단열재 생산업자는 스치로폴로부터 경쟁 압력을 받으며, 경비용역 산업은 전자경보장치로부터 극심한 경쟁 압력을 받고 있기 때문에 수익률 향상에 제약을 받는다. 또한 수동타자기는 전동타자기에게 그리고 퍼스널 컴퓨터에 의해 대체되어 버렸다.

지금까지 논의한 경쟁요소 중에서 구매자와 공급자는 글로벌 기업의 전략에 따라 제휴를 맺거나 네트워킹의 대상이 될 수 있다. 따라서 경쟁의 대상으로만 파악하지 말고 협력의 대상으로 파악하는 전략을 구축하는 것이 필요하다.

그러나 기존 경쟁자와 잠재적 진출기업, 대체품은 경쟁의 대상이 되어 경쟁관계가 성립되는 것이다. 이러한 산업구조를 결정하는 경쟁요인들은 서로 동태적으로 연결되어 있기 때문에 상호관련성과 동태적인 관계를 분석해야 산업구조를 정확히 파악할 수 있다.

제 2 절 글로벌 시장의 본원적 경쟁분석

글로벌 산업 내 경쟁분석이 이루어지면 글로벌 기업은 본원적 경쟁전략을 찾아야 한다.

1. 본원적 경쟁분석

글로벌 시장에서 본원적 경쟁전략을 적절하게 선정한 기업은 산업 평균 수익률보다 높은 수익률을 달성하면서 성장한다. 포터는 〈그림 3-2〉와 같이 투자수익률을 높이고, 장기적으로 산업에서 경쟁우위를 갖기 위한 본원적 경쟁전략의 유형을 제시하고 있다.

1) 원가우위분석

원가우위전략(overall cost leadership strategy)은 글로벌 기업이 최저 원가를 달성할 수 있는 기업이어야 하고, 원가우위를 달성하기 위해 경쟁하는 기업이어야 성공할 수 있다. 글로벌 기업들의 원가우위는 표준화된 제품을 통하여 절대적인 원가우위를 획득하려고 하고, 학습곡선이나 경험 곡선의 하향을 통하여 비용을 낮추려고 한다.

〈그림 3-2〉 본원적 경쟁분석

경쟁범위 \ 경쟁우위	원가우위	차별화
산업전체	1. 원가우위전략 (overall cost leadership)	2. 차별화전략 (differentiation)
산업의 특정부분	3A. 원가집중화 (focus)	3B. 차별적 집중화 (focus)

이러한 원가우위전략은 경쟁자, 구매자, 공급자, 잠재적 경쟁자 및 대체품과 같은 경쟁 강도를 결정하는 요소로부터 글로벌 기업에게 이점을 제공한다. 즉, 공급자 또는 구매자의 교섭력은 2위의 기업이 제거될 때까지만 이익을 감소시키며, 이때 효율적이지 못한 기업이 가장 먼저 어려움을 겪게 된다.

2) 차별화분석

차별화전략(differentiation strategy)은 글로벌 기업이 제공하는 제품이나 서비스를 차별화하여 구매자에게 독특하다고 인식될 수 있는 제품을 창출하는 것이다. 이러한 차별화전략에서 발생하는 추가비용을 능가하는 부가가치를 얻을 수 있으며, 글로벌 산업 내에서 창출하고 유지하는 차별화를 통해 평균 이상의 성과를 얻을 수 있다. 차별화의 전략적 논리는 경쟁자와 상이한 속성을 선택하는 것이다.

이러한 차별화전략은 글로벌 산업의 전체 시장을 대상으로 하는 전략이기 때문에 높은 시장점유율과 양립할 수 없다는 것에 유의해야 한다. 차별화는 독특하게 인식될 수 있는 제품을 창출하는 것이기 때문에 차별화를 이루기 위해서는 광범위한 시장조사, 제품설계, 양질의 원자재 등을 사용해야 한다. 따라서 이는 많은 비용의 발생으로 인하여 원가가 높아질 수 있어서 유의해야 한다.

3) 집중화분석

집중화전략(focus strategy)은 특정시장, 특정 구매자 집단이나 특정 지역을 집중적으로 공략하는 것이다. 이것은 광범위하게 경쟁하는 경쟁기업보다 좁은 시장을 중점적으로 공략하는 것이 효율적임을 전제로 한다. 이는 원가 집중화전략과 차별적 집중화전략으로 나눌 수 있다.

전자는 표적시장에서 원가우위를 추구하고, 후자는 집중화하려는 글로벌 기업의 표적시장과 글로벌 산업 내의 다른 세분시장 간에 차이점이 존재할 때 적용이 가능하다. 글로벌 기업들이 집중화를 달성하면, 이를 통하여 경쟁우위 원천을 방어할 수 있기 때문에 글로벌 산업에서 평균 이상의 이익을 올릴 수 있다.

2. 본원적 경쟁전략의 위험분석

글로벌 기업은 본원적 경쟁전략의 속성을 유지하기 위해 전략의 모방을 어렵게 하는 장벽을 갖고 있어야 하지만, 이러한 장벽은 무너질 수 있기 때문에 글로벌 기업이 지속적인 경쟁적 지위를 획득하기 위해 투자함으로써 경쟁자에게 장벽이 끊임없이 높아지거나 이동하고 있음을 보여 주어야 한다.

이러한 본원적 경쟁전략은 경쟁기업에게는 잠재적 위협으로 작용할 수 있지만, 〈표 3-1〉과 같은 위험이 존재한다는 사실을 명심하여 사용해야 한다.

〈표 3-1〉 본원적 경쟁전략의 위험분석

원가우위전략의 위험	차별화전략의 위험	집중화전략의 위험
· 원가우위가 지속적이지 못할 경우 -경쟁자의 모방 -기술의 변화 -원가우위를 변화시키는 기타의 요인들 · 차별화의 유사성이 소멸될 경우 · 원가 집중화 기업이 더 낮은 원가를 성취할 경우	· 차별화가 지속적이지 못할 경우 -경쟁자의 모방 -구매자에게 차별화가 중요하지 않도록 만드는 요인들 · 원가적으로 유사성이 소멸될 경우 · 차별적 집중화 기업이 더 큰 차별화를 성취할 경우	· 차별화전략이 요망될 경우 · 구조적으로 목표시장의 매력성이 감소될 경우 -구조적 침식 -수요의 감소 · 광범위한 시장을 담당하는 경쟁자가 세분산업을 장악하는 경우 -기타 인접 세분산업과 차이 -광범위한 라인의 이점 증가 · 새로운 집중화 기업이 더욱 세분화를 달성할 경우

본원적 경쟁의 개념은 글로벌 산업구조에 따라 경쟁우위를 얻는 방법이 여러 가지 있을 수 있다. 따라서 본원적 경쟁전략은 글로벌 기업이 차별화나 집중화를 위하여 상이한 기반을 선택하거나 상이한 전략을 추구하면 일정 수준의 수익성을 유지할 수 있다.

제 3 절 글로벌 산업의 전략대안 분석

포터가 글로벌 경쟁전략에서 글로벌 기업들이 경쟁력을 찾기 위한 전략 대안을 기업의 가치 활동의 적절한 배열과 조정을 통하여 달성될 수 있다고 주장하면서 글로벌 산업의 경쟁전략으로 〈그림 3-3〉과 같이 대안전략을 제시하였다.

〈그림 3-3〉 글로벌 산업의 전략대안 분석

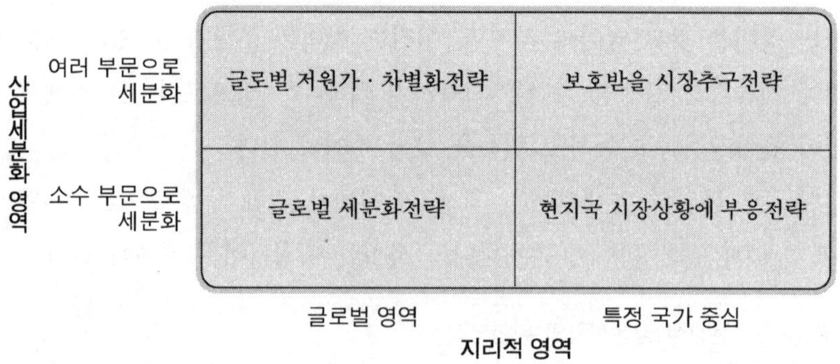

1. 글로벌 저원가 · 차별화전략

글로벌 저원가전략(global cost leadership strategy)은 글로벌 고객이 제품의 차이나 원산지 등에 별로 관심을 두지 않는 상황에서 이들을 대상으로 폭넓은 제품계열의 판매와 시장 활동을 전개하는 것이다. 이 경우 기업의 경쟁우위는 저원가를 바탕으로 한 가격 경쟁력에 있다. 이와 같은 전략을 추구하려면 제품이 표준화되어 있어야 하고, 기술개발 · 구매 · 생산 등에서 규모의 경제를 달성할 수 있어야 한다.

글로벌 차별화전략(global differentiation strategy)은 여러 지역에 여러 종류의 제품을 판매하되 기술이나 품질 등을 차별화하여 제품가격을 비교적 높게 책정하는 것이다. 이러한 전략을 구사하는 기업들은 차별화에 수반된 비용을 줄이기 위하여 규모의 경제나 학습효과의 이점을 이용하기도 한다.

2. 보호받을 시장추구전략

보호받을 시장추구전략(protected market strategy)은 특정 산업을 보호하기 위하여 현지국 정부가 높은 관세율이나 할당 및 국산품 사용의무 등의 무역 제한조치를 부과하는 경우 글로벌 경쟁에서 이러한 현지국의 보호정책을 활용코자 하는 것이다.

이 때 글로벌 기업의 독특한 시장지위는 그 기업이 가지고 있는 경제적 우위요소 때문이 아니라 특정 산업을 보호하려는 현지국 정부의 정책에 따라 달라진다.

3. 글로벌 세분화전략

글로벌 세분화전략(global segmentation strategy)은 특정 산업의 세분된 시장을 대상으로 글로벌 판매 활동을 전개하는 것이다. 전체 글로벌 시장을 몇 개의 동질적인 집단으로 나누어 적절한 표적시장을 찾아내는 전략이다. 즉, 서로 상이한 국가이지만, 비슷한 반응을 보이는 소비자들이 세계적으로 세분시장을 형성한다는 가정에서 이루어진다.

4. 현지국 시장상황에 부응전략

현지국 시장상황에 부응전략(national responsiveness strategy)은 산업이 글로벌화되고 있지만, 국가 간에는 다소의 차이가 있기 때문에 각 국가별 특수한 상황에 맞춰 산업을 세분화하고, 현지국의 요구에 맞는 제품이나 마케팅 활동을 전개하는 것이다. 따라서 글로벌전략에 따른 경쟁우위는 현지국의 특수한 요구에 적합하도록 활용하여야 한다. 기업이 이러한 전략을 구사하는 것은 글로벌 배열과 조정에 있어 물리적·기술적·경제적 장애가 존재하기 때문이다.

제 4 절 국가 비교우위와 기업 경쟁우위 분석

코굿(Kogut)은 국가 간 노동과 자본의 집중도에서 차이가 나타남으로 글로벌 비교우위에서 차이가 나타나며 이에 따라 기업의 경쟁우위가 나타난다는 것을 주장하였다.

또한 포터(Michael Porter)는 글로벌 경쟁력을 갖기 위해서는 글로벌 배열과 조정을 통해서 이루어야 한다는 것을 잘 보여주었다.

코굿은 〈그림 3-4〉와 같이 선진공업국, 신흥공업국, 개발도상국 등 국가의 상황에 따라 비교우위사슬의 변화가 나타난다고 주장하였다.

국가의 비교우위는 요소비용의 국가 간 차이에 의해 나타나게 되는 입지우위 요소를 말하며, 글로벌 기업이 어디에 자원을 투입하여 시장진입을 시도할 것인가를 결정하는데 중요한 영향을 미친다.

〈그림 3-4〉 비교우위사슬의 변화 분석

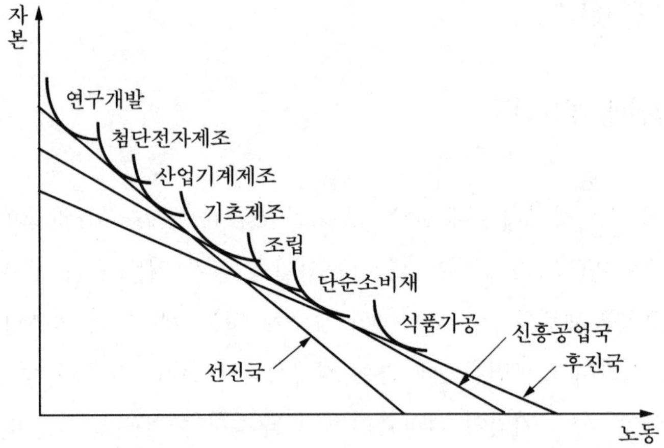

자료원: Kogut(1993), Structural Changes in World Industry(1983) : *A Quantitative Analysis of Recent Developments*, Washington, DC: World Book.

이러한 국가의 비교우위(comparative advantage)를 고려하면서 기업의 경쟁우위(competitive advantage)를 결합할 수 있다. 코굿은 국가의 비교우위와 기업의 경쟁우위를 어떻게 활용할 수 있는가에 따라 기업이 전개할 수 있는 글로벌 경쟁전략을 〈그림 3-5〉와 같이 구분하고 있다.

〈그림 3-5〉 국가의 비교우위와 기업의 경쟁우위 분석

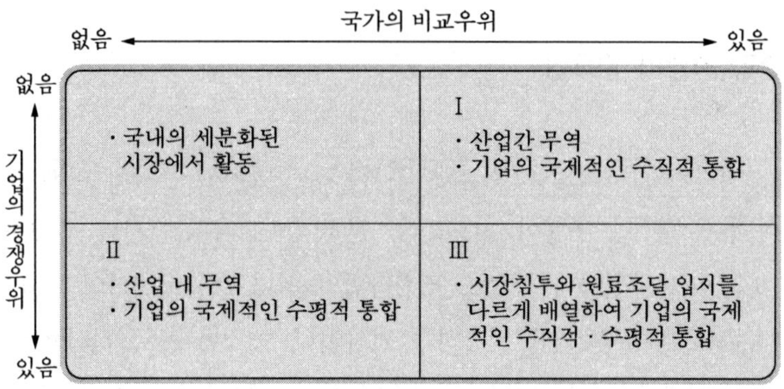

- 유형 Ⅰ은 국가의 비교우위는 있으나 기업의 경쟁우위가 없는 경우이다. 이 경우에는 국가 간의 비교우위 차이에 따라 산업간 무역을 전개하거나 기업의 국제적인 수직적 통합전략으로 전·후방의 연계효과를 도모하는 전략을 수립할 수 있다.
- 유형 Ⅱ는 국가의 비교우위는 없으나 기업의 경쟁우위는 있는 경우이다. 이때에는 해당 기업이 산업 내 무역이나 기업의 국제적인 수평적 통합전략을 구사할 수 있다.
- 유형 Ⅲ은 국가의 비교우위와 기업의 경쟁우위가 모두 있는 경우이다. 이 경우에는 시장침투와 원료조달 입지를 다르게 배열하여 국제적인 수직적·수평적 통합이 이루어지도록 할 수 있다.

코굿은 규모의 경제, 범위의 경제 및 학습을 통한 경험 등에 의하여 기업의 경쟁우위와 국가의 비교우위가 결합됨으로써 글로벌 경쟁력이 창출된다고 보고 있으며, 이러한 경쟁우위 원천의 유무에 따라 개별 기업의 글로벌 경쟁 형태와 경영 활동 형태가 결정된다고 주장하였다. 따라서 기업의 글로벌화가 진전될수록 국가의 비교우위보다는 기업의 경쟁우위 요소가 더 중요해진다.

제 5 절 글로벌마케팅의 배열과 조정 분석

1. 글로벌 배열과 조정의 중요성

글로벌마케팅은 국경을 초월해서 수행되고 있어서 본국의 마케팅 활동과 현지국의 마케팅 활동의 조정이 필요하다. 현지에서도 본국에서와 동일한 마케팅전략을 수행하는 마케팅전략의 확장도 조정방법의 하나로 본국에서의 마케팅 활동을 수정하지 않고 그대로 해외에 적용하는 전략이다. 이것은 본국의 마케팅 활동과 동일한 전략으로 표준화된 글로벌마케팅이라고 한다. 세계적으로 소비자의 욕구나 사용 조건이 유사한 제품은 글로벌마케팅에서 마케팅의 확장전략, 적용전략, 표준화전략이 사용될 수 있다.

이와는 대조적으로 현지시장에 적응을 중시하는 글로벌마케팅 활동의 조정 방법이 있다. 이것은 현지의 사회·문화적인 조건, 선호 및 기호에 적합성이 중요한 경쟁우위가 되는 경우이다. 이러한 제품에서는 마케팅의 현지적응전략이 사용될 수 있다.

그러나 기업이 글로벌 활동을 표준화할 것인가, 현지화할 것인가 하는 것은 이들의 균형을 잡는 조정문제가 글로벌 경영에서 중요하다. 이렇게 표준화할 것인가 현지화할 것인가 하는 패러다임은 보다 복잡한 글로벌마케팅에서는 설명력이나 예측력을 크게 떨어뜨리고 있다.

이제까지 논의의 대부분이 글로벌 기업의 자회사 역할이 국가에 따라 크게 다르지 않다는 전제에서 이루어져 왔기 때문이다. 그러나 실제로는 글로벌 기업의 특정 사업단위를 보면, 해외 자회사의 위치나 역할은 다양하게 나타나고 있다.

이제까지의 새로운 해외 자회사에서의 역할과 책임은 자회사의 외부 환경과 내부 능력의 명백한 차이로 인하여 선택적으로 결정될 수 있다고 전제해 왔다. 그러나 자회사 역할이 서로 달라지면 기존의 표준화-현지화 패러다임에서는 전체 글로벌 기업의 마케팅 활동은 설명과 예측이 어렵게 된다.

또한 마케팅 믹스의 표준화-현지화를 보면, 글로벌 기업의 경영전략 전체를 보아야 한다. 현지시장에서 마케팅 믹스의 현지화를 높이는 배경에는 기업 간에 원재료의 공통화와 일괄 조달의 측면에서 글로벌 통합화를 적극적으로 수행하는 글로벌 기업이 많다.

이러한 글로벌 기업들은 기존 마케팅 믹스의 표준화-현지화 기준으로 보면, 현지화 정도가 높은 기업으로 분류할 수 있다. 그러나 실제는 원재료와 조달 측면에서 전체의 글로벌 통합도가 높은 기업으로 보아야 한다.

역으로 마케팅 믹스의 글로벌 표준화 정도가 높지만, 마케팅 활동의 전체 글로벌 통합화 정도가 높지 않은 글로벌 기업들도 있다. 마케팅 믹스의 표준화-현지화의 패러다임은 오늘날 글로벌 기업을 주체로 하는 글로벌마케팅의 분석에는 충분하지 않다.

따라서 마케팅 믹스의 표준화-현지화라고 하는 조정의 방향성을 포함하는 '글로벌 조정'이라는 개념을 도입할 필요가 있다. 여기서 글로벌 조정은 기업에 의한 글로벌 관점까지 경쟁우위의 유지·강화 등 전략이나 조직을 유기적으로 연결하는 조정과 통합을 의미하는 사고이다.

표준화하는 방법은 글로벌 조정의 방향이 될 수 있다. 글로벌 조정의 방향이나 유형은 글로벌 기업이 직면하는 환경의 다양성과 경영전략의 다양성을 반영하는 방법에 따라 다양하게 존재한다. 마케팅전략에서는 세계적 표준화, 지역적 표준화, 현지 적응화 등의 형태가 있으며, 조직에서는 경직된 통합화, 유연한 통합화, 전체적인 네트워크화, 개방적 네트워크화 등의 형태를 생각할 수 있다.

오늘날 글로벌 기업의 마케팅 활동을 분석해 보면, 이제까지 표준화-현지화의 분석의 틀을 적용하고 있지만, 그 실태를 잘못 볼 위험이 있다. 글로벌 기업의 전체 마케팅 활동을 보다 적절하게 파악하려면, 〈그림 3-6〉과 같은 글로벌마케팅의 분석 틀을 도입할 필요가 있다.

여기서 글로벌 경영의 영향요인에는 정치·경제·사회·문화 등의 일반적 환경요인이 있고, 경쟁우위 구조, 글로벌화 정도, 조직 등의 기업 전략요인이 있으며, 산업 특성, 제품 유형 등 산업계 요인 등이 있다.

글로벌 경영의 유형화 기준은 경영의 글로벌 조정 정도, 경영자원의 국제적 분산 정도, 글로벌 정책조정의 본사 주도성 및 자회사의 경영자원과 역할 등 4가지 기준을 제시할 수 있다.

이러한 기준을 중심으로 특징이 있는 마케팅 활동의 계획, 실행, 평가가 수행되고 있다. 이 경우 기업은 마케팅 믹스의 개별 요소나 이러한 조직의 마케팅 믹스가 아니라 글로벌마케팅에 관련된 경영 활동의 통합 내용과 정도, 관리방법에 주된 관심을 두고 보면 단일 글로벌형 마케팅, 다지역형 마케팅, 글로컬형 마케팅 및 글로벌형 마케팅이 있다.

〈그림 3-6〉 글로벌마케팅의 분석의 틀

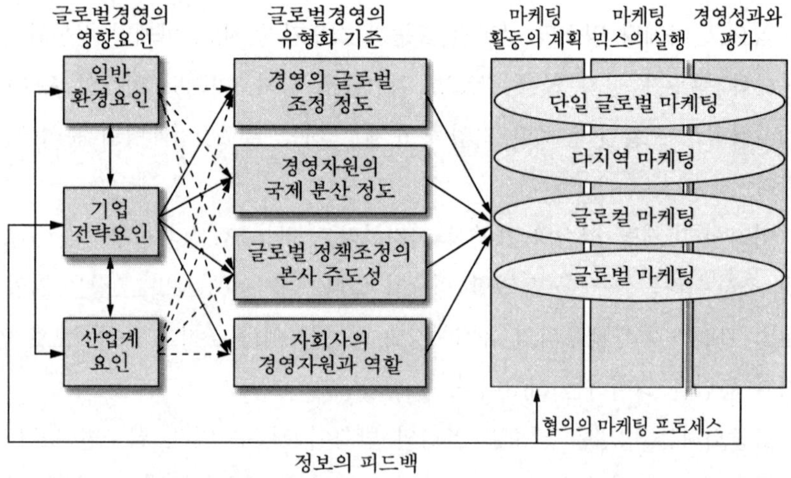

자료원: 諸上茂登・根本孝 編著,『グロバル經營の調整メカニズム』、文眞堂, 1996. p. 111.

2. 글로벌 경영의 유형분석

글로벌 기업이 그들의 글로벌 전략을 보다 현실적이고 보다 정밀한 분석을 하려면 사업단위를 기본적 분석단위로 하여 글로벌 전략의 유형화를 수행할 때, 국제적으로 배치된 사업조직 단위 간의 모든 활동을 조정하고 본사와 자회사 간의 관리 메커니즘이 핵심적인 검토 과제라는 사실을 인식해야 한다. 이것을 고려하면서 기존 국제경영 진화모형의 통합 글로벌 단계의 정밀화를 시도해야 한다.

여기서 글로벌 경영은 글로벌 전략 조정에 있어서 본사 글로벌 전략의 조정 정도와 자회사의 경영자원 분산 정도의 높고 낮음에 따라 4가지 유형으로 분류할 수 있다. 〈그림 3-7〉에서 보듯이 글로벌 경영 유형은 본사에서 조정 통제하는 단일 글로벌(UG)유형과 각 지역에 본사를 두고 조정 통제하는 다지역(MR)유형, 상호 조정 통제하는 글로벌-지역화(GL)유형, 자회사를 두어 이들로 하여금 조정 통제하게 하는 지역글로벌(LG)유형 등 4가지의 유형이 있다.

글로벌 단계에 있는 기업은 일반적으로 글로벌 전략의 조정 정도가 높지만, 이 경우 글로벌 조정을 본사 주도적으로 수행하는가, 자회사 주도적으로 수행하는가에 따라 분류될 수 있다.

자회사의 현지자원 수준은 본사의 자회사 의존도를 결정하는 중요한 요인이다. 연구개발 능력, 제조 능력, 마케팅 능력 등에서 자회사의 현지 자원수준이 높으면, 본사의 자회사 의존도와 본사-자회사의 상호 의존도가 높게 된다. 이처럼 현지 자회사의 경영자원 수준이 글로벌 경영전략과 조직을 결정하는 중요한 요인이 된다.

〈그림 3-7〉 유형 분석에 따른 글로벌 경영전략

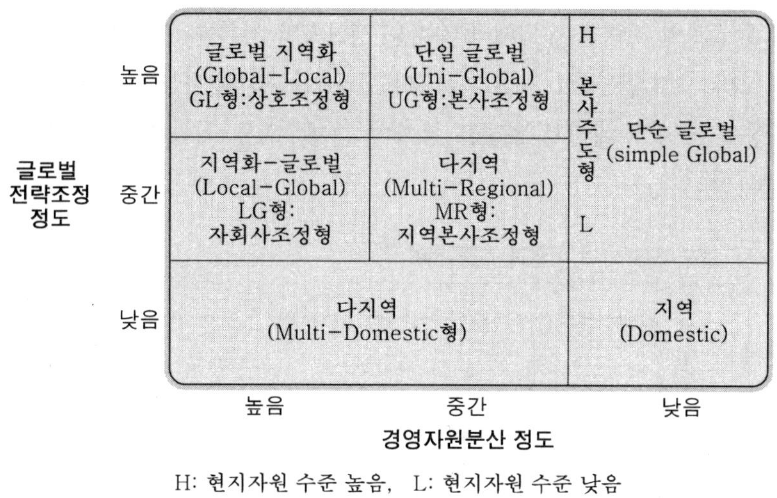

3. 글로벌 배열과 조정 분석

포터 교수(1986)는 글로벌 경쟁우위를 설명하는데 가치사슬(value chain)을 이용하고 있다. 그는 기본적으로는 산업구조가 기반이 되는 전략을 결정하기도 하고, 산업구조에서는 현지화전략이 적합한 경우가 있으며, 글로벌 전략이 적합한 경우가 있다고 하였다.

다지역 지배(multi-domestic) 산업에서 기업의 글로벌 전략은 국가 중심전략이 적합하다고 주장하고, 이러한 경쟁 유형을 나타내는 산업에는 소매업, 비내구재 산업, 유통업, 보험업, 소비자 금융업 등이 포함된다.

글로벌 산업은 어느 기업이 단일 국가에서 경쟁적 지위에 있지만, 다른 국가에서는 그의 지위에 따라 중요한 영향을 받는 산업이기 때문에 경쟁기업 집단을 세계적으로 연계하여 경쟁하는 글로벌 산업에서는 모든 활동을 세계적으로 연계된 통합·조정이 경쟁우위를 결정하게 된다. 이러한 글로벌 경쟁의 유형은 민간 항공기, 텔레비전, 반도체, 커피 자판기, 자동차, 시계 등의 산업에서 나타나고 있다.

포터는 경쟁우위의 원천이 기업 활동의 배열(configuration)과 조정(coordination)에 따라 달라진다고 주장한다. 글로벌 산업에서는 모든 활동을 가능한 한 지리적으로 집중 배치하고, 모든 활동의 조정을 통하여 비용우위 또는 차별화 우위를 획득할 수 있다. 도요타 자동차를 생산하는 많은 하청기업은 1960년대와 1970년대에 단순한 글로벌 전략을 수립해서 저비용 생산자의 지위를 획득하였다.

〈그림 3-8〉은 GM, 포드, 도요타(Toyota) 등 세계적인 자동차 기업들이 모든 활동의 지리적 배열과 조정을 통하여 경쟁우위를 획득해 가는 과정을 보여 주고 있다.

〈그림 3-8〉 GM, 포드, 도요타의 배열과 조정 전략

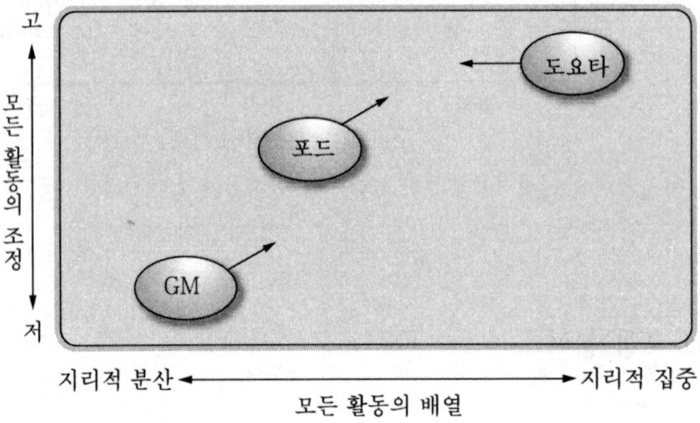

자료원: M. E. Porter, *"Competition in Global Industries: A Conceptual Framework" in Competition in Global Industries,* Harvard Business School Press, Boston, 1986, p. 27.

일본의 도요타는 모기업 국가에 집중하여 그 국가에서 표준화를 통해서 강한 조정을 하고 있으나, 미국의 GM사는 지역적으로 분산된 제조설비를 갖고 지역에 따라 다른 상표명을 사용하며 현지 적응전략을 수립하여 경쟁하고 있다.

또한 미국의 포드사는 모든 활동을 배열과 조정을 통하여 경쟁하고 있다. 도요타,

GM, 포드는 전통적인 글로벌 전략의 방향으로 움직이고 있다. GM과 포드는 모든 활동의 조정을 강화하고, 지리적 집중도를 높이는 방향으로 글로벌 전략을 수립하고 있고, 도요타는 글로벌 경쟁지위가 강화되어 지리적 분산도를 보다 높이고 있다.

포터는 모든 활동의 배열과 조정의 문제가 생산, 마케팅, 서비스, 연구개발 및 조달에서 가치 활동 분야에 따라 생기며, 경쟁우위의 원천이 될 수 있다고 보고 있다. 또 배열과 조정의 다양한 조합이 가능하기 때문에 경쟁우위를 갖고 있는 글로벌 전략에서 다양한 조합이 가능하다.

복사기 산업에서 제록스사는 최근까지 연구개발 활동을 미국에 집중하고 있지만, 다른 활동은 기술제휴를 통해서 지리적으로 분산하고 있다. 분산된 모든 활동에서 상표, 마케팅, 서비스 제도는 세계적으로 표준화된 고도의 조정이 수행되고 있다.

캐논(Canon)은 생산 활동과 지원 활동의 대부분을 일본에 집중하는 고집적 중간 배열을 선택하였지만, 다른 분산된 모든 활동의 조정은 상대적으로 완화하였다. 캐논 상표의 사용을 의무화하고 있지만, 기타의 모든 활동에서는 현지의 마케팅 기업에 많은 재량권을 부여하고 있다.

포터는 글로벌 경쟁전략에서 가치 활동의 글로벌 배열과 조정을 통해 기업의 경쟁우위가 도출되며, 이러한 경쟁우위가 국제 경쟁력을 결정한다고 주장하고 있다. 그가 제시한 글로벌 경쟁전략의 유형은 〈그림 3-9〉와 같다.

〈그림 3-9〉 기업 활동의 배열과 조정 전략

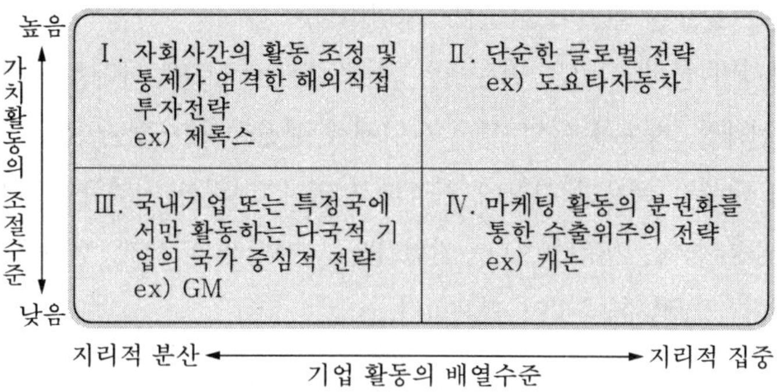

자료원: M. E. Porter, *"Competition in Global Industries: A Conceptual Framework," Competition in Global Industries,* Harvard Business School Press, p. 28.

- 전략 Ⅰ은 기업 활동의 배열을 지역적으로 분산시키고 기업 활동의 조정도 엄격히 하는 해외 직접투자전략이다. 예) 제록스
- 전략 Ⅱ는 기업 활동의 배열을 지역으로 집중시키고 기업 활동의 통합도 엄격히 하는 글로벌 경쟁전략이다. 이 전략은 가장 단순한 글로벌 전략으로써 가능한 한 기업 활동의 많은 부분을 특정 국가에 집중시키고, 구매자 주변에서 수행해야 할 기업 활동을 표준화시킴으로써 글로벌 기업 활동을 조정하려는 전략이다. 예) 도요다자동차
- 전략 Ⅲ은 기업 활동의 배열을 지역적으로 분산시키면서 기업 활동의 조정은 그다지 중시하지 않는 국가 중심적 글로벌 경쟁전략이다. 이 전략은 어느 한 국가에서만 기업 활동을 하는 다국적 기업이나 글로벌 기업들이 선택할 수 있는 전략이다. 예) GM자동차
- 전략 Ⅳ는 기업 활동의 배열을 지역적으로 집중시키지만 기업 활동의 조정은 낮은 수준에 두는 수출위주의 글로벌 경쟁전략으로 이 전략에서는 마케팅 활동이 분산된다. 예) 캐논

포터의 국가경쟁우위론은 생산을 중심으로 하는 본사 활동의 지리적 집중배치와 제품의 글로벌 표준화를 중심으로 하는 기업 활동을 조정함으로써 기업의 비용우위를 설명하고 있다. 이러한 글로벌 경쟁의 기본적 유형이 한국 기업의 성공을 이끈 것이지만, 최근 세계 각국과의 무역마찰 등 한국 기업으로서는 큰 환경적 위기를 맞이하는 중요한 원인이 된 것도 사실이다.

이제까지 한국 기업은 비용우위를 추구하는 글로벌 전략을 수행하였다. 섬유, 철강, 가전제품, 자동차 등의 성숙 산업에서 선진국의 기술도입을 기초로 하면서 비용우위를 내세워 글로벌 시장에 진출하고 있다. 이러한 기업들은 도입된 기술을 응용하는 응용기술은 발전했으나, 원천기술을 개발해서 세계 경제에 진입하여 생존과 성장전략을 구축하는 것이 필요하다.

[사례 3-1] KFC와 맥도널드의 중국시장 경쟁전략

Ⅰ. KFC와 맥도널드의 배경

KFC는 프라이드 치킨분야에서 세계 최대의 패스트푸드 프랜차이즈이다. 60여 년 전 샌더스(Harland Sanders) 대령이 열한가지 향료를 혼합하여 독자적인 치킨양념을 개발하여 KFC를 시작하였다. 현재 KFC는 세계 80여 개국에 9,600개가 넘는 가맹점을 보유하고 있다. KFC는 펩시콜라 그룹의 계열사중 하나로 역사상 가장 성공한 기업 중의 하나이다. KFC 산하에 요식업, 음료업, 레저·식품업 부문이 있고, KFC 외에 피자헛(Pizza Hut)과 타코벨(Taco Bell) 역시 펩시콜라에서 총괄하고 있다.

세계적으로 맥도널드(McDonald's)처럼 지속적인 성장을 계속한 기업은 거의 찾아보기 어렵다. 맥도널드는 프랜차이즈를 통해 성장한 글로벌 기업이다. 1937년 크록(Ray Kroc)은 밀크쉐이크를 만들 수 있는 전기도구를 발명한 사람과 만나 '프린스캐슬 멀티믹서'라는 제품의 세계 단독 대리점 계약을 맺고 판매를 해 왔다. 그는 1954년 캘리포니아주에 있는 작은 햄버거 가게로부터 믹서 8개를 주문 받고서 직접 햄버거 가게에 찾아가 관찰하였는데, 고객이 많고 신속한 서비스와 청결도가 맘에 들었다.

크록은 즉시 모리스 앤 리처드 맥도널드(Maurice and Richard McDonald) 형제에게 그 가게의 프랜차이즈 판매권을 획득하였고, 맥도널드 형제로부터 270만 달러에 사업권을 인수하였다. 1962년에 황금색 M자 모양의 로고를 맥도널드 상표로 만들었다. M자는 맥도널드의 이니셜이고, 황금색은 사람들에게 희망, 즐거움, 빛, 권위 등을 연상시키기 때문에 로고에 사용하였다.

Ⅱ. 중국시장에서 KFC와 맥도널드의 특징

중국시장은 KFC와 맥도널드 등 글로벌 기업에게 지배당한 상태여서 서구식 패스트푸드 가맹점들이 급속하게 성장하고 있다. 초기에는 KFC가 중국의 패스트푸드시장에 선도자로서 부각되었지만, 맥도널드가 적극적으로 판매망을 확장하고 공격적인 경영을 펼치면서 중국시장을 공격하고 있다.

1. 패스트푸드의 현지화 전략

2000년 12월에 KFC는 건강식품 자문위원회를 설립하고, 중국 각지의 영양사를 초대하여 중국의 입맛을 파악하고, 중국인들에게 결핍된 영양을 보완한 KFC 메뉴를 만들었다. 특히, 감자에 많이 함유되어 있으면서 중국인들에게 부족한 요드를 보완하고, 소금의 양을 줄인 새로운 맛을 개발하여 프라이드치킨이 고열량이라는 인식을 전환하는데 노력하였다.

2000년 말에 맥도널드는 상하이에서 화련연쇄슈퍼마켓그룹(華聯連鎖超市集團)과 공동으로 상하이화렌맥도널드유한공사를 자본금 2,990만 달러 규모(맥도널드와 화련은 70 : 30비율)로 합작회사를 설립하였다.

2. 젊은 소비자층의 표적화 전략

KFC와 맥도널드는 모두 젊은 소비자들을 표적시장으로 결정하였다. KFC는 이들 표적시장을 공략하기 위해 어린이 세트메뉴 판촉이벤트를 마련하였고, 일본 만화캐릭터 피카추를 이용해 어린이 고객을 유치하였다. 이에 반해 맥도널드는 스누피로 고객의 마음을 사로잡는데 전력을 다했다. 이들은 명절을 맞이하여 두 종류의 세트메뉴를 개발하였고, 그 중에서 '운수대통세트'를 주문하면 즉석에서 우대권을 증정하는 고객유인전략을 수행하였다.

3. 시장지위 전략

KFC는 중국시장의 100개 도시에 400개 가맹점을 확보하였고, 맥도널드는 300개 가맹점을 확보하였다. AC닐슨이 중국의 30개 도시의 생활자를 중심으로 '고객만족도'가 높은 상표를 조사한 결과를 보면, KFC, 맥도널드, 코카콜라, 네슬레, 코닥 등의 순으로 나타났다. 이 조사에서도 KFC와 맥도널드는 1위와 2위의 경쟁지위를 확고히 하고 있는 것으로 나타나고 있다.

Ⅲ. KFC와 맥도널드의 SWOT분석

1. 강점분석

KFC는 중국시장에 맥도널드보다 선발 진입하였다. 이들은 1989년 합작기업 형태의 시장진입전략으로 가맹점 개점지역의 규제를 피해 갈 수 있었다. 그들은 초기 진입할 때 최적지를 선택하였고, 저가비용에 장기임대로 인하여 원가절감 효과를 보고 있다. 또한 중국인들은 소고기보다 닭고기를 선호한다는 점이 강점으로 작용할 수 있다.

한편 맥도널드는 공익을 앞세운 버스 정액권 판매로 인하여 정액권을 구입하러 오는 사람을 잠재고객으로 활용하는 전략을 수립하였다. 이러한 촉진전략 이 외에도 '중국아기' 이미지를 형성하여 중국적인 소재로 현지화된 광고전략을 수행하고 있는 것이 강점이다.

2. 약점분석

KFC는 광고에서 수동적인 입장을 취하고 있는 것이 최대의 약점이다. 따라서 보다 대중적인 이미지를 갖도록 적극적인 마케팅으로 전환해야 한다. 맥도널드는 중국시장에 후발진입으로 인하여 좋은 입지를 KFC가 점유하고 있고, 임대료도 KFC에 비해 높은 상황이라는 약점이 있다. 또한 일부도시에서는 맥도널드의 합작대상이 구급(區級) 정부였기 때문에 지역을 초월하여 영업하는데 약점이 되고 있다.

3. 기회분석

KFC는 중국식 특허경영으로 위험부담을 최소화하였다. 이는 이윤을 내고 있는 점포를 가맹점으로 전환시키는 전략이었다. 이는 가맹업자들의 점포위치 선정, 점포개설, 직원모집 등의 복잡한 업무를 KFC가 직접 해야 할 필요가 없다는 이점이 있다.

맥도널드는 1993년 호주에서 탄생한 저렴한 맥카페(McCafe)로 중국의 커피문화를 바꾸었다. 맥카페의 커피가격은 낮은 수준이었고, 이를 맥도널드와 함께 판매함으로써 중국인의 새로운 커피문화를 창출하였다. 이러한 맥카페에 대항할 만한 적수를 경쟁자가 쉽게 찾을 수 없다는 이점이 있다.

4. 위협분석

KFC는 맥도널드가 유일한 경쟁자이다. KFC는 각 부문에서 맥도널드를 앞서고 있기 때문에 방심할 수가 있다. 따라서 선두입장의 KFC는 최대의 적이 자기 자신이기 때문에 맥카페의 사례를 보면서 긴장을 늦추지 말아야 한다.

맥도널드는 KFC에 비해 가맹점 수, 판매액, 지명도 등에서 중국 패스트푸드 업계에서 뒤지고 있다. 맥도널드는 언제까지나 2위 자리에 만족할 수는 없기 때문에 발전 속도를 한층 높여 중국 패스트푸드 시장의 경쟁에서 열세를 벗어나야 할 것이다.

Ⅳ. KFC와 맥도널드의 중국시장 마케팅 믹스전략

1. 제품전략

중국시장에서 이들 기업 간의 경쟁이 치열해지면서 두 기업의 제품상 차이점이 점차 적어지고 있다. 이들 제품이 중국 음식의 맛에서 우세한 점이 있다면 그 제품들이 설정하고 있는 높은 기준이다. 맥도널드는 최고의 서비스를 제공하기 위하여 마련한 기준으로 품질, 서비스, 청결 및 가치에 두고 있다. 맥도널드는 식품의 품질을 보증하기 위하여 엄격한 기준을 적용하고 있다.

이러한 엄격한 기준으로 인하여 고객들이 맛볼 수 있는 맥도널드 제품의 품질은 언제 어디서나 동일하다. 서비스는 세심, 관심, 사랑을 바탕으로 친절하고 신속하게 고객을 대하고 있고, 맥도널드는 엄격하게 준수하는 청결작업 기준을 의미하며, 가치는 '고객에게 가치 있는 고품질의 제품을 제공한다'는 맥도널드의 이념을 전달하는 것이다.

2. 가격전략

KFC와 맥도널드의 가격전략은 가맹점의 수가 점차 증가함에 따라 저가격전략을 구축하고 있고, 박리다매는 두 기업의 기본 원칙이 되고 있다. 맥도널드에서 아이스크림 가격을 내린 후 어떤 가맹점에서는 하루에 3,000개를 판매하였다. KFC도 이를 모방하여 가격을 인하함으로써 매출액을 상당히 증가시켰다.

3. 유통전략

KFC는 최초의 입지선정에서 텐진을 선택하였다. 그러나 텐진은 공급이 편리한 곡물사료로 키운 닭고기가 부족하였고, 중국 소비자들은 식품의 신선도와 맛을 중요시하였으며, 외국인 여행객들이 텐진을 여행하지 않는다는 취약점이 있어서 베이징, 상하이, 충칭 등의 직할시로 사업을 전개해 나갔다.

맥도널드는 KFC에 대한 추격으로 투자지점 선정에서 KFC보다 경쟁우위를 점유해 왔기 때문에 KFC는 맥도널드가 지점을 개점하고 나면 주변에 KFC의 지점을 개설하는 전략을 수행하였다. 이는 투자가치에 대한 조사나 타당성분석을 따로 수행할 필요가 없어서 비용을 절약할 수 있는 장점이 있다.

4. 촉진전략

2000년 베이징의 맥도널드 식품유한공사는 고객에게 봉사할 줄 아는 기업으로 57개 맥도널드 매장에서 정액권 버스표를 판매해 매스컴의 주목을 받았다. 맥도널드는 정액권 판매소가 부족하다는 것을 알고, 그들의 편의를 위해 월 정액권 대리판매 서비스를 제공하였다. 맥도널드는 고객을 위해 봉사할 줄 알았으며, 대중의 수요를 만족시킬 수 있어 성공할 수 있었다.

생각해 볼 문제

1. 중국시장에서 KFC와 맥도널드의 SWOT분석과 마케팅 믹스 전략에서 차이점이 무엇인가?

2. 이들 KFC와 맥도널드 사례가 한국의 패스트푸드 기업에 주는 시사점에 대해 논의해 보라.

제1부: 기업의 글로벌 지향성과 글로벌마케팅

- 제1장: 한국 기업의 글로벌 지향성

제2부: 글로벌 환경 및 경쟁분석

- 제2장: 글로벌 거시환경 분석
- 제3장: 글로벌 경쟁환경 분석
- 제4장: 글로벌 경쟁원천 분석

제3부: 글로벌 진입 및 협력전략

- 제5장: 글로벌시장 진입전략
- 제6장: 글로벌 제휴 및 네트워킹 전략

제4부: 글로벌 STP 및 표준화 · 현지화 전략

- 제7장: 글로벌 시장의 STP전략
- 제8장: 글로벌 표준화와 현지화 전략

제5부 글로벌마케팅 믹스전략

- 제9장: 글로벌마케팅의 제품전략
- 제10장: 글로벌마케팅의 유통전략
- 제11장: 글로벌마케팅의 촉진전략
- 제12장: 글로벌마케팅의 가격전략
- 제13장: 글로벌마케팅의 인터넷전략

제6부: 글로벌마케팅 조직

- 제14장: 글로벌마케팅의 조직구조

제 4 장

글로벌 경쟁원천 분석

글로벌 기업 경쟁력의 원천은 어디에서 오는가? 글로벌 지향성을 취하는 기업들의 경쟁력은 크게 다섯 가지 원천에서 온다.

포드자동차가 대량생산을 중심으로 시작하였던 규모의 경제는 다각화를 통하여 범위의 경제와 결합되어 글로벌화가 추진되었고, 경쟁이 치열하게 되면서 속도의 경제가 경쟁력의 원천으로 부각되었다. 21세기 들어오면서 글로벌 기업들 사이의 제휴가 활발하게 나타나면서 네트워크 경제가 나타났으며, 정보와 지식이 중요해지면서 지식의 경제가 점차 중요해지고 있다.

본 장에서는 이러한 경쟁력 원천을 학습하고, 이러한 경쟁력 원천의 변화가 어떻게 나타나고 있는지를 살펴보고자 한다.

제 1 절 글로벌 경쟁력 원천 분석
제 2 절 글로벌 경쟁력 원천의 변화 분석

사례 4-1 : 월마트의 글로벌 경쟁우위전략

제 1 절 글로벌 경쟁력원천 분석

글로벌 경쟁력원천에 대한 분석은 규모의 경제성, 범위의 경제성, 속도의 경제성, 네트워크 경제성 및 지식의 경제성 분석으로 이루어진다.

1. 규모의 경제성 분석

규모의 경제성(economy of scale)은 일정기간 내에 생산해 낼 수 있는 절대물량이 클수록 생산원가가 낮아진다는 개념으로 기업의 절대생산량이 늘어남에 따라 제품단가나 제품생산에 필요한 모든 기능의 단가가 하락하는 것을 말한다.

규모의 경제성은 기업 규모의 확대로 인해 실현되는 가장 전통적인 경제효과로 원가우위의 본원적 전략을 추구하며 가격 중심적 경쟁력과 이익확보 능력을 중시한다. 규모의 경제성에서 각 기업들은 상호 독립적이면서 기업 간의 관계는 대립적이고 경쟁적 관계를 가정하고 있다. 또한 이 개념은 제조능력 중심의 사고이며 전통적인 경쟁우위의 요소인 생산기술, 설비, 자본을 중시하기 때문에 단순 반복 작업에서 강력한 경쟁원천이 될 수 있다.

이러한 규모의 경제성은 내부 생산능력의 확장을 위한 시설투자를 통해서 뿐만 아니라, 합병을 통한 수평적 통합에 의해 보다 빨리 달성될 수 있다. 이러한 규모의 경제성은 원가우위를 확보하는 중요한 수단으로 시장에 신규 진입하는 기업들은 대규모 투자를 통해서 원가우위를 점유하거나 원가열위를 감수할 수밖에 없다.

대형 컴퓨터산업에서는 생산·마케팅·시장조사·서비스에서 규모의 경제가 중요한 시장진입 장벽의 역할을 한다. 이런 점에서 규모의 경제가 진입 장벽의 중요한 원천이 되고 있으나, 규모의 경제성 추구는 특정 분야에서 경제성을 높일 수 있기는 하지만, 탄력성 저하의 원인이 되기도 한다. 즉 경험곡선은 지식의 깊이는 증가시키지만 성공적인 혁신에 필수적인 지식의 틀을 희생시킨다.

규모의 경제는 산업사회를 주도한 가장 기본적인 경제성이지만, 인간의 욕구가 다양화되고 있어 단순화와 규모 위주의 경쟁력은 공룡시대에 공룡의 경쟁력으로 비판되기도 한다. 이러한 규모의 경제는 세 가지 요인에 의해 발생한다.

- 제품생산의 증대에 따른 경제성으로 발생한다. 이는 단일 재화의 생산량을 아주 적은 양에서 점차 증대시켜 나가면 일정한 생산량 수준까지는 평균비용을 절감시킬 수 있다.
- 공장의 활용도 증대에 따른 경제성으로 발생한다. 이는 일정한 규모에서 소량의 생산을 점차 대형화시켜 나감에 따라 발생되는 단위당 비용의 절감효과이다.
- 기업차원의 경제성 증대효과로 발생한다. 이는 기업 규모에 관련된 경제성으로 한 기업이 확장 또는 여러 공장을 운용하여 생산량을 증대시킴으로써 생산 단위당 비용을 절감시킬 수 있다.

이러한 규모의 경제는 기능적으로 제품 특수적 요소들을 이용해서 단위당 생산비용을 최소화하는 것이 목적이다. 규모의 경제를 획득하기 위한 방법은 전문화, 대량생산 등을 이용하여 최적 이용 집약도를 달성하는 것이다.

중국의 베이징, 상하이 및 광동성의 동관이라는 도시는 각 나라에서 투자한 2,800개의 컴퓨터 정보통신 부품업체들이 입주해 있어 세계에서 소요되는 하드디스크 헤드, 컴퓨터 외장재 등 각종 부품의 40 %가 이곳에서 생산된다. 이러한 글로벌 기업들이 규모의 경제를 통하여 원가우위를 누리려는 전략으로 중국에서 연구개발 및 제품을 생산하는 전략으로 전환하고 있다.

2. 범위의 경제성 분석

범위의 경제성(economy of scope)은 복수사업부를 가지고 있는 기업의 성장과 이러한 기업의 전략적 능력을 국제적으로 활용하는데 있어서 중요한 개념으로 제품계열과 관련하여 생각할 수 있는 개념이다.

범위의 경제는 개별 기업에서 재화를 독립적으로 생산하는 것보다 여러 재화를 생산하는 기업에서 결합 생산할 때 평균 생산비가 절감될 수 있다는 개념이기 때문에 제품의 품목 수를 증대시켜 생산, 판매 및 구매 기능을 제품 간에 공동으로 사용함으로써 나타나는 효과를 말한다.

따라서 범위의 경제성은 공정에서 필요한 투입요소를 여러 분야에서 공동으로 활용함으로써 얻게 되는 경제적 효과이다. 이러한 범위의 경제성은 한 제품의 생산공정 중 다른 제품을 생산할 때 추가비용 없이 전용 가능한 설비, 기술, 정보 및 노하우 등의 공통 생산요소가 존재하기 때문에 발생한다.

이것은 인적 자원, 물적 자원, 재무적 자원 및 정보적 자원 중 공통적으로 사용할 수 있도록 최적 조합을 유도하는 경제성이라는 측면에서 조합의 경제성(economy of combination)이라고도 한다. 즉, 기업 간에 공동으로 유통경로를 이용하거나 양립할 수 있는 제품 간에 공동 광고를 하거나 상호 유익한 마케팅 및 정보의 공유를 시도할 때 나타나는 효과이다.

3. 속도의 경제성 분석

속도의 경제성(economy of speed)은 생산, 유통, 판매의 전체 과정을 경쟁업체보다 빠르게 수행하는 것을 말한다. 제품수명주기이론을 논할 때 경영자들은 지역적인 경계라는 가정을 무너뜨리고 경계가 없다는 가정으로 사고의 틀을 전환해야 한다. 특정 기업이 특정 지역에서 신제품을 개발하더라도 경계가 없는 상황에서는 모든 경쟁자들이 신속하게 모방하여 더 좋은 제품을 곧바로 출시할 수 있고, 제품수명주기의 시간이 놀라울 정도로 단축될 수 있다.

경영자들은 제품수명주기가 어느 정도 지속될 것이라는 가정에서 경영한다면 이러한 상황은 신제품 개발에 투자한 비용을 회수하기 전에 많은 경쟁자들을 양산하는 상황을 초래하게 될 수 있다. 따라서 경영자들은 제품이나 산업의 수명주기에 대한 사고를 전환해야 한다. 일본 기업들은 생산 분야에서 시간단축이라는 근본적인 변화를 통하여 경쟁력을 찾아왔다.

제품수명주기를 빠르게 전환하는 경쟁자는 제품개선을 상대적으로 빠르게 시도하고, 느리게 시도하는 경쟁자는 시간의 여유를 가지고 제품을 개선한다. 대형 TV분야에서는 일본 기업들이 신제품을 개발하는데 미국 기업이 필요로 하는 시간의 ⅓만을 필요로 하고, 자동차분야에서도 일본 기업들은 미국이나 독일 기업들에 비해 절반의 인원과 시간으로 신제품을 개발할 수 있다. 빠른 속도의 기술혁신을 이루기 위해서 일본 기업들은 유연한 제조방식과 유사한 조직기법을 도입하고 있다.

또한 생산뿐만 아니라 제품출시 시점에 따라 경쟁력이 좌우될 수 있다. 미국 기업들 중에는 혁신능력은 뛰어나지만, 신기술을 상업화하는 데는 항상 늦어 경쟁에서 뒤떨어지는 기업이 많이 있다. 1980년대 중반에 미국의 산업계를 주도하던 기업들은 주택용 히터펌프에 집적회로를 쓸 것인가를 논의하는데 시간이 걸려 이 제품이 신제품 개발에서 시장출시 되기까지의 주기가 4~5년이 소요되었음으로 신제품 출하 시기는 1989년이나 1990년에나 가능했다. 그러나 이 신제품은 이미 1980년에 일본시장에 나왔던 제품과 기술적으로 같은 것이었다.

이렇듯 제품의 상업화가 늦은 혁신자들은 빠른 혁신자에게 경쟁우위를 넘겨주어야 한다. 미국 컴퓨터업계의 워크스테이션 부문의 리더였던 아폴로는 실리콘밸리의 선마이크로시스템즈의 지속적인 신제품 출시로 선두자리를 내주어야 했다. 이렇게 늦은 혁신자들은 과거의 영광을 되찾기 위해 어려운 정면 돌파에 의지하는 사례가 늘고 있으며, 이들은 빠른 혁신자들에게 경쟁우위를 넘겨주고 있다.

4. 네트워크 경제성 분석

개별기업 차원에서는 철저한 전문화를 추구하는 한편, 산업조직 차원에서는 각 개별기업 차원의 전문화된 활동을 연결하고 시스템화하는 네트워킹체제를 구축한다. 네트워킹체제는 각 단위기업의 가치 활동을 연결하고 각 개별기업들 간 상호작용의 기반을 제공한다. 이 경우 기업 간의 관계는 주체간의 연쇄적 분업효과와 기능 보완적이고 연쇄적인 연결효과가 발생한다.

이때 발생하는 경제적 효과는 기존의 경제성 개념과는 다른 효과로 네트워크 경제성(economy of network)이라고 부르고 있다. 이러한 현상이 활발하게 일어나면서 연계의 경제성, 네트워크화의 경제성, 관계의 경제성, 시스템 경제성 등으로 다양하게 불리고 있다.

시스템 경제성은 기업 간의 시스템 연결 관계에 의해 간접적으로 발생되는 외부성 효과로서 매우 중요하다. 기업 간의 네트워킹에 의한 시스템 경쟁력의 구축은 시장으로 이탈되는 외부효과의 내부화가 주요 초점이기 때문에 네트워크의 외부성 효과로 불리기도 한다. 특히 정보네트워크 사회로 이행되고 있는 상황에서 복수의 주체 간, 기업과 기업 간의 연결이 이루어짐에 따라 시스템 경쟁력이 많이 나타나고 있다.

개별 가치사슬을 연결하는 역할을 담당하는 네트워킹 관계구조에서 나타나는 시스템 경제성은 연구개발 지원효과, 기업 간의 정보와 자원의 시너지효과, 경험과 학습효과, 불확실성 및 위험의 감소효과로 나타난다.

1) 연구개발 지원효과

연구개발 지원효과는 기업의 자원이 환경 전체의 자원에 비해 한정되어 있으므로 기업은 외부 자원의 개발을 시도하고 있다. 이러한 시도에 의해 기업 간의 관계에서 이루어진 효과가 연구개발 지원효과이다. 오늘날 제품개발은 가치사슬의 기업간 네트워크 구조에서 한 기업의 기술, 노하우 및 인력 등의 자원이 하나 이상의 외부 단위와 연결되어 나타난다.

2) 기업 간의 정보와 자원의 시너지효과

기업 간의 정보와 자원의 시너지효과는 기업 간의 연결에 의한 시너지효과가 상호 보완적인 기능을 결합하는 기업 간의 협력을 통해서 발생한다. 이것은 기업 간의 관계에 의해 네트워크 내에서 정보와 자원을 공동으로 연결시키고 이들을 공유하고 상호 교환함으로써 시너지 효과를 얻을 수 있다. 또한 기업 간의 관계 구성원은 자원의 보완성과 의존성에 따라 새로운 정보 구축, 정보 창출 및 자원이용 효과의 향상을 이룰 수 있다.

3) 경험 · 학습 효과

경험 효과와 학습 효과는 복수 주체간의 경험과 학습된 지식 · 기술의 상호 연결에 의해 얻어지는 경제적 효과이다. 새로운 지식, 새로운 기술이 나타나고 제품수명주기의 단축, 수요의 개성화, 다양화에 따라 다양한 부문간 협력의 필요성이 커지고, 다품종 소량 생산에 따른 물적 시설과 인적 능력의 리스화, 외주화로 연결의 필요성이 높아지고 있다.

이것은 기업의 글로벌 과정에서 기업 간의 관계를 진행시키는 경우 현지기업 노하우의 활용과정이 좋은 예이다. 글로벌 시장에 대한 경험이 없는 개발도상국 중소기업들의 해외시장 확장전략은 합작투자와 해외합병인데, 후자의 경우는 현실적 제약이 많아서 주로 합작투자 전략을 통해 현지 파트너의 노하우를 이용하여 해외시장에 진출한다.

4) 불확실성 및 위험의 감소효과

불확실성 및 위험의 감소효과는 수직적 가치사슬의 네트워킹이 형성된 경우, 최종 시장에서의 판매 실현에 따라 결과가 회수됨으로 나타나는 시장위험을 제조기업과 판매기업이 계열기업 간의 관계를 통해서 사전적으로 위험을 피하려고 한다.

이때, 판매기업의 위험회피가 제조기업보다 크면 판매기업은 제조기업에 보험프리미엄을 지불하고 성과를 안정시키게 되지만, 제조기업은 위험프리미엄을 얻는 대신에 판매기업의 위험을 인수하게 된다. 따라서 계열 판매기업은 보다 위험 회피적인 행동을 하며, 독립 판매기업에 비하여 성과는 작지만 성과가 안정적이기 때문에 기대효용은 증가한다.

일반적으로 계열기업의 통합수준이 높아지면 자원배분이나 위험분담이 효율적으로 행해지며, 그 결과 계열기업 전체의 성과는 시장거래에 비해 증가한다. 그러므로 거래주체의 성과는 위험분담 능력에 따라 다르게 나타나지만, 계열 판매기업의 성과는 시장거래의 성과를 상회한다. 따라서 기업 간의 관계에 의해 경쟁과 협력의 질서가 구축됨으로써 분쟁의 해결 및 보험효과가 발생한다.

5. 지식의 경제성 분석

지식의 경제성(economy of knowledge)은 숙련된 인력, 첨단기술의 경험과 함께 경영상의 통찰력을 활용하여 경쟁사보다 능률적이고 효과적으로 새로운 지식을 확인하고 받아들여서 활용하는 조직을 창출할 수 있는 능력을 말한다. 이를 위해서는 기업조직을 지식공장으로 운영할 필요성이 있는데 지식공장은 공유된 지식을 주로 생산하는 유기적이고 가속화된 학습조직이다. 지식공장에서 정보는 지식을 창출하기 위한 핵심적인 소모품이며 정보를 지식으로 창조하기 위해서는 지식웨어 기반이 지식변환으로의 메커니즘이 된다.

산업사회에서 주도적인 기업들인 철강, 자동차, 석유화학 등의 기업들이 규모의 경제를 강조하였다면, 현대 지식사회에서 주도적인 기업들인 소프트웨어, 정보서비스, 통신, 의료, 매체, 레저, 생명공학 관련 기업들은 지식의 경제성을 잘 살리고 있다.

제 2 절 글로벌 경쟁력 원천의 변화 분석

글로벌화는 경쟁력의 원천을 변화시키고 있다. 대량 생산을 통하여 원가를 줄이면서 세계적으로 진출할 때 경쟁력의 원천은 규모의 경제성(economy of scale)을 가지고 설명하여 왔다. 이는 자동차산업에서 포드의 T형 모형 생산에서 잘 설명되어 왔다. 그러나 GM의 시보레를 통한 시장세분화 개념을 적용시켜 시장의 욕구 차이로 인하여 다양한 제품을 생산하면서 범위의 경제성도 중요함을 보였다.

글로벌 경쟁은 경쟁우위의 원천을 속도에 의한 경쟁력으로 빠르게 변화시켜 왔다. 이는 잘못된 결정도 느린 결정보다 좋다는 사고에서 시작되었으며, 생산과 마케팅 전반에서 시간은 경쟁력의 원천이 되었다.

또한, 기술첨단화 속도가 빠르면 빠를수록 기술에 대한 투자를 회수할 가능성이 적어졌고, 기업과 기업 사이를 네트워크로 연결하는 것이 경쟁력의 원천임을 깨닫게 되면서 기업 활동의 모든 분야에서 네트워크로 연결시키는 것이 경쟁력의 원천이 되었다. 이러한 네트워크는 수평적인 사고를 요구하게 되었고, 기업과 기업 사이에 지식의 이동을 빠르게 함으로써 지식의 경제가 경쟁력의 원천이 되고 있다. 이는 글로벌화의 성공의 열쇠가 되고 있다.

이러한 경쟁력의 원천, 즉 규모·범위·속도·네트워크·지식은 분리된 개념이 아니며, 서로 연결되어 정보화가 진척되면서 빠르게 진전하고 있으며 이를 도표화시키면 〈그림 4-1〉과 같다.

미국의 경제잡지인 포춘지에서 발표하고 있는 '글로벌 500' 기업들은 이러한 경쟁력 원천을 실천하고 있는 기업들이다. 이들 경쟁력 원천을 신제품의 생산과 마케팅 측면에서 이해할 수 있다. 제품들은 수많은 부품들로 구성되어 있는 경우가 많다. 자동차라는 제품은 그 제품이 이루어지기 위해서 수많은 부품들이 결합된다.

이러한 제품을 시스템 제품이라고 부른다. 포춘지가 2007년도에 발표한 글로벌 기업의 순위에서 자동차 기업들은 GM이 5위, 도요타 6위, 다임러 크라이슬러 8위, 포드 12위를 차지하고 있는데, 이들 기업들은 부품의 세계적인 네트워크를 가지고 있다.

〈그림 4-1〉 글로벌화에 따른 경쟁력 원천의 변화분석

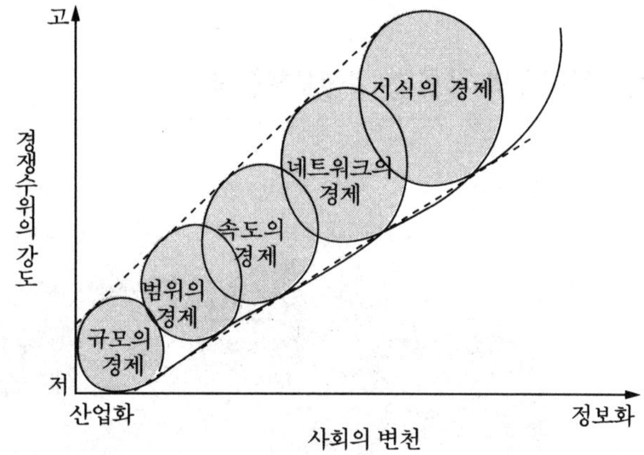

도요타의 경우 부품의 25% 정도만 내부에서 생산하고, 나머지 부품은 외부업체에 의존하고 있다. 또한 많은 기업들이 세계적인 판매망을 형성하고 있다. 도요타 자동차의 경쟁력은 도요타 자동차 제조업체의 경쟁력이 아니라 도요타 자동차가 네트워크를 형성하고 있는 기업들이 경쟁력을 결정한다고 볼 수 있다.

리복(Reebok)이나 나이키(Nike)의 경우는 해외 기업들에게 생산을 맡기고 자신은 디자인과 마케팅을 책임지고 있기 때문에 공장도 없이 해외에 엄청난 시장을 확보하고 있는 대표적인 사례이다. 나이키나 리복은 특정 기업들과 연계하여 생산을 맡겨서 원가를 줄이고 양질의 제품을 생산하게 하며, 자신은 자신의 특성화된 분야에 집중함으로써 경쟁력을 유지한다.

일반적으로 대량생산을 통하여 규모의 경제를 실현시키고 있는 글로벌 기업의 경우에는 통합할 수 있는 능력인 통합의 경제성이라는 개념이 중요해진다. 생산과 유통의 연속적인 단계에 있는 독립적인 기업들 간에 이루어지는 수직적 통합이 중요시되는데, 대표적인 사례가 제조기업과 유통기업 사이의 통합을 통하여 계열화 관계를 형성하는 것을 볼 수 있다.

그러나 이는 다른 기업들이 쉽게 침투하지 못하도록 진입 장벽을 형성하는 효과를 볼 수 있을지 모르나, 유연성을 상실하게 되어 빠르게 변해 가는 글로벌 기업 환경에서 빠른 속도의 적응과 네트워크의 이점을 획득하지 못할 수 있어 속도와 네트워크의 경제를 최대로 살리는 기업들에게 도전을 받을 수 있다.

따라서 세계 1위로 올라 있는 월마트와 같은 기업들은 정보망을 중심으로 한 네

트워크를 마케팅에 연결하여 시장의 변화에 빠르게 대응할 수 있는 속도의 경제성을 잘 살리고 있다.

[사례 4-1] 월마트의 글로벌 경쟁우위전략

Ⅰ. 월마트의 경영철학

세계 초일류기업 월마트(WAL-MART)는 샘 월튼이 1953년 3월 한적한 도시 벤튼 빌에서 염가 잡화점을 개장하고 나서 10년 후인 1963년 7월 2일에 최초의 월마트 체인점을 열게 되었다. 아칸소스 주의 시골인 벤튼 빌에서 1호 점포를 개점한지 30년 만에 미국의 유명 소매기업인 시어즈, K-마트를 제치고 세계 1위의 매출액을 자랑하는 글로벌기업이 되었다.

1. 샘 월튼의 사고

월마트의 창설자인 샘 월튼(Sam Walton)의 꿈은 단순한 사고에서 시작되었다. 그것은 '고객들에게 높은 가치를 주고, 낮은 가격으로 상품을 제공하며, 고객의 방문을 환영하는 것'이었다.

월튼은 싼 값에 좋은 상품을 제공하는 것이 성공의 핵심요소라는 것을 간파하고, 고객에게 가장 낮은 가격에 최상의 가치를 제공하기 위하여 노력하였고, 상품선택의 기회를 폭넓게 제공하였으며, 고객들이 월마트를 방문하면 항상 환영받는 고객으로 느끼도록 하였기 때문에 고객들은 월마트를 지속적으로 애용하고 있다. 월마트의 이러한 노력은 핵심역량이 되고 있다.

2. 월마트의 기업문화

샘 월튼은 어떻게 소매업을 발전시킬 수 있었을까? 그는 Sam's Club의 핵심 문화를 '고객을 제일로 만든다'는 단순한 원칙을 형성함으로써 성공하였다.

월마트는 도전적인 비전을 제시하여 종업원들의 동기를 부여하는 한편 인센티브제를 통하여 종업원 만족을 고취시키고 있다. 종업원의 만족을 높이기 위해 '사원소유주식제도'를 도입하였으며, 누구나 업무개혁에 참여할 수 있도록 '보텀업(bottom up) 경영'을 도입하고 있다.

또한 커뮤니케이션을 원활하게 하기 위해 전체 직원이 참여하여 빠른 시장 정보를 획득하는 '주말회의'를 일상화하였고, 직원과 상사들 사이의 유대감을 강화하기 위해 필요할 때 누구라도 만날 수 있는 'open door policy'제도를 실시하였다. 즉, 문제가 있는 지점의 운영자는 모범이 되는 지점의 동료와 언제라도 문제점을 토론하여 해결할 수 있도록 대화의 장을 마련하고 있다.

월마트가 실시하고 있는 업무규칙은 '일몰규칙(The sundown rule)'인데, 이것은 미국 전역의 어느 월마트에서든 똑같은 서비스를 받을 수 있다는 것이다. 이러한 업무규칙의 기본 사고는 고객들이 오늘 제공받을 수 있는 서비스를 내일까지 기다려야 할 이유가 없다는 것이다. 이것이 월마트 조직문화의 핵심이 되고 있다.

Ⅱ. 월마트의 표적마케팅전략

1. 혁신점포전략

1) 월마트 스토어

월마트는 1953년부터 운영하던 염가 잡화점을 1963년에 현재의 명칭으로 변경하여 체인점으로 비식품을 판매하는 할인점을 열게 되었다. 이는 할인과 셀프서비스를 도입하고, 대형화, 정보시스템을 이용하여 항상 싼 가격을 지향하여 급속히 성장하였으며, 야채류나 육류 등 식품류를 제외한 모든 생활필수품을 취급한다.

2) 샘즈 클럽

회원제 창고형 클럽인 샘즈 홀세일클럽(sam's wholesale club)을 개점하였다. 샘즈 클럽은 1차 상품, 가정용품, 스포츠, 의류, 가전제품, 자동차용품, 실내용품 등 철저한 압축 상품의 입하와 진열시스템을 구축하였고, 상품을 진열하는 선반은 창고방식으로 구조를 변경하였으며, 실내장식을 하지 않은 창고형 점포로서 제조업체에 의해 직송으로 납품을 받으며, 포장서비스를 하지 않고, 고객에게 10~30 달러의 연 회비를 받는 것이 특징이다.

3) 슈퍼센터

월마트는 1987년에 유럽의 하이퍼마켓을 모방한 'Hypermart USA'를 개점하였고, 1988년에는 슈퍼센터(supercenter)를 설립하는 등 지속적인 유통혁신을 통해 급성장해 왔다. 슈퍼센터는 할인점에 식품류를 강화한 것으로 할인점과 슈퍼마켓의 장점을 결합하여 형성한 업태이다. 이러한 슈퍼센터는 일시적인 가격인하가 아니라 계절특성에 맞춰 생활용품 위주로 매일 특별 판매를 실시하되 일정가격으로 판매하는 것을 원칙으로 한다.

따라서 이러한 전략이 성공하기 위해서는 충분한 수익을 확보할 수 있도록 매일 낮은 비용(EDLC : Every Day Low Cost)으로 운영되어야 한다. 월마트는 고객이 보다 싼 가격의 상품을 원하고 있기 때문에 이에 부응하여 매일 싼 가격(EDLP : Every Day Low Price)으로 상품을 공급하고 있다. 이러한 전략의 핵심은 싼 가격에 상품을 공급할 수 있는 원가구조를 형성하는 것이기 때문에 판매관리비가 상대적으로 낮아져야 가능하다.

2. 월마트의 경영성과

2008년 1월 31일 월마트의 매출액은 전년보다 8.5 % 증가한 3,754.08억 달러를 기록하였다. 순이익도 전년보다 9.8 % 증가한 201.98억 달러에 이르고 있다. 이로써 포천지가 2007년 7월 선정한 '글로벌 500'에 1 위를 차지하고 있다.

1) 월마트 스토어의 매출액 성장

2008년 1월 31일 월마트 스토어의 매출액은 전년보다 5.8 % 증가한 2,389.7억 달러로 월마트 전체 매출액의 65.6 %를 차지한다. 이러한 증가는 정찰가격으로 판매함으로써 가격인하율이 감소되어 이윤이 개선되었기 때문이다. 2008년 1월 말 월마트스토어의 점포수는 미국에 1,075개가 개점하고 있다.

2) 샘즈클럽의 경영성과

샘즈클럽(SAM's clubs)은 1983년에 형성되어 미국 내에 확산되었고, 1991년에 멕시코에 샘즈클럽이 최초로 개점되었다. 2008년 1월 31일 샘즈클럽의 매출액은 전년보다 6.6 % 증가한 442.5억 달러를 기록하였다.

2007년 판매성장은 기업의 확장과 매출액 증가를 비교한 결과, 국제부문에서 급격한 성장이 나타났다. 샘즈클럽 매출액은 월마트 전체 매출액의 12.1 %를 기록하였다. 2008년 1월 말 샘즈클럽의 점포수는 미국에 579개가 개점하고 있다.

3) 월마트 인터내셔널의 경영성과

2008년 1월 31일 월마트의 국제부문 매출액은 921.8억 달러로 성장하였다. 영국에 있는 ASDA는 국제부문 매출액의 44.5 %인 181억 달러를 차지하고 있다. 2008년 1월 말 월마트 국제부문의 점포수는 월마트스토어가 10개국에 573개 점포가 개점하고 있고, 슈퍼센터가 7개국에 261개 점포가 개점하고 있으며, 샘즈클럽이 5개국에 114개 점포가 개점하고 있고, 하이퍼마켓이 6개국에 176개 점포가 개점하고 있으며, 슈퍼마켓이 10개국에 966개 점포가 개점하고 있고, 양판점이 4개국에 324개 점포가 개점하고 있으며, 웨어하우스가 6개국에 109개 점포가 개점하고 있고, 네이버후드가 4개국에 234개 점포가 개점하고 있다.

Ⅲ. 월마트의 글로벌 전략

월마트의 글로벌화는 슈퍼센터의 개념으로 외국에 진출하고 있다. 이들은 1991년에 완전 자회사로 멕시코에 샘즈클럽이 진출한 것을 시작으로 본격적으로 추진되어 1992년에는 푸에트리코에 진출하였고, 1994년에는 캐나다에 진출하였으며, 1995년에는 브라질과 아르헨티나에 진출하여 남아메리카 시장을 장악하였다.

1996년에는 합작투자로 중국, 인도네시아에 진출하여 아시아지역에 진출하였는데 중국은 운송시스템의 혁명을 몰고 오는데 지대한 영향을 끼쳤다. 1998년에는 네덜란드의 C&C 소매기업인 마코로의 점포를 인수함으로써 한국에 진출하여 2006년 철수를 결정하였다.

1997년 12월 21개의 점포를 보유한 독일의 베르트카우프 그룹을 인수하여 1999년 8월 31일 슈퍼센터와 유사한 인터스파 하이퍼마켓 형태를 도르트문트에서 슈퍼센터 1호점이 탄생하게 되었다. 독일에 진출한 여세를 몰아 1999년 7월 26일에는 영국의 식품·의류스토어인 ASDA를 인수·합병하여 생계비 효율성을 증진시켰다. ASDA는 1999년 합병당시 영국을 중심으로 19개 디포트(depot)와 244개의 할인점을 보유하고 있는 슈퍼스토어로 경쟁자들보다 10% 싼 가격으로 제공하던 기업이다. 월마트의 유럽 진출은 영국의 경우 긍정적 반응이었고, 독일은 복합적이었다.

간섭주의를 표방하는 유럽은 자유방임주의의 미국시장보다 인건비가 비싸고 노동조합도 강경했으며 규제도 까다로웠다. 2000년에 월마트는 영국에서 최초로 'ASDA-Wal Mart'라는 명칭으로 슈퍼센터를 개점하여 2008년 현재 14개국에 진출하고 있다. 2008년 1월 말 현재 월마트의 글로벌 현황은 〈표 1〉과 같다.

2008년 1월 말 월마트의 글로벌 전략의 결과는 아르헨티나(21), 브라질(307), 캐나다(298), 멕시코(994), 푸에트리코(54), 영국(352)에 있고, 합작투자로는 중국(195)에 있다. 일본에는 394개 점포를 운영하고 있는 세이유(Seiyu)에 36%의 주식을 매수하여 진출하고 있다. 기타는 코스타리카(146), 엘살바도르(68), 과테말라(145), 온두라스(47), 니카라구아(44)에 진출하고 있다.

〈표 1〉 월마트의 세계 진출현황 (2008.1.31)

국가명	진출년도	점포수	DS	SC	SAMS	HM	SM	GMS	C&C	NHM
미 국	1963	4,022	1,075	2,256	579	-	-	-	-	112
멕 시 코	1991	994	4	134	83	-	121	241*	76&	335#
아르헨티나	1995	21	-	21	-	-	-	-	-	-
브 라 질	1995	307	2	29	20	69	157	1	12**	17*
캐 나 다	1994	298	272	20	6	-	-	-	-	-
푸에트리코	1992	54	8	6	9	-	31	-	-	-
중 국	1996	195	-	88	3	-	-	-	102★	2
영 국	1999	352	-	27	-	-	258	13	12※	42
일 본	2005	394	-	-	-	114	276	4	-	-
코스타리카	2006	146	108	-	-	6	24	-	8※	-
엘살바도르	2006	68	34	-	-	2	32	-	-	-
과 테 말 라	2006	145	96	-	-	6	29	-	12※	2@
온 두 라 스	2006	47	32	-	-	1	7	-	7※	-
니카라구아	2006	44	38	-	-	-	6	-	-	-
	소계	3,065	594	325	121	198	941	259	229	398
합 계		7,087	1,669	2,581	700	198	941	259	229	510

주) *: combination discount and grocery stores, **: C&C, #: 레스토랑, &: 백화점, @: membership club, ※: 어패럴점, ★: Trust-Mart

DS: discount store, SC: supercenter, SAMS: sam's club, NHM: neighborhood markets, HM: hypermarket, SM: supermarket, GMS: general merchundise store, WS: warehouse store

4. 글로벌화를 통해 얻은 시사점

월마트는 글로벌 사업을 통하여 해당 국가에 엄청난 영향을 미치고 있음을 깨달았다. 또한 운영상의 노하우 등 현지에서 배운 점도 많았다.

- 브라질 진출에서 소다수, 기저귀, 종이류 등 잘 팔리는 품목들은 내벽 뒤에 상품을 쌓아 놓는 것이 좋다는 것을 배웠다. 이는 품절 시에 바로 꺼낼 수 있고, 통로가 복잡해지는 것을 막을 수 있기 때문이다.
- 신발을 스타일 별로 구분해서 진열하는 것이 좋다. 이는 캐나다의 신발판매에서 아이디어를 얻어 미국에도 도입하였다.
- 멕시코 진출에서 효과적인 와인 진열방법을 배웠고, 그곳에서 사용하는 식품분류 방법을 이용해 미국에 멕시코 식품코너를 꾸며 놓았다.

생각해 볼 문제

1. 월마트는 글로벌화를 통하여 급격하게 성장할 수 있었다. 월마트의 글로벌전략이 전개되는 과정을 토의하여 보라.

2. 한국 내에서 가장 경쟁력 있는 유통기업으로서 이마트가 있다. 이마트는 월마트와 다르게 어떠한 차별화전략을 사용하여 성장하고 있는지를 인터넷 자료를 통해 조사하고 토의하여 보라.

제3부

글로벌 진입 및 협력전략

제 5 장 글로벌시장 진입전략
제 6 장 글로벌 제휴 및 네트워킹 전략

제1부: 기업의 글로벌 지향성과 글로벌마케팅

제1장: 한국 기업의 글로벌 지향성

제2부: 글로벌 환경 및 경쟁분석

제2장: 글로벌 거시환경 분석
제3장: 글로벌 경쟁환경 분석
제4장: 글로벌 경쟁원천 분석

제3부: 글로벌 진입 및 협력전략

제5장: 글로벌시장 진입전략
제6장: 글로벌 제휴 및 네트워킹 전략

제4부: 글로벌 STP 및 표준화 · 현지화 전략

제7장: 글로벌 시장의 STP전략
제8장: 글로벌 표준화와 현지화 전략

제5부 글로벌마케팅 믹스전략

제9장: 글로벌마케팅의 제품전략
제10장: 글로벌마케팅의 유통전략
제11장: 글로벌마케팅의 촉진전략
제12장: 글로벌마케팅의 가격전략
제13장: 글로벌마케팅의 인터넷전략

제6부: 글로벌마케팅 조직

제14장: 글로벌마케팅의 조직구조

제 5 장

글로벌시장 진입전략

한국 기업들의 글로벌시장 진입전략은 수출 단계, 라이센싱 단계를 거쳐 합작투자나 직접투자 단계로 들어가면서 글로벌화가 빠르게 진행되고 있다.

본 장에서는 이러한 시장진입 전략에 대하여 학습하고, 루트(Root)가 주장한 시장진입전략의 결정모형을 살펴보고자 한다. 그리고 라이센싱과 해외 직접투자에 대하여 보다 깊이 이해하고, 마지막으로 시장진출에서 선발기업이나 후발기업에 따라 성과가 어떻게 다르게 나타나는가하는 진입순서효과를 살펴보고자 한다.

제 1 절 글로벌시장 진입전략
제 2 절 글로벌시장 진입전략의 접근법
제 3 절 글로벌 라이센싱을 통한 진입전략
제 4 절 글로벌 직접투자를 통한 진입전략
제 5 절 글로벌시장 진입순서효과

사례 5-1 : LG전자의 글로벌 시장진입전략
사례 5-2 : 코카콜라와 펩시콜라의 진입경쟁전략

제 1 절 글로벌시장 진입전략

한국 기업의 글로벌화 단계에 따라 세계시장으로 진입할 수 있는 전략은 간접수출, 직접수출, 라이센싱, 합작투자 및 직접투자 등의 전략이 있다.

1. 간접수출

한국 기업들은 글로벌 활동의 가장 초기 단계로 수출 활동에 집중하여 왔다. 간접수출은 수출 품목의 제조회사가 독립된 다른 국내의 회사를 통하여 수출 활동을 전개하는 경우를 말한다. 즉, 종합무역상사, 수출입전문회사, 다른 기업의 수출 창구 등을 이용하는 경우이다. 이 경우의 판매는 엄밀한 의미에서는 국내 판매의 확장일 뿐이다.

2. 직접수출

직접수출은 제조 또는 수출업자가 현지의 수입업자에게 직접 판매하는 활동을 의미한다. 이 경우 수입업자는 최종 소비자가 아닌 수출업자의 유통경로 역할을 하는 중간상이다.

직접수출의 경우, 수출업자가 서류 업무, 선적 업무, 금융 업무 등을 직접 수행하기도 하지만, 아직은 수출마케팅일 뿐 엄밀한 의미에서 아직은 글로벌마케팅을 수행하고 있는 것은 아니다. 즉, 수입업자라는 중간 유통경로를 이용하여 그들에게 글로벌마케팅 업무를 수행하게 하는 것에 불과하다.

수출업자들은 점차 세계 시장에 대한 매력을 느끼게 되고, 경험이 축적됨에 따라 단순히 대행사나 중간 수입업자를 통하지 않고 자사 제품을 적극적으로 판매하기 위한 수출전략을 모색한다. 현지 시장개척을 위한 마케팅 법인을 설립하거나 현지에 지사 또는 자회사를 설립하여 적극적으로 바이어를 물색한다. 더 나아가서는 현지의 최종 고객의 구매패턴에 관한 정보를 수집·분석하여 최종 소비자에게 접근함으로써 보다 많은 부가가치를 창출할 수 있는 적극적인 수출마케팅을 전개한다. 직접수출에는 국제 영업인력, 판매지점, 판매자회사 및 자체 유통시스템 등의 접근법이 있다.

• 국제 영업인력(international sales force)은 글로벌 기업이 자사 제품을 해외에 판매하기 위한 글로벌 능력을 갖춘 영업 인력을 말한다. 이러한 방법은 해외에 시설투자를 하지 않아도 되어 비용이 적게 소요된다는 장점이 있는 반면에 해외시장의 변화를 효율적으로 감시 · 통제하기 어렵다는 단점이 있다.
• 판매지점(sales branch)은 글로벌 기업들이 해외에 판매지점을 설립할 경우, 해외 시설에 대한 투자가 요구되는 단점이 있는 반면에 기업으로서 해외시장에 쉽게 접근할 수 있다는 이점이 있다.
• 판매 자회사(subsidiaries)는 제조기업의 경우 해외시장에 판매 자회사를 설립하는데 이러한 판매 자회사는 제조기업의 통제 하에 있는 독립적인 회사라는 점에서 판매지점과 차이가 있다.
• 자체 유통시스템(own distribution system)은 외국의 관련법이 허용하는 범위내에서 완전 소유의 판매망을 설립할 수 있다.

3. 글로벌 라이센싱

직접 수출마케팅으로 자신감을 얻은 기업들은 라이센싱을 통하여 글로벌 시장에 진출할 수 있다. 라이센싱(licensing)은 한 기업이 외국에 있는 다른 기업에게 자사의 생산기술 · 특허 · 등록상표 등을 쓸 수 있는 권리를 부여하고, 그 대가로 사용료를 받는 계약을 말한다. 라이센싱을 주는 기업(licensor)은 큰 위험 없이 외국에 진출할 수 있다. 그러나 외국기업에게 생산기술을 라이센싱해 주는 경우에는 라이센싱 기간이 끝난 후에 그 외국기업이 자사의 경쟁기업이 될 가능성이 있다는 점에 유의해야 한다.

라이센싱을 많이 주는 기업 중에서 가장 유명한 기업은 코카콜라 회사이다. 이 회사는 세계 각국의 외국 회사들에게 코카콜라를 만드는데 필요한 시럽과 코카콜라 상표를 쓸 수 있는 권리를 주고 그 대가로 사용료를 받고 있다.

라이센스 계약에는 부과된 권리와 수수료, 계약기간 등이 명확하게 명시되는 공여기업과 수혜기업 사이의 필수적인 상업적 계약이 기본 조건이다. 따라서 명확하고 정확한 기술, 법적 권한, 독점적 권리와 하위 라이센스에 관한 권리, 계약만료기간, 로열티나 수수료에 관한 기술, 노하우의 비밀 유지, 품질 통제 등에 관한 조건이 포함되어야 한다.

4. 글로벌 합작투자

라이센싱을 통하여 성장한 기업들은 보다 적극적으로 글로벌 시장에 진출하기 위해 합작투자를 선택할 수 있다. 합작투자(joint venture)는 한 기업이 다른 나라의 투자가와 공동으로 투자하여 그 나라에 현지법인을 설립하는 것이다.

새로이 설립된 기업의 경영권과 소유권은 양측이 나눠 갖게 된다. 기업이 합작투자를 하는 것은 주로 경제적 및 정치적 이유 때문이다. 해외에서 단독으로 현지회사를 설립하여 운영하기에는 기업의 재정적·인적·물적 자원이 부족할 수도 있고, 자원이 있다하더라도 해외에서의 위험을 기업이 혼자서 부담하기 어려울 수도 있기 때문이다.

이러한 합작투자는 기업의 기존 사업을 강화시키기 위한 목적, 기존 제품을 새로운 시장에 출시하기 위한 목적, 기존 시장에서 판매할 수 있는 새로운 제품을 획득하기 위한 목적, 새로운 사업 분야에 진출하여 다양화하기 위한 목적 등으로 이루어진다.

1) 기업의 기존 사업을 강화시키기 위한 목적

기존 사업의 강화는 원자재 및 부품 공급, 연구개발, 마케팅과 유통, 분야별 합병 등을 통해서 규모의 경제를 실현할 목적으로 수행되고 있다. 자체 기술개발에 시간이 많이 걸리고 라이센스가 기술노출의 위험이 크기 때문에 핵심사업 분야의 기술 획득을 위하여 기업들은 합작투자를 선호하고 있다. 특히, 기술발전 속도가 빨라지면서 기술개발에 위험부담이 커졌기 때문에 합작투자를 통해서 개별 기업들이 재정적인 위험을 줄이려는 노력이 나타나고 있다.

2) 기존 제품을 새로운 시장에 출시하기 위한 목적

제품의 해외시장 진출은 해외시장의 불확실성 때문에 기존의 국내 파트너와 합작투자를 하고, 잠재력 있는 미래 시장에 진출하려는 기업은 진출국가에 대한 불확실성을 줄이려는 목적으로 합작투자를 선택하게 된다.

3) 기존 시장에서 판매할 수 있는 신제품을 획득하기 위한 목적

해외 제품의 국내시장 도입은 기존 시설을 사용하고 새로운 기술의 위협으로부터 보호받으면서 해외 제품을 국내시장으로 도입할 수 있는 효과적인 방법이다.

4) 새로운 사업 분야에 진출하여 다양화하기 위한 목적

사업다각화를 위한 합작투자는 새로운 시장에서의 경쟁과 새로운 기술의 확보를 위해 합작투자를 선택하고, 새로운 신규 사업에 진출하기 위한 합작투자는 공동 학습이 효과적으로 이루어져야 한다.

이러한 목적에서 합작투자를 선호하고 있지만, 합작투자는 현지 파트너와 마음이 안 맞을 수도 있다는 단점이 있다. 즉, 합작투자를 하려는 기업은 아주 신중하게 현지 파트너를 선정하고, 파트너가 선정되면 그 파트너와 좋은 관계를 유지하도록 최선을 다해야 한다. 합작투자는 합작기업이 세계를 무대로 글로벌 전략을 추구하는 데 있어서 방해가 될 수 있는데, 이는 합작기업을 자신의 뜻에 맞게 완전히 통제할 수 없기 때문이다.

5. 글로벌 직접투자

직접투자(direct investment)는 다른 나라에 그 나라의 시장을 겨냥하여 단독으로 생산 활동을 목적으로 하는 현지 법인(100% wholly owned company)을 설립하는 것이다. 직접투자에는 합작투자, 단독투자, 인수·합병 등이 포함된다.

여러 진출방법 중에서 가장 위험이 큰 방법은 단독투자이다. 즉, 현지에서 영업이 잘 안되거나, 진출한 나라의 정치적 상황이 불안해지거나, 그 나라의 화폐가치가 떨어지거나 하는 경우에 발생하는 모든 불이익을 직접 투자한 기업이 혼자서 감수해야 한다. 심지어는 현지 정부가 자기 나라에 들어와 있는 외국 기업들을 몰수하거나 국유화한 적도 있다.

6. 글로벌시장 진입전략에서 위험과 통제력

글로벌 기업이 진입방법을 선택하는데 있어서 고려해야 하는 핵심은 위험과 통제력의 정도에 있다. 투자비용을 보면, 수출은 해외 생산보다 비용이 적게 들어 위험이 적다. 라이센싱과 합작투자는 위험과 통제력이 중간 정도이며, 진출 기업이 진출국가의 시장을 관리할 수 있는 정도는 수출이 가장 낮고, 라이센싱과 합작투자는 중간 정도이며, 직접투자에 의한 글로벌 생산이 가장 높다.

글로벌 기업이 해외 진입방법을 선택하는 경우에 위험과 통제력의 정도, 비용을 충분히 고려하여 의사결정을 수행하는 것이 중요하다. 또한 글로벌 진출방법 중에서 수출입에 의한 무역거래는 나머지 방법과 관계가 깊어서 국제 거래활동에 관련하여 본국과 대상 국가와의 수출입거래, 또는 제 3 국간 무역 등 다각적인 무역이 관계되고 있다.

라이센싱은 일반적으로 계약 이전에 상대국에 그 제품을 수출하고 있는 경우가 많아서 제품이 성숙단계에 들어서는 시점에 기술제휴로 이전된다.

또한 합작투자의 경우도 기업은 현지로 부품을 공급하고, 완성품을 현지 공장으로부터 본국이나 제 3 국으로 판매함으로써 제 3 국간의 무역도 수행하는 경우가 많다. 이러한 글로벌마케팅의 진화과정에 따른 기업의 통제력 차이를 보면, 〈그림 5-1〉에서 보듯이 간접수출이 가장 낮고, 직접 투자를 하는 완전 자회사가 가장 높다.

〈그림 5-1〉 글로벌 기업의 통제력의 차이

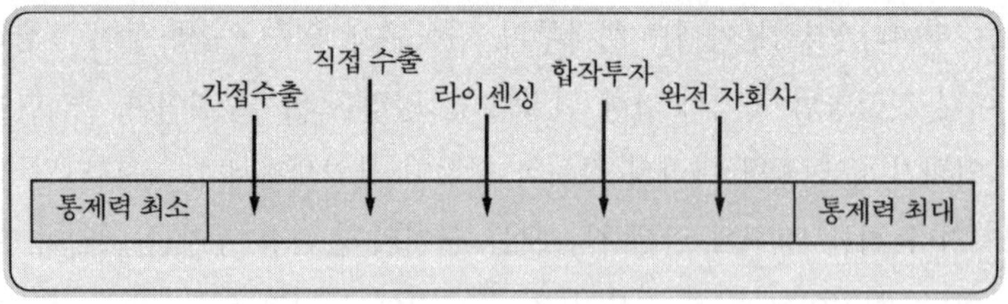

제 2 절 글로벌시장 진입전략의 접근법

1. 글로벌시장 진입전략의 선정모형

루트(Root 1992)의 시장진입방식의 결정모형은 〈그림 5-2〉에서 보듯이 기업이 통제력을 강화할 때 글로벌 시장에 대량 자원투입을 요구하기 때문에 기대수익은 높은 반면에 위험이 크다고 지적하고 있다.

기업은 시간이 흐를수록 경영자원이 축적되기 때문에 강력한 통제 형태로 이행하게 된다. 여기서 통제력은 해외 시장에 대한 기업시너지, 투자방식, 의사결정에 영향을 미치려는 기업들의 요구에 의해 나타나게 된다. 경쟁 지위를 개선하는 자산과 스킬(skills)을 통해서 수익을 최대로 산출하고자 하는 기업은 강력한 통제력을 원한다. 단독투자는 의사결정 책임, 재무 능력, 경영관리 능력, 기술력 등 경영자원의 투입 정도가 크기 때문에 통제력이 가장 크고 위험도 가장 크다.

〈그림 5-2〉 제조기업의 진입방식에 관한 의사결정의 전개과정

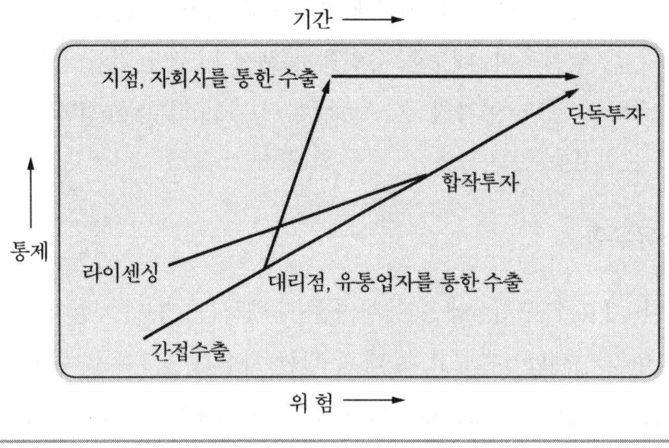

자료원: Root, F. R.(1982), *Foreign Market Entry Strategies,* Amaco. p. 20.

글로벌 기업들이 외부 환경요인 중에서 관심을 가져야 하는 것은 표적시장 국가의 현재와 미래의 시장 규모이다. 소규모 시장은 낮은 매출액이 예상되는 진입방식인 간접수출, 현지 대리점 및 유통업자를 통한 수출, 라이센싱 등에 유리한 반면에

대규모의 시장은 높은 매출액이 예상되는 진입방식인 현지 지점이나 자회사를 통한 수출, 현지 생산지향의 직접투자 등이 유리하다. 또한 사내요인으로 차별화된 제품에는 수출이 적합하고, 표준화된 제품에는 현지 생산이 적합하다.

이러한 접근법을 전제로 하면 해외시장 진입방식의 선택은 투자위험의 크기를 기초로 하면, 본국에서의 수출, 라이센싱, 직접투자 순으로 전환하는 것이 유리하다. 루트의 모형을 수정한 바틀렛(Bartlett 1986)은 시장성이 낮은 국가에 단독투자의 유인이 낮다는 전통적 통념을 깨고, 매력성이 적은 표적시장 내에서도 단독투자를 수행하면 그 시장을 통해서 글로벌 기준으로 다양한 사업을 조정하는 것이 가능하기 때문에 글로벌 기업의 전략적 욕구를 충족시킬 수 있다고 주장하였다.

포터(Porter 1986)는 글로벌 기업의 관심은 특정 시장에 관련된 '거래비용'보다도 '글로벌 전략 지위'에 있다고 주장하였으나, 위험이 소멸되는 시점에서 시장성이 낮은 국가에는 수출이 합작투자보다 적절하다고 보지만, 장기적으로 글로벌 경쟁력을 확보하기 위해서는 전략의 통제나 변경, 기동성 측면에서 합작파트너를 통해 글로벌 전략조정이 가능하다고 주장하고 있다.

2. 국제생산의 절충이론

더닝(Dunning 1980)은 1970년대 후반부터 국제 생산의 절충이론을 주장한 학자로 소유우위, 입지우위, 내부화 유인을 통해서 글로벌 기업의 글로벌 생산이 발전한다고 주장하고 있다. 아가월 등(Agarwal & Ramaswami 1992)은 이를 〈그림 5-3〉과 같이 요약하고 있다.

1) 소유우위

글로벌 기업이 수입국에 단독투자를 수행하는 경우는 현지 기업 이상으로 현지 공급 비용을 상쇄할 수 있고, 보다 우월한 자산과 노하우를 가지고 있어야 한다.

이러한 소유우위(ownership specific advantage)는 기업 규모, 글로벌 사업 경험, 차별화 제품의 개발 능력 등으로 나타나며, 이는 글로벌 기업이 노하우를 보유하고 통제력의 강화가 효율적이어야 한다. 또 기업 간 조직구조를 통해서 글로벌 거래에 의한 수입국의 계열기업이 노하우를 취득하기 위해 미래 개별 사업체의 조업을 결정할 가능성이 있다.

〈그림 5-3〉 진입전략 선택요인

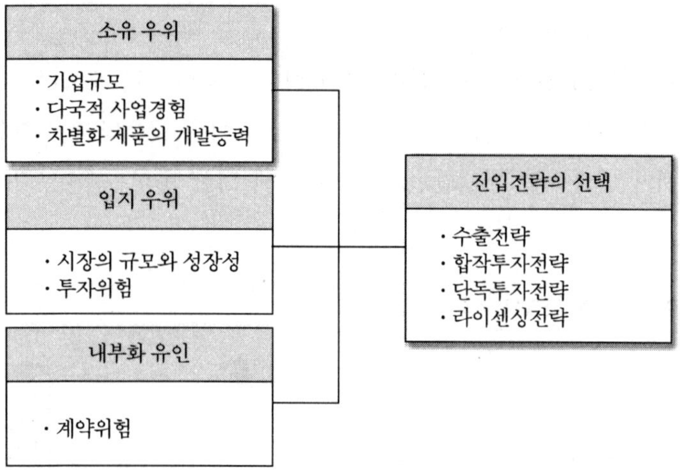

자료원: Agarwal, S. and S. N. Ramaswami(1992), "Choice of Foreign Market Entry Mode: Impact of Ownership, Location and Internalization Factors", *Journal of International Business Studies*, Vol. 23, No. 1, First Quarter, p. 5.

2) 입지우위

글로벌 기업이 수출할 것인가 단독 투자할 것인가의 선택은 입지우위(location specific advantage)에 의해 결정된다. 시장 규모와 성장성, 현지시장 욕구의 충족 가능성, 저렴한 노동력, 수입국 정부의 해외 자본에 대한 장려정책 등 표적 시장국가에서의 입지우위가 높으면 직접투자가 갖는 매력성이 커진다.

3) 내부화 유인

내부화 유인(internalization incentive)은 글로벌 생산의 충분조건으로 내부화를 라이센싱할 것인가, 단독 투자할 것인가에 따라 다르다. 내부화는 위험과 불확실성, 규모의 경제성, 시장의 외부성이 존재하는 글로벌 시장의 실패를 초월할 수 있는 단독투자가 가장 유리하다. 라이센싱에는 한정된 합리성 외에 외부 불확실성으로 인하여 경영자가 이를 예측하기 어려우며, 기업 내에서 자산이나 기법을 통합하는 경우보다 비용이 높다는 단점이 있다.

3. 글로벌 전략변수에 의한 통합모형

김과 황(Kim & Hwang 1992)이 제시한 글로벌 기업에 의한 글로벌 시장 진입방식의 선택모형은 〈그림 5-4〉와 같다. 이 모형은 글로벌 전략변수에 의한 진입방식 선택의 인과관계, 환경변수와 거래변수에 의한 방식선택으로의 영향을 설명하고 있다.

〈그림 5-4〉 진입방식선택의 절충적 구조

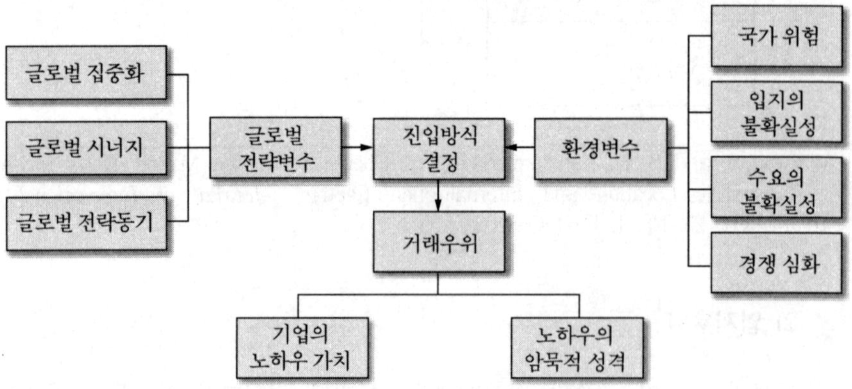

자료원: Kim, W. C. and P. Hwang(1992), "Global Strategy and Multinational's Entry Mode Choice", *Journal of International Business Studies,* Vol. 23, No. 1, First Quarter, p. 33.

1) 글로벌 집중화

글로벌 기업의 집중화가 진전되어 과점적 상호 의존성이 높아져 국경을 초월하여 침투할 수 있기 때문에 경쟁관계에 있는 다양한 국가시장에서 직접적으로든 간접적으로든 글로벌 기업의 영향력이 미치고 있다. 세계 제3위의 타이어 제조업체였던 미쉐린이 미국시장에서 신규 고객의 확보를 목적으로 가격을 인하하여 출시할 경우, 세계 1위의 미국 굿이어 타이어가 타이어 가격을 인하하여 대항하는 것은 전형적인 방법이다.

집중도가 높은 글로벌 산업에서는 글로벌 기업이 강한 통제력을 행사할 수 있는 진입방식을 보다 선호하게 된다. 이 경우에는 라이센싱보다 완전소유 자회사를 선택하는 경향이 강하게 나타나고 있다.

2) 글로벌 시너지

연구개발, 마케팅, 제조 등의 투입물이 글로벌 기업 내에 침투되어 공유되면 글로벌 시너지가 발생한다. 글로벌 시너지(global synergy)는 혁신능력의 향상과 비용절감을 통해서 이윤효과가 발생하기 때문에 경쟁우위를 보유할 수 있다. 범위의 경제에 의한 시너지를 얻으려면 글로벌 기업은 관여도가 높은 계층에 대한 통제력을 통해서 여러 사업단위를 이용하는 것이 가장 좋은 방법이다.

3) 글로벌 전략동기

글로벌 경쟁 상대가 본국 시장에 진입하는 경우, 글로벌 기업은 좁은 범위의 효율성을 극대화하기보다는 글로벌 전략동기를 가지고 시장진입방식을 선택하여 1개의 특정 사업단위의 경제적 효율성을 높이는 경우가 많다. 해외 사업단위의 설립동기는 미래 글로벌 시장을 확장하기 위한 전진기지와 잠재적인 글로벌 경쟁 상대의 공격지점 확보에 있지만, 이는 전사적인 효율성 극대화를 목적으로 설정한 전략목표를 달성할 수 있는 요인들이다.

4) 환경변수

환경변수인 국가 위험, 입지의 불확실성, 수요의 불확실성, 경쟁 심화 등은 경영자원의 관여도를 작게 하여 진입방식을 결정하는 원인이 된다. 즉, 국가 위험과 입지의 불확실성은 라이센싱을 결정하게 하는 원인이 되지만, 수요의 불확실성과 경쟁 심화는 진입방식을 결정하는 데 상당한 영향력을 가지고 있다.

5) 거래우위 변수

기업의 노하우 가치와 노하우의 암묵적 성격(tacit nature)은 기업 활동의 통제력을 높여 시장진입방식을 결정한다. 따라서 노하우의 암묵적 성격은 라이센싱보다 완전 소유에 더 알맞기 때문에 합작투자의 선택과 결합되어 노하우의 가치가 진입방식의 결정에 영향을 주게 된다.

글로벌 집중도를 진출 목적으로 하는 글로벌 기업은 단독투자를 가장 선호하고 있다. 단독투자는 세계적으로 독과점을 가장 강화하는 수단이 될 수 있다. 글로벌 시너지와 글로벌 전략동기를 가지고 있는 기업은 합작투자를 선택할 가능성이 높지만, 기업의 노하우 가치는 단독투자뿐만 아니라, 전략적 제휴 형태의 인수합병이나 라이센싱의 경우에도 훌륭한 수단이 될 수 있다.

제 3 절 글로벌 라이센싱을 통한 진입전략

글로벌 라이센싱은 한 국가의 공여기업(licensor)이 로열티, 수수료 등의 수익을 얻기 위하여 다른 국가의 수혜기업(licensee)에게 특허, 거래비밀, 노하우, 상표, 상호 등의 무형자산을 제공하는 것을 내용으로 하는 다양한 계약협정을 말한다.

1. 라이센싱의 장단점 이용전략

한국 기업은 이러한 라이센싱을 이용하여 글로벌 시장에 진출할 수 있다. 그러나 라이센싱은 여러 가지 장·단점을 가지고 있기 때문에 이를 고려하여 진입방식을 결정해야 한다.

1) 장점

(1) 수입 장벽의 회피

글로벌 시장진입에서 라이센싱은 관세, 쿼터 등의 수입 장벽을 피할 수 있다. 제조기업들은 현지국의 수입 장벽으로 인하여 더 이상의 수출이 어렵게 되거나 또는 치열한 경쟁으로 인하여 수출을 통해서는 더 이상 채산성이 맞지 않을 때 차선책으로 라이센싱을 선택할 수 있다.

특히, 특정 완제품에 대해 높은 수입 규제를 적용하고 있는 국가들의 현지 기업과 라이센싱을 체결함으로써 지속적인 중간재의 수출경로를 구축할 수 있다. 또한 라이센싱은 높은 수송비용으로 인하여 가격 경쟁력이 떨어지는 제품에 대해서 효과적인 진입방식으로 활용할 수 있다.

(2) 정치적 위험 회피

라이센싱은 해외 직접투자보다 정치적 위험이 적다. 이는 현지국에 자본 투자를 하지 않기 때문에 현지국 정부에 의한 국유화, 재산수용 등의 정치적 위험을 피할 수 있다. 대부분의 현지국들은 기술획득의 수단으로 외국기업에 의한 직접투자보다는 국내기업과 라이센싱 체결을 원하고 있다.

2) 단점

라이센싱은 위와 같은 장점이 있지만, 다음과 같은 단점을 내포하고 있기 때문에 기업 활동을 글로벌화하려는 경영자들은 이를 고려한 의사결정이 필요하다.

(1) 통제의 어려움

이는 기술 제공기업이 현지 시장에서 수혜기업의 마케팅 계획과 프로그램을 관여하여 통제하기 어렵다. 따라서 기술을 제공하는 기업의 입장에서는 기술을 제공하는데 비해 통제력이 약하다는 것이다.

(2) 예상 소득의 절대 규모가 적음

라이센싱은 수출이나 글로벌 직접투자에 비해 예상소득의 절대 규모가 작다는 점이다. 라이센싱의 로열티(loyalty)는 산업 내 관례, 경쟁상대 및 현지국의 정부 규제에 의해 일정 비율로 정해지는데, 일반적으로 로열티 비율은 총 판매액의 5% 정도로 결정된다.

(3) 경쟁사 양성

라이센싱은 미래의 경쟁사를 양성할 수 있다. 라이센싱은 정치적 위험이 낮은 반면에 상업적 위험이 매우 높다. 즉, 라이센싱을 통하여 공여기업의 기술을 습득한 해당국의 수혜기업이 미래에 글로벌 시장에서 공여기업의 강력한 경쟁자로 부상할 수 있다.

(4) 현지시장의 진출 불가

일반적으로 라이센싱의 수혜기업은 공여기업의 기술, 상표, 판매권 등에 대해 현지시장에서 독점권을 보유할 수 있다. 따라서 공여기업은 라이센싱 계약기간 동안에는 제공된 기술과 관련된 제품을 현지시장에 진출시킬 수 없게 된다.

2. 글로벌시장의 공업소유권 보호전략

라이센싱은 현지국에서 공업소유권에 대한 법적인 보호 장치가 마련되어 있을 경우에 진입방식으로 사용할 수 있는데 특허권 취득과 등록상표 등이 있다.

1) 특허권 취득

각국의 특허권 시스템은 독창성의 기준, 특허기간, 특허대상 범위, 재연장, 상업적 시효기간 등에 있어서 매우 상이한 차이점을 보이고 있다. 따라서 여러 국가에서 동시에 특허권을 보호받기 위해서는 각 해당국에 특허를 출원해 놓아야 한다.

이러한 국제 특허전략에 대해서는 다음과 같은 문제가 제기될 수 있다. 즉, 글로벌 기업은 자신이 소유하고 있는 발명지식을 거래비밀로 유지할 것인가, 아니면 국제 특허출원 방안을 강구할 것인가를 결정해야 한다.

원천 소유자는 특허 취득을 통해서 일정기간 독점사용권을 보장받게 된다. 따라서 기업이 거래 비밀을 지속적으로 유지해야 기술 가치가 존재하는 경우나 외부에서 모방이 가능한 경우라면 특허권을 취득해 놓는 것이 유리하다.

2) 등록상표 보호

상표도 법적으로 보호받기 위해서는 등록되어야 한다. 등록상표의 유효기간은 7년에서 25년 사이가 일반적이지만, 특별한 하자가 없는 한 얼마든지 연장이 가능하다. 대부분의 국가들에 있어서 상표도 최초로 등록한 사업자에게 법적인 소유자격이 부여된다. 따라서 기업들은 현재 및 미래 진출하고자 하는 모든 국가들에 상표를 등록해 놓아야 법적으로 보호받을 수 있다.

3. 글로벌 프랜차이징전략

프랜차이징(franchising)은 프랜차이저(franchisor)가 독립된 다른 기업이나 개인인 프랜차이지(franchisee)에게 사업시스템이나 다른 소유권을 제공해 주는 활동으로써 라이센싱의 한 유형으로 볼 수 있다.

프랜차이저는 가맹점들이 사업본부의 상호와 경영방식을 이용하여 사업 활동을 조직하고 관리할 수 있도록 도와주는 대가로 가맹점들로부터 수수료, 운영 로열티나 기타 보상금을 받는다.

코카콜라, 펩시콜라, 힐튼호텔, 홀리데이인(Holiday Inn), 맥도널드, 켄터키 후라이드 치킨(KFC), 에이비스(Avis)사 등이 프랜차이징을 통해서 세계에 알려진 기업들이다. 글로벌 진입전략에서 프랜차이징은 다음과 같은 장·단점이 있다.

1) 장점

글로벌 프랜차이저는 적은 자본으로 글로벌 시장에 신속하게 진입할 수 있고, 독특한 이미지 구축과 표준화된 마케팅 프로그램을 사용할 수 있으며, 의욕적인 가맹점 확보 및 낮은 정치적 위험 등이 있다.

2) 단점

그러나 단점은 제한된 이익, 가맹점의 영업에 대한 전면적인 통제의 한계성, 예비경쟁자의 양성 가능성 및 프랜차이징에 대한 현지국의 정부규제 등을 들 수 있다.

글로벌 시장진입전략으로 프랜차이징을 선택할 것인가, 합작투자 또는 단독투자를 선택할 것인가 하는 결정은 각 진입전략에 따르는 위험과 통제력의 상충관계를 고려해야 한다. 프랜차이징은 상대적으로 낮은 진출 위험을 지니고 있는데 기업이 처음으로 글로벌 시장에 진출할 때에 많이 이용된다. 그러나 글로벌 시장에 진출경험을 많이 축적한 기업들은 합작투자나 단독투자의 형태를 선호하게 된다.

제 4 절 글로벌 직접투자를 통한 진입전략

글로벌 기업들이 직접투자를 통한 글로벌 생산을 시작하는 근본적인 이유는 원자재 확보, 낮은 생산비용 유지, 시장침투 등에 있다. 글로벌 기업들은 생산 활동에 필요한 원자재를 획득하기 위한 수단으로 천연자원을 개발하고자 현지 자회사를 설립하고 현지국에서 제품을 제조하여 본국이나 제3국으로 수출할 목적으로 현지 생산을 시작하며, 표적시장으로 용이하게 침투할 목적으로 현지국 내에서 제품을 직접 제조하고자 현지 자회사를 설립하는 것이다.

1. 합작기업을 통한 진입전략

투자기업은 현지국의 기업 또는 정부와 합작투자(joint venture)를 수행함으로써 글로벌 시장에 진출할 수 있는데 자본 또는 자원을 공유하기로 하는 협약을 체결하는 것이 일반적이다.

단독투자의 경우에는 경영과 이익관리에 대한 전면적인 통제가 가능하나 합작투자, 특히 투자기업의 소유 지분율이 낮은 경우에는 경영과 이익관리에 대한 통제가 어렵다. 이러한 제약에도 불구하고 기업들이 합작투자를 통하여 글로벌 시장에 진출하고자 하는 동기는 아래와 같다.

1) 합작투자를 통한 진출동기

합작투자를 통한 진출의 동기는 개발도상국에서 특정 산업분야에 대하여 외국기업의 단독투자를 금지시키는 대신 자국 기업과의 합작투자를 장려하는데 기인한다. 합작투자를 통하여 진출할 때에는 현지 파트너가 제공하는 공헌 즉, 투자위험의 공유, 현지국의 사업 환경에 대한 지식, 현지의 공급업자, 소비자, 은행 및 정부 관료와의 유대관계와 현지에서의 경영관리, 생산 및 마케팅의 노하우를 얻을 수 있는 이점이 있다.

2) 합작투자의 파트너 선택

합작투자의 진출에서 현지 파트너의 선택은 중요하다. 합작투자의 파트너를 효율적으로 선정하기 위해서는 투자기업의 경영자들이 현지시장에서 합작투자를 통하여 달성하고자 하는 목표가 무엇이며, 고려중인 합작투자의 성격이 자사의 글로벌 시장진입전략에 부합할 수 있는지를 검토하고, 파트너의 목적과 전략을 구체적으로 파악할 필요가 있다.

2. 글로벌시장 진입전략의 결정

글로벌 시장에 진출시킬 제품과 진출할 표적 국가시장에 가장 적합한 진입방식을 결정하는데 있어서 어떠한 요인들이 영향을 미치며, 어떻게 결정할 것인가를 보자.

글로벌 기업이 최적 진입방식을 선택하기 위해서는 의사결정에 영향을 미치는 모든 요인의 영향력과 연관시켜 각 대안의 진입방식을 체계적으로 비교 평가할 수 있는 접근이 필요하다. 〈그림 5-5〉에서 보듯이 진입방식의 결정요인은 외적 요인과 내적 요인으로 구분할 수 있다.

1) 외적요인

이는 글로벌화하려는 기업이 통제 불가능한 요인으로 현지국의 시장요인, 기업환경요인, 생산요인 및 본국 관련요인 등이 있다. 현지국 시장 내에서 외적 요인의 상태에 따라 적합한 진입방식의 유형이 달라질 수 있다. 그러나 이러한 외적 요인만을 고려해서 대안적인 진입방식을 비교 평가해서는 안 되기 때문에 기업의 내적요인도 함께 고려되어야 한다.

〈그림 5-5〉 글로벌시장 진입전략의 결정요인

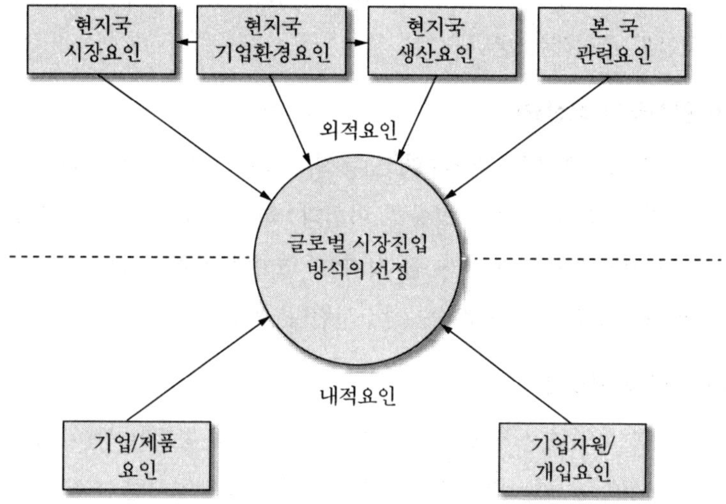

(1) 현지국 시장요인

이는 시장 규모, 경쟁구조 등이 있다. 현재와 미래의 현지국 시장 규모가 진입방식의 결정에 중대한 영향을 미친다. 즉, 현지국 시장 규모가 작을 경우에는 간접수출이나 직접수출, 라이센싱 등이 유효하고, 시장 규모가 클 경우에는 현지 판매지사나 마케팅 법인을 통한 직접수출, 직접투자 생산 등이 적합하다.

경쟁구조는 완전 경쟁구조인가, 과점 경쟁구조인가 또는 독점 경쟁구조인가 하는 것이 영향을 미친다. 불완전 경쟁구조인 경우는 경쟁에 유리한 직접투자가 필요하지만, 완전 경쟁구조의 시장에서는 수출이 유리하다.

(2) 현지국의 기업 환경 요인

기업 환경요인은 현지국의 정치 · 경제 · 사회 · 문화 등으로 기업의 진입방식을 결정하는데 중요한 영향을 미친다. 이는 정부의 규제, 지리적 거리, 시장경제체제, 경제 규모 및 국제 경제관계 등이 있다.

글로벌 기업에 대한 현지국 정부의 규제는 진출기업들로 하여금 대안적 진입방식을 선택하도록 할 수 있다.

본국과 현지국과의 지리적 거리가 멀 경우 현지국에서 조립가공을 고려해 볼 수 있다. 또한 투자율, 경제성장률, 실업률 등 경제 규모는 현지국의 잠재적 시장 규모의 지표가 되고, 경영자들은 현지국의 수출입상태, 국제 수지, 외채 부담, 환율 변화 등의 요인도 고려해야 한다.

(3) 현지국의 생산요인

현지국의 생산요인은 천연자원, 노동력, 에너지, 하청기업, 사회 간접자본 등의 질적 및 양적 수준이 중요한 영향을 미친다. 현지국의 풍부한 자원과 저임금은 직접투자를 하는데 중요한 동기가 될 것이며, 열악한 부존자원이나 고임금 등은 현지국에 대한 외국기업의 투자의욕을 감소시킨다.

(4) 본국 관련요인

본국 관련 요인인 시장요인, 생산요인, 기업의 환경요인 등이 기업의 글로벌 진입방식의 선택에 중요한 영향을 미친다. 유럽의 소매업처럼 시장요인으로 규제가 심하면 글로벌화를 추진하게 되고, 임금이 상승하면 후진국에서 생산하기 위해 글로벌화하게 된다.

2) 내적 요인

기업의 진입방식의 선택에 있어서 외적 요인의 영향력뿐만 아니라 기업의 내적 요인에 의해서도 영향을 받는다. 내적 요인은 제품요인과 기업자원 및 개입요인이 있다.

(1) 기업/제품요인

차별화된 제품은 경쟁기업의 제품에 대해 어느 정도 경쟁적 지위를 차지함으로 탄력적인 가격전략이 가능하다. 즉, 차별화된 제품은 높은 수송비용과 수입 관세를 지불하고도 어느 정도 경쟁력을 유지할 수 있음으로 수출에 의한 해외 시장진출이 가능하다.

글로벌 기업들은 기술집약적 제품에 대해 다른 진입방식에 비해 라이센싱을 선호하는 경향이 있다. 또한 현지국의 소비자 욕구를 충족하기 위하여 상당한 수준의 현지화가 요구되는 제품에 대해서는 현지시장과 아주 밀접한 관계를 유지해야 함으로 간접수출보다는 현지 판매지사나 마케팅 법인을 통한 직접 수출방식이나 현지 생산방식이 유리하다.

(2) 기업자원 및 개입요인

경영관리 기술, 자본, 제조 기술, 마케팅 노하우 등의 자원이 풍부한 기업일수록 진입방식의 선택의 폭이 넓은 반면에, 제한된 자원을 보유하고 있는 기업들은 자신의 능력에 맞는 진입방식을 선택해야 함으로 선택의 폭은 좁아진다.

제 5 절 글로벌시장 진입순서 효과전략

진입순서에 따라 기업성과가 결정되는 것을 진입순서효과(order of entry effects)라고 한다. 즉, 선발기업이나 후발기업들이 시장에서 창출하는 성과가 다를 수 있다.

〈그림 5-6〉 모방과 후발진입

	혁신자	모방자
선발기업	· 혁신자는 혁신제품으로 시장에 제일 먼저 진입하는 자 · 롤러블레이드사가 최초의 일직선식 롤러스케이트를 도입함.	· 모방자가 모방제품으로 혁신자보다 먼저 시장에 진출함. 보통의 경우 혁신자는 시험판매에 시간을 보내고 있음. · 레이놀즈사가 혁신자로부터 복제한 최초의 볼펜을 도입함.
후발기업	· 한 혁신자가 다른 혁신자보다 먼저 시장에 진출함. 각 혁신자는 독립적으로 신제품을 개발함. · 마쓰시다의 VCR은 소니보다 나중에 진입했지만 그 자체가 혁신적인 제품이었음.	· 모방자가 혁신자의 제품을 모방한 제품으로 혁신자의 뒤를 이어 시장에 진입함. · 다이어트 코크가 저칼로리 음료부문에서 이런 행동을 함.

자료원 : 스티븐 P. 슈나즈 지음, 손근상 옮김, 모방전략, 1996, p. 27.

글로벌 시장에서 후발기업의 위치에 있을 수밖에 없는 한국 기업들에게는 진입순서 효과는 큰 의미를 갖는다. 한국 기업이 글로벌 시장에 진입하고자 할 때, 이미 선발기업으로 존재하는 선진국의 경쟁기업들이 갖는 우위요소를 이해하고, 후발기업으로써 부담할 수밖에 없는 한계점과 우위요소를 파악하는 것은 글로벌마케팅 전략을 수립하는데 매우 중요하다.

선발기업과 후발기업을 혁신자와 모방자의 관점에서 살펴보면 〈그림 5-6〉과 같다.

1. 선발기업의 우위전략

초기에 시장으로 진입하는 기업이 시장에서 절대적으로 우위를 가진다는 사실이 널리 받아들여지고 있다. 선발기업들은 일찍부터 기술개발을 시작했기 때문에 자연히 높은 수준의 기술을 보유할 수 있는데 생산에 필요한 희소자원도 먼저 점유할 수 있기 때문이다.

소비자의 입장에서 보더라도 일단 어느 기업의 제품을 사용하다가 다른 기업의 제품으로 바꾸는데 있어서는 교체비용이 드는 경우가 많고, 또한 제품의 품질에 대한 판단 근거가 확실치 않을 때는 선발기업의 잘 알려진 상표명을 선택함으로써 불확실성을 줄여보려고 하는 경향이 많다. 이러한 선발기업의 우위는 일반적으로 글로벌 시장에서도 그대로 적용되는 것으로 알려져 있다.

이러한 선발기업의 우위는 진입장벽(entry barrier)으로 인하여 형성되는데, 이는 한 산업에 있어 경쟁기업의 진입을 어렵게 만들어 높은 수익률을 유지하게 하기도 한다. 이는 다음과 같은 경우에 선발진입이 효과적이다.

- 대규모의 자본이 소요될 경우
- 규모의 경제 효과가 큰 산업인 경우
- 선발기업이 경험곡선 효과를 통해 비용우위나 차별화를 이루었을 경우
- 강력한 유통경로를 갖고 있을 경우
- 신규 진입을 막는 정부규제 및 제도적 진입장벽이 있을 경우
- 기존 기업들이 신규 진입에 대한 보복가능성이 높을 경우

세계적으로 통신이나 반도체, 항공, 자동차 및 제약 등 주요 산업에 걸쳐 과점화

가 진전되는 상황에서는 후발기업들이 규모나 기술면에서 선발기업의 경쟁 상대가 되기는 상당히 어려우며, 잘못하면 인수합병의 대상이 되기도 한다.

2. 후발기업의 우위전략

후발기업은 자국보다 먼저 경제개발에 성공한 선진국을 따라 잡겠다는 목적이 분명한 만큼 선진기술과 경영기법을 모방할 수가 있다. 대부분의 한국 기업들은 이러한 모방과 학습을 통한 후발기업으로써 이점을 활용하는 전략을 이용해 왔다.

선발기업들은 유리한 점도 많지만, 불리한 점도 많다. 선발기업이 불리한 점으로는 시장의 변화, 신규 시장을 개척하는데 소요되는 비용, 불확실성에서 오는 위험, 소비자 욕구의 변화에서 오는 상표충성도의 약화 등을 들 수 있다.

후발기업들은 최초 진입자가 감당해야 하는 제품과 시장개발 비용, 즉 새로운 제품범주에 대한 교육 및 광고비용 등을 지불하지 않아도 되기 때문에 무임승차를 할 수 있는 위치에 있다.

도입기에 있어 선발기업은 생산기술 수준이 낮기 때문에 기술적으로 문제가 있는 제품을 팔아야 할 모험을 하게 되는데 비하여 후발기업은 기술이 안정화된 뒤에 진입하기 때문에 이러한 우려는 적다. 또한 한 시장을 새롭게 만든 기업은 고객과 공급자들을 개발해야만 하기 때문에 변화속도가 빠른 산업일수록 후발기업이 우위를 누릴 수 있다.

3. 진입순서효과전략

단계적으로 시장이 개방되고 있는 중국시장에서 일찍 시장으로의 진입을 허가 받은 외국 기업들은 경제적, 기술적 그리고 행동적인 요인들 때문에 이점을 누려 높은 시장점유율과 이익률을 올릴 수 있다. 후진국들은 자국의 경제 활성화를 위하여 조세, 토지 이용, 에너지 및 원료비용 등에서 외국 기업에게 특혜를 주면서 유치하기 때문에 선발기업은 이점을 누릴 수 있다. 많은 한국 기업들은 중국시장의 크기뿐만 아니라 이러한 선발기업의 이점을 누리려고 노력하고 있다.

중국시장과 같은 거대한 시장에 초기에 해외 직접투자를 해놓을 경우 미래에 발생할 수 있는 기회를 이용하기 쉽기 때문이다. 시장에 일찍 진입한 기업들로서는 현지시장을 개발하고 자사 제품을 광고하면서 잠재적 경쟁자들의 진입을 저지하는 등 다양한 전략을 사용할 수가 있어 독점적 우위를 획득할 수 있다.

[사례 5-1] LG전자의 글로벌 시장진입전략

Ⅰ. 서 언

LG전자는 삼성전자와 함께 한국 기업의 글로벌마케팅의 성공적 전개를 보여주는 대표주자로서 중요성이 크다. LG전자는 디지털 방송, 인터넷, 무선 커뮤니케이션 부문에서 기술 및 상품의 개발능력 향상에 주력하고 있고, 개발 및 제휴로 확보한 세계적인 기술력을 바탕으로 세계적인 제품을 개발하고 있다.

Ⅱ. LG전자의 글로벌시장 진입전략

1. 동남아시아시장 진입전략

LG전자는 1989년부터 중국, 러시아, 베트남 등 사회주의 국가에 자회사를 설립하기 시작하였다. 이들 국가에 진입하는 동기는 시장의 전면 개방에 따른 사업기회를 점유하고, 이러한 시장점유를 통한 장기적인 사업기회를 확립하는 것이었다.

이들은 합작투자를 통하여 인도네시아, 태국, 필리핀 등에 진입하여 한국의 원가경쟁력 저하를 극복하고, 동남아시아의 저렴한 임금을 활용하며, 현지국 시장에 접근하려는 다목적인 동기가 작용하여 생산 및 판매기반을 확보하는데 성공하였다.

2. 중국시장 진입전략

LG전자는 글로벌 전략의 일환으로 먼저 시장점유를 목적으로 중국시장에 진입하고 있다. LG전자는 1992년 중국에 전자제품의 생산기지를 건립하였고, 1995년에는 지주회사를 설립해 제조에서 마케팅까지 중국 내에서 모든 사업을 총괄하는 사업구조를 갖추었다.

LG전자는 창사, 텐진 등에 생산법인을 설립하고, 베이징, 상하이 등에 판매법인을 설립하였으며, 직영점 및 위탁 대리점 등 서비스법인을 설립하여 글로벌 경영체제를 갖추었다. 텐진법인은 에어컨, 전자레인지, 청소기 등 제품생산을 시작하였고, 창사법인은 컴퓨터 모니터용 브라운관과 TV용 브라운관을 생산하고 있다.

LG전자는 베이징에 개설한 디자인연구소를 중심으로 한국의 모기업과 공동연구를 통해 중국인의 기호에 맞는 독자적인 제품을 개발하는 한편, 생산성 혁신과 원가절감을 통해 현지 기업과 대등한 수준의 원가경쟁력을 확보해 중국 속에 독자 기업의 역량을 강화하고 있다.

3. 인도시장 진입전략

LG전자는 인도가 IT분야에서 세계적 강점이 있고, 거대시장 잠재력을 인식하고 오래 전부터 투자하여 왔다. LG전자는 인도북부 뉴델리 인근의 노이다공장에서 TV · 냉장고 · 에어컨 · 세탁기 · 전자레인지 등을 생산하고 있으며, 이밖에 IT기술에 강점을 가진 인도의 우수한 연구개발 인력을 활용하기 위해 1998년부터 뱅갈로우시에 소프트웨어 연구소를 운영하고 있다.

세계적 시장조사기관인 ORG-GFK의 2004년 1~8월 조사결과를 보면, LG전자는 인도시장에서 TV(23.5 %), CDMA 단말기(55 %), 에어컨(35 %), 냉장고(25 %), 세탁기(30.8 %), 전자레인지(40.9 %) 등이 시장점유율 1위를 기록하며 인도의 가전제품 시장을 석권하고 있다. LG전자의 '인도시장 3대 성장전략'은 다음과 같다.

- 인도 북부 노이다시의 제 1 공장에 이어 인도 제 2 의 도시인 뭄바이 인근의 푸네에 제 2 공장을 건설하고, 인도 남서부 시장을 공략한다는 전략이다.
- 2005년 초에 푸네 제 2 공장 내에 GSM단말기 생산라인을 신설하여 중국 칭다오(青島)에 이어 글로벌 GSM생산기지로 활용한다는 전략이다.
- 2004년 750명 규모의 인도 연구개발 인력을 2007년까지 1500명 규모로 확대함으로써 프리미엄 제품개발에 주력하여 2007년에는 인도에서 생산되는 제품의 30 %를 아시아 · 중동 · 아프리카에 수출하는 전략이다.

LG전자는 창원 · 구미 등 국내 생산 공장을 본거지로 삼는 한편, 중국과 인도를 핵심 생산기지로 활용함으로써 글로벌 가전제품 시장을 공략하는 글로벌 전략을 수립하고 있다.

4. 북아메리카시장 진입전략

LG전자는 NAFTA시장에 진출하기 위해 멕시코 북동부 지역에 위치한 몬테레이시에 진출하였다. 멕시코 내수시장은 물론 파나마, 콜롬비아 등의 남아메리카 지역으로의 수출지향 전략과 미국시장 진출을 위한 LG전자의 전초기지 역할을 수행하고 있다.

1) 제니스 인수전략

LG전자와 제니스(Zenith)와의 관계는 1989년부터 HDTV의 공동개발을 논의하면서 제니스사가 HDTV표준을 확장하려는 목적을 가지고 LG와 협력을 원했고, LG전자는 HDTV의 생산을 위한 핵심기술의 개발 및 노하우의 습득을 위한 목적이 부합하여 HDTV 개발을 위한 공동 연구개발 팀을 구축하였다.

LG전자는 1995년 7월에 멕시코에서 활동하던 미국의 제니스사의 공장지분 57 %를 투자해 인수하였다. 제니스사는 TV 및 관련 부품을 생산·판매하는 미국의 대표적인 전자제조업체이다. 제니스사는 대화형 CATV분야와 디지털 방식에서 독자적인 지위를 확보하고 방송 및 네트워크 중심의 멀티미디어 산업을 선도하고 있어서 LG전자는 제니스사의 공장 인수를 통해서 HDTV분야의 변조, 디지털 신호처리, 시스템 통합부문의 기술은 물론 대형 칼라브라운관, 튜너 등 핵심부품 관련기술을 확보하게 되었다.

2) 제니스와 LG전자의 연계전략

제니스사는 LG전자가 인수한 멕시코 레이노사 공장에서 생산한 TV를 공급받는 등 제조부문을 아웃소싱하고 있다. LG전자는 미국 내 TV시장점유율을 10 % 이상을 유지하고 있는 제니스사의 높은 상표력과 마케팅, 유통네트워크를 활용하여 디지털 TV 등 북아메리카지역의 디지털 가전제품시장에서 본격적인 마케팅 활동을 전개하고 있다.

LG전자는 시카고연구소와 제니스 연구진과의 공동개발로 각종 멀티미디어 관련기술의 시너지효과 극대화로 멀티미디어 분야를 강화하였다. 제니스사의 브라운관을 만드는 시카고 공장과 칼라 TV를 만드는 멕시코 공장을 LG전자의 멕시코 공장에 연계하여 NAFTA시장에서 연 6백만 대의 칼라 TV 생산 능력을 보유하게 되었다.

5. 유럽시장 진입전략

LG전자의 글로벌화는 선진국시장을 중심으로 진입하였으나, 유럽연합(EU)의 블록외의 국가들에 대한 관세장벽에 부딪치게 되어 EU지역에 생산기지를 구축하였다. LG전자가 EU시장에 진입하는 과정에 대해 살펴보자.

폴란드 Lgema공장의 증설로 디지털 TV와 완전평면 TV 등 시장잠재력이 큰 유럽시장을 적극적으로 공략하기 위한 글로벌 전략을 수행할 수 있게 되었다. 이 공장은 대형 TV와 완전평면 TV까지 생산할 수 있어 유럽에서 불고 있는 'Flatron의 바람'을 타고 유럽 소비자들을 효과적으로 공략할 수 있다.

단일시장으로 통합된 유럽시장의 효율적인 공략을 위해 유럽의 물류거점인 네덜란드의 암스테르담에 통합서비스 법인인 LGESE(LG electronics service europe)를 설립하여 유럽 국가들에게 보다 신속하고 절감된 비용으로 서비스 활동을 제공할 수 있는 기반을 확보해 다른 기업과의 차별화된 글로벌 차원의 마케팅 전략을 강화하고 있다.

영국의 판매법인인 Lgeuk을 설립하고, LG 디지털 TV를 영국표준협회(BSI)로부터 안전규격마크(KITE mark)를 인증받았다. 1997년 세계 최대 셋톱박스 공급업체인 영국 페이스사(Pace Micro Technology)와 유럽규격 디지털 TV개발을 위한 전략적 제휴를 맺고, 영국 위성방송 사업자인 'B Sky B', 지상파방송 사업자인 'On Digital', 유통업체인 'Comet' 등과 전략적 제휴를 강화하고 있다.

생각해 볼 문제

1. LG전자가 세계적으로 진출하고 있는 국가의 환경분석을 어떻게 전개하였을 것인가의 체계를 본 장의 이론부분과 인터넷 2차 자료검색을 통하여 추론하라.

2. LG전자의 지역마케팅 전략에서 차이점은 무엇인가?

[사례 5-2] 코카콜라와 펩시콜라의 진입경쟁전략

Ⅰ. New Coke의 출현

드링크산업을 지배하던 1976~1978년 사이 코카콜라의 성장률은 16%에서 2%로 급격히 감소하였다. 이 시기에 펩시콜라는 펩시세대를 강조하는 광고로 이상주의와 개성을 강조하는 베이비붐 세대의 마음을 사로잡는데 성공하였다. 그래서 펩시콜라는 젊음과 생명력의 상징이 되었고, 이러한 이미지를 소프트드링크에 연계시켰다.

펩시콜라는 계속하여 '펩시의 도전'이라는 전략의 시음대회를 통하여 시장점유율을 6 %에서 14 %로 급상승시켰다. 코카콜라도 시음대회를 개최하였으나, 〈표 1〉에서 보듯이 펩시콜라는 1979년에 코카콜라 시장점유율 23.9 %에 근접하는 17.9 %라는 실적을 올렸다. 1984년에는 코카콜라와 펩시콜라의 격차가 2.9 %로 줄었고, 슈퍼마켓 등 식품매장에서의 격차는 1.7 %에 불과하였다.

〈표 1〉 코카와 펩시의 소프트드링크 시장점유율 (1950-84년)

1950년대 중반	1975년	1979년	1984년
	시장점유율/격차	시장점유율/격차	시장점유율/격차
코카 2배정도의 격차	24.2 %/6.8	23.9 %/6.0	21.7 %/2.9
펩시	17.4 %	17.9 %	18.8 %

자료원 : Thomas Oliver(1986), The Real Coke, The Real Story, NY: Random House, p. 21.

이렇게 코카콜라와 펩시콜라의 격차가 줄어든 것을 보면, 코카콜라는 펩시콜라보다 1억 달러 이상의 광고비를 쓰고 있고, 자판기도 펩시콜라보다 2배가 많았으며, 가격경쟁력도 있었다. 그러면 코카콜라는 왜 펩시콜라에게 시장을 빼앗기고 있는가?

Ⅱ. 코카콜라의 시장회복을 위한 경쟁전략

코카콜라는 당시 정년을 앞두고 있던 오스틴을 고이수에타로 리더를 교체하고 새로운 맛을 도입하는 결정을 하였다. 코카콜라는 대규모 시장조사를 통하여 소비자들의 55 %가 새로운 코카콜라 맛을 선택하는 것으로 나타났기 때문에 시장점유율 하락의 원인이 맛에 있다고 판단했다.

그러나 이러한 새로운 맛에 대한 조사결과는 1985년 5월에 소비자들의 저항에 부딪쳤다. 소비자들은 '코카콜라가 미국의 상징이고 친구인데 하루아침에 바꿔버릴 수 있는가'하는 것이었다. 따라서 7월에 코카콜라는 원래의 콜라 맛으로 돌아가기로 약속하고, 클래식 콜라와 뉴코크(New Coke)를 병행하여 판매하는 전략을 선택함으로써 판매가 증가하는 행운을 누렸다.

1985년에 클래식 콜라는 뉴코크보다 2배 이상 많이 팔렸고, 콜라 판매는 10 % 증가하였으며, 수익도 9 % 증가하였다. 그 결과 미국의 콜라시장 점유율은 코카콜라가 40 %, 펩시콜라가 31 %를 기록하였다.

Ⅲ. 코카콜라와 펩시콜라의 글로벌 경쟁전략

1. 브라질에서 펩시콜라전략의 실패

1994년 초에 펩시콜라는 브라질시장에 공략을 시작하였다. 이것은 미국, 멕시코에 이어 세계 3번째로 큰 브라질시장에 코카콜라에 대한 반격이었다. 펩시콜라는 안정적인 브라질시장에 대해 매력을 느끼고 있었는데, 이는 기후가 덥고 10대의 인구비율이 높으며, 시장규모가 커서 잠재력이 큰 시장이라는 이유에서다. 펩시콜라는 브라질시장에서 과거 25년 동안 3번에 걸쳐 PR전략을 펼치고 보틀러를 매번 바꾸면서 공략하였으나 결과는 실패였기 때문에 1994년에 재진출을 시도한 것이다.

2. 베네수엘라에서의 참패

브라질에서 실패한 펩시콜라는 베네수엘라에서 가장 큰 보틀링 사업자 중의 하나인 시스네로스가 펩시콜라를 버리고 코카콜라를 선택하는 사건이 발생하였다. 이는 펩시콜라가 그를 홀대한 반면에 코카콜라는 그에게 특급 대우를 했고, 시스네로스의 사업권 50 %를 5억 달러에 사들였기 때문이다.

3. 글로벌 시장에서 펩시콜라전략의 문제점

펩시콜라는 남아메리카에 이어 러시아, 동유럽 및 동남아 국가들에게서 그간 확보했던 유리한 고지를 코카콜라에 모두 탈환 당했고, 인도에서는 출발이 좋았으나 코카콜라의 추격으로 빛이 바랬다. 심지어 멕시코에서도 펩시콜라의 보틀링업체는 1995년에 1,500만 달러의 손실을 보았다. 〈표 2〉는 1996년 코카콜라와 펩시콜라의 세계 10대 시장에서의 시장점유율을 보여주고 있다.

또한 펩시콜라는 전체 수익의 80 %를 미국시장에서 벌어들이는 반면에 코카콜라는 전체 수익의 80 %를 해외 시장에서 벌어들이고 있다.

〈표 2〉 세계 10대 소프트드링크시장에서 시장점유율 (1996년)

시장	시장점유율	
	코카콜라	펩시콜라
미국	42 %	31 %
멕시코	61 %	21 %
일본	34 %	5 %
브라질	51 %	10 %
동중부 유럽	40 %	21 %
독일	56 %	5 %
캐나다	37 %	34 %
중동	23 %	38 %
중국	20 %	10 %
영국	32 %	12 %

자료원 : Patricia Sellers(1996), "How Coke is Kicking Pepsi's Can", Fortune, 28, October, p. 82.

Ⅳ. 유럽에서 코카콜라의 시련

1. 코카콜라의 식중독사건

1999년 6월 8일 벨기에의 학생 수십 명이 코카콜라를 마시고 구토를 일으키는 사건이 발생하였다. 또한 프랑스에서도 유사한 식중독 사건이 발생하여 던커르크 공장에서 생산된 제품에 대해 판매금지 조치를 취했다. 그러나 코카콜라는 식중독 사건의 본질을 파헤치려는 각국 정부의 노력을 과소평가하고 있었다.

벨기에와 프랑스는 일주일 후에야 일부 제품에 한정해서 판매금지조치를 해제하였다. 이는 네덜란드, 룩셈부르크, 스위스 등으로 확산되어 국민건강을 위협하는 의혹이 풀릴 때까지 조건부로 코카콜라의 일부 상표에 대해 판매를 금지시켰다. 이로 인하여 5개국에서 1,400만 박스의 상품이 리콜되었고, 매일 340만 달러의 손실을 입고 있었다.

2. 코카콜라의 적극적인 대처전략

코카콜라는 식중독 사건에 대해 캠페인을 통해 벨기에 소비자들에게 두 차례나 식중독 사건이 발생할 수 있도록 방치한데 대해 사과하고 구체적인 이유를 설명하면서 리콜을 실시했는데 벨기에의 437만 가정에 무료로 코카콜라를 한 병씩 제공하였다. 배달트럭에는 '당신의 코카콜라가 다시 돌아왔습니다'는 문구를 적고 다녔다. 이러한 마케팅전략은 폴란드에서도 펼쳐져 소비자들에게 200만 개의 코카콜라가 무료 제공되었다.

3. 밀레니엄에 즈음한 펩시콜라의 경쟁전략

코카콜라가 위기에 처해 있을 때 펩시콜라는 반격의 기회로 이용하지 않았다. 이는 동유럽 국가의 소비자들은 탄산음료 대신 생수나 주스를 먹는 소비행태를 잘 알고 있었기 때문이다. 〈표 3〉은 코카콜라사가 유럽의 주요 소프트드링크의 시장점유율을 보여 주고 있다.

〈표 3〉 코카콜라의 유럽국가의 소프트드링크 시장점유율 (1998년)

프랑스	59%
스페인	58%
독일	55%
중부 유럽	47%
이탈리아	45%
북유럽 및 북유라시아	41%
영국	35%

자료원 : Coca Cola, Annual Report, 1998.

펩시콜라는 이탈리아 당국에 코카콜라의 독과점에 대해 호소하였고, 이탈리아의 초기 보고서에서는 코카콜라와 보틀링업체들이 할인, 보너스, 도매상과 소매상들에 대한 독점권 부여 등으로 반독과점법을 위반하면서 시장점유율을 높여왔다고 주장하였다. 같은 시기에 호주와 칠레 정부도 반독과점법 위반행위를 조사하고 있었다.

코카콜라사는 미국 탄산음료 시장점유율을 높여 1999년 3.1 %에서 2001년 3.8 %로 증가하였다. 그러나 같은 기간 동안 코카콜라의 시장점유율은 44.1 %에서 43.7 %로 떨어졌고, 펩시콜라는 31.4 %에서 31.6 %로 약간 상승하였다.

V. 결론

이러한 펩시콜라와 코카콜라의 경쟁사례에서 다음과 같은 교훈을 얻을 수 있다.

- 대중의 입맛은 변한다는 사실이다.
- 함부로 전통에 손대려 하지 말라. 코카콜라 맛의 변화에 대한 강력한 저항은 특정 상표와 맛에 대한 소비자들의 심리적인 애착이 얼마나 큰가를 보여주는 사례이다.
- 망가지지 않은 것을 고치려 하지 말라.

- 아군의 다리를 태우려 하지 말라. 코카콜라가 New Coke를 도입하면서 클래식 콜라를 계속 판매하는 방법이 좋았을 것이다.
- 매스컴의 위력을 잊지 말라.
- 글로벌 무대에서 성공하려면 섬세하게 관리해야 한다. 글로벌마케팅에서 대대적인 변화가 요구되는 경우에는 확장전략, 마케팅전략 및 투자계획에 이르기까지 섬세하게 세부계획을 세워야 한다.
- 글로벌 거래에서는 인간적인 요소가 중요하다. 글로벌마케팅에서는 협력업체나 고객업체들과의 협력적 관계가 더욱 중요하다.
- 큰 위기가 아니더라도 최고경영진에서 수습해야 한다.

생각해 볼 문제

1. 코카콜라가 맛의 변화를 모색하면서 실시한 조사방법이 어떻게 개선되었더라면 문제가 발생하지 않았을 것이라고 생각하는가?

2. 펩시콜라는 베네수엘라 최대 보틀러였던 시스네로스를 코카콜라로 가지 않도록 할 수 있는 방법은 없었을까?

3. 코카콜라 측이 유럽에서 반독점법 규제를 가볍게 보고 대응한 이유는 무엇이라고 생각하는가?

이 페이지는 비워 둡니다.

제1부: 기업의 글로벌 지향성과 글로벌마케팅

- 제1장: 한국 기업의 글로벌 지향성

제2부: 글로벌 환경 및 경쟁분석

- 제2장: 글로벌 거시환경 분석
- 제3장: 글로벌 경쟁환경 분석
- 제4장: 글로벌 경쟁원천 분석

제3부: 글로벌 진입 및 협력전략

- 제5장: 글로벌시장 진입전략
- **제6장: 글로벌 제휴 및 네트워킹 전략**

제4부: 글로벌 STP 및 표준화 · 현지화 전략

- 제7장: 글로벌 시장의 STP전략
- 제8장: 글로벌 표준화와 현지화 전략

제5부 글로벌마케팅 믹스전략

- 제9장: 글로벌마케팅의 제품전략
- 제10장: 글로벌마케팅의 유통전략
- 제11장: 글로벌마케팅의 촉진전략
- 제12장: 글로벌마케팅의 가격전략
- 제13장: 글로벌마케팅의 인터넷전략

제6부: 글로벌마케팅 조직

- 제14장: 글로벌마케팅의 조직구조

제 6 장

글로벌 제휴 및 네트워킹 전략

기업이 글로벌 지향으로 나아갈 때 단독으로 수행할 것인가 또는 다른 기업과 제휴할 것인가를 선택해야 한다. 제 4 장에서 논의한 기업 경쟁력 원천에서 네트워크 경제를 실현하기 위해서는 제휴전략을 선택하게 된다.

글로벌 기업 간에 협력을 한다면 그 방향이 전략적 제휴, 합작투자 및 인수합병 중에서 선택할 수 있다. 최근 가장 많이 이루어지고 있는 방법이 전략적 제휴이다. 본 장에서는 전략적 제휴에서 시작하여 합작투자, 인수합병, 아웃소싱까지 글로벌 기업이 선택할 수 있는 글로벌시장 진입전략을 살펴보고자 한다.

제 1 절 글로벌 전략적 제휴전략
제 2 절 글로벌 합작투자전략
제 3 절 글로벌 인수합병전략
제 4 절 글로벌 아웃소싱전략

사례 6-1 : 자동차산업의 전략적 제휴
사례 6-2 : 나이키의 아웃소싱전략

제 1 절 글로벌 전략적 제휴전략

1. 전략적 제휴의 필요성

글로벌 기업들은 경쟁이 심화됨으로써 기술을 통해 경쟁력을 향상시키고, 규모와 범위의 경제를 통하여 경쟁우위를 확보할 수 있는 방법을 추구하게 되었다. 또한 기술의 확산 속도가 빨라지고, 기술융합이 활발해지면서 기술개발에 따른 투자비용과 위험이 증대되고 있다. 따라서 글로벌 기업들은 상호 간에 협력관계를 맺음으로써 보다 큰 경쟁에 대비하여 경쟁우위를 확보하려는 전략적 제휴를 선택할 필요가 있다.

글로벌 기업의 전략적 제휴(strategic alliance)는 시스템 경쟁체제 하에서 경쟁을 하려는 시도로서 네트워크를 통로로 하는 협력으로 볼 수 있다. 이 경우 네트워크는 시장과 조직을 결합한 자원 배분의 진행 형태로 시장 거래와 조직의 장점을 흡수하여 효율적으로 자원을 배분하는 것이다. 이러한 네트워크에서는 조직의 기본 단위가 단일 기업이 아니라 다양한 경제주체들 사이의 관계로 규정한다.

이러한 네트워크는 기업 내부와 기업 외부 네트워크로 구분할 수 있다. 기업 내부의 네트워크는 기업 내의 가치사슬 선상에서 각 가치 활동을 특정의 과제나 목표를 중심으로 전문화하면서 동시에 전체적으로 통합시키는 경제시스템인 반면에, 기업 외부 네트워크는 기업 간에 형성된 기업집단으로써 기업 간에 상호 작용하는 관계를 관리하는 경제시스템으로 볼 수 있다.

네트워크가 형성되면 기업들은 전략적으로 집단화되어 시스템 경쟁체제를 갖추게 되고, 이러한 경쟁체제 하에서는 개별기업 차원이 아니라 시스템 차원에서 경쟁력을 강화할 필요가 있다.

이러한 네트워킹(networking)은 기업 내의 네트워킹을 통하여 국제적으로 분산된 내부의 경영자원을 통합하여 각 조직이 경영자원을 공유함으로써 기업 전체의 경쟁력을 확대시키는 동시에 외부적 네트워킹을 통하여 외부 연계조직이 보유하고 있는 경영자원을 활용하려는 것이다. 특히, 정보통신과 컴퓨터 기술의 발달은 각 국가에서 다양한 형태의 조직으로 활동 중인 해외 자회사들의 정보를 효과적으로 수집하여 전달할 수 있게 해주고 있다.

따라서 글로벌 기업들은 정보기술을 네트워킹에 활용하여 글로벌 자회사들이 정보를 공유하는 동시에 새로운 정보를 창출함으로써 사업 활동의 영역을 확대하고 있다. 네트워킹은 기술변화가 빠른 전자산업 등의 글로벌 산업을 중심으로 활발하게 일어나고 있는데 국내 및 국가 사이의 전략적 제휴의 확산은 이러한 추세를 보여주고 있다.

2. 전략적 제휴의 정의

그러면 전략적 제휴란 무엇인가? 전략적 제휴란 '경쟁관계에 있는 기업이 일부 사업 또는 기능별 활동부문에서 경쟁기업과 일시적인 협력관계를 갖는 것'을 말한다. 이 개념은 전략적 의도(strategic intent)와 전략적 형태(strategic form)의 두 가지로 정의한다.

넓은 의미에서는 기존 기업제휴와 다른 제휴의 동기나 범위 및 당사자 관계 중 특별한 전략적 의도가 있는지를 중심으로 정의하며, 전략적 의도만 있다면 구체적 결합 형태에 관계없이 글로벌 사업의 전개과정에서 나타나는 모든 기업제휴 형태를 포괄적으로 의미한다. 그러나 좁은 의미에서는 전략적 의도와 비전통적 결합 형태를 가지고 있는 글로벌 기업 간의 협력을 의미한다.

전략적 경영은 장·단기의 경영 목표를 달성하기 위해 비전(vision) 설정을 통해 기업자원과 조직을 최적화하여 경쟁 환경에서 경쟁우위를 차지하고자 하는 개념이다. 그러므로 전략은 그 자체가 의도적이고 장기적 관점을 가지게 되는 반면에 전략적 제휴는 경쟁 환경에서 기업이 독자적으로 목적을 달성하기에는 비용과 시간적 제약이 따르기 때문에 기술, 경영능력, 자산 등을 다른 기업과 공유하여 제휴관계를 유지하는 것이다.

이러한 기업전략에서 전략적 제휴는 중요한 역할을 하기 때문에 글로벌 기업들은 전략적 제휴를 통해 시너지효과를 창출하기 위해 합작투자를 통한 제휴 형태를 선호하고 있다. 이는 법률적으로 모기업으로부터 독립된 기업을 만드는 방법이며, 한 기능이나 업무분야에 국한되지 않고 연구개발, 생산, 마케팅, 유통 등과 같이 여러 분야에 걸친 종합적인 협력관계가 필요할 때 수행한다. 일반적으로 50 : 50으로 투자하는 경우가 많으나, 한 기업이 51 : 49와 같이 더 많은 지분을 소유한 경우도 있다. 이러한 지분은 각 파트너의 기여도 및 교섭력에 따라 좌우되고, 양 기업이 공헌할 수 있는 핵심 역량을 누가 더 많이 가지고 있는가에 따라 양자 간의 교섭력에 의해 결정된다.

글로벌 시대에는 어떤 기업도 그 기업 혼자서 모든 사업 활동을 수행할 수 없기 때문에 다수 기업 간의 협력이 반드시 필요하다. 이와 같은 협력은 경쟁사가 저렴한 비용으로 기술과 시장을 확보하기 위해 이용할 수 있는 방법을 의미하며, 글로벌 제휴는 2개국 이상의 독립된 기업이 상호의 경제적 이익을 위해 경영 활동을 협력하는 장기적인 협력관계를 말한다. 여기서 협력관계는 일반적인 목적을 추구하기 위한 기업 간의 연결을 말한다.

이러한 협력의 방법으로 이용하는 전략적 제휴는 급변하는 글로벌 환경에 대응하기 위해 기업이 선택한 전략 경영으로서의 기업 협력이라고 할 수 있다. 즉, 전략적 제휴는 상이한 규모의 기업 간에 이루어지는 단순한 협력관계만을 의미하는 것이 아니라 비슷한 규모의 기업 간 상호보완적 협력관계까지 포함하는 관계를 의미한다.

다시 말하면 전략적 제휴는 한 기업 이상의 제휴자가 경쟁전략을 지원 또는 형성하기 위해 추진되는 기업 간의 결합을 말한다. 즉, 미래의 유리한 사업을 전개하기 위한 전략적 의도를 가지고 결합하는 제휴를 의미한다. 전략적 제휴와 기업 협력의 차이점은 전략적 의도가 포함되어 있는가 하는 점이다.

일반적으로 기업의 글로벌화는 수출 중심의 마케팅에서 직접투자로 발전하고 다시 글로벌화로 발전되고 있다. 수출은 유연성이 높은 대신 의사결정력이 낮으며 불확실성이 매우 높다. 반면에 직접투자에 의한 완전소유 자회사의 운영은 경영 지배력과 의사결정력이 높은 대신 유연성과 불확실성이 모두 낮은 특징을 보인다. 전략적 제휴는 유연성, 의사결정력, 불확실성 면에서 매우 유리한 조건을 모두 포함하고 있다.

3. 전략적 제휴의 목적

최근 많은 기업이 글로벌 경쟁 전략을 전개하는데 있어서 경쟁기업과 제휴관계를 맺는 움직임이 활발히 일어나고 있다. 전략적 제휴의 목적 중 하나인 내부화 가설에서는 글로벌 사업을 전개할 때 완전소유 자회사인가 라이센싱 계약인가의 대안을 생각할 수 있다.

그러나 다른 기업과 제휴할 때 제휴 형태를 약하게 하는 경우 별개의 옵션이 선택된다. 그 이유는 기업이 자원을 거래할 때 어떤 조건하에서는 시장을 통하여 내부화가 행해지고, 어떤 조건하에서는 기업 내에서 행해지는가를 명백히 하려는 것이다.

글로벌 시장에서 거래는 라이센스에 의한 해외 전략을 의미하는데 자원이 제3자의 생산시설로 이동하여 판매되는 것이며, 기업 내 거래는 자원을 기업 내부에서 이용하는 것임으로 완전소유 자회사에 의한 해외 생산전략에 해당된다. 그러나 다른 기업과 제휴하는 경우, 완전소유 자회사에서는 제휴의 장점이 있으므로 일정 조건 하에서 적절히 조정이 된다. 상대의 기회주의를 피함과 동시에 협력의 장점도 살릴 수 있다.

따라서 글로벌 기업들은 제휴를 통해 상대방의 자원과 비용을 공유하고 함께 투자하며, 상대방으로부터의 기술습득을 통한 이윤획득 기회를 확보하고, 특정 자원의 투자와 분배를 통한 규모의 경제를 달성한다. 즉, 위험을 줄이고 제공되는 기술력 및 특허권의 활용을 통한 생산성 및 혁신을 이룩하거나 정부에 의해 위임된 투자 및 무역장벽을 극복하거나 경쟁의 흡수 및 방지를 목적으로 한다.

그러나 전략적 제휴는 지속적으로 진화되는 거래이기 때문에 그 실제적인 내용은 합리적인 제휴나 전략적 의도와는 다를 수 있다. 따라서 글로벌 기업은 경쟁적 타협으로 자신을 보호해야 한다.

4. 전략적 제휴의 이점

제휴에서는 어떠한 이점이 있을까? 도지와 사라휴딘(Dodge & Salahuddin 1998)은 '전략적 제휴'라는 논문에서 다음과 같은 비유를 들고 있다.

"두 쌍의 사람들이 오렌지를 각각 하나씩 가지고 있다고 가정해 보자. 첫 번째 쌍은 신속하게 타협하여 오렌지를 절반으로 나누어 각 자가 원하는 대로 자신의 반쪽을 자유롭게 이용하였다. 두 번째 쌍은 서로 의논하는 중에 한 쪽은 알맹이를 이용하여 오렌지 주스를 만들기를 원하고, 다른 한 쪽은 껍질을 이용하여 잼을 만들기를 원한다는 것을 알게 되었다. 이 두 번째 쌍은 하나의 오렌지 전체를 이용하여 1개분의 오렌지 주스와 오렌지 잼을 만들었다."

두 번째 쌍은 상호 이익이 되는 사고를 전개하였음을 제시하고 있다. 이러한 전략적 제휴의 이점은 위험 분산, 규모의 경제, 자원의 보완, 해외시장의 진입, 현지국의 내셔널리즘에 대응 및 시너지효과 등으로 나누어 볼 수 있다.

1) 위험분산

이는 불확실한 환경에서 한 기업이 사업을 수행하는 것은 위험부담이 수반되기 때문에 다른 기업과 제휴함으로써 위험분산의 효과를 얻을 수 있다. 해운업이나 자원개발에는 전쟁, 천재지변 및 현지국의 혁명 등 다양한 위험이 존재한다.

그러나 당초에 거대한 설비투자가 필요하기 때문에 사업이 중단될 경우의 손실은 매우 크게 된다. 이 경우 복수의 글로벌 기업이 연합체를 결성해서 자원개발에 참여하면 위험을 분산시킬 수 있다.

최근에는 위험회피 수단으로 연구개발 부문에서 기업 간의 전략적 제휴가 점차 증대되고 있다. 마이크로일렉트로닉스, 유전자공학, 제약, 바이오 기술 및 통신 산업 등의 첨단기술 분야에서는 기술, 제품개발에 시간이 많이 소요되기 때문에 불확실성이 크게 되고, 기술의 수명주기가 점점 짧아지고 있어서 개발에 소요되는 자금을 회수하지 못할 위험이 크다. 또한 기술이 급속하게 진보하고 있는 상황에서 그것이 어느 방향으로 진행될 것인가가 불확실하기 때문에 독자 개발은 기술변화의 동향에 비추어 대단히 위험이 크다.

따라서 사업의 위험을 줄이려면 기업은 각자의 정보나 자원을 투자하여 공동개발을 하면, 위험을 분산시키고 가능한 기술을 응용하는 단계에서 경쟁할 수 있다. 그렇게 하면 연구개발의 중복 투자와 과도한 연구개발 투자를 피할 수 있고, 낮은 비용의 제품 제공이 가능하기 때문에 자원배분의 효율성이나 경제적으로도 유리하다.

2) 규모의 경제

기업 활동을 세계적으로 전개하고 있는 경우의 이점은 집중 생산된 제품을 세계 각 국가의 판매 자회사를 통해서 대량 판매가 가능하다는 규모의 경제이다. 그러나 생산설비의 최소효율 규모가 커져서 자사의 시장을 지속적으로 유지하는데 경제성 획득이 가능하지 않은 경우가 있다. 이러한 경우 공동생산을 하여 상호의 시장에서 판매하면 해결된다.

최근에는 기술이나 제품의 개발단계에서도 규모의 경제가 더욱 중요시되고 있다. 이러한 연구개발은 막대한 투자가 필요하기 때문에 개발성과를 공동으로 이용해서 거대한 시장을 배경으로 단위당 개발 위험을 줄이는 것이 중요하다.

신기술이나 신제품 개발이 일상적으로 행해져 수명주기가 단축되고 있는 상황이 전개되고 있다. 규모의 경제를 획득하면 다른 기업이 그것을 극복하기가 어렵다. 따라서 독자적인 힘으로 시장지위를 개척하는 것보다 기업제휴를 이용하는 경우가 시장을 점유하기가 쉽다.

3) 자원의 상호보완

세계 각지에 배치할 활동 영역을 결정할 때에는 공정에 따라 다양한 자원을 필요로 한다. 글로벌화가 급격히 진전되고 있는 시점이나 또는 사업 활동이 수평적 다각화가 행해지고 있는 경우에는 기업 내부에서 처리 가능한 잉여자원이 필요한 만큼 확보되어야 한다. 이 경우 부족한 자원이 내부에 축적되지 않았더라도 단기간에 사업의 파트너에게서 확보할 수가 있다.

파트너에게 요구되는 자원은 자본, 천연자원, 기술, 현지의 유통채널, 현지에서 생산이나 마케팅 지식 및 노하우 등 자신에게 필요한 인적자원 등이 통합된다. 글로벌 기업이 해외에서 제품 조립을 할 경우에 현지의 노사관리나 경영 노하우, 사업관행에 관한 지식이 부족하기 때문에 현지 기업으로부터 그러한 자원을 지원 받아 이용할 수 있다.

사업의 성공이나 실패를 되풀이하면서 자사에서 이러한 지식을 습득할 때에는 시간과 비용이 발생한다. 지금처럼 치열한 기술개발 경쟁의 결과로 하나의 제품을 생산할 때에는 필요한 각종 기술에 대한 특허가 여러 국가의 기업에 분산해서 보유되고 있다. 이러한 경우에도 합작투자나 상호 기술제휴를 통해서 부족한 특허기술을 보완할 수 있다.

기업이 해외거점에 진출할 단계에서는 다른 기업의 자원이 필요 없다. 현지 생산이 궤도에 올라 일정 수준의 규모에서 영업이 시작되면 생산 공정에 투입할 제품설계를 수행할 것이 요구된다. 이것은 무역마찰의 결과 생산에 투입되는 원재료나 부품의 현지 조달비율이 높아지면 더 한층 필요하게 된다.

오늘날에는 규모의 이점을 활용하여 집중 개발될 제품설계를 각 국가에서 대폭 수정할 경우에는 제품설계의 개발을 현지에서 행하는 것이 필요하고, 현지 기술자에게 대응할 신기술을 개발하여야 한다. 그러나 외국에서 기술이나 경영관리를 습득하지 못하면, 이러한 기술습득은 우수한 인재를 상당한 기간을 집중해야 한다. 이러한 경우에도 제휴사의 합작투자를 통해서 인재를 확보하는 것이 가능하다.

4) 해외시장의 진입

스톱포드와 웰스(Stopford & Wells)는 제휴의 이점으로 제휴사인 현지 기업과 합작투자를 통한 완전소유 자회사에서 점유하지 못한 현지 시장에 접근할 수 있고, 보다 신속하게 시장에 진입할 수 있다고 주장하고 있다. 글로벌 기업이 현지 시장에 관한 마케팅 지식을 갖지 못한 경우에 제휴사와 합작투자를 통해서 현지 파트너의 유통망을 이용할 수 있다.

반대로 현지의 파트너가 생산한 제품을 글로벌 시장에 판매할 때에도 제휴를 통한 합작투자가 유리하다. 특히, 아시아 국가의 기업들은 수출에 관한 지식이나 경험의 축적이 부족하기 때문에 수출시장에 접근하기 위해 무역상사와 제휴를 통하여 진입할 수 있다.

현지 파트너의 기존 생산설비를 약간 변경 가능한 경우에는 합작투자에 의하여 시장진입까지의 시간이 대폭적으로 절약되지만, 단독투자는 입지조사에서 용지결정, 공장건설, 노동자의 고용 등과 같이 사업이 궤도에 오를 때까지는 오랜 시간을 필요로 한다. 또한 시장에서 수요를 취득할 때는 기업과 제품에 대응할 평가가 형성되는데 시간이 걸린다.

5) 현지국의 내셔널리즘에 대응

글로벌 기업이 현지국에서 정치적 위험에 직면하고 있는 경우에 현지 기업과의 제휴관계를 맺는 강한 유인이 된다. 현지국에서 외국 기업에 의한 완전 소유의 사업이 금지되어 있는 경우에 글로벌 기업은 타협안으로 현지 기업과 전략적 제휴를 해서 사업을 전개할 수 있다.

6) 시너지효과

시너지효과(synergy effect)는 다른 주체간의 결합에 의해서 생기는 제휴 성과로 각 주체에 의한 독립성의 합계를 상회하는 경우의 상승효과를 말한다. 하나의 사업활동을 운영하는데 필수적인 각종 정보는 다양한 주체에 분산되어 존재하고 있는 경우가 많다. 그러나 이것이 기업 내에서 완전하게 이용되는 것도 있고, 어떤 부분은 잉여자원으로 남아 있는 것도 있다.

이러한 정보자원 사이에서 상호 보완성 및 의존성이 있는 경우 공동의 목적으로 자본을 공유하면 상승효과가 발휘될 가능성이 있다. 부족한 자원을 다른 기업에서 도입하는 수단인 제휴를 통한 투입에서 오는 경제성이 중요시되고, 산출에서 시너지효과로 인하여 경제성이 나타난다.

바이오테크놀로지나 광케이블, 로봇 등 많은 기존 업종에서 기술진보의 접점에서 새롭게 나타나는 업종의 경우 각 분야에서 기술적 강점을 다른 국적, 다른 업종기업과 제휴하여 새로운 혁신이 창출되고 시너지효과가 얻어질 수 있다.

5. 전략적 제휴전략의 활용부문

포터는 기업들 간의 제휴가 다른 글로벌 전략과 비교하여 차선책에 불과하다고 주장하고 있으나, 글로벌 경쟁 무대에서 전략적 중요성이 강조되고 있다. 전략적 제휴는 〈그림 6-1〉과 같은 활용부문이 있다.

〈그림 6-1〉 전략적 제휴전략의 활용부문

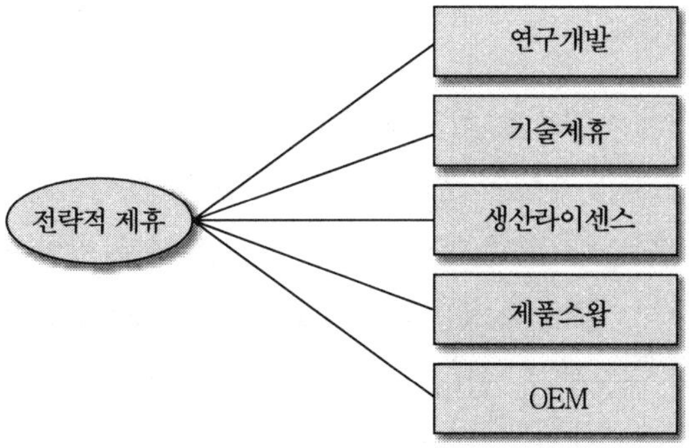

1) 연구개발 컨소시엄

글로벌 연구개발 컨소시엄은 연구개발 분야에서 공동 프로젝트를 제휴하여 수행하는 것으로 첨단기술 산업에서 볼 수 있는 유형이다. 따라서 이러한 막대한 개발비용에 따른 위험을 분산시킬 목적으로 경쟁업체들과 손을 잡는다. 제휴에 동참한 파트너는 9개국 항공사로 숙명적 라이벌인 유럽 에어버스 컨소시엄사인 프랑스 '사에로스파시알', 영국 '에어로스페이스', 독일 '아에로스파세' 등과 일본 항공사들이다. 이러한 예는 에어버스컨소시엄, 모토로라가 주관하는 이리듐프로젝트, 한국의 CDMA컨소시엄 등을 들 수 있다.

2) 기술제휴

글로벌 기술제휴는 한 기업이 다른 국가의 기업에게 생산기술을 제공하거나 자신의 기술을 기반으로 하여 신제품을 개발할 수 있는 권리를 부여하는 것이다. 일반적으로 일정액의 로열티를 지불하거나 매출액의 일정 지분을 지속적으로 지불하며, 신제품 개발과 생산의 위험과 비용을 절감하는 것이 주된 목적이다.

이들은 공동 연구개발과 교차 라이센싱 협약을 들 수 있다. 공동 연구개발은 신제품이나 신기술의 개발을 위해 둘 이상의 파트너가 제휴관계를 맺는 것을 말한다. 이 기술제휴의 범주는 단지 연구개발에 국한되며, 연구 결과물인 신제품의 생산과 판매는 파트너 각자가 독자적으로 수행하는 것이 보통이다.

교차 라이센싱 협약은 기업 간 필요한 기술을 서로 주고받는 것을 약정하는 방식으로서, 이 방식도 기술제휴 수단 중의 하나다. D램 분야에서 삼성과 도시바의 교차 라이센싱의 경우가 이에 해당된다.

3) 생산라이센스

글로벌 생산 라이센스는 규모의 경제를 활용하고 유휴 생산시설을 활용하기 위한 방법으로 둘 이상의 기업이 공동생산을 할 수 있는 라이센스를 보유하거나 자체 수요를 위해 직접 특허기술을 라이센스 받아 생산하는 방법이다. 단지 생산 분야에만 국한되어 있으며, 판매나 제품을 사용하는 데는 자유로운 체제이다. 이는 두 가지 방법을 통하여 제휴할 수 있다.

(1) 공동 생산 라이센스

이는 제품을 공동 생산함으로써 규모의 경제를 이루어 생산비용의 절감을 꾀하기 위해 이용되는데, 자동차나 중장비와 같은 거대한 생산규모가 요구되는 산업분야에서 비교적 활발히 이용된다.

이 방법은 신기술이나 신제품을 보유하고 있는 기업이 이를 대량생산하기에는 자사의 생산시설로는 역부족일 경우, 기존의 대형 생산업체와 손을 잡는 방식으로도 쓰인다. 또한 특정 제품을 생산해 내는데 있어 기업 자신의 기술력만으로는 역부족일 경우 필요한 기술을 보유하고 있는 기업과 제휴하여 공동생산을 할 수 있다.

(2) 부품 공용화

이는 동종 기업 간의 부품 공용화를 통해 평균 단가를 낮추고 새로운 부품개발에 따른 비용부담도 줄여 경쟁력을 높이고자 하는 전략이다. 부품 공용화는 다양한 형태로 나타나고 있는데, 각 기업의 제품에 부품 공용화 비율을 높이는가 하면, 경쟁사끼리 똑같은 부품을 사용하는 라이벌 사이의 제휴도 나타나고 있다. 즉, 같은 부품을 쓰면서도 글로벌시장 전체에 통용될 수 있는 제품을 개발, 생산 효과를 꾀한다는 전략이다.

4) 제품스왑

국제 제품스왑(international product swap)은 판매제휴를 의미하는 유형으로 다른 기업에서 생산한 제품에 자사의 상표를 붙여 자사의 생산 제품인 것처럼 판매하는 것이다. 이는 자동차 산업에서 다양한 제품을 만드는데 소요되는 비용을 절감하기 위하여 일부 차종과 부품을 서로 OEM으로 공유하며 그 대신 개별 기업들은 자신이 경쟁우위를 갖고 있는 분야에 집중투자를 하기 위한 전략적 제휴의 한 형태이다.

5) 주문자 상표부착 생산방식

이는 과당 경쟁을 피하고 자신이 보유한 판매망을 잘 활용할 수 있으며, 참여 기업은 모두 비용을 줄일 수 있다. 즉, 한국 기업은 자기들이 미약한 사업 분야를 시작할 때 주문자 상표부착 생산방식(OEM : original equipment manufacturing)을 통하여 사업을 확장할 수 있다.

처음에는 어느 기업이나 OEM방식을 통하여 선진 기업들이 원하는 제품의 사양과 품질관리 기술, 제품디자인 기술 등을 획득하여 제휴가 끝나게 될 때 독자적인 상표로 더 월등한 제품을 판매할 수 있는 능력을 키워야 한다.

제 2 절 글로벌 합작투자전략

1. 합작투자전략의 유형

합작투자에는 라이센싱이나 프랜차이징, 경영관리계약, 기술협정 등의 유형이 있으나, 합작투자(joint venture)가 대표적인 유형이다. 국제적인 합작투자는 복수의 다른 국적을 가진 기업이 공동으로 설립하는 기업체이며 그 특징은 다음과 같다.

- 공통의 이해 속에서 사업이 이루어진다.
- 사업의 위험이 공유되어 이윤 손실의 공유가 이루어진다.
- 자금, 시설, 숙련도, 인재 등의 모든 자원이 계속적으로 투입되어 일정 기간에 걸쳐 제휴시스템이 형성된다.
- 합작프로젝트는 하위프로젝트로 분리하여 수행할 수 없다.

이러한 합작투자는 어느 한 업무분야에만 국한되거나 또는 연구개발 · 생산 · 마케팅 · 유통 등 광범위한 범주에 걸쳐 형성된다. 현재 추세는 파트너들이 특정 제품이나 세분시장에만 국한해서 제휴관계를 맺고, 그 밖의 제품이나 시장에서는 서로 경쟁관계를 유지하고 있는 것이 일반적이다.

이러한 기업 간의 합작투자는 사업 위험이 높다는 특징을 갖는다. 또한 미국 기업은 항공기와 통신, 유럽 기업은 컴퓨터와 항공기의 분야에서 적극적으로 합작투자를 추진하고 있는 것에 비해 일본 기업은 자동차와 전기에 집중해 왔다.

우주항공 등의 산업분야에 있어서는 차세대 전투기, 인공위성시스템 등을 개발 및 제조하기 위한 컨소시엄 결성이 종종 이루어지는데 프로젝트 규모와 관련 정부기관의 요청이 컨소시엄을 구성하게 되는 주요 요인이다. 미국의 '보잉'사는 21세기 초 시판을 목표로 탑승인원이 최대 800명에 이르는 신형 슈퍼점보기를 개발할 계획을 세웠는데, 개발비용이 150~200억 달러에 이를 것으로 추산되었다.

이러한 글로벌 기업에서 이루어지는 합작투자전략의 형태는 〈그림 6-2〉와 같이 4가지로 분류해 볼 수 있다.

〈그림 6-2〉 합작투자전략의 유형

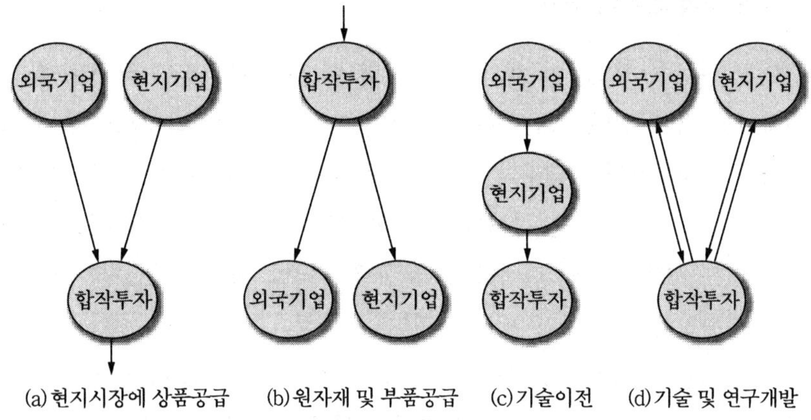

자료원: P. J. Buckly and M. Casson(1987), "A Theory of Cooperation in International Business," University of Reading Discussion Paper in *International Investment and Business Studies*, No 102, p. 21.

- 유형 A는 경쟁 기업 간 판매망의 공유나 공동생산 등의 초기단계에서 합작투자를 설립하는 경우이고, 자동차 제조업체인 피아트와 푸조(Peugeot)는 아르헨티나에서 영업실적이 좋지 못하자 자동차부문을 합병하여 35%의 시장점유율을 획득하였다.
- 유형 B는 자원의 공동조달 등의 중간상의 활동을 제휴하는 경우도 있다. 르노와 볼보, 푸조는 공동 소유의 엔진공장을 갖고 제3국에 엔진을 공급하기 때문에 규모의 경제를 누릴 수 있어서 낮은 비용으로 엔진을 공급받을 수 있다.
- 유형 C는 상위단계에 위치하는 기업이 수직적인 경쟁관계가 없는 기업에게 기술이전을 하는 수단으로써 합작투자가 설립되는 경우이다.
- 유형 D는 최근에 많이 나타나고 있는 유형으로 경쟁관계에 있는 기업이 각기 지닌 특허를 합작기업에 라이센스하여 기술자를 파견하고 신기술이나 신지식의 개발을 하고난 뒤 그 연구 성과를 다시 각각의 모기업에 라이센스하는 공동 연구개발이 급격히 행해지게 되었다.

2. 합작투자 및 전략적 제휴전략의 동기

글로벌 기업들은 세계적으로 제휴하기 위해 다음과 같은 동기에서 합작투자나 전략적 제휴를 한다.

1) 현지국 정부의 규제

이는 글로벌 기업들이 해외 진출을 할 때 현지국의 정부 규제로 현지 기업과 합작투자를 하게 된다. 많은 개발도상국들은 글로벌 기업의 시장진출에 대해서 현지 기업과 합작투자의 형태로만 가능하도록 하고 있으며, 기업의 전략적 선택이기보다는 현지국 정부에 의해 강제되는 성격이 있다. 특히, EU, NAFTA, MERCOSUR 등에 따른 세계 경제의 블록화로 각 경제 권역별 관세 및 비관세 장벽과 기술 장벽이 높아지는 등 보호무역주의 분위기가 팽배해지고 있다.

또한 외국인 소유 지분제한, 현지 부품조달규정, 수출의무조항 등 행정적 규제도 강화되고 있다. 현지국은 자국의 자원이 완전히 외국소유 하에서 이용하게 되면 위기감을 갖게 된다. 또한 개발도상국들은 글로벌 기업 소유의 다양한 기술이나 노하우를 원하고 있다.

출자비율의 제한을 통해서 자국 통제를 유지하면서 외국 기업의 이점을 이용하고 싶어 하기 때문에 현지국은 합작투자를 선호하고 있다. 인도에는 외국 기업이 보유할 수 있는 주식의 상한은 통상 40 %로 제한하고, 선진기술이 이전되는 경우에도 74 %밖에 소유하지 못하며, 완전히 수출지향형의 프로젝트에서만 100 % 소유가 인정되고 있다.

외국 기업에 의한 소유가 금지되어도 외국 기업에 대응해서 차별적인 제한조치가 있기도 하고 정부에 의한 요청이 있는 경우 현지 기업과 합작투자보다 양호한 정치환경을 제공하는 것이 가능하다.

유럽 · 미국 등 선진국에서의 이러한 압력은 많은 기업들로 하여금 미국과 유럽에서 단독 사업의 추진보다는 비용과 위험을 줄일 수 있는 제휴를 적극 활용하게 만들었다.

2) 자원 공유를 통한 위험의 감소

관련 시장과 제품들에 걸쳐 경쟁우위를 달성할 수 있을 정도의 충분한 경영자원을 보유하고 있는 기업은 없다. 이는 글로벌 기업이 갖지 못한 경영자원을 확보하거나 투자의 위험을 줄일 수 있다.

보완적 제품, 유통망, 생산기술 등을 지닌 다른 경쟁기업과 전략적 제휴를 하는 경우가 많고, 최근에는 연구개발에 있어서 투자부담이 늘고 생산시설이 자동화됨에 따라 소요되는 비용이 막대하여 글로벌 기업이 모든 시장에서 경쟁기업보다 경쟁우위를 가질 만큼 충분한 경영자원을 가진 기업이 적기 때문에 전략적 제휴를 한다.

또한 글로벌 기업들은 전략적 제휴를 통하여 현지국의 경영관습 및 환경에 대한 지식을 얻을 수 있으며, 현지국 기업의 유통망과 소비자에 대한 마케팅 지식을 활용하여 위험을 줄일 수 있다.

3) 시장진입 시간의 단축

이는 신제품 개발의 초기단계에서 제품화되는데 소요되는 시간은 경쟁이 심화됨에 따라 짧아지고 있기 때문에 전략적 제휴를 선택한다. 유럽 기업들은 미국과 일본 기업들이 우수한 기술과 자본으로 인해 유럽 기업들보다 경쟁력이 뛰어나며, 유럽 기업들이 막대한 연구개발비를 들여 미국과 일본 기업들을 따라잡을 만한 자금도 여의치 못한 상태이기 때문에 제휴만이 자신들의 시장을 보호하고, 막대한 연구개발비를 들이지 않고 미국과 일본 기업들을 따라잡을 수 있는 방안으로 받아들여졌다.

미국 자동차회사가 소형차 생산의 분야에서 일본 기업과의 합작관계를 형성하는 이유의 하나는 일본식 경영, 생산방식을 도입하여 생산효율을 높이는데 있다. 일본 기업은 미국시장에 빠르게 진입하고, 경영시스템을 미국의 환경에 적응시키는 등 학습의 장이 된다. 또한 글로벌 기업이 새로운 업종으로 진출하려는 경우에도 개별 기업과의 시너지효과를 고려하여 합작투자에 참여한다.

4) 초기진입자의 우위

모든 글로벌 기업들의 공통적인 문제점은 시장진입의 시간을 단축하기 위한 경영자원을 충분히 가지고 있지 못하기 때문에 전략적 제휴를 선택한다. 치열한 글로벌 경쟁의 현실은 기업들로 하여금 특정 사업을 포기하게도 만들고 또는 생존을 위해 다른 경쟁자와 손을 잡게도 만든다. 치열한 세계시장에서 단독으로 선두가 된다는 것이 비현실적임을 각각의 기업들은 확실히 깨달았던 것이다.

5) 산업표준의 선택

글로벌 기업들은 그들의 기술이 세계적으로 표준화의 필요성을 느끼고 있다. 이러한 표준화에서 배제되면 경쟁우위에서 배제되게 된다. 따라서 산업표준이 확립되지 못한 경우에는 기업과 소비자 모두 혼란을 겪기 때문에 산업표준에 맞는 신제품을 만들기 위해 전략적 제휴를 맺게 된다.

6) 기업의 유연성 확보

전략적 제휴는 기존의 사양 산업에서 탈퇴하는데 유용하다. 전략적 제휴를 통하여 사양화된 산업을 합작투자로 전환하는 것은 사업의 전망이 좋아지면 이를 기반으로 언제든지 사업을 확장할 수 있고, 나빠지면 지분을 팔고 쉽게 철수할 수 있다는 장점이 있다. 또한 핵심 역량이 아닌 주변 활동이나 기능을 외주를 줌으로써 자신의 설비비용을 줄이고 보다 유연한 비용구조를 가질 수 있다.

3. 전략적 제휴의 파트너 선정시 고려사항

글로벌 기업은 전략적 제휴의 파트너를 선정하는 일이 매우 중요하다. 이들은 신뢰를 바탕으로 해야 하기 때문에 유의해야 할 사항이 많다. 이를 보면 다음과 같다.

1) 양립성

양립성은 참가 기업들의 능력이 아무리 뛰어나더라도 파트너들이 협력할 수 없으면 성공하기 힘들다. 따라서 전략적 제휴에 임하는 기업의 전략, 기업문화, 경영관리시스템의 측면에서 양립성을 고려해야 한다.

2) 목적과 동기

전략적 관점에서 파트너의 전략을 고려해야 한다. 제휴파트너가 참여하는 목적과 동기는 무엇인가? 제휴파트너가 기여할 수 있는 주요 경영자원은 무엇인가? 파트너의 전략이 우리가 추구하는 전략과 배치되는가? 파트너의 현존하는 제휴네트워크를 살펴보아야 한다.

3) 기업문화

기업문화를 고려해야 한다. 국제적인 전략적 제휴는 국가 간 문화적 차이로 사고방식과 가치측면에서 더욱 큰 차이를 나타낼 수 있다. 이러한 차이의 정도를 보고 극복할 수 있는가의 여부를 판단해야 하며, 파트너의 이전 제휴관계에 대한 고찰이 필요하다.

4) 경영관리시스템

제휴파트너의 경영관리시스템을 고려해야 한다. 언어와 문화의 차이가 존재하므로 서로간의 의사전달이 어려우며 경영시스템의 차이가 갈등의 소지를 불러일으킬 수 있으며, 분권화·집권화 여부, 배당정책의 차이 등을 고려해야 한다.

5) 파트너의 능력

파트너의 능력을 고려해야 한다. 파트너가 가진 경영 자원과 핵심 역량을 파악하여야 한다. 파트너의 핵심 역량은 무엇인가, 어느 측면에서 강점을 갖고 있는지를 파악해야 한다. 이는 제휴를 통해서 우리 기업이 갖고 있는 약점을 보완하고 자신의 강점을 강화하는 것이 필요하기 때문이다.

6) 파트너의 강점과 약점

제휴파트너의 강점과 약점을 고려해야 한다. 이는 전략적 제휴가 자신의 약점을 보완하고 자신의 강점을 강화하기 위한 노력이며, 능력에서 규모와 핵심 역량이 비슷한 수준이어야 한다.

7) 공헌정도

제휴파트너의 공헌하려는 정도를 고려해야 한다. 이는 시간과 에너지, 경영 자원을 투입하려는 의지와 파트너의 핵심사업 분야인지 주변사업 분야인지를 고려하여야 한다.

8) 무임승차 방지

제휴 파트너의 무임승차를 방지해야 한다. 전략적 제휴는 지역적, 기술적, 제품별 중복이 없을수록 성공할 확률이 높고, 이해관계의 갈등을 피할 수 있다. 강한 기업들 간의 제휴가 강한 기업과 약한 기업과의 제휴보다 성과가 높으며, 약자가 제공할 수 있는 핵심 역량이 적음으로 투자회사들의 지분비율이 50 : 50일 때가 지분비율이 불균등할 때의 제휴보다 성공 가능성이 높으며 독점하려는 경향이 줄어든다.

4. 성공적인 전략적 제휴전략

글로벌마케팅 관리자는 전략적 제휴가 본질적으로 단기적인 목표 달성을 위해 이루어진 것이라는 점을 잊지 말아야 한다. 제휴는 서로 경쟁적인 기업이 구체적인 전략적 목표를 공동으로 성취하기 위해 일시적으로 협력하는 것이다. 기업의 목적을 달성하였다면 성공적인 제휴이고 양자가 모두 만족한 가운데 제휴관계를 마치게 된다. 이것이 장기적으로 지속되려면 초기의 목표를 달성하고 더 높은 다음 단계의 목표를 추구하는 경우에만 계속 유지될 수 있다.

일반적으로 제휴는 한쪽 파트너가 상대의 지분을 인수함으로써 끝마치게 되며, 제휴를 종료했을 때 한 기업에서 파트너의 지분을 인수하는 경우가 78%이고, 제3자가 인수하는 경우가 5%, 제휴기업의 해체로 종료되는 경우가 17%라는 자료가 있다.

따라서 많은 경우 계약의 종료시 어느 기업이 시설물 등의 투자에 대한 구매의 우선권을 갖는가를 미리 지정해야 하며, 성공적인 제휴가 되려면 제휴를 통해서 상호 자신의 약점을 지속적으로 보완할 수 있는 기술을 파트너로부터 배우고 자신의 강점을 개발해야 한다.

글로벌 기업간 제휴는 자신의 취약한 분야에서 강점을 가진 파트너로부터 핵심역량을 이전 받아 자신의 것으로 만드는 것이 가장 큰 목적이다. 따라서 제휴기업은 파트너의 핵심 역량을 학습하는데 중점을 두어야 한다. 지속적으로 신기술 개발의 필요성이 있으며, 자신의 약점을 보완하고 상호 장점을 강화하기 위해 지속적인 학습을 해야 한다. 학습능력이 뛰어날수록 제휴에서 성공할 가능성이 높으며, 조직 전체적으로 전략적 제휴를 성공적으로 수행할 수 있는 조직상의 핵심 역량을 개발하여야 한다.

제 3 절 글로벌 인수합병전략

1. 인수합병의 개념

글로벌 인수합병(M & A)의 개념은 '어느 한 나라의 기업이 다른 나라의 기업과 결합하여 하나의 기업으로 되거나 다른 나라 기업의 주식 지분 및 자산을 인수하여 그 기업의 경영권을 획득하는 일련의 과정'이다.

넓게는 경영권 획득을 수반하지 않는 자본투자(equity investment)나 합작투자(joint investment)도 포함한다. 그러나 좁게는 매수기업이 매수되는 기업에 대한 경영권을 넘겨받는 경우만을 의미하는 것으로 자본투자나 합작투자는 제외한다.

2. 글로벌기업 인수합병의 동기

글로벌 기업의 인수합병을 선호하는 이유는 기업의 성장, 기술 획득, 환률 수준, 현지국의 정치와 경제적 안정, 지역적 또는 제품의 다양화, 원자재 공급원의 확보 및 노동비용과 생산성 등에 있다.

1) 기업의 성장

기업은 계속기업으로서 이익을 추구하고 발전해 나가야 하는데 이를 위한 수단으로서 기업 재편성이 이루어지고 그 수단으로서 기업매수가 이용된다. 신규투자와 비교하여 투자비용의 관점에서 보다 유리하며 즉각적인 기업성장을 도모할 수 있다.

2) 기술획득

개발도상국의 경우에 기술획득을 위한 동기가 매우 강하여 부족한 기술력을 강화하기 위해 외부의 기술원천을 내부화하는 방법이다. 필요한 기술을 단기간 내에 활용할 수 있고 위험부담이 적으며, 기술이전과 판매를 꺼리는 선진국의 기술접근을 위하여 다소의 인수프리미엄이 붙더라도 해외기업을 매수하는 것이다.

3) 환율수준

통화가치가 강세인 국가의 기업일수록 통화가치가 약세인 국가의 기업을 매수하는데 매력을 가진다. 외국 통화에 대한 국내 통화가 상대적 강세 또는 약세는 매수대금의 지급가격, 소요 자금조달, 매수되는 기업운영에 의한 생산비 및 모기업으로 송금하는 이익의 가치 등에 영향을 미친다.

4) 현지국의 정치와 경제적 안정

해외 기업매수를 고려하는 기업에게 중요한 요인이다. 현지국의 정부가 얼마나 자주 바뀌며, 정책변동 등의 정치적 요인과 현지국의 정부가 금융기관의 대출, 조세감면, 기업에 대한 보조금 등에 개입할 가능성에 대해서도 검토해야 한다.

5) 지역적 또는 제품의 다양화

위험성이 큰 신규 사업 분야에 진출할 때, 기존 기업의 매수거래를 이용하면 인력, 기술, 시간의 절약 등 이점을 누릴 수 있다. 지역별, 제품별로 다양화를 시도할 때 해외 기업매수 거래를 이용할 수 있으며, 수직적 인수합병의 형태로 제품 다양화를 추구할 수 있다. 수직적 결합을 통해 새로운 지역 환경에서 활동하는 위험과 새로운 시장에서 활동해야 하는 위험을 피할 수 있다.

6) 원자재 공급원의 확보

자원이 부족한 국가의 기업인 경우 원자재를 원활하게 공급받기 위한 수직적 인수합병의 형태로 중요하다. 자원이 풍부한 현지국이 원자재의 수출에 대하여 무역장벽을 설치한 경우 이를 회피하기 위한 수단으로서 이용될 수 있다.

7) 노동비용과 생산성

현지국의 노동비용이 자국보다 낮고 이에 따라 생산성은 오히려 높은 수준에 있는 경우 이러한 이점을 이용하기 위해 현지국의 기업을 매수할 수 있다.

3. 글로벌 인수합병전략의 유형

1) 글로벌 합병전략

합병은 두 기업의 이사회와 주주총회의 승인을 거쳐 매수기업이 매수되는 기업의 자산과 부채를 매수하는 것을 의미한다. 글로벌 합병의 형태는 흡수합병과 신설합병이 있다.

- 흡수합병은 한 기업이 다른 기업으로 흡수되어 한 개의 기업으로 되는 것으로 일반적으로 활용되고 있으며,
- 신설합병은 두 기업이 완전히 소멸되고 제3의 새로운 기업이 설립되는 것으로 경영자원이 신설기업에 승계되지 않고 절차도 복잡하다는 점에서 잘 이용되지 않는다.

2) 글로벌 인수전략

글로벌 인수는 '강압적 수단에 의하여 다른 기업에 일부 또는 전부를 매수한 후 매수되는 기업을 존속시키면서 주주권 또는 경영권만 행사하는 것'이다. 인수의 형태에는 자산인수, 주식매수 등이 있다.

- 자산인수(asset acquisition)는 매수기업이 매수 대상기업의 일부 자산 또는 사업부문을 취득하는 것이다.
- 주식인수(stock acquisition)는 매수기업이 매수 대상기업의 주주들로부터 주식의 전부 또는 일부를 취득하는 것으로 경영권인수가 수반된다.

이러한 방법이 강압적 수단으로 이용될 경우 위임장 대결과 공개매수 등이 있다.

- 위임장 대결(proxy fight)은 인수를 시도하는 측이 목표 기업의 주식 일부만을 확보한 후 기존의 주주들로부터 의결권을 위임받아 주주총회에서 투표를 통해 인수하는 측이 지명하는 인물을 이사로 선임하거나 인수관련 안건을 상정하고 통과시키는 방법이다.

- 공개매수(tender offer)는 기업의 경영권 확보 등을 목적으로 하는 주식 공개 매입 방법으로서 불특정 다수의 주주에 대하여 증권시장 외에서 특정 기업의 주식을 일정액 이상, 일정 가격에 일정 기간 내에 매입하겠다는 의사를 신문 등에 공고하고, 이러한 조건에 응하는 주주들로부터 주식을 매입하는 방법이다.
- 우호적 공개매수로 매수하는 측과 매수되는 측간에 합의가 있는 경우에 가능
- 적대적 공개매수로 매수되는 경우는 매수되는 측의 의사에 반하여 행하는 경우이기 때문에 많은 문제가 있다.

4. 글로벌 인수합병의 장단점

글로벌마케팅에서 인수합병은 많은 장단점을 가지고 있다. 따라서 글로벌마케팅 관리자는 이러한 장단점을 인지하고 단점을 줄이고, 장점을 확대하는 전략적 접근이 요구된다.

1) 장점

- 글로벌 인수합병을 수행한 기업은 글로벌 시장에 신속하게 진입할 수 있다.
- 글로벌 인수합병을 수행한 기업은 글로벌 유통경로에 접근할 수 있다.
- 글로벌 인수합병 되는 기업이 보유한 사업경험을 글로벌마케팅에 이용할 수 있다.
- 글로벌 인수합병 되는 기업이 보유한 상표이미지와 명성을 글로벌마케팅에 이용할 수 있다.
- 글로벌 시장에서 경쟁이 감소할 수 있다.

2) 단점

- 인수합병 되는 기존 기업의 활동과 통합이 어려울 수 있다.
- 인수합병 되는 기업 간에 의사소통 및 조정의 문제가 있을 수 있다.
- 인수합병 되는 기존 사업과의 적합성 문제가 있을 수 있다.

제4절 글로벌 아웃소싱전략

1. 글로벌 아웃소싱의 개념

글로벌 아웃소싱(global outsourcing)은 세계를 대상으로 원재료 및 부품을 구매하기 위한 일련의 활동이다. 더 나아가 제조업자가 글로벌 아웃소싱의 원천을 국제적으로 확대함으로써 광범위한 네트워크를 형성할 수 있다. 글로벌 아웃소싱은 일정한 수준 이상의 품질을 지닌 원재료 및 부품을 유리한 가격으로 필요한 시기에 적당한 공급자로부터 합리적으로 구매하기 위한 관리활동이다.

글로벌 아웃소싱의 필요성은 과거 기업들이 최종 제품을 다른 나라에 수출하든지 또는 한 지역에 판매되는 제품을 특정 지역에서 생산하든지 하는 경영에 의해서 이루어진다. 그러나 제품 간 구분이 모호해지고 세계 전체의 수출에서 기업 내 무역이 차지하는 비중이 늘어남에 따라 글로벌 기업들은 글로벌 시장을 대상으로 영업을 전개하기 위해 생산에 필요한 원재료와 부품을 어떻게 조달할 것인가 하는 것이 중요한 의사결정 문제로 부각되고 있다.

2. 글로벌 아웃소싱의 목적

글로벌 아웃소싱의 목적은 원가절감과 품질향상에 있다. 즉, 제조원가에서 원재료 및 부품원가의 비중이 큰 제조업체는 조달비용이 가장 저렴한 지역에서 필요한 원자재를 집중적으로 조달한다. 인건비의 비중이 큰 신발 및 의류와 같은 노동집약적 산업의 기업들은 상대적으로 임금이 저렴한 지역에서의 제품을 생산하는 것이 유리하다.

3. 글로벌 아웃소싱의 위험

이러한 글로벌 아웃소싱은 잠재적인 위험을 지니고 있다. 공급라인이 길어지고 재고수준이 높아지며 환율변동으로 인해 외환 위험의 영향을 받을 수 있다. 따라서 자국 중심의 아웃소싱보다 글로벌 아웃소싱에서는 고려해야할 요인이 더욱 많다.

글로벌 경영활동에서 나타나는 수송문제, 외환거래의 위험, 경영의 특수성 및 이동의 제약, 언어·문화의 차이로 인하여 문제가 생길 수 있다. 글로벌 아웃소싱에 의해서 발생하는 위험의 완화노력을 하고 최신의 재고통제기법을 자사의 새로운 공급시스템에 통합시켜야 한다.

JIT(Just-in-Time)도입은 제조원가와 재고비용을 감소시키기 위해 원하는 시간에 필요한 부품을 공급할 수 있도록 제조업자와 부품 공급업자간의 관계를 시스템화하기 위해 취해지고 있지만, 해외로부터의 조달은 JIT시스템 도입을 어렵게 하여 재고부족으로 생산이 중단되는 위험부담이 생긴다. 따라서 글로벌 아웃소싱을 추구하는 기업은 불확실한 글로벌 경영환경으로 인해 생기는 위험을 분산시키기 위해 예상한 기대치보다 높은 상태의 안전재고를 유지한다.

4. 국내 공급사슬과 글로벌 공급사슬의 비교

글로벌 공급사슬(global supply chain)은 〈표 6-1〉에서 보듯이 국내 공급사슬과 달리 더욱 길고 복잡하므로 새로운 문제점이 대두될 수 있다.

따라서 글로벌 공급사슬에서 나타나는 상대적인 문제를 알고 대응하는 것이 중요하다. 글로벌 공급사슬을 비교해 보면 다음과 같은 중요한 문제가 있다.

- 글로벌 사업은 지역적 시간적 차이가 크기 때문에 운송과 조정이 중요해지고, 주문과 조달 시간이 길어지며, 의사소통과 출장이 어려워지기 때문에 정보와 의사소통이 점점 중요해 지고 있다. 이러한 현실은 문화의 차이 때문에 다른 지역에 적용이 어려운 점이 있다. 따라서 언어와 문화의 차이를 극복해야 하고, 환율, 관세, 보조금 및 쿼터의 문제가 새로운 문제로 대두된다.
- 복수의 국가시장에서 사업을 하기 때문에 복잡한 공급네트워크를 구축해야 하고, 제품디자인의 공통성을 추구해야 하며, 다양한 시장에서 경쟁을 하여야 한다. 이러한 현실은 글로벌 아웃소싱 기업으로 하여금 생산을 통해 위험을 분담해야 하고, 대상 국가의 규제, 취향, 언어의 차이를 극복하며, 대상 국가의 환율, 정부정책 및 거시경제효과 등이 영향을 크게 미친다.

〈표 6-1〉 글로벌 공급사슬에서 나타나는 상대적인 문제

글로벌 공급사슬의 차별적 특징	글로벌 공급사슬에서 더 중요해진 문제	글로벌 공급사슬에서의 새로운 문제
지역적, 시간적 차이가 큼	· 운송과 조정의 중요성 · 주문과 조달시간이 증가 · 의사소통과 출장의 어려움 · 정보와 의사소통의 중요성이 증가 · 다른 지역에 적용이 어려움	· 언어와 문화의 차이 · 환율, 관세, 보조금, 쿼터
복수의 국가시장	· 복잡한 공급네트워크 · 제품디자인의 공통성 추구 · 다양한 시장에서 경쟁	· 생산을 통한 위험분담 · 규제, 취향, 언어의 차이 · 환율, 정부정책, 거시경제효과 · 글로벌 조사
복수의 생산입지	· 복잡한 공급네트워크	· 글로벌 조사 · 동시에 다지역에서 업무분담 : 24시간 운영 · 환율 · 생산을 통한 위험분담
공급 및 수요조건의 다양성	· 공통적인 일에 대한 정보기술의 발달 · 학습	· 본사를 향해 지역정보의 피드백이 이루어짐 · 공급자들을 이끔 · 산업에서 중요한 위치점유

- 복수의 생산입지를 가지고 있기 때문에 복잡한 공급네트워크를 구축하는 것이 중요하고, 동시에 여러 지역에서의 업무를 분담하여 경쟁을 하게 된다. 이러한 현실은 환율 및 생산을 통해 위험을 분담해야 하며, 글로벌 시장조사를 해야 하는 새로운 문제가 대두된다.
- 공급 및 수요의 다양화로 인하여 공통적인 일에 대한 정보기술의 발달과 학습의 문제가 중요하다. 이러한 현실은 본사를 향해 지역정보의 피드백이 되어야 하고, 공급자들을 이끌고, 산업에서 중요한 위치를 점유해야 하는 점이 새로운 문제로 대두된다.

[사례 6-1] 글로벌 자동차산업의 전략적 제휴

Ⅰ. 서 언

미국의 번영은 석유를 사용하는 자동차산업을 일으켰기 때문이라고 할만큼 20 세기는 자동차의 세기였다. 미국에는 1920년대에 약 200개의 자동차 제조업체가 있었는데, 매수·합병을 통하여 1950년대에는 GM, 포드, 크라이슬러의 소위 빅3으로 집약되었다. 글로벌 자동차 기업들은 글로벌 순위에서 강세를 보이고 있다.

Ⅱ. 세계 자동차산업의 제휴

세계 자동차산업의 글로벌 경쟁에서 자동차 제조업체들은 해외 생산기지의 확대와 재구축을 통한 경영의 효율성 제고를 위해 인수·합병이 활발해 지고 있다. 이러한 움직임들은 공급과잉, 수요정체라는 구조적인 문제를 안고 있는 자동차 제조업체들의 산업 합리화 노력의 결실이고, 앞으로 극심하게 나타날 적자생존의 경쟁체제에 대비하여 아시아지역의 미개발시장에 대한 진출로 나타나고 있다. 세계 자동차산업의 전략적 제휴는 (그림 1)에서 보는 바와 같이 전개되고 있다.

1. 유럽 기업과의 전략적 제휴

1990년대 이전의 인수·합병은 제품 다양화와 저가격 공급기지의 확보를 위한 글로벌 기업 간의 국지적인 형태로 이루어졌으나, 1990년대 이후에는 경영자원의 공유와 신규시장에 진출 확대를 위해서 글로벌 생산체제를 갖춘 글로벌 기업 간의 국경을 초월한 인수·합병이 이루어지고 있다.

〈그림 1〉 세계 자동차산업의 전략적 제휴

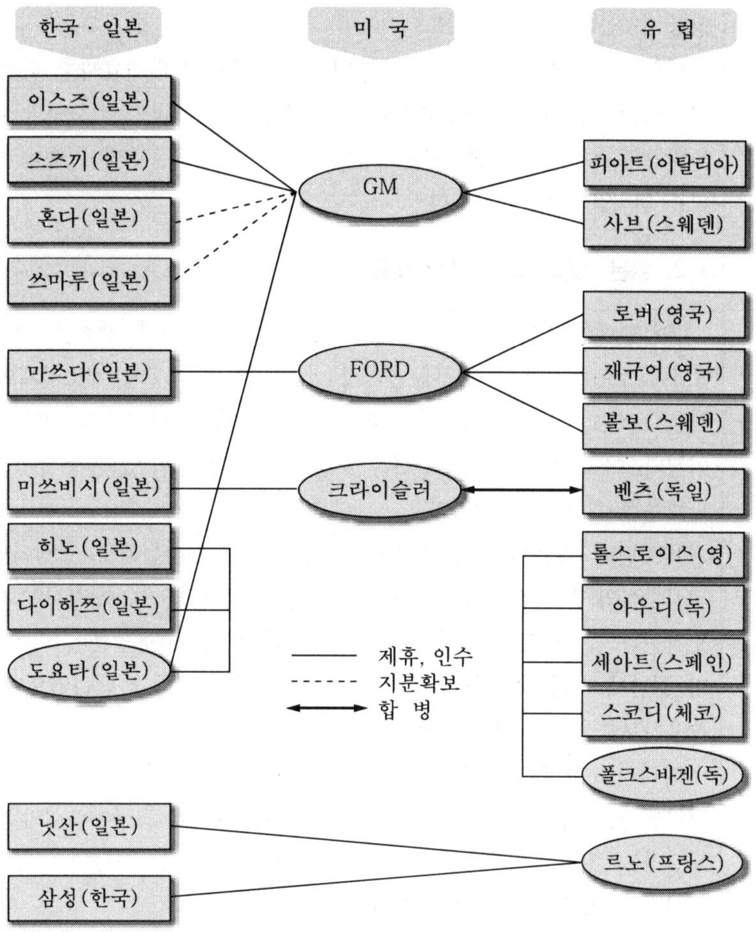

미국의 GM은 유럽시장에서의 고급차 사업을 강화하기 위해 스웨덴의 사브(Saab)와 아탈리아의 피아트를 인수하였으며, 미국의 포드(Ford)는 스웨덴 볼보(Volvo)의 승용차 부문과 영국의 재규어(Jaguar)와 로버(Rover)를 인수함으로써 인수·합병전략을 구축하였다.

프랑스 르노(Renault)는 일본 닛산(Nissan)과 한국 삼성(Samsung)을 인수하는 등 최근의 인수·합병은 일정한 시장지배력을 지닌 대형 제조업체들이 적극적인 자본결합을 통해 규모의 경제성, 상호 보완성을 도모함으로써 연구개발·생산·판매·사후관리의 전체 단계에 걸쳐 경영의 합리화를 추구하고 있다.

1999년에는 독일의 다임러 벤츠(Daimler Benz)와 미국의 크라이슬러(Chrysler)가 합병하여 '다임러 크라이슬러'를 탄생시켰다. 이것은 자동차산업의 대표적인 기업간 협력으로 다임러 크라이슬러는 고급 중형차 생산에 주력해 온 다임러 벤츠와 미니밴, 소형 트럭에 비교우위를 가지고 있는 크라이슬러의 합병으로 자동차시장의 재편을 예상할 수 있다.

다임러 크라이슬러는 규모와 수익성 분야에서 시너지효과를 위해 합병을 이루었다. 이 기업은 진정한 글로벌 기업이 되기 위해서 세계적인 디자인과 엔지니어링, 생산네트워크의 통합과 글로벌 자본시장의 증대, 그리고 글로벌 기술을 효율적으로 사용한다는 전략을 수립하고 있다.

2. 일본 기업과의 전략적 제휴

1981년에 들면서 일본의 도요타(Toyota)는 GM과 제휴를 하였다. 이들 제휴는 GM이 소형차전략을 궤도에 올리기 위해 일본의 자동차 제조업체와 제휴해야할 필요성을 느끼고 있었고, 도요타는 위험을 줄이면서 해외진출을 원하였기에 제휴가 이루어졌다. 이 제휴를 통하여 GM은 소형차를 조달할 수 있는 동시에 도요타 생산방식의 노하우를 획득할 수 있었다.

1999년에 일본의 닛산자동차가 프랑스의 르노자동차로 합병되면서 르노자동차는 닛산주식의 36.8 %를 취득하여 경영권을 획득하였으며, 계열사인 닛산디젤공업도 르노자동차의 계열로 들어갔다. 한편, 미쓰비시 자동차공업은 크라이슬러와의 자본제휴가 끝남에 따라 새로운 파트너로써 스웨덴의 볼보를 선택하였으나, 볼보는 1999년에 승용차부문을 포드에 매각하였다.

따라서 미쓰비시 자동차공업은 1999년 말에 트럭부문의 분리를 결정하고 볼보의 자본참가를 요청하는 한편, 승용차의 본체는 다임러 크라이슬러와 자본제휴를 하였다. 도요타는 2000년에 들면서 대형 트럭제조업체인 히노자동차의 주식보유도 거부권을 행사할 수 있을 만큼 끌어올렸다.

1999년에 일본 자동차업계 2위의 자리에 오른 혼다는 GM과 기술제휴를 하였다. 혼다는 도요타보다 먼저 글로벌 기업으로 진출하였는데, 혼다의 엔진은 세계에서 가장 뛰어난 것이라는 자체기술에 대한 자신을 바탕으로 확고한 원천기술을 가졌지만, 자본과 기술의 양면에서 독립성을 유지하기가 어려웠다. 따라서 혼다는 재편시대를 맞아 독립노선을 유지하기 위해 엔진기술로서 GM을 제휴상대로 선택하였다.

3. 전략적 제휴의 동기

이처럼 자발적인 인수 · 합병이 활발해지는 이유는 다음과 같다.

- 세계 자동차시장의 공급과잉 속에서 추가적인 중복투자의 방지와 기존 설비의 효율화를 촉진할 수 있다.
- 지역별, 계층별로 차별화된 시장으로의 원활한 진입을 도모하여 글로벌 시장지배

력을 구축할 수 있다.

- 거대 기업집단을 형성함으로써 중소업체들의 도태를 유도하여 출혈경쟁으로 인한 산업 전반의 수익성 저하문제를 해결하려는 목적에서였다.

실제로 개별기업 단위의 경쟁력 제고에 한계를 느낀 글로벌 기업들이 수평적 통합을 통해 시장지배력을 확대하고 있다. 따라서 글로벌 기업과 지역 내의 수요 감소에 따른 수익성 악화로 어려움을 겪고 있는 유럽, 일본의 중견업체간의 인수합병이 활발히 진행되고 있다.

또한 자동차산업의 세계적인 네트워크화가 진행됨에 따라 상호이익에 기반을 둔 전략적 제휴라는 경쟁력 강화방식도 인수합병과 병행하여 더욱 폭넓게 활용되고 있다.

Ⅲ. 아시아시장 진출을 위한 전략적 제휴전략

1. GM과 Ford의 아시아시장 진출전략

세계 자동차 제조업체간의 인수합병은 기존 자동차 제조기업 간에 아시아시장에 대한 우선 점유경쟁을 가속하고 있다. 인수합병을 선택한 기업들은 시너지효과를 발휘하여 아시아지역에 대한 적극적인 공략에 나서고 있고, 인수합병 과정에서 소외되었던 기업들도 글로벌 경쟁기업들의 공격에 대응하여 매출액, 시장점유율 등의 기존 입지를 고수하기 위해 거대한 성장잠재력을 지닌 아시아시장으로 진출하고 있다.

최근 미국과 유럽의 자동차 제조업체들은 새로운 시장에 진출하기 위한 인수·합병 전략으로 〈그림 2〉에서 보듯이 대부분 아시아시장에 대한 공략을 목표로 하고 있다.

〈그림 2〉 GM과 Ford의 아시아지역 주요 생산거점

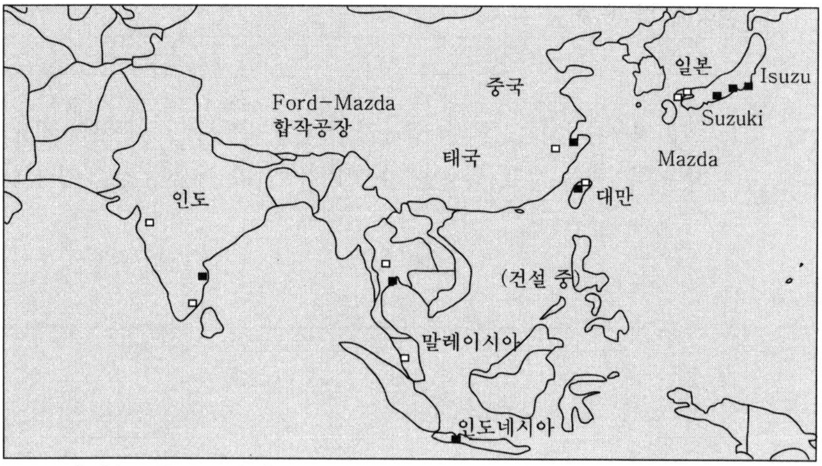

그들은 대규모의 자금력을 바탕으로 직접투자를 통한 생산설비의 구축이나 경영난에 직면한 자동차업체나 부품 제조업체들을 인수하는 방향으로 전환하고 있다. 특히, 선진국 기업들은 투자위험성이 높은 개발도상국에 직접 진출하기보다는 높은 수준의 기술력, 연구개발 노하우 및 판매망 등을 갖추고 있는 일본 기업을 인수하거나 이들과의 제휴를 통하여 아시아지역으로 사업의 확장전략을 추진하고 있다.

미국의 GM은 최근에 일본에 자동차 생산설비를 구축하고, 이를 거점으로 아시아시장으로의 확대진출을 모색하고 있다. GM은 아시아시장에서의 독자영역 확보를 통하여 기존의 시장지위를 고수하는 전략을 수립하고 있고, 포드는 1996년에 일본 마쓰다(Mazda)를 인수하여 아시아시장 진출전략을 수립하고 마쓰다와 미쓰비시(Mitsubishi) 간의 자동차 및 부품교환을 포함한 광범위한 사업 및 기술제휴를 형성하고, 소형 승용차 및 부품개발을 중심으로 마쓰다의 기존 상표 및 판매망을 적극적으로 활용하는 방식으로 아시아의 신규시장으로 진입을 시도하고 있다.

2. 르노의 아시아시장 진출전략

프랑스의 르노자동차는 1999년에 과다부채, 노사갈등의 문제를 안고 있던 일본 제2의 자동차 제조업체인 닛산을 인수하여 아시아시장에 진출하고 있다. 유럽 및 남아메리카 지역에서 강세를 보였던 르노자동차는 닛산의 첨단기술 및 일본 내의 생산거점을 활용함으로써 아시아지역에서의 낮은 지명도 문제를 해소하면서 아시아시장에 진출하고 있다. 르노자동차는 2000년 삼성자동차 인수로 새로 설립된 '르노-삼성자동차'를 통해 한국시장에서 안정되면 태국과 필리핀 등 아시아지역의 수출시장에 진출하는 전략이다.

생각해 볼 문제

1. 세계 자동차산업의 전략적 제휴가 어떻게 나타나고 있는가의 전체적인 구도에 대하여 설명하여 보고, 글로벌 자동차 기업들의 아시아 진출 전략에 대하여 논의하여 보라.

[사례 6-2] 나이키의 아웃소싱전략

Ⅰ. 서 언

글로벌 아웃소싱은 자사에게 가장 경쟁력 있는 부분에 집중하고, 경쟁력이 약한 부분은 다른 나라의 기업에 맡겨버리는 전략으로 대표적인 기업이 나이키(Nike)이다. 글로벌 경쟁에서는 한 기업이 모든 것을 직접 소유하고 생산하면서 속도의 경제에 대응할 수 없다. 나이키는 공장 전체를 세계적인 네트워크로 만들고 마케팅에만 특성화하여 성공하였다.

이제 나이키는 세계 1백 10 개국에서 2007년 한 해에만 163.3 억 달러의 매출과 14.9 억 달러의 순이익을 올린 세계 최대의 스포츠 용품 기업으로 성장하였지만 정작 본사가 있는 미국에는 자사 소유의 신발공장이 없으며, 제품의 전량을 아시아의 현지 생산파트너들을 통해 생산하고 있다. 이러한 나이키의 아웃소싱전략은 대표적인 노동집약적 제품인 운동화시장을 세계에서 임금이 가장 비싼 미국의 기업이 석권하는 결과를 가능하게 한 원동력이었다.

Ⅱ. 나이키의 창설

나이키는 공동 설립자이며 회장인 나이트(Philip H. Knight)의 아이디어에서 시작되었다. 나이트는 평범한 달리기 선수였지만, 1950년대 미국 오레곤 대학에서 세계기록 보유자들을 다수 배출시킨 보어맨(Bowerman)코치에게서 훈련을 받았다. 보어맨은 1온스 가벼운 신발이 경기의 승리를 좌우한다고 믿었기 때문에 항상 가벼운 신발을 만들기 위해 반복적으로 실험하였다.

그는 미국의 스포츠화 산업이 아디다스, 퓨마와 같은 독일 기업의 지배에 있는 것을 안타깝게 생각하고 이러한 지배로부터 벗어나는 길은 아시아의 저렴하고 우수한 노동력을 이용하는 것이라는 확신을 갖게 되었다. 아디다스와 퓨마의 제품들은 대부분 임금이 비싼 유럽에서 생산되고 있었기 때문이다.

나이트는 1960년에 일본인들이 카메라분야에서 성공한 것처럼 운동화에서도 성공할 수 있다는 논문으로 미국 스탠포드 경영대학원에서 경영학 석사학위를 받았고 그 후, 일본 제품인 타이거운동화의 미국 판매권을 따기 위하여 일본으로 건너갔다.

1964년 나이트는 코치였던 보어맨과 각각 500달러를 출자하여 타이거 운동화의 미국 독점판매 기업을 공동으로 운영하기 시작하고, 나이키의 전신인 'Biue Ribbon Shoes'라는 기업을 설립하였다. 1968년에 그리스신화에 나오는 승리의 여신 이름 '니케'의 영어식 발음을 따서 나이키라는 이름으로 기업명을 바꾸었다. 1972년 그들은 자사 제품을 개발하고 직접 제작하기로 결정한 후 임금이 저렴한 아시아 국가의 공장들에 하청을 주었다.

Ⅲ. 글로벌 아웃소싱의 선택

1. 아웃소싱전략

1973년 오일쇼크로 공급원을 대만과 한국으로 옮기기까지 아웃소싱을 통한 생산전략은 나이키의 성공요인으로 작용하여 오늘날까지 계속되고 있다. 현재 나이키는 한국과 대만 외에도 인도네시아, 중국, 태국, 베트남 등 아시아와 남아메리카 및 유럽에 이르는 글로벌 생산네트워크를 구축해 놓고 있다. 이처럼 국제적으로 분산된 생산시스템을 효과적으로 관리하기는 쉽지 않다. 우선 내부에서 제품을 직접 생산하는 것과는 달리 품질과 납기에 대한 통제가 어려워지기 때문이다. 따라서 나이키는 '국외거주자 프로그램(expatriate program)'이라는 제도를 운영함으로써 이 문제에 효과적으로 대처하고 있다.

이러한 나이키의 프로그램은 세계 각지의 주요 생산시설에 본사의 직원을 파견, 장기간 상주시키는 제도로 이들을 통해 현지생산 파트너들의 생산과 품질관리 활동을 지원할 뿐만 아니라 오레곤에 있는 본사와의 대화창구 역할을 함으로써 파트너와의 긴밀한 관계를 유지하고 있다.

나이키는 정보기술을 활용하여 본사에서 만든 제품디자인을 인공위성을 통해 현지생산 공장의 CAD/CAM 시스템으로 직접 전송함으로써 신속 정확한 제품생산이 이루어지도록 하고 있다. 이런 다양한 노력에 힘입어 나이키의 제품들은 생산지가 다르지만 세계적으로 동일한 수준의 품질을 유지하는데 성공하였다.

2. 글로벌 아웃소싱의 단점 극복

글로벌 아웃소싱은 제품 생산을 외부에 맡기기 때문에 기업의 핵심기술이 경쟁사에 노출될 위험이 크다. 아시아의 파트너들이 규모의 경제를 위해 리복이나 LA 기어와 같은 경쟁사들의 제품을 함께 생산하는 일이 빈번했고, 이들 파트너들이 습득한 기술과 노하우를 바탕으로 직접 시장에 뛰어들어 나이키를 위협하는 경쟁자가 되기도 했다.

나이키는 이러한 위험을 막기 위해 글로벌 아웃소싱을 이용하여 생산하지만, 핵심기술은 철저하게 보호한다는 원칙을 준수하고 있다. 나이키는 중요한 핵심부품인 에어솔(Air Sole)을 미국 내 자사 소유기업의 공장에서만 생산하고 있다. 이러한 나이키전략은 기술의 외부유출을 막고 생산파트너들의 다운스트림(Downstream) 진입을 억제하는 효과를 거두고 있다. 하청업체와의 장기적인 관계를 구축하려는 나이키의 노력도 성공적인 생산네트워크 관리에서 빼놓을 수 없는 요소이다. 나이키의 핵심파트너들이 대부분 10년 이상 관계를 유지해 온 기업들이 많고 나이키가 파트너라는 용어를 고집하는 것도 이 때문이다.

Ⅳ. 기술개발전략에 주력

나이키는 새로운 기술과 독창적인 디자인개발을 가장 중시한다. 나이키의 연구개발은 수십 명의 인체공학과 운동학, 산업디자인 등의 관련 분야의 전문가들을 투입하였다. 뿐만 아니라 나이키는 현역선수, 코치, 트레이너, 용품구매자, 정형외과의사, 발명가, 컨설턴트 등의 연구위원회와 자문단을 구성하여 제품의 문제점을 조기에 발견하여 개선하도록 하고 있으며, 기업소속 운동선수들로 하여금 실제 제품을 사용하면서 제품을 평가하도록 하고 있다. 이러한 노력으로 나이키는 스포츠화 산업에서의 신기술 개발을 주도해 오고 있다.

생각해 볼 문제

1. 나이키가 창설한 이후 성장과정에서 글로벌 아웃소싱전략을 어떠한 방향으로 전개하여 왔는가를 토의하여 보고, 이러한 장점을 계속 살리기 위하여 나이키가 어떠한 글로벌 전략을 택하고 있는지를 스포츠 마케팅 접근에서 논의하여 보라.

2. 나이키의 로고가 너무 많이 퍼져 있어 이제 고객들이 더 이상 로고에 관심을 갖지 않을 것이라고 생각하는가? 나이키와 다른 경쟁자들을 살펴보고, 소비자들이 나이키에 대하여 어떠한 차별적인 것을 느끼고 있다고 생각하는가?

제4부

글로벌 STP 및 표준화·현지화 전략

제 7 장 글로벌 시장의 STP전략
제 8 장 글로벌 표준화와 현지화 전략

제1부: 기업의 글로벌 지향성과 글로벌마케팅

- 제1장: 한국 기업의 글로벌 지향성

제2부: 글로벌 환경 및 경쟁분석

- 제2장: 글로벌 거시환경 분석
- 제3장: 글로벌 경쟁환경 분석
- 제4장: 글로벌 경쟁원천 분석

제3부: 글로벌 진입 및 협력전략

- 제5장: 글로벌시장 진입전략
- 제6장: 글로벌 제휴 및 네트워킹 전략

제4부: 글로벌 STP 및 표준화 · 현지화 전략

- **제7장: 글로벌 시장의 STP전략**
- 제8장: 글로벌 표준화와 현지화 전략

제5부 글로벌마케팅 믹스전략

- 제9장: 글로벌마케팅의 제품전략
- 제10장: 글로벌마케팅의 유통전략
- 제11장: 글로벌마케팅의 촉진전략
- 제12장: 글로벌마케팅의 가격전략
- 제13장: 글로벌마케팅의 인터넷전략

제6부: 글로벌마케팅 조직

- 제14장: 글로벌마케팅의 조직구조

제 7 장

글로벌 시장의 STP전략

마케팅은 시장과의 관계이며 시장이 동질하지 않고 다르다는 인식에서 전개되는 시장세분화는 가장 중요한 마케팅도구가 되고 있다. 기업이 글로벌 시장지향성을 취하면 취할수록 시장의 범위가 넓어지고 문화도 다르기 때문에 시장세분화가 중요한 전략적 수단이 된다.

본 장에서는 글로벌 시장세분화의 개념과 영역을 살펴보고, 글로벌 세분화는 어떻게 전개될 수 있으며, 글로벌 표적시장전략과 글로벌 포지셔닝전략, 고객맞춤전략에 대하여 살펴보고자 한다.

제 1 절 글로벌 시장세분화의 개념
제 2 절 글로벌 시장세분화전략
제 3 절 글로벌 시장세분화전략의 분류
제 4 절 글로벌 표적시장전략
제 5 절 글로벌 포지셔닝전략
제 6 절 글로벌 고객맞춤전략

사례 7-1 : 폭스바겐과 GM의 중국시장세분화전략

제 1 절 글로벌 시장세분화의 개념

1. 글로벌 시장세분화

코틀러(Kotler 2007)는 시장세분화는 '구매욕구나 필요조건이 다른 구매자집단을 식별하는 과정'이라고 주장하고 있다. 일반적으로 글로벌 시장은 상이한 복수 고객의 집단으로 구성되어 있기 때문에 이를 일정한 기준으로 세분화하고, 세분시장에 적합한 개별 마케팅 믹스를 구축할 수 있는 표적시장을 선택하는 과정이다.

코틀러는 시장을 동질의 고객집단으로 분류하는 시장세분화(market segmentation), 세분화된 각각의 세분시장을 평가해서 적당한 세분시장을 선정하는 표적시장 선정(selecting target markets) 및 선정된 표적시장에 대해 적합한 마케팅프로그램을 구축하는 마케팅 믹스의 선정이라고 하는 3개의 연구영역으로 구분하고 있다.

여기에 시장세분화전략의 성과 모니터, 평가, 관리를 의미하는 시장세분화의 관리를 중요한 영역으로 부가하고자 한다. 시장세분화에서는 세분시장을 어떠한 목적을 가지고 어떠한 기준을 이용하여 시장을 세분화하는가 하는 것이 문제가 된다. 여기서는 세분화 기준의 분류를 소개하고자 한다.

글로벌 시장의 세분화 기준에는 지리적 변수, 인구통계적 변수, 심리적 변수, 행동적 변수 등을 사용할 수 있다. 이러한 세분화 기준은 각 국가에 따라 차이가 존재하기 때문에 세밀한 선정이 요구된다.

- 지리적 변수는 지역, 인구 규모, 인구 밀도, 기후 등이 있고, 인구통계적 변수는 연령, 성별, 가족규모, 소득, 직업, 교육수준, 종교, 인종, 국적, 사회계층 등이 있다.
- 심리적 변수는 라이프스타일, 개성, 가치관 등이 있다.
- 행동적 변수는 추구하는 편익(benefit), 사용빈도, 충성도 등으로서 이를 기준으로 세분화할 수 있다. 그러나 이들의 기준을 단독으로 사용하기보다는 조합해서 사용하는 것이 세밀한 세분화가 될 수 있다.

글로벌 시장세분화의 기준은 이것이 일반적인 기준인가, 상황적인 기준인가 또는 객관적인 기준인가, 추상적인 기준인가에 의해 분류할 수 있다. 따라서 시장세분화의 기준 중에서 어떤 특정 기준을 어떠한 순서로 사용할 것인가에 대한 검토가 필요하고, 이는 1 단계, 2 단계 또는 다단계의 분석이 필요하기 때문에 이들에 대한 분석의 정도를 결정해야 한다.

표적시장 선정에서는 이러한 분석에서 나타난 이질적인 고객집단으로부터 표적시장의 선정방향이 나온다. 글로벌 시장세분화에서 중시되는 3 개의 기본적인 전략은 비차별화 마케팅, 차별화 마케팅, 집중적 마케팅을 주장하고 있다.

- 비차별화 마케팅전략은 세분시장의 이질성이 크지 않을 때는 이를 무시하고 단일의 제품이나 단일 마케팅 믹스를 사용하는 마케팅전략이다.
- 차별화 마케팅전략은 복수의 세분시장에 대해 그 개별시장에 적합한 제품이나 마케팅 믹스를 사용하는 전략이다.
- 집중적 마케팅전략은 여러 세분시장 중에서 하나의 세분시장을 선정해서 그것에 기업의 모든 자원과 노력을 집중하는 전략이다.

이러한 전략 중에서 어떠한 전략을 선택할 것인가는 해당 기업의 경쟁 환경, 경영자원의 특성, 경쟁우위 구조, 마케팅 활동 및 모든 활동과의 관련성 등을 고려하여 결정해야 한다. 특정 마케팅 믹스의 결정에서는 목표 세분시장에 대한 제품, 가격, 유통, 판매촉진 등의 마케팅 믹스의 개발 등 적합성이 검토되어야 한다.

이것을 효율적으로 수행하려면, 시장세분화 분석의 정밀도를 높여야 한다. 시장세분화의 관리에서는 수행한 시장세분화의 효율성이나 효과성을 모니터하는 시스템을 구축하여 이것을 기준으로 세분화의 평가와 관리를 해야 한다.

또한 글로벌 시장을 세분화하는데 있어서 세분시장이 유효하려면 다음과 같은 조건을 충족시켜야 한다.

- 측정가능성은 특정 구매자의 특성에 대해 어느 정도의 정보가 존재하고 있는가, 어느 정도의 정보가 수집가능한가 하는 것이다.
- 접근가능성은 선택된 세분시장에 대해서 글로벌 기업이 어느 정도의 노력을 효과적으로 집중할 수 있는가 하는 것이다.

• 실질성은 각 세분시장에 대한 각각의 마케팅을 개발하는데 어느 정도 가치가 있는가, 수익성이 있는가 하는 것이다.

이질적인 세분시장이 식별되어 그 시장에 대한 접근가능성이 확보되어 세분화가 유효하고, 세분시장의 실질성이 확보되어 시장세분화를 수행하게 되면 시장세분화의 경제성이 나타나게 된다. 이러한 시장세분화의 기본적 개념이나 방법의 논의는 주로 국내 마케팅의 경험으로부터 도출된 것이지만, 기본적으로는 글로벌 시장의 세분화에도 적용이 가능하다.

특정 글로벌 시장에서의 마케팅전략이 본국이나 제3국에서의 시장세분화와 연관성이 거의 없는 경우에는 기존의 국내적인 시장세분화 개념이나 기법을 그대로 사용해도 된다. 그러나 글로벌마케팅 전략에서는 특정 국가에서의 시장세분화 전략이 해당 기업의 글로벌전략과 중요한 관계를 갖는다.

일반적으로 국가적인 유사성이 높은 하위 세분시장을 공통의 표적시장으로 하는 글로벌마케팅이 전개되고 있다. 이러한 경우에는 시장세분화의 기본적인 목적이나 전략도 글로벌 관점에서 결정되어야 하고, 교차 문화적 차이문제가 발생하기 때문에 기존의 국내시장 세분화의 분석 및 실천방법은 수정되어야 한다. 해당국이 공통으로 표적시장의 유사성이 확인될 때에는 해당 복수 국가에서 사용할 수 있는 구성개념이나 측정도구를 개발해야 하는 경우가 많아서 조사 수행, 자료 해석에서도 교차 문화적인 배려를 요구하는 경우가 많다.

2. 글로벌 시장세분화의 의의

글로벌 시장은 다양성과 이질성을 내포하고 있기 때문에 시장의 동질적인 부분을 식별해서 특정 시장을 표적으로 선정해야 효율적인 마케팅전략을 수행할 수 있다. 이는 마케팅의 효율성이나 효과성을 높이려는 의도에서 수행되는 전략이다. 시장세분화 전략은 시장지향성을 기초로 하고 있기 때문에 경쟁이 심화되고 있는 글로벌 시장상황에서 소비자 욕구가 다양화 · 개성화되고 있어 실무적으로 상당히 중요시되고 있다.

글로벌마케팅 분야에서 시장세분화 전략이 주목을 받고 있는 것은 비교적 최근의 일이다. 1980년대에 들면서 글로벌 시장의 경쟁이 심화되어 기업 간 원가경쟁이 심화되었고, 각 국가의 소비자 욕구가 다양화됨에 따라 제품, 서비스, 유통 및 촉진 등 마케팅 믹스 측면에서 철저하게 대응해야 했다.

글로벌마케팅은 국경을 초월하여 경제적 발전단계나 사회·문화적 배경이 다른 국가나 지역을 대상으로 다양한 마케팅이 전개된다. 즉, 글로벌 기업은 특정 국가나 지역을 대상으로 글로벌 사업을 전개하는 것이다. 이는 처음에 기업의 본사가 있는 국가와 지리적으로 문화적으로 유사한 주변국의 시장을 개척하는 목표를 설정하게 된다.

미국 기업들은 캐나다나 영국을 표적시장으로 삼았고, 일본 기업은 아시아 국가들을 표적시장으로 삼고 있다. 이들은 이러한 국가에서 경험을 축적하여 글로벌 사업의 대상 국가를 확대하는 전략을 사용한다. 물론 지리적·문화적인 접근성 등으로 글로벌 사업의 방향이 결정되기도 하지만, 시대적인 정치·경제적인 요인도 상당히 큰 영향을 미친다. 2차 세계대전 후의 팍스 아메리카나(pax americana)로 불리는 세계 경제체제나 EU의 지역시장의 성립이 기업의 표적시장 선정에 중대한 영향을 미치고 있다.

제 2 절 글로벌 시장세분화 전략

1. 거시적 세분화 전략

시장이 보다 글로벌 규모로 성장하고 고객의 동질성이 증가하면서 각 국가 소비자들의 개인선택과 선호도가 다양하게 변화되고 있다. 이는 글로벌 시장세분화와 포지셔닝 전략이 보다 정교하게 이루어져야 함을 의미한다. 많은 수출상들은 200개 이상의 개별 국가시장을 고려해야 하기 때문에 글로벌화에 어려움을 느끼고 있다. 이러한 기업들은 EU, NAFTA, ASEAN 및 MERCOSUR와 같은 경제블록화나 지리적 지역에 참여하는 경우가 많은데 이러한 국가 시장세분화가 거시적 세분화의 형태이다.

공통 특성을 가지고 있는 국가로 구성되는 거시적 세분화는 마케팅 목적을 달성하는데 중요한 기초가 된다. 이는 국가의 경제개발 수준, GNP 성장률, 정치적 안정성뿐만 아니라 미시적 세분화의 기준이 되고 있는 인구 규모, 소득 수준, 교육 수준, 언어 등에 대한 인구통계를 포함하고 있다. 이러한 다양한 세분시장의 선택은 많은 국가 소비자들의 욕구가 다양하기 때문에 이들 다양한 욕구를 충족시키기 위해서 기업은 다양한 제품을 제공해야 한다.

글로벌 기업이 선택할 수 있는 시장세분화 방법에는 클러스터링 세분화, 글로벌 시장을 대상으로 점차적으로 표적시장을 좁혀나가는 단계적 시장세분화 및 제품수명주기를 이용한 시장세분화 등이 있다.

1) 클러스터링 세분화 전략

다양한 국가들을 지역적으로 집단화하기 위해서는 클러스터분석(cluster analysis)과 같은 컴퓨터화된 기법을 사용해야 한다. 클러스터링 맵은 유사성이 있는 국가와 유사성이 없는 국가들(Hofstede's 유사성 접근법) 사이의 구분을 보여준다.

〈표 7-1〉에서 보듯이 이 방법은 동시에 2개 이상의 기준을 고려하기 위해서 국가들을 클러스터화 하기 이전에 요인분석(factor analysis)을 수행한다.

〈표 7-1〉 2개 차원 국가 클러스터링 맵

요인수	서술척도 명과 수	선정된 서술척도
Ⅰ.	· 개발수준의 집단경제(47)	· GNP, 사용률
Ⅱ.	· 인구규모(31)	· 전체 중간(midyear) 인구
Ⅲ.	· 개별경제 또는 삶의 표준(32)	· 개인당 수익, 개인당 신문용지 소비, 출생률
Ⅳ.	· 캐나다-최고에 랭크된 여건(12)	· 신문용지 생산, 지리적 지역
Ⅴ.	· 언어적 유사성(10)	· 영어를 이해하는 성인
Ⅵ.	· YC-개별 기술자를 위한 코드(11)	· 소비재의 상표와 산업 판매, 로마 카톨릭의 수
Ⅶ.	· 국제적 참여(22)	· 국제조직의 구성원, 외국여행자, 동경항공요금
Ⅷ.	· 무역능력(12)	· 수출, 프로테스탄트의 수
Ⅸ.	· 분위기 또는 가격탄력성(10)	· 1년의 맑은 날 수, 주요 도시의 기온, 가격색인
Ⅹ.	· 사망률(5)	· 유아사망률, 모슬렘의 수

자료원 : Charles Ramond(1974), *The Art of Using Science in Marketing*, New-York: Harper & Row.

2) 단계적 시장세분화 전략

글로벌 시장의 선정 절차에 따라 진출 클러스터들이 결정되면, 글로벌마케팅 관리자는 여러 기준을 고려하여 클러스터들을 평가하고 이들 중에서 1차적인 표적 국가를 선정하고 표적 국가 내에서 표적 집단을 선정한다. 1차 선정된 표적 국가 및 표적 집단에 대한 상세한 조사를 통하여 세분시장을 평가하여 최종적인 표적시장을 결정해야 한다.

유럽시장의 경우 지리적 인접성보다는 EU의 경제통합이나 1인당 국민소득을 이용하여 유사한 경제발전 단계를 기준으로 시장을 세분화하는 것이 보다 효율적이다. 이 외에도 언어, 종교, 정치적 변수, 교육 등과 같은 사회 문화적 지표를 이용하여 1차적으로 세분화할 수 있다.

3) 제품수명주기를 이용한 세분화 전략

글로벌 기업은 마케팅전략에서 국제적인 추세나 패턴의 변화를 중시해야 한다. 특히, 글로벌 시장세분화 전략은 시장의 동태적 특성을 반영해야 한다. 이러한 동태적 특성을 고려하여 시장을 세분화하는 방법이 제품수명주기를 글로벌 시장에 적용하는 전략이다. 이는 특정한 시장에서 시간경과에 따른 특정 제품의 변화 추세를 분석하는데 이용되는 전략으로 글로벌마케팅에서는 일정 시점에 여러 시장에서 제품수명주기 상의 상대적 위치를 파악하는 방법이다.

〈그림 7-1〉에서 보듯이 일정시점에서 동일한 제품이라도 국가시장에 따라 제품수명주기가 다를 수밖에 없다. 따라서 특정 시장에서 판매가 줄어드는 쇠퇴기를 맞이한 제품이라도 다른 국가에서는 성숙기나 도입기를 맞이하는 제품일 수 있다는 것을 전제로 하는 전략이다. 글로벌 기업은 이러한 국가시장별 수명주기단계의 차이를 이용하여 동일한 단계의 국가시장을 기준으로 시장을 세분화할 수 있다.

이러한 시장세분화의 유용성은 다음과 같다.

- 한 국가시장에서 습득한 경험을 비슷한 제품수명주기 단계에 있는 다른 국가시장에서의 경쟁력 확보에 이용할 수 있다.
- 기업은 성숙기 또는 쇠퇴기에 있는 제품을 마케팅 가능성이 있는 새로운 국가시장으로 이전시킴으로써 지속적인 시장을 확보하는 동시에 자원을 효율적으로 사용할 수 있다.

〈그림 7-1〉 국가시장별 제품수명주기 단계

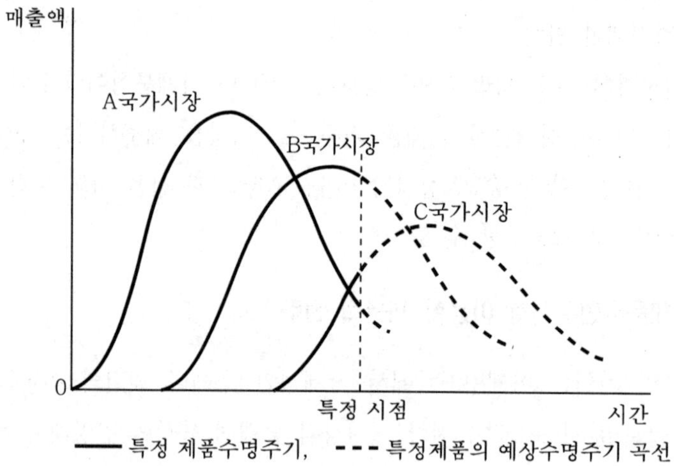

- 시장에서 기존 제품을 철수하고 새로운 제품을 도입할 수 있는 적절한 시기를 결정하는데 유리하다.

그러나 이러한 방법은 적용성에 있어서 어려움이 있다. 즉, 제품수명주기의 형태와 지속기간을 정확히 파악하기가 어렵기 때문에 국가시장별 수명주기 단계를 분석하는 것이 어렵다는 점이다. 또한 시간의 흐름에 따라 제품수명주기가 점차 단축되고 있어서 이를 고려한 시장세분화 전략을 적용하는 것이 어렵다는 단점이 있다.

4) 다양화와 집중화 전략

거시적 세분화에 대한 클러스터 접근법은 일반적으로 유사한 시장의 구분을 유도한다. 특정 기업이 다른 국가시장에서 활동하기 위해서는 글로벌 전략개발에 지속적인 노력을 해야 한다. 이는 다양한 국가들의 국제 포트폴리오에서 큰 손실의 위험에 대비하여 국가 간의 조화를 이루어야 하기 때문이다.

이러한 다양성전략의 사례는 스웨덴 자동차 제조업자인 볼보(Volvo)에서 찾을 수 있다. 그들은 최고경영자의 개별 인터뷰에서 그들의 미국시장 관여도를 전체 산출의 25 %로 제한하고 있음이 나타났다. 도요타의 경영자는 그들의 수출이 자국시장 수요의 50 % 이상일 때 위험을 느낀다고 보고하고 있다.

〈표 7-2〉에서 보듯이 이는 다양성 추구전략과 집중화 추구전략의 차이를 보여주

고 있다.

〈표 7-2〉 시장 포트폴리오의 효과선택 시장요인

요인	다양성 추구전략	집중화 추구전략
성장률	저	고
수요 안정성	저	고
경쟁적 지연	짧다	길다
유출(spillover)	고	저
적응제품에 대한 욕구	저	고
적응광고에 대한 욕구	저	고
한계판매	점점 감소	증가
통제 욕구	저	고
진입장벽	저	고

자료원: Adapted with Permission from Ayal and Zif(1979), by the American Marketing Association.

다양성 추구전략은 성장률이나 수요 안정성이 낮지만, 경쟁지연이 짧고 유출가능성이 높으며, 제품 적응이나 광고에 대한 욕구가 낮아 통제욕구나 진입장벽이 낮은 것이 특징이다. 반면에 집중화 추구전략은 성장률이나 수요 안정성은 높으나 경쟁지연이 길고, 적응 제품이나 광고에 대한 욕구가 높고 통제 욕구나 진입장벽이 높다는 특징이 있다.

5) 문화 클러스터링 전략

거시적 세분화 기준으로 사용할 수 있는 변수 중에 문화가 있다. 〈표 7-3〉은 개인주의, 권력거리, 불확실성 회피, 남성성 등 4개의 문화적 차이를 기초로 17개 유럽 국가를 집단화한 결과를 보여주고 있다.

(1) 개인주의 대 집단주의

개인주의는 사람들이 그들 자신과 직계 가족들에게만 관심을 갖는 것으로 간주되는 느슨하게 구성된 사회구조를 의미한다. 반면에 집단주의는 사람들이 우리 집단과 외부 집단 사이를 구별하는 엄격한 사회구조로 특징지을 수 있는데 그들은 내부 집단이 그들을 돌보아 주기를 기대하며 내부 집단에 절대적인 충성도를 보인다. 그러나 일본, 인도, 오스트리아, 스페인 등은 양자의 중간에 위치하는 국가로 나타났다.

(2) 대-소 권력거리

한 사회가 어떤 기관이나 조직에서의 권력이 불평등하게 분산되어 있다는 사실을 받아들이는 정도를 의미한다. 필리핀, 베네수엘라, 인도 등은 권위주의적 국가에 속하는 것으로 분류되고, 반면에 덴마크, 이스라엘, 오스트리아 등은 그 반대로 평등적인 문화로 나타났다.

(3) 불확실성에 대한 회피성

불확실성의 회피가 약한 사회에서는 미래에 대해 별로 위협을 느끼지 않기 때문에 일을 그렇게 열심히 하지 않게 되고, 다른 사람의 의견이 자기의 것과 달라도 별로 신경을 쓰지 않는다. 반면에 불확실성의 회피가 강한 사회에서는 초조, 불안 등이 뚜렷하게 나타나며 이에 따라 각종 법적-규범적 제도장치를 마련하여 위험을 줄이고 안정을 기하기 위해 온갖 노력을 기울인다.

불확실성에 대해 강한 회피성과 권력거리를 보이는 국가 군에는 모든 라틴국가, 유고, 그리스, 터어키 등의 지중해 국가와 일본, 한국 등이 속하는 것으로 나타났다. 반면에 그 반대의 경향을 보이는 국가 군에는 덴마크, 스웨덴, 영국, 아일랜드 등으로 나타났다.

(4) 남성성 대 여성성

남성과 여성의 역할을 구분하는데 있어서 사회적 성역할의 구분을 극대화하는 사회를 남성성으로 보고, 상대적으로 그것을 작게 하는 사회를 여성성으로 보는 것이다. 가장 남성성이 강한 국가는 일본으로 나타났고, 그 반대로 여성성이 강한 국가는 4 개의 스칸디나비안 국가들과 네덜란드로 나타났다.

이러한 홉스테드(Hofstede)모형은 방법론에서 클러크혼 모형이나 홀의 모형과는 달리 계량적인 분석방법을 도입하였기 때문에 객관성이 훨씬 높다고 볼 수 있다. 그러나 이 모형을 이용함에 있어서 그가 연구에 선택한 표본이 과연 각 국가의 문화를 대표할 수 있는가 하는 점과 그가 표현한 차원의 타당성 문제가 제기된다. 〈표 7-3〉에서 3 개의 특색 있는 '유로클러스터(euro-cluster)' 즉, 3,700만에서 2억 300만 소비자들의 규모에 범주화된 3 개의 클러스터의 각각에 대해 마케팅전략을 적용할 수 있다.

〈표 7-3〉 유럽 소비자들의 문화 클러스터링

	규모 (백만명)	문화특성				마케팅적용
		권력거리	불확실성 회피	개인주의	남성성	
클러스터 1 오스트리아,독일,스위스,이탈리아,영국,아일랜드	203	적음	중간	중간 이상	높음	고-성과 제품의 선호, 광고테마에 성공적 성취자 이용, 진기함의 요구, 다양성과 쾌감, 위험-회피 시장
클러스터 2 벨기에,프랑스,그리스,포르투갈,스페인,터어키	182	중간	강함	다양	저-중간	소비자 지위와 권력거리에 어필, 제품구매와 이용에서 지각된 위험 감소, 제품기능성 강조
클러스터 3 덴마크,스웨덴,핀란드,네덜란드,노르웨이	37	적음	낮음	높음	낮음	상대적으로 약한 저항, 진기함과 다양성에 강한 소비자욕구, 환경 친화에 높은 소비자 관련성

자료원: Sudhir H. Kale(1995), Grouping Euro-consumers: A Culture Based Clustering Approach, *Journal of International Marketing*, Vol. 3, p. 42.

완전히 스칸디나비안 국가들로 구성된 '클러스터 3'은 불확실성 회피가 낮게 나타나고 있다. 이는 이 클러스터가 새로운 아이디어 지향적이고, 새로운 제품에 시험적으로 사용하는 소비자들이라는 것을 의미한다. 남성성이 낮은 수준은 그린제품과 사회적으로 지각하고 있는 포지셔닝이 이들 국가 소비자들 가운데 긍정적인 반응을 환기시키고 있음을 의미한다.

2. 미시적 세분화 전략

미시적 세분화 기준에는 경제개발수준 변수, 인구통계적 변수, 행동적 세분화 변수, 라이프스타일 변수 등을 기준으로 세분화할 수 있다.

1) 경제발전수준

대부분의 기본적인 글로벌 세분화 기준은 경제개발의 정도이다. 비누, 치약과 같은 저가격 제품의 소비자 필요성은 인구 당 GDP의 수준과 관련이 있는 문제이다. 이는 경제발전 수준에 따라 패키지 규모를 축소하는 마케팅 믹스를 글로벌화하는 것이 어렵기 때문이고, 유통경로가 다양하고 특정 커뮤니케이션 매체를 사용하는 것이 어렵기 때문이다.

2) 인구통계

인구통계적 변수는 가장 일반적인 세분화 기준이다. 이러한 변수에 관한 정보는 대부분이 합리적이고 정확하며 이용가능하기 때문이다. 인구통계적 세분화 기준은 인구규모, 연령구조, 도시화 정도, 민족적 구성, 출생률 및 사망률 등을 내포하고 있다.

연령 구조를 정확하게 파악하고 있는 국가들은 소비재와 서비스에 대한 시장기회를 명확하게 예측할 수 있다. 여행관련 서비스, 오락품목, 의료 등은 연령구조에 따라 상당한 차이가 있기 때문에 인구통계적 변수의 세분화기준이 더욱 중요하다.

3) 행동적 세분화

국내 마케팅과 같이 글로벌 세분화 기준도 행동적 반응변수를 기초로 나눌 수 있다. 행동적 세분화 기준은 상표/공급자 충성도의 정도, 사용률, 제품 침투율, 혜택 등이 포함된다. 〈표 7-4〉는 유럽시장의 행동적 분류를 보여주고 있다.

〈표 7-4〉 유럽시장 분류

확립된 시장	개발된 시장	미개발 시장
영국 핀란드 독일 폴란드 이스라엘 노르웨이 스위스	오스트리아 벨기에 아일랜드 이탈리아	체코 덴마크 프랑스 헝가리 포르투갈 스페인

이 기업은 세 집단으로 그들의 시장을 세분화하고 있다. 즉, 확립된 시장, 개발시장, 미개발시장으로 세분화하였다. 세분화변수는 인구당 판매와 지역 유통업자에 의해 수행되는 광고의 양 등 2 개가 사용되었다. 즉, 판매액을 인구수로 나누고, 이에 광고의 양을 합한 값을 가지고 평균 이상이면 확립된 시장, 평균 정도이면 개발된 시장, 평균 이하이면 미개발 시장으로 세분화하였다. 확립된 시장은 광고가 중요하지만, 개발된 시장은 광고가 존재하지 않으며, 미개발 시장은 광고가 중요하지 않다는 특징이 있다.

4) 라이프스타일

글로벌마케팅 관리자들은 소비자들의 태도, 의견, 가치 등 그들의 라이프스타일에 따라 소비자를 집단화할 수 있다. 라이프스타일 세분화는 광고에서 일반적으로 사용된다. 세분화의 대부분은 매우 일반적이고 특정 제품범주와 관련이 적고, 다른 것들은 특정 제품분야로 분류한다.

라이프스타일 세분화의 일반적 형태는 조사대행사 RISC에 의해 개발된 6개 형태로 구성된 ACE-형태(Anticipating Change in Europe)이다. 이 비율은 각 클러스터의 관련 규모를 나타내고 있다.

전통주의자	18%	가정적인 사람	14%
합리주의자	23%	쾌락주의자	17%
노력하는 사람	15%	유행을 창조하는 사람	13%

〈그림 7-2〉는 제품-특성 접근방법의 예를 보여주고 있다. 이것은 팬-유로피언(pan european) 자동차시장에서 유래된 형태를 보여준다. 다른 형태의 유통은 국가 사이에 다양하다.

〈그림 7-2〉 제품-특성 접근방법의 '예'

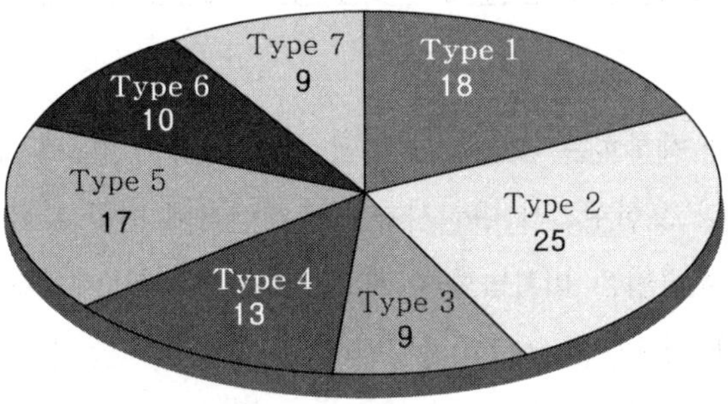

Type 1: The Unpretentious Car Fan
Type 2: The Prestige Orientated Sporty Driver
Type 3: The Hedonist
Type 4: The Utilitarian Thinker
Type 5: The Traditionalist
Type 6: The Prestige Orientated Achiever
Type 7: The Understatement Buyer

자료원: Horst Kern, Hans Christian Wagner and Roswitha Hassis(1990), European Aspects of a Global Brand : The BMW Case", *Marketing and Research Today,* (February), p. 54.

라이프스타일 세분화는 새로운 상표 포지셔닝, 기존 제품의 재 포지셔닝, 신제품 기회의 식별, 상표 개성의 개발에 적용되어 왔고, 여러 관련성이 라이프스타일 세분화의 사용에서 학문적 연구나 실무적 연구에서 다음과 같이 중요성이 나타났다.

- 가치는 너무 일반적이어서 소비패턴이나 특정 제품범주 내에서 상표 선택행동에 관련될 수 없다. 결과적으로 라이프스타일 세분화는 소비자들의 구매 반응성에 대해 예측하는 도구로서 이용될 수 없다.
- 가치기준 세분화는 항상 활동적인 것이 아니다. 효율적 세분화에 대한 요구의 하나는 활동성이라는 것을 기억하라. 라이프스타일 집단화는 마케팅 행동이 일어나야만 하는 것으로 가이드를 제공하지 못한다.
- 가치세분화는 가치 형태적인 변화를 하기 때문에 동태적이다.
- 그들의 글로벌 적용성은 아주 제한적이다.

이러한 변화는 즉각적으로 나타나지 않으며 처음에는 부정적인 경우가 많다. 이러한 제품은 새로운 표준이 설정되고 특정 세분시장에 대한 선택을 선호하게 되는 과정에서 새로운 시장이 창출되는 것이다.

제 3 절 글로벌시장 세분화의 분류

글로벌시장 세분화는 코틀러 교수에 의한 세분화전략의 분류를 따르면, 대상 시장이 복수시장 포함형인가 단일시장 집중형인가에 따라 분류할 수 있다.

복수시장 포함형은 비차별화 마케팅전략과 차별화 마케팅전략으로 구분할 수 있고, 단일시장 집중형은 집중마케팅전략을 의미한다. 또한 시장세분화의 단위는 그 대상 범위의 큰 영역에서부터 순서대로 보면, 국가의 클러스터단위, 국가단위, 국가의 하위시장단위로 구분할 수 있다.

기존의 국제마케팅 전략에서는 명시적이거나 암묵적으로 국가를 기본적 단위로 하고 있었다. 국가를 세분화 단위로 한다는 것은 국가의 하위시장 사이의 유사성이 높고 동질성이 높다는 것을 전제로 한다. 그러나 현실적으로는 그러한 전제를 받아들일 수 없는 경우가 많고 한 국가의 해당 산업 전체시장을 대상으로 하는 경우가 많다.

선진국 시장에서 소비자나 고객의 욕구나 욕망은 다양화되는 경향이 강해지고 있다. 국가 단위의 세분화 분석보다도 국가의 하위시장을 단위로 세분화하는 보다 세밀한 분석을 수행하는 것이 불가피하게 되고 있다.

시장세분화 전략의 핵심적인 과제는 국가의 하위시장 단위로 식별되는 복수국가 시장을 어떻게 포함하느냐 하는 것이다. 이러한 포함방법에는 〈표 7-5〉의 가장 아래 행에 표시되어 있는 각 국가의 공통 하위시장 접근법, 국가별 다양한 하위시장 접근법, 특정 국가 하위시장에 집중하는 접근법이 있다. 여기서 각 국가의 공통 하위시장 접근법은 국가에 따라 제품 욕구가 다른 경우에 각 국가에서 동일한 욕구를 가지고 있는 세분시장을 선택하는 것으로 물질적으로 동일제품을 판매하는 접근법이다.

이러한 모든 접근법의 전략선택은 동태적으로 발전적인 접근법을 지향하지만 해당 기업이 처한 일반적 환경, 경쟁 환경, 기업의 경영목표, 경영전략, 경영자원의 통제 등에 의존하고 있다. 코틀러 교수는 일본 기업의 미국시장 활동을 평가할 때 그 시장세분화 전략의 동태적 과정(dynamic process)에 주목하고 있다.

〈표 7-5〉 글로벌 시장세분화 전략의 분류

구분	복수시장 포함형		단일시장 집중형 (집중마케팅전략)
	비차별화 마케팅전략	차별화 마케팅전략	
국가의 클러스터단위	전체 클러스터 공통	클러스터별 차별화	특정 클러스터 집중
국가단위	각 국가 공통	국가별 차별화	특정 국가집중
국가의 하위시장단위	각 국가 공통 하위시장	국가별 다양한 하위시장	특정국가 하위 시장집중

일본 기업의 대부분은 진입 초기의 단계에서는 특정 세분시장에 노력을 집중하는 특정 국가 하위시장 집중 접근법을 선택하고, 다음에 보다 고급적인 세분시장으로 시장을 이행하는 전략으로 성공한다고 주장하고 있다. 일반적으로 보면, 1960년대, 70년대에 있어서 일본 기업의 국제화는 소수의 특정 국가 하위시장에 집중전략으로 시작하여 국제적인 표준화 제품을 각 국가의 공통 하위시장에 대량 판매함으로써 성공한 경우가 많다.

제 4 절 글로벌 표적시장 전략

글로벌 표적시장 전략에는 무차별 글로벌마케팅 전략, 집중적 글로벌마케팅 전략 및 차별적 글로벌마케팅 전략이 있다.

1. 무차별 글로벌마케팅 전략

무차별 글로벌마케팅 전략은 글로벌 시장을 하나의 동질의 시장으로 보고 표준화된 제품을 가지고 접근하는 전략이다. 이러한 전략은 표준화된 제품과 광고를 가지고 마케팅 하는 전략이기 때문에 비용이 절감된다는 장점이 있다. 즉, 세계적인 화장품회사인 레브론사는 글로벌 상표전략으로 무차별 글로벌마케팅 전략을 사용하였는데, 주제는 '당신의 몸을 흔들어라(Shake Your Body)'였다.

2. 집중적 글로벌마케팅 전략

집중적 글로벌마케팅 전략은 글로벌 시장 중에서 자사에 가장 적합한 시장을 선택하여 자사의 모든 역량을 투입하는 전략이다. 이러한 전략은 자사에 가장 적합한 글로벌 시장에 자사의 역량을 투입하기 때문에 자원의 효율화를 기할 수 있다는 장점이 있다. 즉, 화장품의 경우 에스티로더, 샤넬 등 글로벌 기업들은 글로벌 시장의 상류층 고가시장을 표적시장을 선정하고 이러한 전략을 사용하여 성공하였다.

3. 차별적 글로벌마케팅 전략

차별적 글로벌마케팅 전략은 글로벌 시장을 세분화하여 각 세분시장에 적합한 제품과 마케팅 믹스를 개발하여 접근하는 전략이다. 이는 보다 광범위한 글로벌 시장을 커버할 수 있다는 장점이 있다. 이는 유니레버사가 향수시장에 대해 취한 전략이다. 즉, 유니레버사는 고급향수 시장은 캘빈 클라인(Clavin Klein)과 엘리자베스테일러의 패숀(Passion)으로 마케팅하고, 대중시장에는 윈드송(Wind Song)과 부르트(Brut)로 마케팅을 수행하였다.

제 5 절 글로벌 포지셔닝 전략

글로벌 포지셔닝은 '세계 소비자들의 마음속에 경쟁사와 비교하여 확고한 이미지를 심어주려는 과정'이다. 이러한 전략이 글로벌 시장에서 성공하기 위해서는 동일한 제품도 문화권에 따라 사용법이 다르듯이 환경 차이 때문에 환경을 고려한 새로운 포지셔닝 전략을 개발해야 한다.

1. 글로벌 포지셔닝 전략의 유형

포지셔닝 전략에는 속성이나 편익, 품질과 가격, 용도, 사용자, 경쟁자에 따른 포지셔닝 외에 글로벌마케팅에서 유용하게 사용하는 소비자문화에 따른 포지셔닝 전략이 있다.

1) 속성이나 편익에 의한 포지셔닝 전략

마케팅에서 자주 사용되는 포지셔닝 전략은 특정 제품의 속성이나 편익에 초점을 맞추는 전략이다. 제품의 경제성, 신뢰성, 내구성 등이 이 전략에 주로 사용된다. 볼보(Volvo)는 안전성을 제공하는 견고한 차체구조를 포지셔닝하지만, BMW는 차의 성능에 초점을 맞추는 전략을 사용하고 있다.

2) 품질과 가격에 의한 포지셔닝 전략

이 전략은 고품질/고가격과 좋은 품질/적정가격에 이르는 연속선상에서 선택할 수 있다. 벨기에의 스텔라 아토이스(Stella Artois) 맥주는 스테인 웨이(Stein Way) 피아노와 함께 배치하여 스테인 웨이 피아노의 명성을 통해서 맥주의 품격을 높이는 광고를 하고 있다.

3) 용도나 사용자에 의한 포지셔닝 전략

이 전략은 제품이 사용되는 용도나 사용자와 관련시키는 전략이다. 영화 '반지의 제왕' 3부작의 세계적인 성공을 이용하여 만든 질레트의 듀라셀 건전지 광고에서 볼 수 있다. 질레트는 반지의 제왕 감독인 피터 젝슨과 그의 스텝들이 전기가 없는 호주의 아주 외딴 곳에서 듀라셀 건전지만을 사용하여 영화를 촬영하는 내용의 신문광고와 TV 광고를 방영하였다.

4) 경쟁자에 의한 포지셔닝 전략

이 전략은 경쟁자에 대한 명시적이거나 묵시적인 언급도 효과적으로 사용할 수 있다. 바디 숍(Body Shop)의 설립자인 아니타 로딕은 전통적인 화장품회사와 바디 숍이 추구하는 원칙의 차이를 강조하여 초기에는 성공을 거두었으나, 베스 앤 바디 워크(Bath & Body Works)와 같은 기업들이 바디 숍의 전략을 모방하면서 그 효과는 반감되었다.

2. 글로벌 소비자문화 포지셔닝 전략

글로벌 소비자문화 포지셔닝 전략(Global Consumer Culture Positioning Strategy)은 글로벌 소비자문화의 확장이나 다양한 세분시장을 표적시장으로 할 때 유용하게 사용할 수 있다. 베네통의 슬로건 'United Colors of Benetton'은 베네통 브랜드를 인류의 단절과 연관시키고 있다.

이러한 전략은 특정 제품군에 효과가 있다. 하이테크 제품들은 소비자 기대에 대한 객관적인 성과로 평가된다. 또한 레저나 레크리에이션과 같은 제품과도 관련이 있다. 그러나 하이터치 제품들은 감성적인 부분에 영향을 많이 받는다.

3. 글로벌 시장 포지셔닝 전략

글로벌 포지셔닝 전략은 국내 시장에서의 포지셔닝 전략과 다르지 않다. 기업은 주어진 표적시장에 대해서 소비자들이 보는 속성이나 이점, 제품 또는 서비스를 경쟁기업과 대비시켜 나타내는 이러한 특징을 측정하여 식별하는 것이다. 여기서 미국 자동차 시장의 포지셔닝 전략을 중심으로 살펴보자.

그러나 글로벌 시장의 포지셔닝 전략은 국내 시장의 포지셔닝 전략과 기본적인 차이점이 있다. 글로벌마케팅 관리자는 글로벌 제품, 상표의 비용 절감 및 수요 유출을 고려해야 한다.

1) 제품 공간전략

제품지위 또는 상표지위로 정의되는 제품 공간도(product space map)는 4개 자료의 설정으로부터 구축된다.

- 현저한 속성(salient attributes)은 고객들이 속성이 현저하다는 것으로 한 제품을 보는 것이다. 자동차를 평가하는데 개별적으로 핸들링, 연료 경제성, 안전성, 실용성 등이 우수하다고 평가한다.
- 환기하는 집단(evoked set)은 상표가 구매자에 의해 고려된다는 것을 식별하는 것이다.
- 속성 비율(attribute ratings)은 현저한 속성에 관한 환기집단에서 상표의 개인화 비율을 어떻게 보는가 하는 것이다.
- 선호도(preferences)는 정체성 선호에 의해 상표 순위가 어떻게 관여하는가 하는 것이다.

요인분석과 같은 통계기법은 자료를 요약하는데 이용할 수 있고, 다이어그램은 경쟁상표를 계획하는데 사용할 수 있다. 〈그림 7-3〉과 같은 다이어그램은 심리적으로 '지각적 맵(perceptual map)'이라고 부르고, 마케팅 관리자들은 제품 공간(product space)이라고 부르고 있다. 다이어그램의 중심선은 사람들이 중요하다고 생각하는 다양한 속성에 의해 기술된다.

〈그림 7-3〉에서 보듯이 중심축에 다양한 자동차의 위치가 다양한 속성에 의해 자동차를 선호하는 소비자의 비율로 도출된다. 'ideal points' 원을 통해서 다른 세분시장의 선호도를 보여주고 있다. 원의 크기는 세분시장의 크기를 반영하고 있고, 소비자들이 선호하는 것으로 나타난 원의 위치는 속성의 종류가 세분화에 반영되는 것을 보여주고 있다. 관련성이 적은 세분시장 5는 'has a touch of class'인 스포티하게 보이는 자동차를 선호한다.

〈그림 7-3〉 선정된 자동차 상표의 시장포지셔닝 맵(1984)

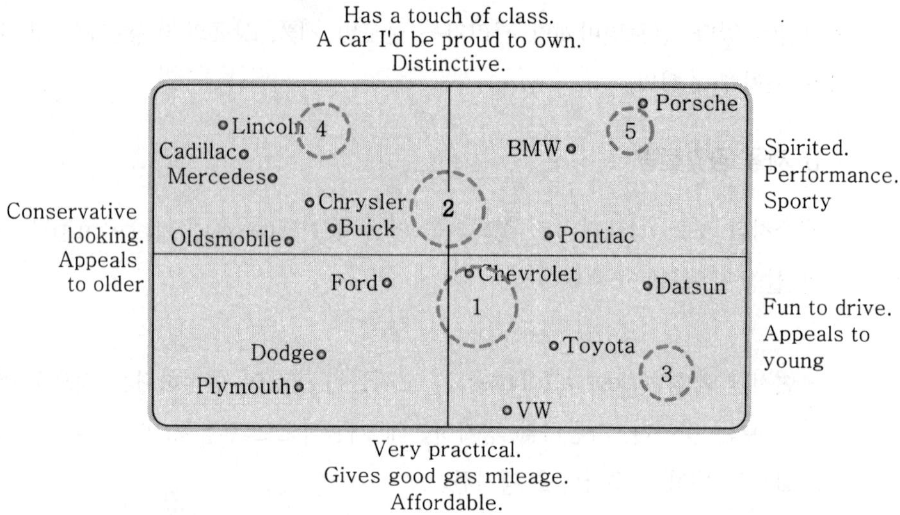

자료원: John Koten(1984), Car Makers Use 'Image' Map as Tools to Position Products, *The Wall Street Journal,* March Vol. 22, p. 31.

2) 신상표의 포지셔닝 전략

글로벌 포지셔닝에서 경영자들은 전형적으로 하나 이상의 새로운 시장에 제품이나 상표를 도입한다. 이는 소비자들이 기존 시장에 도입되는 신상표를 어떻게 받아들이는가를 우선 파악하여 이용해야 한다. 구매자의 지각에 영향을 주는 4 개의 심리적인 차이는 신제품 또는 새로운 서비스를 지역시장에 도입할 때 구분할 수 있다.

- 지각 유지 : 지각도와 선호도는 변화시키지 않고 단순히 제품이나 서비스에 부가하여 새로이 진입한다.
- 확장된 제품 공간 : 기존 제품의 지각도가 확장된다.
- 부가적 특성 : 새로운 지각적 차원이 부가된다.
- 선호도 변화 : 구매자 선호도가 변화된다.

이러한 4 가지 과정은 실무에서 동시에 일어날 수 있고, 자주 역효과와 긴장을 창출할 수 있다. 대부분의 사람들은 변화에 저항하는 경향이 있으나 새로운 사실에 대해 알고 싶어 한다.

(1) 지각유지전략

제품 포지셔닝의 전통적인 아이디어는 새로운 진입으로 소비자의 기존 지각도에 부가하는 것이다. 이는 포지셔닝 맵의 사용에 가장 합리적이고 기존 경쟁적 지위와 소비자의 이상점 및 경쟁자가 없는 위치의 시장에 '빈 공간(hole)'을 발견하는 것이다. 〈그림 7-3〉은 1980년대 초에 미국 자동차시장의 제품 공간도를 보여주고 있다.

일본 도요타와 닷선(현 닛산)은 시장에서 세 번째 큰 세분시장 옆에 위치한다. 이 세분시장은 연료 사용량 즉, 경제성이 좋은 자동차를 선호하고 일본에서 표적시장으로 해왔던 스포티한 일본산 자동차를 선호한다. 그러나 이러한 2개의 시장이 미국 모형에 비해 좋은 포지션을 잡았다 하더라도 갭(gap)이 존재한다.

(2) 확장된 제품 공간전략

실무적으로 소비자들이 지각도에서 신제품이나 신상표가 시장에 진입할 때 변화를 선호한다. 즉, 새로운 제품 특성이 도입되지 않으면 지각된 제품 공간은 변화될 것이다. 이 공간은 새로운 차원을 부가할 것이고 이러한 새로운 차원은 새로운 진입자가 현저한 특성으로 제공될 때 일어나는 제품 공간이라고 정의할 수 있다.

〈그림 7-4〉 혼다 아코드는 어떻게 제품 공간으로 확장했는가

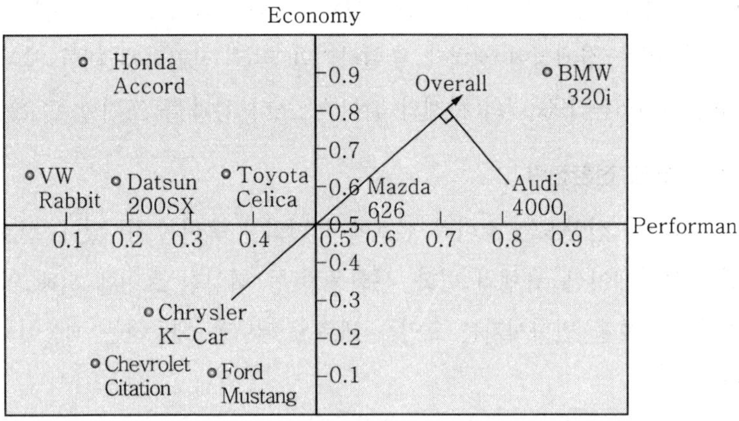

자료원: Johny K. Johansson and Hans B. Thorelli(1985), International Product Positioning, *Journal of International Business Studies*, Vol. 16, no. 3, pp. 57-75.

이것은 신기술을 구체화한 글로벌 제품에서 자주 일어난다. 미국 자동차시장에

혼다의 아코드(Honda Accord)의 도입은 제품 공간의 확장을 잘 설명해 주고 있다. 〈그림 7-4〉는 1982년부터 아코드와 여러 가지 경쟁모형을 포함한 제품의 포지셔닝 맵을 보여주고 있다.

아코드는 단일 형태의 믹스를 제공하고 일본 경쟁자보다 경제성이 있다. 전체 비율을 보면 BMW는 선호하는 제품이지만 가격이 다른 자동차보다 높다는 것을 알 수 있다.

(3) 부가적 특성전략

이는 기술측면의 이점 때문에 새로운 진입자가 독특한 특성을 제공할 가능성이 강하기 때문에 제품 공간(product space)을 변화시키고 새로운 혁신적인 차원을 부가하는 전략이다. 여기서 기술발전은 이러한 빈 공간을 재구조화하는 방법이다. 제품 공간에서 배타적인 특성은 독립적인 차원이고 혜택을 제공할 수 있는 공간으로 확장된다.

자동차에서 안락함은 연료의 경제성을 손상하지 않을 수 있고 안전성은 차체가 무거워야만 하는 것은 아니며 소음이 적은 에어컨을 이용할 수 있다. 이러한 혁신은 글로벌 제품을 제한하지는 않지만 글로벌 제품의 진보된 특성과 이점이 규모의 경제를 통하여 소비자들에게 합리적인 비용으로 구체화할 수 있다.

미국 자동차시장은 교훈적인 사례를 제공하고 있다. 〈그림 7-5〉는 1970년대 2차에 걸친 오일쇼크 이전인 1968년의 시장을 보여주고 있다. 이는 구매기준으로서 연비나 경제성의 증거가 적다. 이는 〈그림 7-3〉에 의해 초기 포지셔닝 맵과 비교할 수 있다. 이는 경제성이 강하게 출현하지만 일본 진입자에 대한 창이 활짝 열렸다. 동시에 여기서는 1968년의 사례와 같이 '스포티-성과'를 포기할 필요는 없다.

(4) 선호도 전환전략

신제품이나 신상표는 소비자 선호에서 변화를 유발할 수 있다. 선호의 전환은 글로벌 커뮤니케이션, 유행의 변화, 사회운동 등 다양한 요인에 의해 일어날 수 있다. 소비자의 선호를 변화시키는 요인은 새로운 혜택을 제공하는 제품이 도입되는 경우이다.

〈그림 7-5〉 이상점과 자극의 제휴공간 설명(1968)

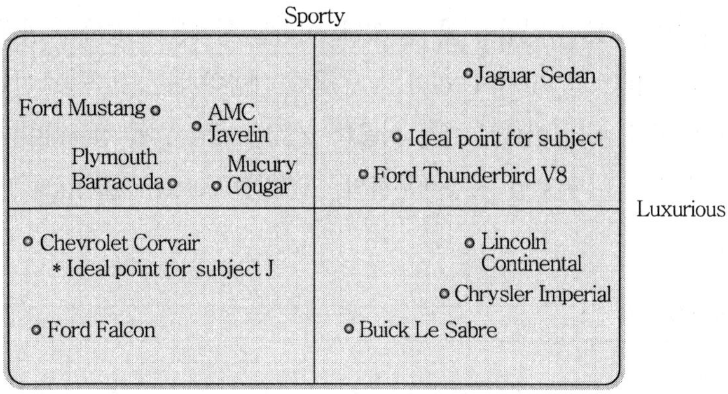

자료원: Paul E. Green and Donald S. Tull(1975), *Research for Marketing Decisions*, 3rd ed., Englewood Cliffs, NJ: Prentice-Hall, p. 611.

제 6 절 글로벌 고객맞춤전략

글로벌 시장에서 공급이 수요를 초과하는 시장이 형성되면서 고객들의 욕구 다양화가 급격히 확산되었다. 이러한 고객들의 변화를 감지한 글로벌 기업들은 자사의 상품에 차별화 개념을 도입하기 시작하였다. 공급이 수요를 초과하는 시장에서 고객들의 마음을 사로잡기 위해서 변화하는 고객들의 욕구를 충족시킬 수 있는 상품과 서비스의 차별화의 필요성을 인식하게 된 것이다.

그러나 차별화 전략을 상품 생산과 마케팅 과정에 도입한 기업들은 시간이 지나면서 경쟁자들이 자사의 차별화 포인트를 재빨리 모방하면서 차별화 효과가 반감되었기 때문에 다른 고민을 갖게 된다. 특히, 생산 기술과 정보 기술의 발달은 어느 특정 기업이 장시간 차별적 우위를 갖도록 하는 것을 불가능하게 만들었다. 이런 상황에서 기업들은 어떻게 하면 경쟁자들이 쉽게 모방할 수 없도록 만들면서 고객들의 다양한 욕구를 충족시킬 것인가 하는 문제에 관심을 갖게 되었다.

글로벌마케팅의 패러다임도 대중마케팅, 표적마케팅, 적소마케팅 및 일 대 일 마케팅으로 진화하여 일 대 일 마케팅의 핵심 개념인 고객맞춤화가 되었다. 즉, 기업은 상품, 서비스, 유통경로, 가격 등 마케팅 믹스 영역 모두를 고객이 원하는 맞춤

형태로 제공할 수 있어야 한다.

이처럼 글로벌 고객이 원하는 대로 상품이나 서비스를 제공해 줄 수 있다면 가장 경쟁력 있는 글로벌 기업이 될 수 있다. 이러한 과제를 해결하기 위해 등장한 개념이 상품이나 서비스를 고객이 원하는 형태로 제공하자는 고객맞춤전략(Customization strategy)이다. 이 분야에서 가장 성공한 글로벌 기업은 델 컴퓨터이다.

〈그림 7-6〉은 글로벌 시장세분화의 고객맞춤(customization)의 방법을 나타내고 있다.

〈그림 7-6〉 고객맞춤 프로세스

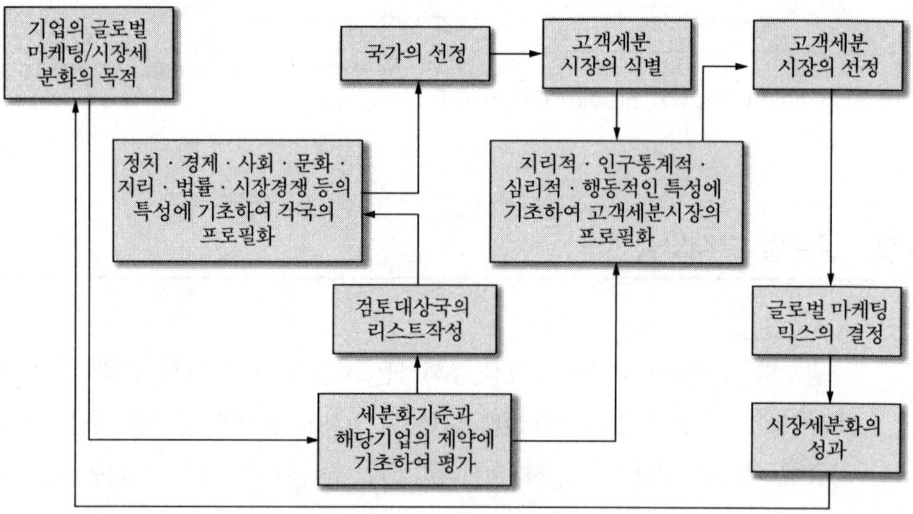

자료원: J. Wind and S. Douglas(1972), "International Market Segmentation", *European Journal of Marketing,* Vol. 6(1) 수정.

이 모형의 기본적인 흐름은 개별 기업의 글로벌마케팅 전략의 목적이나 자사의 경쟁우위를 확인하여 경영자원 상의 모든 제약을 고려하면서 시장세분화의 목표와 기준설정과 변수를 고려하여 수행해야 한다.

이러한 독자적인 기준이나 변수에 기초하여 각 후보국의 프로필을 작성하여 후보국을 선정하고 후보국 하위시장인 고객 세분시장의 프로필화를 통하여 표적시장 선정 작업을 수행해야 한다.

해당국 평가기준으로서는 정치, 경제, 사회, 문화, 지리, 법률, 시장 경쟁 등의 특성이 이용된다. 하위시장의 세분시장 평가기준으로는 지리적, 인구 통계적, 심리적, 행동적인 특성이 목적이나 상황에 결부되어 사용되고 있다.

다음 단계에서는 최종적인 표적시장에 대해서 적절한 마케팅 믹스가 결정된다. 그 결과 일정의 시장세분화 전략의 성과가 얻어지고, 그것이 소기의 목적과 일치되고 있는가가 평가되어 이러한 정보가 세분화분석의 출발점으로 마케팅전략, 시장세분화 전략의 목적 설정에 피드백이 일어난다.

또한 목표 국가가 결정되어 초기 진입을 수행하는 경우에는 시장 확장의 관점에서 해당 국가에서 현재 고객 세분시장으로의 시장침투전략, 기타 세분시장으로 이행전략을 포함해서 해당국의 시장세분화 전략의 목적이나 목표를 확인하고 변경하게 되는 일련의 시장세분화의 흐름을 갖게 된다.

[사례 7-1] 폭스바겐과 GM의 중국시장 세분화전략

Ⅰ. 서 언

독일의 폭스바겐(Volkswagenwerk AG)은 초창기 '딱정벌레' 차로 유명한 '비틀'을 출시하면서 세계인의 시선을 끌기 시작한 기업이다. 현재 폭스바겐은 세계 4 대 자동차 생산업체이고, 유럽에서는 제2의 자동차 생산업체이다. 폭스바겐 그룹의 산하에는 아우디, 스코다, 시로코, 롤스로이스, 벤트리, 부가티, 람보르기니, 폭스바겐 자동차 그리고 폭스바겐 상용차가 있다.

GM(General Motors)은 1908년 미국의 디트로이트에서 마차 제조상이었던 윌리엄 듀런트가 설립하였다. 그는 미국의 올즈모빌, 캐딜락, 오클랜드, 시보레 및 뷰익을 합병함으로써 오늘날의 글로벌 기업인 GM이 되었다. 그러나 투자분산과 관리소홀로 위기를 맞아 1923년 후계자인 앨프레드 슬로언이 인수하여 과감한 계열사의 분리경영을 시도하고, 강력한 통제를 병행하는 새로운 관리시스템을 통해서 GM사 전체를 하나로 지휘할 수 있었다. 현재 GM은 세계에 150 여 종의 차를 출시하고 있는데, 오펠, 캐딜락, 뷰익, 시보레 등은 이들이 자랑하는 4 대 브랜드이다.

Ⅱ. 중국의 시장선도자 폭스바겐과 GM의 경쟁전략

1. 폭스바겐 전략

폭스바겐은 개방과 함께 중국에 진입한 글로벌 기업 중의 하나로 중국에 상하이다중자동차 유한공사(上海大衆汽車有限公司)와 이치다중자동차 유한공사(一汽大衆汽車有限公司)의 합작기업을 설립하여 아우디와 폭스바겐을 생산하고 있다. 1980년대 중국시장에는 외국 자동차 제조업체가 진입하여 베이징 지프, 광저우 비야오즈, 상하이다중 등 합작기업이 탄생하였다. 1985년에 중국과 독일이 합작한 상하이다중자동차 유한회사가 설립되었고, 1991년에는 중국 국영기업인 '이치'와 독일의 폭스바겐이 손잡고 이치다중자동차 유한회사를 설립하였다. 이들은 중국시장의 50%를 점유하고 있다.

독일의 폭스바겐은 제품생산이나 차종 도입에서 이치다중과 상하이다중의 제품이 시장에서 대등하게 경쟁할 수 있도록 조정해 가고 있는 상황이다. 이치다중은 1999년 C급 차량에 속하는 아우디 A6을 출시하였고, 2001년에는 A급 차량에 속하는 보라(Bora)를 출시하였다. 2004년에는 A급 차량에 속하는 소형차를 출시하였다. 상하이다중은 2000년 B급 차량에 속하는 파사트(Passat)를 출시하였고, 2002년에는 A0급에 속하는 가정용을 출시하였다.

2. GM전략

GM사는 1989년부터 현재까지 중국시장에 약 20억 달러를 투자하였고, 합작기업 3곳과 독자 투자기업 1곳 및 독자 부품위탁판매센터 1곳을 보유하고 있다. 그 중에는 상하이퉁융자동차 유한공사(上海通用汽車有限公司), 선양진뻬이자동차 유한공사(沈陽金杯汽車有限公司) 등이 포함된다. 이들은 중국에서 뷰익 중고급 승용차, 뷰익 GL8 중형 왜건, 뷰익 세일에서부터 시보레 지프 및 픽업트럭에 이르기까지 다양한 차종을 출시하고 있다.

GM사는 상하이퉁융을 아시아 생산기지로 만들 계획이다. 상하이퉁융자동차 유한공사는 상하이자동차공업 총공사와 미국 GM사가 각각 50%씩 투자하여 총 15억 2,000만 달러 규모로 설립한 기업이다. 상하이 퉁융은 GM사와 최신 뷰익 차종을 생산하며, 중국의 도로상황, 법규 및 시장수요에 따라 적절하게 개선하는 전략을 수행하고 있다.

3. 중국자동차시장의 경쟁

중국산 자동차는 정부의 지원 속에 급격하게 발전하고 있다. 중국에는 민족기업인

홍치(紅旗)자동차가 있고, 독일의 폭스바겐과 합작하여 이치다중이 설립되었으며, 프랑스의 시트로앵과 합작한 선룽자동차, 현재 중국의 시장점유율 50 %를 기록하고 있는 상하이다중이 경쟁하고 있다.

이러한 중국의 자동차시장은 급격하게 변화하고 있다. 소비자들의 욕구가 보편화된 자동차를 원하는 것으로 변화되고 있다. 또한 고급 승용차가 강세를 보일 것으로 예측되고 있는 가운데 중급 승용차의 경쟁이 치열해질 것이며, 저가격 자동차는 혼전이 예상된다.

Ⅲ. 폭스바겐과 GM의 SWOT분석

1. 강점분석

폭스바겐은 선발진입으로 인하여 상표인지도 측면에서 GM을 앞서고 있다. 중국 소비자협회의 조사에 따르면 중국산 승용차 상표의 인지도 순위는 상하이 산타나(19.6 %), 푸캉(13.5 %), 상하이 뷰익(11.8 %), 제다(9.2 %), 샤리(5.7 %) 순으로 나타났다.

폭스바겐의 합작회사인 이치다중자동차는 중국 제일의 입지를 더욱 공고히 하기 위해 2001년 2월부터 5년 안에 120억 위안을 투자하고, 아시아·태평양 지역의 영업·서비스 망을 확장하고 구매과정을 재정비하고 있다. 또한 현지화를 통해 문화적 차이의 극복을 강조하며, 인력과 구매의 현지화를 진행하고 있다.

GM은 아시아에서 가장 방대한 조직을 형성하고, 이를 바탕으로 글로벌 합병전략을 구사하며 사업을 확장하고 있다. 오펠자동차를 흡수하였고, 일본의 이스즈자동차와 스즈끼자동차의 주주가 되었다. 따라서 중국시장에는 그룹 산하의 자회사들과 지주회사를 이용하여 진출함으로써 중국의 저렴한 원가와 인적 자원 및 원자재 가공을 충분히 이용하고 있다.

2. 약점분석

폭스바겐과 GM은 중국이 WTO에 가입함에 따라 중국에서 생산된 자동차도 품질, 서비스, 판매 측면에서 국제 표준에 합격해야만 시장에서 살아남을 수 있게 되었다. 그러나 중국에서 생산된 차량부품은 품질 면에서 불안정하기 때문에 관리와 품질개선이 어려운 실정에 있다는 약점을 가지고 있다.

3. 기회분석

폭스바겐은 중국시장에서 자주권을 확보할 수 있고, 독자적으로 부품공급업체를 선정하여 중국에서 생산되는 자동차의 품질을 향상시킬 수 있다. 따라서 연간 13억

1,000만 달러를 투자하여 품질을 높이고 유동적인 생산시스템을 구축할 계획이다.

GM은 대량생산을 통하여 가격을 낮추어 왔다. 그러나 소비자들의 욕구를 충족하는 것은 어렵다. 따라서 맞춤형 주문생산을 통해 고객의 욕구를 충족하는 방안을 구축하고 있다. 인터넷을 통한 주문제작 서비스를 제공하고, 대리점별 재고 자료베이스를 구축함으로써 가능하였다.

4. 위협분석

WTO의 압력 하에서 중국의 자동차공업은 위기감을 느끼게 되었다. 우선 1999년 말부터 시작된 가격인하의 압력이 갈수록 강해지고 있고, 글로벌 기업들에 독자 대항이 어렵다는 것을 깨달은 현지 진출기업들 사이에는 연합의 바람이 거세게 일고 있다. 따라서 폭스바겐과 GM은 대폭적인 가격인하 압력에 직면하게 되었다.

Ⅳ. 중국시장에서 이들의 마케팅 믹스 전략

1. 제품전략

폭스바겐은 상하이다중을 설립한지 15년이 지나서 중국 제1의 자동차 생산기업이 되었다. 이들이 생산하는 산타나 시리즈는 합리적인 가격과 실용성 및 경제성으로 인하여 업무용 차량은 물론 개인 택시업자들에게 인기를 끌고 있다. 상하이다중은 이러한 시장의 경쟁우위를 유지하기 위해 중 · 고급 승용차의 선두주자 '파사트'를 개발하여 출시하는 등 경제적인 승용차 개발에 박차를 가하고 있다. 이치다중은 독일 폭스바겐의 '아우디 100'을 중 · 고급 승용차 모형으로 선정하였다.

GM의 상하이통융은 1998년 12월에 뷰익을 생산하여 세계를 놀라게 하였다. 상하이통융은 6 개 지역판매상과 26 개 위탁 서비스센터를 지정하여 시장의 수요에 따라 제품을 생산하고 있다. 뷰익의 고객은 합작기업, 민영기업, 정부기관 그리고 개방화에 따라 부를 축적한 개인들이었다. 또한 상대적으로 저렴한 '뷰익세일'의 출시는 저가격 전략의 자동차뿐만 아니라 중급 승용차의 가격전략과 판매에도 영향을 미치고 있다.

2. 가격전략

폭스바겐은 GM의 '뷰익세일'이 저가격전략으로 출시되자 산타나의 가격인상전략으로 대응하였다. 상하이다중은 지속적으로 기술을 개선하여 업그레이드된 모형을 선보였다. 중국에서 GM이 가격을 인하하는 차종은 소형차 생산 공장에서 나오는 저가격 전략의 승용차였기 때문에 폭스바겐은 저가격 승용차와의 차별화를 위해 고가격전략을 선택한 것이다.

GM은 뷰익세일 기본형 가격을 10만 위안으로 정하고, 자가용 꿈을 가진 중국인들에게 저렴한 값에 비해 안전성과 성능이 뛰어난 승용차로 포지셔닝을 결정하였다. 중국인들의 평균 소득으로 볼 때 10만 위안의 가격은 중·저가격을 구분하는 분수령으로 상징적인 의미가 크다.

3. 유통전략

중국 자동차시장은 자동차 판매업체와 판매 경영권을 갖고 있는 무역공사에서 제품을 들여오는 경로가 복잡하여 정상적인 판매 대행업체들은 심각한 위기를 맞고 있다.

폭스바겐은 유통경로가 복잡하여 영업망이 불안한 상태로 발전하였다. 따라서 철저한 영업을 슬로건으로 내세우고 마케팅 방법을 대대적으로 혁신하였다. 폭스바겐은 산타나의 판매를 위해 유통경로를 정비하였다. 즉, 지역판매 센터를 구축하였고, 산타나 특허 대리점을 육성하였으며, 대리점 직판제도를 추진하였다. 상하이다중은 생산과 판매가 분리된 영업형태로 인하여 자동차시장에 신속하고 민감하게 반응할 수 없었기 때문에 생산과 판매를 하나로 통합하였다.

GM은 상하이퉁용을 통해 상표전문 경영제도를 실시하고 수평식 영업망을 형성한 중국 승용차 제조업체이다. 전문 판매업자를 선발하는 과정에서 본사는 현지에서 경제적인 능력과 판매경험이 풍부한 업체를 합작 파트너로 선택하였고, 상표 특허권 위탁 전문판매의 형식으로 합작하였다. 또한 70년 이상을 자동차 관련 제품을 취급하는 체인점 네트워크를 보유하고 있는 미국의 NAPA의 체계적인 운영방식을 도입하였다.

4. 촉진전략

폭스바겐이 합작한 상하이다중은 중국 자동차시장을 우선 점유하고 있음으로 광고에 상대적으로 여유가 있었으나, 이치다중은 성능이 우수하고 안전하며 경제적이라는 '제다'의 광고에 심혈을 기울였다. 이들은 광고의 생명은 진실이라는 점을 부각시키고 있다.

GM은 중국인들이 승용차를 살 때 까다롭게 구매한다는 점에 초점을 두고, 중국 전역의 35 개 도시에서 뷰익의 가족 시승식 캠페인을 통해 구매자는 물론 잠재고객들에게 시험운전을 통해서 이성적으로 판단할 수 있는 기회를 제공하였다. '좋은 차는 시승해 보면 안다'는 캠페인을 벌였다.

5. 포지셔닝 전략

폭스바겐은 중국 투자를 통하여 상하이에 생산기지를 건설하고, 중국의 자동차 부품 생산율을 높여 원가를 낮추었으며, 중국의 시장점유율을 높인 뒤 일본과 한국에게 빼앗긴 시장을 회복한다는 전략이었다. 중국시장에서 폭스바겐의 경쟁사는 최신형 신차를 생산 출시하고 있는 GM이다.

GM은 중국시장을 글로벌 전략 거점으로 보고, 설비, 기술, 관리, 자금 부문에서 국제적인 궤도에 올려놓은 후 가장 적합한 합작 파트너를 선택하여 현지화 마케팅전략을 수행하고, 현지화된 생산방식을 통하여 전체적인 차량의 생산원가를 낮추면서 고객에게 다가가는 것이 글로벌전략의 핵심이다.

생각해 볼 문제

1. 중국시장에서 폭스바겐과 GM의 성공전략에 대해 논의해 보라.

2. 폭스바겐과 GM의 사례에서 한국 자동차기업에 주는 시사점에 대해 논의해 보라.

이 페이지는 비워 둡니다.

제1부: 기업의 글로벌 지향성과 글로벌마케팅

- 제1장: 한국 기업의 글로벌 지향성

제2부: 글로벌 환경 및 경쟁분석

- 제2장: 글로벌 거시환경 분석
- 제3장: 글로벌 경쟁환경 분석
- 제4장: 글로벌 경쟁원천 분석

제3부: 글로벌 진입 및 협력전략

- 제5장: 글로벌시장 진입전략
- 제6장: 글로벌 제휴 및 네트워킹 전략

제4부: 글로벌 STP 및 표준화 · 현지화 전략

- 제7장: 글로벌 시장의 STP전략
- **제8장: 글로벌 표준화와 현지화 전략**

제5부 글로벌마케팅 믹스전략

- 제9장: 글로벌마케팅의 제품전략
- 제10장: 글로벌마케팅의 유통전략
- 제11장: 글로벌마케팅의 촉진전략
- 제12장: 글로벌마케팅의 가격전략
- 제13장: 글로벌마케팅의 인터넷전략

제6부: 글로벌마케팅 조직

- 제14장: 글로벌마케팅의 조직구조

제 8 장

글로벌 표준화와 현지화 전략

정치 · 경제 · 사회 · 문화적 환경 분석을 토대로 글로벌 지향기업이 가져야 하는 전략적 틀을 경쟁과 제휴로 살펴보고 시장세분화를 살펴보았다. 시장세분화 후에 글로벌 마케팅 믹스 전략을 펼쳐갈 때, 표준화할 것인가, 또는 현지화할 것인가에 대한 결정이 논의의 쟁점이 된다.

본 장에서는 글로벌 기업들이 표준화와 현지화를 어떻게 이용하는가를 살펴보고, 이들을 균형 있게 사용하면서 펼칠 수 있는 전략적 대안에 대하여 학습하고 촉진요인을 연구하고자 한다.

제 1 절 글로벌 표준화전략
제 2 절 글로벌 현지화전략
제 3 절 글로벌 표준화와 현지화의 균형전략
제 4 절 글로벌 표준화와 현지화의 전략적 대안
제 5 절 글로벌 표준화와 현지화의 촉진요인

[사례 8-1] 한국 기업들의 현지화전략

제 1 절 글로벌 표준화전략

1. 글로벌 기업들의 표준화전략

대부분의 글로벌 기업은 세계적으로 표준화된 제품을 공급함으로써 경쟁우위를 갖게 되지만, 이것은 소비자의 선호나 기호의 세계적 동질화가 전제가 된다. 최근에 교통과 통신의 비약적인 발전에 의해서 각국의 상류층도 주요 고객이 되고, 중산층도 해외여행 및 올림픽을 즐기게 되었다. 또한 텔레비전, 잡지 및 다양한 글로벌 매체를 통해서 모든 외국의 생활, 제품이미지가 신속하게 대량으로 전달되는 시대가 전개됨으로써 욕구의 동질화가 급격하게 이루어지고 있다.

세계의 소비자는 시간적, 정보적, 심리적 거리가 가깝게 되는 사회에서 살게 됨에 따라 많은 정보, 라이프스타일을 공유하게 되기 때문에 소비자의 필요나 욕구가 동질화되고 있다. 최근 소비자들은 그의 국가적, 문화적으로 특이한 선호나 기호를 특성으로 하고 있어서 글로벌 기업이 저가격으로 제공하는 고품질인 세계적으로 표준화된 제품을 선호하는 경향이 더욱 강하게 나타나고 있다.

글로벌마케팅은 세계를 하나의 시장으로 보고 마케팅 활동을 전개하는 것이기 때문에, 핵심은 마케팅 믹스에 자원을 배분하는 능력에 있다. 이러한 글로벌 기업전략은 〈그림 8-1〉에서 보듯이 표준화할 것인가 또는 차별화할 것인가의 정도에 따라 차이가 있다.

〈그림 8-1〉 글로벌 기업의 표준화와 현지화 전략

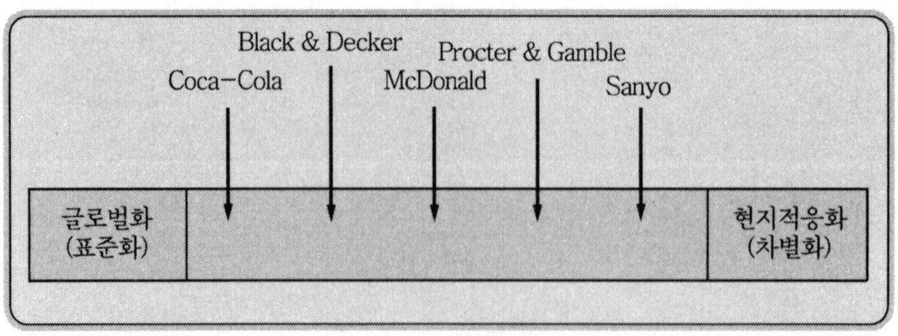

2. 글로벌마케팅 표준화전략

부젤(Buzzell 1968)은 다국적 기업이 세계적으로 마케팅을 표준화하여 잠재적 이점을 누리고 있다고 보았다. 표준화의 이점은 규모의 경제에 따라 비용이 감소하고, 다국적 고객, 다국적 기업, 국경을 초월하여 이동하는 산업이나 관광객과의 교환관계에서 일관성을 확보할 수 있으며, 우월한 마케팅 아이디어의 이전이라고 주장하고 있다.

이러한 발상은 현지화 마케팅의 사고가 주류였던 당시의 국제마케팅 학계에서는 상당히 도전적인 것이었다. 그는 이러한 많은 이점에도 불구하고 글로벌마케팅의 표준화에 대한 국가적인 장애요인이 많이 존재하고 있음을 지적하였다.

이는 나라마다 산업·경제발전 단계가 다르고, 기후, 물적 환경·문화적 환경·제품수명주기·경쟁 등의 산업 환경이 다르며, 유통시스템이나 광고매체 등의 마케팅 제도 및 법적 제도 등이 국가마다 차이가 존재하기 때문에 글로벌 기업의 마케팅프로그램은 전면적으로 표준화의 방향에서 추진하고 있다고 하더라도 표준화와 현지화의 적정한 균형을 잡는 것이 중요하다고 주장하고 있다.

소렌손과 위치먼(Sorenson & Wiechmann 1975)은 다국적 기업의 자회사 사이의 마케팅전략에서 표준화와 현지화에 대한 실증적 연구를 수행하였다. 그는 연구에서 유럽의 다국적 기업이 강한 마케팅 표준화를 수용하고 있고, 그 표준화의 정도는 마케팅 기능분야에 따라 크게 다르며, 같은 기능분야에도 개별 활동 측면에서 표준화 정도가 상당히 다르다는 것을 명확히 밝히고 있다. 다음 〈표 8-1〉을 보면 이것을 확인할 수 있다.

〈표 8-1〉 마케팅 기능에 따른 표준화의 정도

	마케팅 기능	표준화 정도
높은 표준화 분야	상 표 명	93
	제품특성	81
	포장형태	75
낮은 표준화 분야	소매가격	56
	광고매체	43

자료원: Sorenson, R. Z. and Wiechmann, U. E.(1975), "How Multinationals View Marketing Standardization", *Harvard Business Review*, May-June.

〈표 8-1〉에서는 응답의 평균 69.6 %가 높은 표준화를 실시하고 있는 것으로 나타나고 있다. 이는 제품관련 분야에서 표준화가 높게 추진되고 있는 것을 알 수 있다. 즉, 상표명에서는 93 %의 매우 높은 표준화가 수행되고 있고, 제품특성은 81%, 포장형태는 75 %의 높은 표준화를 수행하고 있는 것으로 나타났다.

또한 기본적인 광고메시지, 판매원의 역할, 판매원관리, 중간업자의 역할에서도 높은 표준화 경향이 나타나고 있다. 그러나 비교적 표준화가 추진되지 않는 분야는 현지시장 특수성의 영향이 큰 소매가격, 광고매체 분야로 나타나고 있다. 그러나 이것에도 각각 56 %, 43 %의 높은 표준화를 나타내고 있다. 광고관련 분야를 보면, 기본적 광고메시지와 광고매체 선택에서는 표준화 정도가 크게 다르지 않다. 기본적으로 같은 기능분야에 속하는 활동에도 개개의 활동측면에서 표준화 정도가 상당히 다른 것으로 이해된다.

또한 소렌손과 위치먼은 시장 환경이 유사한 경우에도 마케팅 계획의 표준화가 높다는 가설을 실증해 보였다. 이러한 연구는 개념적으로 지적되고 있는 마케팅의 표준화와 현지화의 적정 균형에서 마케팅 기능 분야별 대응실태를 명확히 한 것에 큰 의의가 있다. 그는 적정 균형에 중요한 영향을 주고 있는 요소로서 시장 환경의 유사성을 지적하고 실증적으로 연구하였지만, 적정 균형은 기업의 외부 환경이 결정하는 것이기 때문에 기업의 글로벌전략을 수립하는 가운데 전략적으로 결정하는 것도 고려해야 한다.

시장의 표준화를 주장하고 있는 대표적인 마케팅 학자는 하버드대학의 레빗(Levitt 1983) 교수였다. 교통, 통신, 기술이 발전하고 글로벌 기업의 영향으로 표준화된 제품이 많아지고 소비자 기호도 동질화가 빠르게 되어 가기 때문에 시장이 글로벌화되고 있다고 보았다. 미국, 일본 등 선진국의 글로벌 기업들은 세계적으로 표준화된 제품을 대량생산해서 판매함으로써 규모의 경제를 최대한으로 활용하여 비용을 낮추면서도 고품질로써 신뢰성이 높은 제품을 제공해서 큰 경쟁우위를 획득하여 왔다.

레빗 교수는 오늘날 일본 기업들이 글로벌 시장에서 성공기업이 갖는 글로벌전략을 수행하고 있다는 것을 지적하였다. 즉, 현대의 교통, 통신, 기술의 발전으로 모든 시장이 글로벌화되고 있고, 글로벌 소비자의 필요와 욕구가 동질화되고 있다는 추세에 전략적으로 대응하고 있는 것이다. 모든 시장의 세계적 동질화는 표준화된 제품에 대한 거대한 글로벌 규모의 수요를 창출할 수 있다. 즉, 코카콜라, 맥도널드,

코닥 등의 글로벌 기업들은 글로벌 시장을 염두에 두고 표준화된 마케팅전략을 전개하고 있다.

소비자 선택에서 보면, 국가적으로 문화적으로 차이가 존재하고 있다. 그러나 레빗은 세계의 소비자는 저가격이면서 고품질인 표준화된 제품을 보면서 자기 문화의 영향을 받아 표준화된 제품을 즐겁게 구매하는 경향이 강하다고 주장하였다. 이러한 시장의 세계적 동질화에 대응할 수 없는 기업은 잘 대응하는 현지화 기업에 대해 희생을 감수해야 한다고 주장하고 있다. 따라서 레빗은 표준화와 현지화의 균형감각을 가지고 표준화 방향으로 지향하는 것이 글로벌 시장에서 살아남는 조건이라고 주장한다.

3. 글로벌 마케팅 믹스의 표준화전략

마케팅 믹스의 표준화(standardization)는 세계적으로 마케팅전략을 동질적으로 수행하는 것을 말한다. 표준화의 이점은 생산과 마케팅 상에서 규모의 경제를 누려 비용을 감소시키고, 세계적으로 고객을 동질적으로 바라보고 마케팅을 펼치기 때문에 마케팅을 쉽게 할 수 있다.

글로벌 표준화에서 마케팅전략을 표준화하면 경험효과가 발생한다. 세계 시장 사이의 환경 차이 때문에 글로벌 기업들이 완전히 표준화된 글로벌 마케팅 프로그램을 수립하여 집행하기는 어렵다. 대부분의 기업들은 〈그림 8-2〉와 같이 제품의 표준화로 시작하여 촉진, 가격, 유통을 단계별로 표준화함으로써 마케팅 믹스의 표준화를 진전시키는 방법을 쓰고 있다.

1단계는 모든 글로벌 시장에서 표준화된 제품을 마케팅하고 시장에 따라 촉진, 가격, 유통은 해당시장 환경에 맞게 다르게 적용하여 마케팅 하는 것이다. 2단계는 모든 글로벌 시장에서 표준화된 제품과 촉진으로 마케팅하고 가격과 유통은 해당시장 환경에 따라 다르게 적용하여 마케팅하는 것이다.

3단계는 모든 글로벌 시장에서 표준화된 제품, 촉진, 가격으로 마케팅하고 유통을 해당시장 환경에 따라 달리하는 것이다. 4단계는 모든 글로벌 시장에서 표준화된 제품, 표준화된 촉진, 가격 및 유통의 마케팅 믹스로 제공하는 전략이지만, 가격과 유통을 표준화하는 것은 실제로 어렵기 때문에 마케팅 믹스를 완전히 표준화하는 기업은 거의 없다.

〈그림 8-2〉 마케팅 믹스의 글로벌 표준화 단계

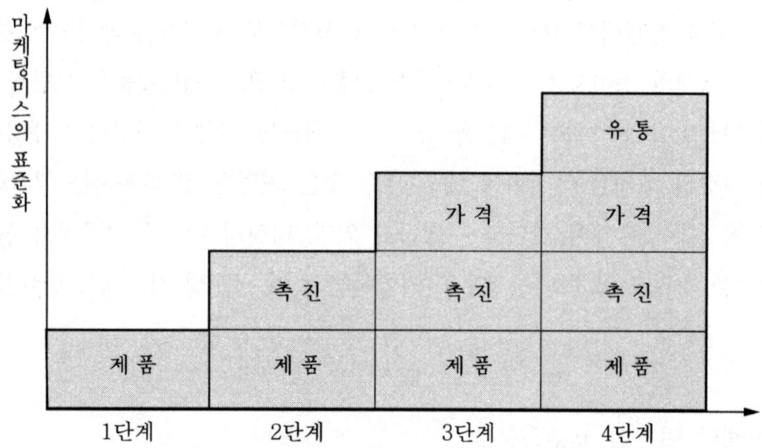

4. 글로벌 마케팅 믹스 표준화의 결정요소

글로벌 시장에 적용할 마케팅 믹스를 표준화할 것인가를 결정할 때에는 시장, 기업 외부환경, 제품, 재무요인, 기업 내부환경 등을 고려해야 한다.

〈그림 8-3〉 글로벌 마케팅 믹스의 결정요인들

	현지화유리		표준화유리
· 시장의 유사성	낮다	↔	높다
· 가격의 중요성	낮다	↔	높다
· 문화적 유사성	낮다	↔	높다
· 변화의 수용성	낮다	↔	높다
· 지리적 유사성	낮다	↔	높다
· 제품수명주기 동질성	낮다	↔	높다
· 연구개발비	낮다	↔	높다
· 법적 장벽	높다	↔	낮다

〈그림 8-3〉에서 보듯이 글로벌 시장에서 마케팅 믹스의 표준화는 최소한 어느 정도의 공통적인 특성, 즉 소비자나 시장수요가 유사성을 지니고 있고 규모가 충분

히 크며 진입장벽이 낮아야 유리하다. 외부환경은 글로벌 시장의 주요 환경요인들이 마케팅 믹스의 표준화에 호의적으로 작용해야 가능하며 제품은 소비재인가 산업재인가에 따라 마케팅 표준화에 영향 정도가 다르다.

연구개발 비용이 낮으면 현지적응화가 유리하지만, 개발비용이 높으면 표준화가 절대적으로 유리하지만 이 때 가격, 자본 요건도 고려되어야 한다. 기업 내부 환경도 영향을 미친다. 최고경영층이 변화의 수용에 유연한 태도를 가지고 있다면 현지화된 마케팅전략이 채택될 가능성이 높다.

5. 글로벌 제품의 표준화전략

1) 제품 표준화전략

제품의 표준화는 세계시장에 표준화된 제품을 개발하여 진출시키는 방법이다. 이 전략은 현지국 시장이 어느 정도 상이한 특성을 지니고 있지만, 기업의 촉진노력에 의해 현지 소비자로 하여금 자사 제품의 특성을 좋아하게끔 만들 수 있다는 논리에 근거한다.

이 전략을 선택하게 되면 제품 수정에 요구되는 비용이 절감되나 현지 소비자로 하여금 자사 제품의 특성을 선호하도록 유인하는데 높은 촉진비용이 들게 된다. 또한 표준화전략을 통해 기업들은 생산에 있어 규모의 경제를 달성하고 개발비용의 조기상환이 가능하며 재고비용이 절감되고 중간재의 조달이 용이하다는 등의 혜택을 누릴 수 있다.

이는 진출해 있는 국가들 간의 시장특성이 유사할수록 제품 표준화전략의 사용가능성이 높다. EU의 지역 내 국가들에 대해서는 표준화된 제품전략의 사용이 가능하다. 일반적으로 제품 표준화전략은 산업재보다 음료수, 라디오, TV 등 소비재에 대해 더 적합하다. 즉, 유아용 화장품, 파우더, 오일, 로션 등의 품목을 전문적으로 생산·판매하고 있는 미국의 '존슨 앤 존슨'사의 경우, 60여 개국 시장에 동일 품질 규격의 제품을 진출시키고 있다.

또한 일본 기업들은 자동차, 가전제품, 카메라, 시계 등과 같이 세계적으로 동일한 제품디자인이 통용될 수 있는 제품시장에서 글로벌 상표를 개발하여 시장 지배적 지위를 확보하고 있다.

2) 제품 표준화의 장단점

글로벌 제품을 표준화하면 생산과 마케팅을 할 때 규모의 경제를 누릴 수 있는 이점이 있다. 그러나 특정 기업의 입장에서는 표준화된 글로벌 제품을 마케팅하는 데 따르는 잠재적인 이익과 글로벌 시장의 수용에 맞추어 현지화한 글로벌 제품이 지역시장에서 어떻게 받아들여지고 궁극적으로 매출액과 이익에 어떠한 영향을 미칠 것인가를 분석해야 한다. 이러한 영향을 바탕으로 장단점을 고려하여 의사결정을 해야 하는데 표준화전략의 장점은 다음과 같다.

- 제품의 표준화는 생산-마케팅 활동에서 규모의 경제성을 누릴 수 있다.
- 제품의 표준화는 표준화된 글로벌 마케팅 믹스를 개발하는데 필수적인 요인이 된다.
- 글로벌 시장에 마케팅할 수 있는 표준화된 제품이 존재할 경우 급속한 투자회수를 실현할 수 있는 기회가 증대한다.
- 표준화된 제품을 글로벌하게 마케팅하는 기업은 효율적인 경영이 가능하다.

반면에 제품의 표준화는 다음과 같은 단점을 가지고 있다.

- 제품을 지역시장의 특수한 수요에 맞출 수 있는 능력이 부족하여 글로벌마케팅의 유연성을 상실할 수 있다.
- 제품 표준화는 표준화된 제품을 효율적으로 판매하는데 국한됨으로 제품을 개선하고 혁신하려는 동기를 상실하게 되어 창의성과 혁신을 방해할 수도 있다.

제 2 절 글로벌 현지화전략

1. 현지화와 지역화전략

현지화(localization)전략은 각국의 시장 환경에 적응할 수 있도록 마케팅 활동을 전개하는 것을 말한다. 글로벌 기업은 기업 활동의 글로벌화를 추구하는 기업이다.

이러한 글로벌화는 현지화와 지역화(regionalization)를 통해서 완성된다.

EU, NAFTA, ASEAN, 및 MERCOSUR 등에 속해 있는 국가시장에 대해서는 글로벌화와 현지화를 결합한 글로컬리제이션(glocalization)과 글로벌화와 지역화를 결합한 글로저널리제이션(glogionalization)을 동시에 추구할 수 있다.

이는 글로벌시장을 표적시장으로 하고 마케팅전략을 개발하여 집행하는 것이기 때문에 글로벌 기업들은 글로벌 지향기업으로 분류되면서도 해외지향 기업과 현지지향 기업의 성격을 띠고 있다.

2. 글로벌마케팅의 현지화전략

미국, 유럽, 일본의 글로벌 기업들은 공동 마케팅, 공동 생산, 공동 연구개발 등 많은 분야에서 전략적 제휴를 통하여 글로벌 시장을 네트워크화하고 있다. 한국 기업들도 글로벌시대에 살아남고 내수시장을 지키기 위해서는 글로벌 전략을 적극 추구해야 한다. 이 때 요구되는 것은 마케팅을 현지화하는데 전략적 초점을 맞추어야 한다.

마케팅을 현지화하기 위해 현지에 마케팅 자회사를 설립하는 방법을 비롯하여 단순한 수출판매방식을 탈피하고 현지시장의 대형 유통업체들과 직거래를 확대해 나가야 한다. 동시에 대형 소매상들과의 관계를 판매자·구매자 개념에서 파트너 개념으로 전환시키는 것이 중요하다.

3. 글로벌 제품의 현지화전략

이는 현지국의 시장특성에 맞추어 제품을 다르게 접근하는 방법이다. 자동차의 경우 현지의 법규나 기후와 높은 관련성을 띤다. 즉, 중동수출용은 속도위반 경고장치를 달아야 하고 미국 수출은 에어백이 필수이다. 또한 자동차의 핸들은 미국과 한국에서는 왼쪽에 달고, 영국과 일본에서는 오른쪽에 달아야 한다. 선호되는 색상도 각 국가마다 차이를 보임으로 제품 및 포장 색상에 있어 다르게 접근해야 한다.

따라서 현지화전략은 제품수정에 따른 추가적 비용이 요구되는 반면에 현지국의 소비자들로 하여금 자사 제품의 특성을 좋아하도록 유인하는데 드는 촉진비용은 절감된다. 각 국가 시장별로 보면 현지화전략은 현지시장 특성을 최대한 반영하는 것임으로 높은 판매 성과를 기대할 수 있다.

제 3 절 글로벌 표준화와 현지화의 균형전략

제품의 표준화전략은 가능한 현지국 시장에서 제품의 현지화를 최소화하고 글로벌 시장을 대상으로 전략을 펼치는 것을 의미하기 때문에 현지국의 특성이 어느 정도 상이한 특성을 지니고 있다는 것을 인정하지만, 기업의 촉진노력에 의해 극복되어질 수 있다는 논리에 근거한다. 반면에 제품의 현지화전략에서는 현지시장의 특성을 고려하여 진출시킬 제품에 수정을 가하는 제품 수정에 따르는 비용이 많이 소요되지만, 현지국 소비자들에게 자사 제품의 특성을 현지화 하는데 필요한 촉진비용은 절감할 수 있다.

따라서 글로벌 시장에서 기업들은 제품의 모든 속성에 걸쳐 완전 표준화 또는 완전 현지화전략을 선택하기보다는 제품의 일부 속성에 표준화전략을 선택하고 다른 속성에 현지화전략을 선택하는 이중 제품전략을 사용하는 경향이 나타나고 있다. 특히, 소비재보다 산업재는 각 국가의 소비자욕구의 유사성이 높게 나타남으로 표준화전략을 적용하는 경향이 높고, 소비재에 대해서는 현지화전략을 적용하는 경향이 높게 나타나고 있다.

글로벌 제품전략에서 표준화와 현지화는 민감한 문제이지만 선택적 관점에서 접근해서는 안 된다. 이들은 하나의 연속선상에 있으며 기업의 선택은 이들 현지화와 표준화의 양극단 가운데 어느 한 곳을 선택해야 하는 것을 의미한다. 즉, 국가와 제품에 따라 표준화전략이 가능한 경우도 있지만 세계의 시장 환경이 다르기 때문에 현지국의 환경을 완전히 무시한 표준화전략은 상당히 위험하다.

표준화할 수 있는 부분은 과감히 표준화하면서 시장 환경 차이를 고려하여 현지화된 마케팅 믹스를 사용하는 것이 중요하다. 이러한 표준화 · 현지화의 논쟁은 세계적으로 표준화의 방향에서 추진하면서 현지화와 적절한 균형을 취해야 한다. 이러한 균형의 방향성은 표준화 쪽일 것이다.

글로벌마케팅에서는 현지화와 표준화 사이의 균형이 필요하다는 것을 강조하고 있다. 퀼치와 호프(Quelch & Hoff 1986)는 〈표 8-2〉에서 보듯이 코카콜라와 네슬레가 사업기능, 제품, 마케팅 믹스의 각 요소, 나라에 따라 현지화와 표준화를 어떻게 하고 있는지를 분석하고 있다.

〈표 8-2〉 글로벌마케팅의 표준화와 현지화 전략

		표준화		현지화	
		완 전	부분적	완 전	부분적
사업기능	연구개발	○	□		
	재무·회계	○	□		
	생 산		○		□
	구 매		○	□	
	마케팅	○			□
제 품	문화영향 小, 규모경제 大	○			
	문화영향 小, 규모경제 小				
	문화영향 大, 규모경제 大				□
	문화영향 大, 규모경제 小				
마케팅 믹스	제품디자인	○	□		
	상표명	○	□		
	위상정립	○			□
	포 장		○□		
	광고의 주제	○			□
	가격정책		○		□
	광고문안	○		□	
	유 통			□	○
	판매촉진			□	○
	고객서비스			□	○
국가별 지역 1 지역 2	A국	○	□		
	B국	○	□		
	C국	○			□
	D국	○			□
	E국	○		□	

○: 코카콜라사, □: 네슬레사

자사가 진출하고 있는 현지 시장에 내재된 동질성을 규명하여 표준화된 제품전략을 개발한 후 현지 시장에 실제적으로 적용할 때에 각 현지 시장의 특성에 맞게끔 부분적으로 수정을 가하는 전략이다. 즉, 기술, 용도 등의 제품의 주요 특성부분에 대해서는 표준화된 글로벌전략을 적용시켜 제품을 개발하고 색상·포장·크기 등 현지 시장의 특성에 맞추어 부분적으로 수정해 가는 전략이 바람직하다.

제 4 절 글로벌마케팅 표준화와 현지화의 전략적 대안

글로벌마케팅의 표준화와 현지화의 개념을 실제로 기업이 시장을 지리적으로 확산시키기 위해서는 제품과 커뮤니케이션전략을 고려하여 적용하면 〈표 8-3〉에서 보는 바와 같이 전략적 대안을 도출할 수 있다. 이러한 확대전략은 추가적인 기술개발 비용, 제조할 때 공구의 재배치, 촉진 수정 등이 관련되지 않기 때문에 이용하기 쉬운 전략이지만, 손해를 보는 경우가 많다.

〈표 8-3〉 표준화/현지화를 위한 전략적 대안

전략	제품기능에 대한 만족	제품사용상황	제품구매를 위한 능력	제품전략	커뮤니케이션전략	조정관련 비용	제품의 예
1	같음	같음	있음	확장	확장	1	소프트드링크
2	다름	같음	있음	확장	적응	2	자전거
3	같음	다름	있음	적응	확장	3	가솔린
4	다름	다름	있음	적응	적응	4	축하카드
5	같음	-	없음	혁신	신개발	5	수동 세척기

1=Dual Extension, 2=Product Extension / Communications Adaptation 3=Product Adaptation / Communications Extension, 4=Full Adaptation 5=Invention

자료원: Kotabe, Masaaki and K. Helsen(2003), *Global Marketing Management*, John Wiley & Sons. Inc. 304.

1. 제품 - 커뮤니케이션 표준화 전략

이는 국내 시장과 동일한 제품과 커뮤니케이션을 이용하여 글로벌 시장으로 진출하는 경우로, 이러한 접근은 글로벌 시장에서 초기에 특정 제품 범주로 진입하여 명성을 확보한 기업들에게서 많이 나타나는 방법이다. 사업 규모가 작은 기업들은 다양한 지역시장의 현지화 비용을 부담하기 어렵기 때문에 일반적으로 표준화전략을 선택한다.

이러한 표준화의 사례는 한국에서 판매된 나이키상표의 농구화를 들 수 있다. 이는 미국시장에서 판매되고 있는 동일한 제품을 한국에 판매하면서 동일한 광고를 사용하고 있다. 해외 시장에서 이러한 제품의 새로운 응용가능성을 발견하기 위해서는 글로벌 시장조사를 해야 한다. 즉, 나이지리아는 스위스에서 생산된 수놓은 옷감을 남녀 의복용으로 판매하지만 유럽시장에서는 여성용 세분시장으로 제한한 예이다.

2. 제품 표준화 - 커뮤니케이션 현지화 전략

제품 자체에는 변화가 없지만 제품의 혜택이나 기능적인 측면은 현지 상황에 따라 변화하는 경우 제품을 표준화할 수 있다. 그러나 이 경우에도 사회·문화적 차이로 인하여 커뮤니케이션은 현지화할 필요가 있다.

미국에서는 자전거가 레저생활을 위한 도구로 구매되지만 많은 후진국에서는 자전거가 중요한 운송수단의 하나로 취급되고 있다. 따라서 이러한 경우에는 동일한 자전거일지라도 표적 소비자와 커뮤니케이션 하는 방식이 달라야 한다.

3. 제품 현지화 - 커뮤니케이션 표준화 전략

글로벌 시장에서 자사 소유 마케팅 자회사를 통하여 직접적으로 현지화 마케팅을 수행할 목적으로 글로벌 제품라인을 선정하여 본사에서 생산하는 전략이다. 이는 현지 시장의 상황과 정부의 각종 규제로 인하여 제품을 현지 사정에 적합하게 현지 적응화해야 하는 경우이다. 제품은 현지화하고 커뮤니케이션 자체는 표준화시키는 경우를 생각할 수 있다.

제품의 현지화전략은 제품을 현지 조건이나 소비자들의 선호에 맞도록 변경하는 방법이다. 제너럴 푸드사는 각국 소비자들에 맞는 다른 제품을 만들었는데 영국에서는 커피를 우유와 섞어서 먹도록 만들었고, 프랑스에서는 커피를 블랙으로 마시도록 만들었으며, 라틴아메리카에서는 커피에 치코리 맛을 넣어 만들었다.

4. 제품 - 커뮤니케이션 현지화 전략

이는 문화를 포함한 현지 시장의 환경이 본사가 있는 국가와 상당히 차이가 있을 경우에는 제품과 커뮤니케이션 모두를 현지화할 필요가 있다. 이러한 전략을 수행하기 위해서는 특정 기업이 완전한 글로벌 기업으로 발전해야 하고 글로벌마케팅을 수행할 정도로 글로벌마케팅 지향개념을 수용해야 한다.

5. 현지화를 넘어선 제품개발전략

제품이나 커뮤니케이션을 현지화하는 것으로 부족할 경우에는 여러 시장을 겨냥한 제품을 새롭게 개발하는 방법을 고려할 수 있다. 즉, 새로운 제품을 만들어 판매하는 제품개발전략이다. 이는 후발적 제품개발과 전향적 제품개발로 분류하여 볼 수 있는데, 전자는 특정 국가의 기술수준에는 낙후된 제품이지만 특정 나라에 적합한 경우 그 나라에 재도입하는 방법이고, 후자는 각 국가의 욕구를 충족시켜 줄 수 있도록 새로운 제품을 개발하는 방법이다.

문화가 비슷한 지역에서는 한 시장에서 성공한 제품이 인근지역으로 쉽게 이전될 수 있는 만큼 새로운 제품의 개발은 매력적인 접근 중의 하나이다. 미국의 리바이스 청바지는 1999년 한국 시장에서 청소년층을 대상으로 '힙합네이션'이라는 청바지를 마케팅 하여 성공을 거둔 후 이를 대만으로 확대하여 좋은 성과를 낸 바 있다.

제 5 절 글로벌 표준화와 현지화의 촉진요인

글로벌마케팅 전략은 〈표 8-4〉와 같은 표준화와 현지화를 촉진하는 요인들을 고려하여 표준화를 할 것인가 또는 현지화를 할 것인가를 결정해야 한다.

〈표 8-4〉 글로벌 표준화와 현지화의 촉진요인

글로벌 표준화 촉진요인	현지화 촉진요인
· 생산규모의 경제성 · 제품 연구개발의 경제성 · 마케팅 규모의 경제성 · 글로벌 수요의 유사성 증가 · 소비자들의 국제적 이동성 증가 · 생산국 및 생산기업의 이미지 · 기술의 영향 · WTO, ISO, 업계통일규격의 영향 · 수출을 위한 해외시장 판매	· 제품 사용조건 상의 차이 · 소비자들의 구매력 및 제품선호 · 정부의 영향 · 해당 기업의 글로벌 경영패턴

1. 글로벌 표준화의 촉진요인

글로벌 기업의 표준화를 촉진하는 요인은 다음과 같다.

1) 생산규모의 경제성

이는 특정 글로벌 기업들이 특정 제품을 단일 생산원천에서만 생산하고 있다면 장기간에 걸쳐 대량생산하는데 따르는 경제성을 활용하기 위해서 그 제품을 표준화하는 것이 바람직하다.

2) 제품 연구개발의 경제성

이는 특정 기업들이 동일 제품을 글로벌 시장에 마케팅을 하게 되면 제품의 단위당 연구개발비가 낮아지는 등의 이점 때문에 연구개발 자금과 노력을 효과적으로 활용할 수 있게 된다.

3) 마케팅 규모의 경제성

이는 특정 기업들이 지역시장별로 마케팅 활동을 전개할 경우에 표준제품을 마케팅 하면 규모의 경제를 실현할 수 있다.

4) 글로벌 차원에서 수요의 유사성 증가

이는 제품 표준화를 촉진하는 요인에 부가하여 글로벌 차원에서 소비자 수요에 유사성 내지 획일성이 계속 증가하고 있는 것도 제품 표준화를 고무하고 있다.

5) 소비자들의 국제적 이동성 증가

이는 소비자들의 국제적 이동성이 증가함에 따라 그들이 외국에서 생활할 때 구입하는 제품들의 경우는 표준화하는 것이 시장성을 높이는 방법이기 때문이다.

6) 생산국 및 생산 기업의 이미지

이는 특정 기업들이 생산국의 좋은 이미지를 활용할 수 있는 지위에 있으면 포장, 상표명, 라벨 등 속성을 포함한 제품을 표준화하는 것이 바람직하다.

7) 기술의 영향

이는 특정 기업들이 기술적 규격이 상당히 중요한 소비재일수록 제품을 가급적 표준화하는 것이 좋다. WTO · ISO 등 업계 통일규격의 영향은 WTO의 출범으로 좀더 자유로워진 무역이 가능하게 되어 기업들이 글로벌 제품의 세분시장을 표적으로 삼고 표준화된 제품을 종전보다 쉽게 판매할 수 있게 된 것도 제품 표준화를 촉진하고 있다.

8) 수출만을 통한 해외시장 판매

이는 제품 현지화에 따른 편익이 비용보다 많다고 하더라도 특정 기업들이 원한다면 국내 생산 표준 제품을 글로벌 시장에 공급할 수 있다.

2. 글로벌 현지화의 촉진요인

글로벌 기업의 현지화를 촉진하는 요인은 다음과 같다.

1) 제품 사용조건 상의 차이

이는 특정 제품이 여러 나라에 유사한 기능적 욕구를 만족시킬 수 있도록 만들어졌다 할지라도 그 제품이 실제로 사용되는 환경 조건은 시장별로 다를 수 있다.

2) 소비자들의 구매력 및 제품선호

이는 표준화된 제품을 생산하는 것이 가장 바람직하지만, 소비자들의 욕구의 차이 때문에 제품을 현지화시켜야 하는 경우가 많다.

3) 정부의 영향

이는 어떤 형태로든지 수출입을 규제하고 기업 간의 경쟁 규칙을 정하여 적용하고 소비자들의 생활환경을 기업 행위로부터 보호하려는 목적으로 기업과 제품 · 서비스의 생산-마케팅을 규제하고 있어서 영향이 대단히 크다.

4) 해당기업의 글로벌 경영패턴

이는 다국적 생산-마케팅 등 글로벌 경영을 해 온 역사가 오래된 기업일수록 기업이익만 증대시킬 수 있다면 언제라도 제품 현지화를 실시할 수 있는 지위에 있다.

[사례 8-1] 한국 기업들의 현지화전략

Ⅰ. 서 언

한국 기업들의 현지화 마케팅의 성공 사례는 많다. 쿠바에는 한국의 외교대표부보다 가전제품이 먼저 진출하였다. 한국산 칼라 TV와 룸 에어컨은 본격 영업을 시작한 지 3년 만에 시장점유율이 절반을 넘어서 미국산이나 일본산을 앞지르고 있다. 인도의 수입 냉장고 시장에서는 한국산이 무려 82 %의 점유율을 보이고 있다. 메모리 반도체와 초박막 액정표시장치(TFT-LCD) 같은 첨단산업은 글로벌시장에서 한국 기업들끼리 선두자리를 다투는 양상이다.

체코·폴란드·러시아에서는 한국산 경승용차가 인기 절정을 누리고 있으며, 영국과 스페인에서 가장 많이 팔리는 디지털 비디오디스크(DVD) 플레이어도 한국 제품이다. 기술수준과 품질측면에서 개선할 여지가 있다고 하지만, 'Made in Korea' 제품은 지구촌 구석구석을 누비고 있다.

〈표 1〉 각국 수입시장의 한국제품 점유율

국 가	품 목
러시아	· 에어컨(70 %), 니트제품(97.7 %), 합성직물(58 %)
체 코	· 경승용차(70.4 %)
일 본	· 소주(67.5 %)
중 국	· 인조모피(77.1 %), 편물(77.1 %), 평판압연제품(72.2 %)
대 만	· 보일러(69.3 %)
칠 레	· 냉장고(55.6 %), 에어컨(56.5 %), 자동차배터리(53.9 %)
쿠 바	· 냉장고(60 %), TV(65 %)
인 도	· 냉장고(82.5 %)
인도네시아	· 자동차(50 %)

자료원: http://www.kotra.or.kr

Ⅱ. 현지마케팅전략으로 호평

해외 실적이 좋은 한국 기업들은 모두 철저한 현지화 마케팅을 추구하고 있다. 현대자동차는 미국에서 엔진과 트랜스미션에 대해 업계 최장기간인 5년(10만 마일)의 품질보증 기간을 제공하고 있는데 이는 한번 산 자동차를 오래 타는 미국인의 특성을 고려한 마케팅이다.

유럽과 중 · 남아메리카에서는 소비자들이 자동차의 연비를 중시하기 때문에 경승용차 위주의 마케팅전략이 효과를 보고 있다. 체코에서는 대우 마티즈가 점유율 70.4%로 동형 차종의 르노(19.4%), 피아트(10.2%)의 인지도를 무색하게 하고 있다. 2000년 11월 멕시코에서 판매를 시작한 현대 아토스는 현지인을 고용하는 경영전략으로 크게 성공하였다.

삼성 SDI의 말레이시아 법인은 1991년 공장 설립 이전부터 현지의 중간 간부급 직원들을 한국으로 데려와 생산과정 전반을 교육시켰다. 이들은 현지 공장을 조기에 안정화하는 중추적 역할을 했고, 공장 설립 6개월째부터 흑자 행진을 이어가고 있다.

인도에서 가전제품 공장을 운영하는 LG전자는 18개 영업지사 대표를 전원 현지인으로 채용하였는데, 이는 고객의 요구를 반영해 현지 실정에 맞는 영업을 펼치기 위해서이다.

Ⅲ. 품질 경쟁력 확보전략

1970~80년대 세계 시장에서 한국산은 '싼 가격에 비해 쓸 만한 제품'이라는 이미지로 통했다. 국내 기업들은 이제는 품질과 기술력 제고에 사활을 걸고 있다. 이는 중국과 동남아 제품에 밀려 더 이상 가격 경쟁력으로는 승산이 없기 때문이다.

각 기업이 전략적으로 밀고 있는 주력 제품들은 품질 측면에서도 서서히 인지도를 높여가고 있다. 2000년 세계시장 6위(점유율 5위)를 차지한 삼성전자의 휴대전화는 미국의 저명한 소비자 잡지 '컨슈머리포트' 2월 호에서 모토로라와 노키아를 제치고 CDMA 단말기분야 최고 제품에 꼽혀 기술력을 인정받았다.

LG전자의 에어컨도 일본의 후지경제연구소로부터 '플라즈마 표면처리 및 입체냉방기술, 공기정화장치 등이 뛰어나 2000년 세계 판매량 1위를 차지했다'는 평가를 받았다. 중국시장에 진출한 국내 가전제품 기업들은 가격경쟁 대신 대형 백화점 위주로 영업을 펼치면서 '고급품' 이미지를 심는데 주력하고 있다.

생각해 볼 문제

1. 한국 기업들은 현지화를 통하여 글로벌마케팅에서 성공하고 있는 사례가 증가하고 있다. 한국 기업들이 표준화전략보다 현지화전략에서 이점을 누리는 분야가 어떠한 것들이 있으며, 이에 대하여 평가하여 보라.

2. 여러분들이 인터넷을 이용하여 현지화에 성공하고 있는 사례들을 도출하고 토의하여 보라.

제5부

글로벌마케팅 믹스전략

제 9 장 글로벌마케팅의 제품전략
제10장 글로벌마케팅의 유통전략
제11장 글로벌마케팅의 촉진전략
제12장 글로벌마케팅의 가격전략
제13장 글로벌마케팅의 인터넷전략

제1부: 기업의 글로벌 지향성과 글로벌마케팅

제1장: 한국 기업의 글로벌 지향성

제2부: 글로벌 환경 및 경쟁분석

제2장: 글로벌 거시환경 분석
제3장: 글로벌 경쟁환경 분석
제4장: 글로벌 경쟁원천 분석

제3부: 글로벌 진입 및 협력전략

제5장: 글로벌시장 진입전략
제6장: 글로벌 제휴 및 네트워킹 전략

제4부: 글로벌 STP 및 표준화 · 현지화 전략

제7장: 글로벌 시장의 STP전략
제8장: 글로벌 표준화와 현지화 전략

제5부 글로벌마케팅 믹스전략

제9장: 글로벌마케팅의 제품전략
제10장: 글로벌마케팅의 유통전략
제11장: 글로벌마케팅의 촉진전략
제12장: 글로벌마케팅의 가격전략
제13장: 글로벌마케팅의 인터넷전략

제6부: 글로벌마케팅 조직

제14장: 글로벌마케팅의 조직구조

제 9 장

글로벌마케팅의 제품전략

하얀 순면의 고급 티셔츠가 3달러에 팔릴 수도 있고, 30 달러에 팔릴 수도 있다. 또한 싸구려 할인 매장에서 팔릴 수도 있고, 최고급 부띠끄에서 팔릴 수도 있다. 티셔츠의 가격과 어디에서 팔릴 수 있는지 여부는 옷에 부착된 상표에 달려 있다. 실제 영국의 텔레비전 공장에서 TV제품을 생산하여 일부는 영국 상표를 붙이고 일부는 일본의 히타치 상표를 붙여 판매한 결과 1년 뒤 매출액은 후자가 두 배 많았다.

본 장에서는 글로벌 생산과 판매가 어떻게 연결되는가에서 시작하여 나타나는 신제품의 시장 성공과 실패에 대하여 살펴보고, 글로벌 제품수명주기전략, 신제품 개발전략, 신제품 확산전략, 상표전략과 상표 확장전략, 인터넷 상표 등에 대하여 살펴보고자 한다.

제 1 절 글로벌 생산과 마케팅의 연계전략
제 2 절 글로벌 제품수명주기전략
제 3 절 글로벌 신제품개발전략
제 4 절 글로벌 상표전략
제 5 절 글로벌 상표확장전략
제 6 절 글로벌 인터넷 상표전략

사례 9-1: 델컴퓨터의 저가 주문제품전략
사례 9-2: 스타벅스의 글로벌 상표전략
사례 9-3: 코닥의 상표확장전략

제 1 절 글로벌 생산과 마케팅의 연계전략

글로벌 제품전략은 어디에 제품 생산 기지를 두고 어디에 판매할 것인가를 고려해야 하기 때문에 생산과 마케팅의 글로벌 배열과 조정이 이루어져야 하는 분야이다. 글로벌 생산과 판매 범위에 대한 결정은 글로벌 지향성에 따라 네 가지 방법이 있을 수 있다.

1. 생산요소 지향적 생산과 판매전략

한국 기업은 생산요소를 보다 경제적으로 얻기 위하여 해외에 생산기지를 만들어 진출할 수 있다. 값싼 노동력을 이용하여 제품을 생산하기 위해 임금이 싼 중국이나 동남아시아에 생산 공장을 만들어 그 지역의 노동력을 사용하고 원료를 조달하면서 생산 활동을 하지만, 판매는 중국이나 동남아시아에 제한하지 않고 글로벌 시장으로 하려는 경우에 해당한다.

2. 시장 지향적 생산과 판매전략

제품의 최종적인 판매를 원활히 할 목적으로 판매할 목표시장 안으로 생산 공장을 이전하는 경우에는 판매를 목적으로 한 생산전략이 된다. 이 경우, 생산기지와 목표시장을 통합된 지역 내에서 이루어지게 하는 것이 유리하다. 한국 기업이 미국시장으로 진출하려고 할 때, 미국의 관세나 수입제한이 강하고 임금수준이 높아 경쟁력이 없다고 판단할 경우 같은 자유무역지대인 NAFTA지역인 캐나다, 멕시코 등에 생산기지를 두고 제품을 생산하여 표적시장인 미국에 판매할 수 있다. 현대자동차는 미국의 같은 경제권인 캐나다에 생산시스템을 세워 생산하여 관세와 쿼터량에 관계없이 미국시장에 자동차를 판매할 수 있다.

3. 독립적 글로벌 생산과 판매전략

한 국가나 지역에서 경제적인 생산요소는 물론 대규모 판매시장을 형성할 수 있다고 판단될 때 그 국가나 지역에서 독립적으로 생산시스템이 운영되는 경우이다. 한국 기업이 중국이나 인도와 같은 국가들이나 유럽공동체와 같은 거대시장을 표적시장으로 하고, 그 나라들이나 지역의 노동력을 이용하여 그 나라에서 생산하여 그 나라나 그 지역에 판매할 수 있다.

4. 글로벌화된 생산과 판매전략

지역통합이 이루어진 지역으로 나아가 생산과 판매를 수행하는 방향이다. 유럽연합(EU), 북미공동체(NAFTA), 아시아공동체(ASEAN), 남아메리카 공동시장(MERCOSUR)에서 각각 생산과 판매를 할 수 있는 방향이다. 〈그림 9-1〉은 글로벌 지향적으로 활동하려는 한국 기업이 최종적으로 나아가야 할 방향을 제시하고 있다.

이 경우 한국의 본사에서는 여러 지역에 생산기지를 가지고 있는 자회사들에 대한 조정과 통합(coordination and integration)을 수행하면서 진정한 글로벌 생산과 판매가 이루어질 수 있다. 이 경우 인종중심(ethnocentric)에서 지역중심(geocentric)으로 사고를 전환하여 그 지역 내에서 능력 있는 경영자를 대표로 하는 단계로 발전하게 된다.

〈그림 9-1〉 글로벌화된 생산과 판매 전략

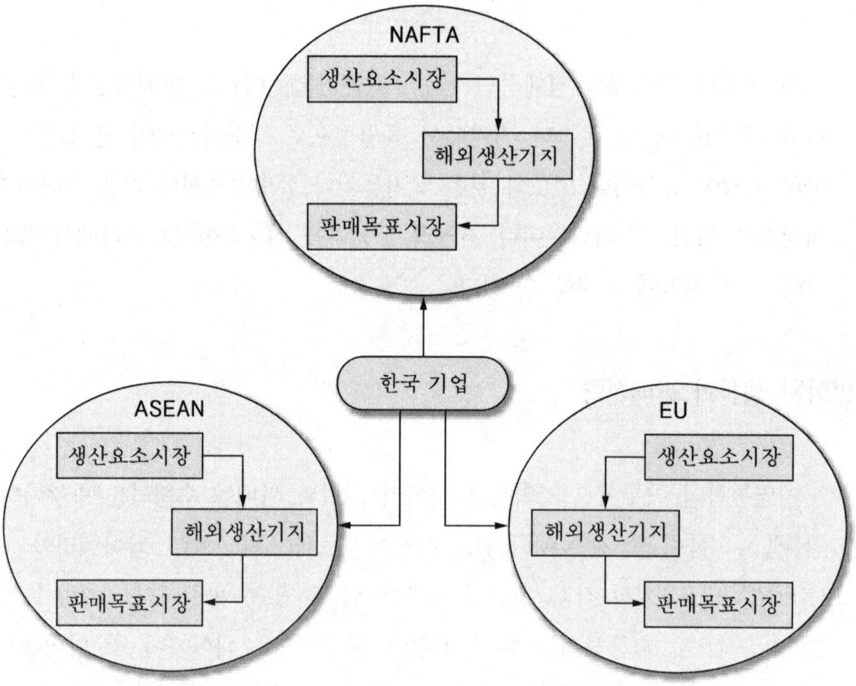

＊: 원은 지역적 통합을 의미한다.

제 2 절 글로벌 제품수명주기전략

제품수명주기(product life cycle)는 글로벌 지향기업 경영자들에게 제품에 대한 의사결정과 전략수립에 많은 유용성을 제시하고 있다. 본국에서 성숙기나 쇠퇴기에 접어든 제품을 가지고 있는 글로벌 기업들은 제품수명주기의 초기단계에 있는 국가들에 동일 제품을 제공함으로써 제품의 성장기회를 연장시킬 수 있다. 경영자들은 진출할 표적시장에서 수명주기가 성장단계에 있는 제품을 선정하는 것이 유리하다.

1966년 하버드대학의 버논과 웰스(Vernon & Wells)는 기존의 고전적 무역이론의 맹점을 무너뜨리면서 제시한 제품수명주기모형이 기술을 모방하는데 걸리는 시간과 제품수명주기를 설명하는 시장변화, 즉, 도입-성장-성숙-쇠퇴의 순환곡선의 개념에 대한 실증적 연구로 제시되었다. 이는 수출입과 해외 직접투자의 시점을 설명하고 예측하는데 적용되는 것으로 특정 제품이 국가 간에 어떻게 도입되어 성장하고 쇠퇴하는가를 보여주고 있다.

이 모형은 무역과 직접투자를 기술과 제품의 해외 시장으로 이전하는 과정으로 평가하고 있고, 기술모방과 시간이라는 변수를 도입한 동태적인 이론이다. 〈그림 9-2〉에서 볼 수 있듯이 기술선도국에서 제품이 확산되어 가면서 모방하는 국가에서 개선된 제품을 개발하여 간다는 이론으로써 관련 기술의 단일 제품의 수명주기를 설명하는 데는 설명력이 있는 이론이다. 그러나 도입기에 글로벌 시장에 동시에 투자하는 경우에 대한 설명을 할 수 없으며 도입기, 성장기, 성숙기 등의 시간 간격을 객관적으로 측정하기 어렵다는 한계점을 안고 있다.

〈그림 9-2〉 글로벌 제품수명주기전략

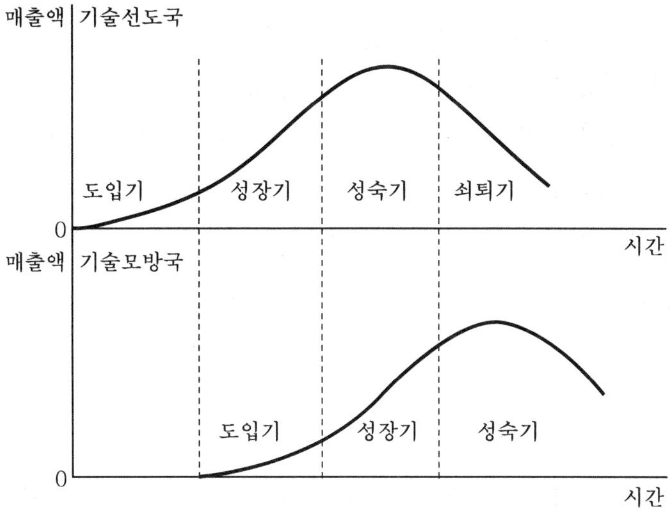

1. 도입기전략

도입기에는 신제품의 고객에 대한 인지도를 높이기 위한 이미지 제고전략을 수행해야 한다. 신제품의 도입기에는 신제품을 개발한 기업의 독점적 지위 또는 차별화 때문에 제품에 대한 수요의 가격탄력성이 비교적 작고 생산입지에 따른 비용차이가 크지 않으므로 글로벌 기업은 국내에서 생산입지를 선택하게 된다. 대량생산이 가능해지지만 동시에 경쟁기업이 등장하고 수요의 가격탄력성이 커짐에 따라 성장기에 접어들게 되고 제품차별화에 노력하게 된다.

또한 글로벌 기업이 생산비에 대해 관심을 가짐으로써, 규모의 경제 실현과 경영능력의 제고가 글로벌 기업의 성패를 좌우하는 가장 중요한 요소가 된다.

2. 성장기전략

성장기에는 경쟁사가 나타나기 시작하기 때문에 이에 대한 방어전략으로 차별적 기능을 첨부하는 전략방향을 수립하여야 한다. 성숙기에는 제품생산이 표준화되며 생산기술의 개발도 거의 한계점에 이르게 된다. 따라서 글로벌 기업들은 시장정보나 경영기술보다는 생산비가 최대 관심사로 되어 생산입지는 임금이 낮은 개발도상국으로 이전하게 되며, 궁극적으로는 해외 자회사로부터 역수입이 일어나게 된다. 이 과정에서 해외 직접투자가 일어난다.

글로벌 기업이 기술개발국의 첨단기술제품을 바탕으로 후진국 시장을 선점하려는 공격적인 투자가 발생하게 된다. 이러한 선진국의 전략은 기술개발국의 입장에서는 도입기에 이루어지게 된다. 제품이 성숙기로 접어들면서 원가절감의 목적과 국내시장을 보호하려는 방어적인 목적으로 후진국에 투자를 하게 되는데 이는 성숙기에 발생하게 된다.

3. 성숙기 전략

성숙기에 들어가면 기술은 완전히 표준화되어 기술상의 우위는 없어지고 풍부한 노동력을 갖고 있는 저임금 국가로 제품 생산의 비교우위가 이전되어 간다.

성숙기에 글로벌 기업들은 더 이상의 차별화 요인을 찾기 힘들며, 경쟁사도 더 이상 나타나지 않는 경향이 있으므로 가능한 한 원가절감에 주력하여야 한다.

따라서 성숙기 제품의 경우 경쟁의 초점이 누가 조금이라도 저렴하게 생산할 수 있는가 또는 어떻게 자사 제품을 차별화할 수 있는가에 집중해야 한다.

또한 쇠퇴기가 올 것을 대비하여 새로운 기능을 추가한 제품을 소개함으로써 성장-성숙기를 지속할 수 있도록 하여야 한다.

4. 쇠퇴기전략

새로운 기술제품이 출현하는 경우 기존의 제품수명주기는 급격히 추락하는 양상을 보이게 되어 제품수명주기가 끝나게 된다. 따라서 글로벌 기업은 쇠퇴기에 들어 있는 제품을 철수시키는 시점을 결정하는 것은 전략적으로 중요한 결정일 수 있다.

제 3 절 글로벌 신제품개발전략

이 세상에 지워지지 않는 글로벌 제품들이 있다. 스카치테이프, 3M의 포스트잇 메모지, 무스탕, 보잉 747, 타이드 세제와 아이보리 비누, 아메리칸 익스프레스 카드와 여행자 수표, 존슨 앤 존슨의 밴드 에이즈 반창고와 타이레놀, GE의 전구와 전자 상품, 휴렛패커드 계산기와 레이저 프린터, IBM 컴퓨터, 모토롤라 휴대전화기, SONY 의 워크맨, 마이크로 소프트의 윈도우즈, 한국이 자랑하는 삼성전자의 애니콜과 LG 전자의 휘센 등이 세계인들에게 널리 사용되고 있다.

디즈니랜드, 미키마우스, 도널드 덕, 백설공주, 아톰 등이 어린 시절 삶에 영향을 미쳤고, 지금도 소비자들이 주요한 신제품들을 수용하면서 영향을 미치고 생활의 변화를 가져오고 있다. 좋든 나쁘든 이 기업들은 이 세상에 지워지지 않는 자취를 남겼다.

1. 신제품 개발과정

글로벌마케팅에서 신제품 개발은 충분한 시장분석, 완전한 제품의 개발, 합리적인 개발비용, 적절한 마케팅전략, 제품의 시장도입 타이밍 등을 고려하는 것이 필요하다. 이러한 신제품 개발과정은 〈그림 9-3〉과 같이 나타낼 수 있다.

〈그림 9-3〉 신제품 개발과정

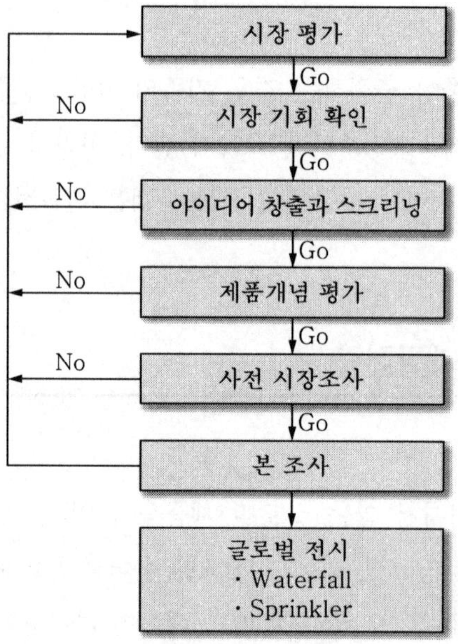

자료원: M. Kotabe and K. Helsen(1998), *Global Marketing Management,* Wiley, p. 316.

1) 아이디어 창출과 스크리닝

이 단계에서는 소비자의 미래 욕구나 기술진보에 관한 폭넓은 시각이 필요하다. 따라서 창조성이 가장 중요한 요소이고, 브레인스토밍과 같은 기법에 의해 아이디어를 창출하고 있다. 이러한 신제품 아이디어의 원천은 글로벌 시장에서의 시장조사와 기술예측이 대표적이지만, 고객, 공급자, 경쟁자, 기업 판매원, 유통업자, 대리점, 경영자 등이 있다.

이렇게 창출된 새로운 아이디어를 평가하는 단계로 체크리스트 작성이나 자유토론 등의 방법이 이용된다. 이 단계에서는 아이디어를 완전한 제품 개념으로 육성하는 방법으로 시장성이 없는 신제품 아이디어가 제거된다.

2) 제품 개념 평가

선별된 아이디어는 경영자에 의해 평가를 거쳐 공식적으로 연구개발 프로젝트로 인정된다. 통합적인 사업 분석이 수행되고 프로젝트 계획으로서 개발예산이 부여되며, 1단계의 마케팅과 기술연구가 시작된다.

제품 개념은 기술적, 경제적 관점에서 만들어진 제품이 가지는 특성을 소비자의 생활과 관련하여 검토하는 시장에서 제품의 의미를 명확하게 하는 것이다.

글로벌마케팅에서 제품 개념을 나타낸 것을 핵심혜택제안(core benefit proposition)이라고도 하는데, 이는 글로벌 기업이 제공할 수 있고, 경쟁 제품에 대비하여 심리적으로 포지셔닝될 수 있으며, 실체적 특성인 상품 속성에 의해 완성될 수 있는 제품의 약속이다. 비파린은 '아스피린과 비슷한 효과가 있고, 위를 자극하지 않는 약'이라는 혜택을 제안하고 있다.

3) 사전 시장조사

데이비드슨과 헤리건(Davidson & Harrigan 1977)은 조직구조와 신제품의 해외시장 도입 사이의 관련성을 밝히면서 기능적으로 조직된 기업에 있어서 혁신의 40%가 해외에 국제 부서를 가진 기업에서 나타났다고 주장하고 있다.

이러한 부서의 역할은 관련 정보원천을 이용하여 지속적으로 신제품 아이디어를 제공하는 것이고, 이러한 아이디어를 연구하기 위한 후보 아이디어를 식별하는 것이며, 신제품 아이디어를 선정하여 분석하고 연구하는 것이고, 신제품 후보 아이디어에 조직의 투입자원을 결정하는데 있다.

4) 본 조사

글로벌 시장에 신제품 도입은 잠재적으로 소비자들의 욕구에 불일치할 가능성이 존재한다는 것을 고려해야 한다. 글로벌 시장에 제품을 도입할 때 이러한 불일치성이 존재하기 때문에 자원을 투자할 때 중요하게 고려되어야 하며, 제품을 글로벌 시장에 출시하기 전에 실제 시장상황에서 테스트를 엄격하게 수행하여야 한다. 이러한 테스트는 실제 시장에서 소비자들이 제품을 어떻게 사용하고 있는가에 관한 것을 포함해야 한다.

5) 글로벌 전시

글로벌 전시(global rollout) 단계는 글로벌 시장에 신제품이 발매되는 단계이다. 글로벌마케팅의 신제품 개발에서는 충분한 시장분석, 완전한 제품의 개발, 합리적인 개발비용, 적절한 마케팅전략, 제품의 시장도입의 타이밍 등이 고려되어야 한다.

또한 글로벌마케팅에서 비교분석은 신제품 도입결정에 자주 사용되는 기법이다. 이는 새로운 시장에 제품을 도입할 때 하나 이상의 시장에서 기존 제품에 대한 경험이 기록되어 있는 경우에 사용이 가능하다. 효율적인 비교분석은 시장 유사성을 발견하는 것이다.

유사성은 얻는데 두 가지 방법이 있다. 하나는 2개 시장에 대해 연구하여 제품의 지위를 비교하고 표적시장에 대한 경제적이고 사회구조적인 측면에서 기본적으로 유사한 시장의 사례를 찾는 방법이다. 즉, 콜롬비아 시장에서의 성과는 비슷한 수준에 있는 멕시코 시장에서의 성과와 비교할 수 있다. 다른 하나는 같은 시기에 비교할 수 없는 시장에 대해 다른 시점에서 유사성을 비교하는 방법이다.

2. 글로벌 신제품 개발전략

첨단기술과 제품이 지속적으로 소개되고 있는 글로벌 시장의 경쟁은 제품수명주기를 지속적으로 단축시키고 있으며, 경쟁력을 갖추기 위해 신제품을 지속적으로 개발할 뿐만 아니라 기업간 협력을 통한 신제품 개발도 중요하다. 기업간 협력은 암묵적 지식이 서로 전달될 수 있어 보이지 않는 자산이 공유될 수 있어 이점을 누릴 수 있다.

〈그림 9-4〉 제휴를 통한 신제품 개발전략

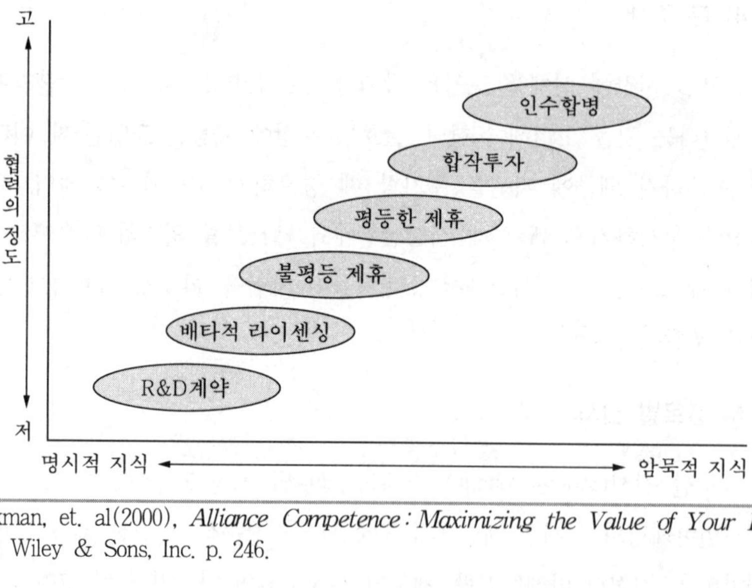

자료원: Spekman, et. al(2000), *Alliance Competence: Maximizing the Value of Your Partnerships*, John Wiley & Sons, Inc. p. 246.

글로벌마케팅에서 이러한 제휴를 통한 신제품 개발이 중요해져 가는 것은 〈그림 9-4〉에서 보여주고 있듯이 세계적인 신제품 개발이 고도의 연구개발 체제를 형성하기 위하여 연구개발 계약, 배타적 라이센싱, 전략적 제휴, 합작투자, 인수합병 등의 제휴의 강도를 높여 가면서 접근하여야 하기 때문이다.

신제품을 개발하기 위하여 연구개발 계약을 할 수 있지만, 보완적 기술이나 제품이 있는 기업과 합작하거나 인수합병을 통하여 신기술과 제품개발 효과를 누릴 수 있기 때문이다.

3. 글로벌 신제품의 성공과 실패요인

첨단기술을 중심으로 신제품을 개발하고 시장에서 성공하기를 바랄 때 가장 위험한 요소는 기술의 힘을 너무 믿고, 시장의 힘을 강조하지 않았을 때 나타난다. 기술이 빠르게 발전하고 있는 정보통신이나 생명공학 분야에서 기술에 강조를 두고 있는 경영자들이 항상 염두에 두어야 하는 것은 제품의 성공을 결정하는 것이 시장의 욕구에 의해서라는 것이다.

고객지향적인 기업이 기술에 의존한 기업보다 신제품 개발과 도입에 성공하는 사례가 많다. 이는 체계적인 고객분석을 통하여 신제품을 시장에 내놓아야 성공한다는 것을 보여준다. 3M 사례는 신제품이 창조적인 조직구조에서 나타난다는 것을 증명해 준다. 관료적이고 타율적인 성향의 기업보다 진취적이고 자율적인 분위기의 조직문화를 가진 조직이 성공할 기회가 많다. 성공적인 신제품의 원동력은 시장위주이며, 실패할 수 있는 자유를 주는 조직구조에서 온다. 신제품 실패가 나타난 사례연구에서는 다음과 같은 경우이다.

- 마케팅 철학의 부재와 고객욕구 조사의 부족
- 신제품 개발에 대한 최고경영자의 의지 부족
- 신제품 성공으로 이끌 수 있는 조직구조의 미비
- 고도 기술로 인한 신제품의 성능을 너무 신뢰하고 시장에 대한 이해의 부족
- 고객의 욕구에 부합된 것이나 높게 책정된 가격으로 인한 실패

4. 글로벌 신제품의 확산전략

신제품을 조직 내부에서 개발하여 출시단계에 이르면 시장의 소비자평가를 받게

된다. 소비자들이 신제품을 알게 되어 이를 수용하는 과정에 대한 이해 없이는 신제품의 성공적인 확산을 기대할 수 없다. 이론적으로 특정 신제품을 수용하는 100%의 소비자들 중에서 신제품을 수용한다는 전제에서 〈그림 9-5〉와 같이 다섯 가지로 나누어 접근하고 있다.

〈그림 9-5〉 수용자 범주전략

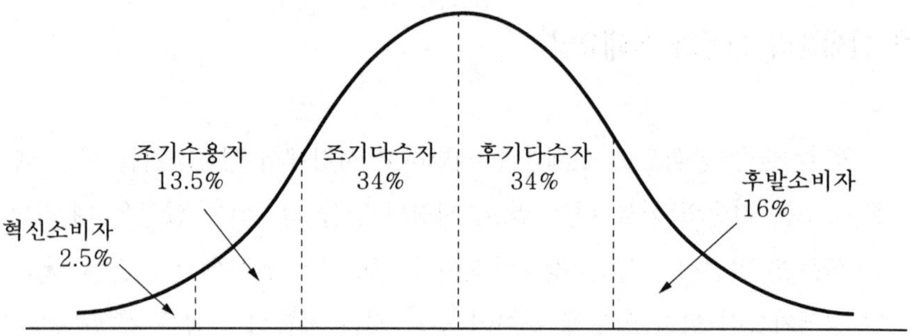

신제품을 수용하는 성향이 가장 높은 사람들은 매우 제한적인데, 이러한 사람들은 혁신소비자(innovators)라 하며, 일반적으로 전체 소비자의 2.5 % 정도이다. 수용성향에 따라 나머지 소비자들을 분류하면 조기수용자(early adopters: 13.5 %), 조기다수자(early majorities: 34 %), 후기대수자(late majorities: 34 %) 및 후발소비자(laggards: 16 %)로 나누어지는데, 이러한 수용 성향에 따른 소비자 수의 분포는 정규분포를 보인다.

조기수용자는 지역사회에서 의견선도자의 역할을 하며, 새로운 아이디어를 조기에 그러나 신중하게 수용하는 성향이 있다. 글로벌 기업은 글로벌 시장에서 혁신적인 소비자들을 파악하고, 신제품 출시 초기의 마케팅 노력을 이 사람들에게 집중해야 효과가 높다.

조기다수자는 신중한 사람들로서 평균적인 사람보다 다소 앞서서 새로운 아이디어를 수용한다. 후기다수자는 의심이 많은 사람들로서 새로운 아이디어가 다수의 사람들에 의해서 수용되었을 때 비로소 이것을 받아들인다. 후발소비자는 전통 지향적이고 변화를 싫어하며 이미 보편화된 혁신만을 수용한다.

소비자 수용이 집합적으로 이루어지면 확산이 나타난다. 확산을 가장 잘 설명하는 모형은 베쓰모형(1969)으로 과학성이 입증되어 마케팅 과학성의 대표적인 모형이 되었다. 그는 대중매체 커뮤니케이션의 영향을 받는 혁신기술에 의해서 혁신 제품의 초기수용이 많이 이루어지면 점차적으로 구전 커뮤니케이션의 영향에 기인하는 모방자들에 의해서 수용이 이루어지면서 빠르게 확산된다고 보았다.

포켓용 전자계산기의 시장 확산과정을 보자. 초기에는 공학도들과 과학자들 사이에 사용할 수 있는 제품을 휴렛패커드(Hewlet-Packard)가 주도하면서 시장 확산이 이루어졌다. 초기에 기술발전이 빠르게 이루어지면서 규모의 경제와 경험의 경제로부터 원가가 급격히 떨어지면서 시장 확산을 촉진하였다.

가격하락은 세분시장을 공학도들과 과학자뿐만 아니라 경리를 보는 상업 사용자들에게 매력적인 제품으로 확산되었다. 그들이 하는 계산은 공학도나 과학자들보다 덜 복잡하여 단순한 계산기를 만들어 저가격이 되었을 때 시장 확산이 이루어졌고, 공학도나 과학자들보다 훨씬 큰 시장이 되었다(S1). 상업사용자 시장은 다시 일반시민들이 사용하는 시장으로 확장되었다(S2). 시간이 지남에 따라 아주 낮은 가격으로 초등학생들을 대상으로 하는 제품을 만들어 시장에 뛰어드는 기업이 나타났다(S3). 일본의 카시오(Casio)가 낮은 가격과 다양한 모형으로 시장에 승부를 걸어 성공했다.

〈그림 9-6〉에서 보듯이 컴퓨터, 통신 등 첨단기술 제품의 글로벌 시장에서는 글로벌 경쟁에 의해서 이와 같은 확산과 대체 등이 쉬지 않고 나타나고 있다.

〈그림 9-6〉 확산곡선전략

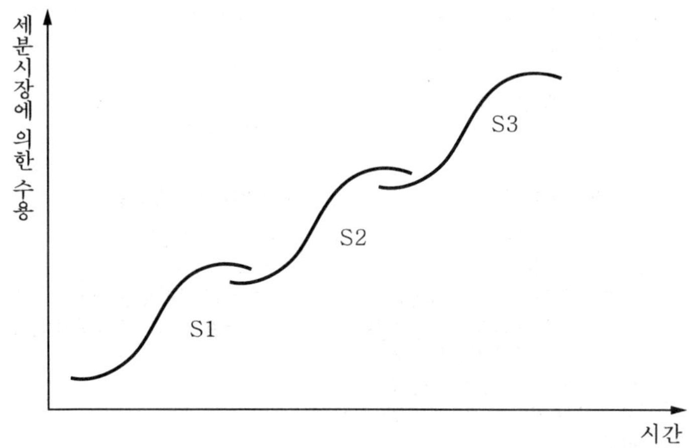

5. 글로벌 제품의 원산지전략

1) 원산지 이미지전략

소비자들의 국적이 다르면 개별 이미지도 국적으로부터 파생되는 제품이미지에 대한 평가가 다르다. 이것은 특정 국가의 소비자가 갖고 있는 대상국의 제품에 대한 지식의 정도가 다르기 때문에 나타난다. 아일랜드인과 아메리카인은 개별 이미지의 제1위에 독일을 꼽고 있고, 멕시코인은 개별 이미지의 제1위에 일본을 꼽고 있다.

이러한 경우 적합도 관계의 차이가 마케팅전략의 전개방법이 다르다는 것을 〈그림 9-7〉에서 제시하고 있다.

〈그림 9-7〉 제품과 국가별 이미지의 적합도와 부적합도: 예시

제품특성의 차원		
중요	**Ⅰ. 호의적 적합** [예] · 일본산의 자동차 · 프랑스산의 포도주 · 스위스산의 시계 <전략적 시사점> · 상표명에 원산지 표기 · 포장에 원산지를 선전함 · 상표의 원산지를 선전함 · 제조거점과 잠재적인 매력을 모든 국가에 선전함	**Ⅱ. 비호의적 적합** [예] · 헝가리산의 승용차 · 중국산의 카메라 · 필리핀산의 시계 <전략적 시사점> · 원산지 이외의 이점을 역설함 · 원산지 국가와 무관한 브랜드제휴 · 호의적 적합성을 보유한 파트너와 합병사업을 시행함 · 국가별 이미지를 높이는 커뮤니케이션을 전개함
중요하지 않음	**Ⅲ. 호의적 부적합** [예] · 일본산의 맥주 <전략적 시사점> · 제품범주 이미지를 형성하는 모든 차원의 중요도를 변화시킴 · 소비자에 의한 수정모형이 사용되는 상품선택과정이 되면 원산지 국가의 선전은 제2의 거점에 이전시킴	**Ⅳ. 비호의적 부적합** [예] · 헝가리산의 맥주 <전략적 시사점> · 원산지 국가를 무시하고 원산지 국가의 정보를 기입하지 않음

자료원: Roth, M. S. and J. B. Romeo(1992), "Matching Product Category and Country Image Perceptions: A Framework for Managing Country of Origin Effects", *Journal of International Business Studies*, Vol. 23, No. 3, p. 145.

(1) 호의적 적합전략

세계 소비자에 의해 지각되는 국가의 경쟁력은 특정 제품범주에서 중요한 제품 특성이 이점이 되고 있지만, 해당 제품과 원산지와는 호의적인 적합관계에 있다.

이 경우 소비자의 구매의도를 높이는데 해당 제품의 생산기업이 원산지 국가를 전면적으로 선전하는 것이 좋다. 승용차는 일본 제품, 시계는 스위스 제품이라는 소비자로부터의 평가를 받고 있다. 포장은 제품 자체에도 상표의 원산지 국가를 표시하면 소비자 태도에 이러한 상표효과를 누릴 수 있다. 호의적인 적합관계의 소재국은 글로벌 기업이 잠재적으로 매력을 갖는 제조거점 입지가 된다.

(2) 비호의적 적합전략

제품 특성이 구매의도를 좌우하는 경우 중요한 것은 국가의 경쟁력이 지각되지 않을 때 그 중요한 제품 특성에 국가의 경쟁력이 결합되지 않는다는 것이다. 이 사례에서는 제품과 원산지 국가와의 사이에 비호의적인 적합이 발생한다.

이 경우 원산지 국가의 정보는 제품 평가의 저해요인이 된다. 따라서 광고에서는 상표의 생산국 이외에 제품의 중요한 이점을 강하게 소구해야 한다. 호의적인 접합을 나타내는 국가와의 합작투자를 검토하는 것도 하나의 전략이다. 예를 들어, 헝가리의 기업이 독일계 합작 파트너와 자동차의 제조 및 마케팅을 실시하면 이익을 얻을 수 있다.

또 하나의 장기적 전략으로서 비호의적인 이미지를 갖고 있는 기업은 개별 이미지에 관한 지각을 변화시키는 캠페인을 전개하면 좋다. 캠페인의 목적은 그 국가에 대해 소비자가 부정적인 이미지를 갖고 있는 경우 소비자 이미지를 새롭게 변화시키는 것이다. 중국의 제조기업의 경우 중국 제품의 디자인이나 품질이 우수하다고 생각하는 소비자들이 적기 때문에 선진 외국과 합작을 통해 소비자 이미지를 새롭게 변화시킬 수 있다.

(3) 호의적 부적합전략

일본 제품 맥주의 경우 국가 이미지는 좋지만, 그것이 특정 제품범주에서 중요한 것이 되지 못하면 제품과 원산지 국가와는 호의적인 부적합이 발생한다. 해당 국가의 제품에 대한 세계 소비자들의 평가가 좋지 않은 경우는 개별 이미지와 제품이미지가 호의적 부적합이 비호의적 적합성보다는 효과가 있을 수 있다.

이 경우 제품이미지에 대한 소비자 지각의 중요성을 변화시키는 것이 급선무이다. 일본의 맥주회사는 제품혁신에 의해서 주조한 맥주의 맛을 높이고 있는 것을 선전할 수 있다. 그러나 일반적으로 맥주의 제품혁신은 중요성이 적다고 생각하는 소비자들까지 어떤 영향을 받아서 맥주라는 제품범주에 있어서 제품혁신은 구매에 반드시 결부되는 중요한 차원이라고 보지 않는다.

이 경우 소비자 구매의사결정이 보수적이라면 제품구매 욕구와 제품이미지의 사이에 부적합하여 소비자가 국가를 좋다고 평가하고 있는 경우, 원산지 국가의 정보를 전달하면 총체적인 상표 평가를 호전시킬 수 있다.

여기에서 요점은 국가의 호의적인 이미지가 제품이미지에 직결되지 않기 때문에 국가별 해당국 제품이 저평가의 원인이 되고 있는 장점을 제품속성에 포함하여 제품범주나 이미지를 형성하는 모든 속성을 조합하는 소비자에게 이점을 제시하는 것이다.

(4) 비호의적 부적합전략

제품 특성이 중시되려면 국가 경쟁력이 지각되지 않으면 제품과 원산지 국가와의 관계에 비호의적 부적합이 발생한다. 원산지 국가는 마케팅전략에 부정적이기 때문에 원산지 국가의 정보는 표시하지 않는 것이 좋다.

이상과 같이 제품특성의 차원과 국가별 이미지 차원의 적합관계에 대해 원산지 국가의 효과를 논의했지만, 글로벌 기업의 생산과 마케팅 활동이 글로벌 시장에 침투하고 있는 오늘날에는 원산지 국가의 효과를 보는 생산국 효과를 연구대상으로 포함시켜야 한다.

2) 원산지 효과전략

글로벌 소비자들은 일반적으로 제품평가에 있어서 그 제품의 원산지에 의존하는 경우가 더욱 강하다. 대부분의 소비자들은 가격이 큰 차이를 보임에도 불구하고 프랑스 샴페인을 더 선호하고 스위스 시계를 더욱 선호한다. 이러한 원산지 효과의 의미를 보면 다음과 같다.

- 원산지 효과는 국가와 제품의 결합에서 나타난다.
- 원산지 효과는 소비자의 정보에 따라 좌우된다.
- 원산지 효과는 상표 부착에 따라 좌우된다.

이렇듯 소비자들은 제품에 대한 평가기준으로 원산지 국가의 문화적 코드에 의해 영향을 많이 받고 있다. 이러한 원산지 효과에 대한 연구에서는 다음과 같은 요소를 제시하고 있다.

- 원산지 효과는 시간의 흐름에 따라 영향력이 변화한다. 이는 해당 국가에 대한 호감도, 이미지 및 품질의 향상에 의해 변화한다.
- 글로벌 소비자들은 수입품보다는 국내 제품을 더 선호하는 경향이 있다.
- 이러한 효과는 본사의 위치보다는 제조공장의 위치가 더 중요한 것으로 나타나고 있다.
- 글로벌 소비자들은 어떤 제품의 상표명이 생소하거나 잘 모르면 원산지를 구매평가의 기준으로 이용하는 경향이 있다.
- 원산지 효과는 제품의 범주에 따라 영향력이 달라진다.

제 4 절 글로벌 상표전략

1. 상표의 개념

상표는 제품이나 서비스를 경쟁자의 것과 차별화하기 위한 이름 · 상징 · 디자인 또는 이들의 조합이라고 정의된다. 상표는 상징마크 · 등록상표 등 시각적인 부분과 청각적으로 듣는 언어적 부분의 결합으로 구성된다. 즉, 상표는 제품을 경쟁사의 제품과 차별화시키는 얼굴이다. 공장에서 만드는 것은 제품이지만, 그 제품의 품질은 상표에 반영되어 나타나 그 제품에 대한 이미지와 인지 또는 상표에 반영된다.

기업은 좋은 품질의 제품을 개발하며 자사의 제품에 가격을 정하고, 그 제품이 소비자들의 손으로 전달하도록 유통을 결정하며, 제품의 빠른 확산을 위하여 끊임없이 촉진활동을 하면서 소비자들에게 자사 상표에 대한 호의적인 반응을 창출할 수 있어야 시장점유율을 높이고 시장지배를 가능하게 한다.

2. 주문자상표생산과 현지상표전략

1) 주문자상표생산전략

주문자생산은 한국의 주된 수출방식이었다. 현재에도 해외시장 진출방법의 하나로 쓰이고 있는 것으로 기술과 마케팅 능력이 부족한 기업들은 선진국 기업들에게 생산기술을 제공받고, 이러한 기술로 생산된 제품을 그들의 상표로 생산 납품하여 판매하도록 하는 것이다. 이러한 주문자상표생산전략은 다음과 같은 장점이 있다.

- 생산에 전념하면서 첨단기술을 학습할 수 있다.
- 글로벌화의 초기 단계에 있는 기업들은 위험을 최소화하면서 해외시장에 대한 경험을 축적해 갈 수 있다
- 기존 생산시설의 가동률을 제고하여 생산원가를 낮출 수 있다.
- 수출관련 정부정책 지원의 혜택을 누릴 수 있다.

그러나 주문자상표생산전략은 장기적인 측면에서는 다음과 같은 단점이 있다.

- 일반적으로 주문자상표생산은 저가 생산능력에 경쟁우위를 두고 있기 때문에 저가격이 경쟁력의 원천으로 작용하는 경우에는 장기적으로는 실패할 가능성이 높다.
- 주문자상표생산을 위하여 대규모 생산시설을 갖추어야 하는 경우에는 가격협상에 있어 힘의 불균형이 존재할 가능성이 있다.
- 기술이전과 마케팅 능력의 배양이 곤란하다는 점이 있다. 이는 이전되는 기술 자체가 조립기술에 불과하기 때문에 부가가치를 창출할 수 있는 핵심기술의 이전은 불가능하다. 한국 신발기업들은 1970~1980년대 주문자상표생산을 통해서 신발생산기술을 이전 받았지만, 현재 필요로 하는 디자인기술이나 핵심기술을 이전 받는 데는 한계가 있다.
- 주문자상표생산전략의 부메랑효과가 나타날 수 있다. 주문자상표생산전략의 의존도를 높이다 보면 글로벌마케팅에서 중요시되는 생산-마케팅 전문성을 연마할 기회를 가질 수 없고 시장점유율도 없어 글로벌마케팅을 성공하기 어렵다.

2) 현지 상표전략

현지상표전략은 진출국에 따라 상이한 환경요인을 반영하여 상이한 상표를 도입하는 전략이다. 상표는 현지국의 법적 규제에 따를 수밖에 없기 때문에 법적 규제가 심한 경우에는 현지 상표전략이 유일한 전략이 될 것이다.

3. 글로벌 상표자산전략

마케팅 활동은 근본적으로 창의성을 발휘하여 신제품을 개발하여 제품화시키는 과정에서 상표를 붙여 소비자들에게 전달되면서 이루어진다. 여기서 연구개발에 엄청난 투자를 하여 좋은 제품을 개발하기 위하여 연속적인 혁신을 유도하는 것은 중요하지만, 이는 제품이 가지고 있는 유형의 속성을 창출하는 활동이며, 창출된 제품이 무형의 속성을 지니고 소비자들의 마음속에 상표파워(brand power)를 지니는 것은 생산과 다르게 마케팅이 지니고 있는 고유한 소프트기술을 요구한다.

상표파워는 하루아침에 만들어지는 것이 아니라 경쟁자들보다 지속적이고 차별적 우위를 누리려는 장기적인 투자의 결과로 나타난다. 글로벌 상표가 기업 활동에서 얼마나 중요한가를 증명하는 SONY회사의 모리타 아끼오 사장의 사례가 있다. 그는 기업이 성장하는 초기단계에서 미국 블로바회사의 주문자상표생산 방식의 수출제의를 거절하면서 얼굴 없는 제품의 판매를 거절하고 장기적인 강한 상표를 세계에 알리려는 상표보호 사례로 잘 알려져 있다. 상표자산 세계 1위인 코카콜라의 자산은 유형의 공장시설보다 오래 동안 구축한 코카콜라 상표자산에 있다.

기업실체와 기업이미지, 제품이미지, 상표이미지 등 이미지가 가지고 있는 무형자산에 대한 관심과 함께 이러한 상표이름이 가지고 있는 가치인 상표자산(brand equity)에 대한 마케팅의 관심이 지대하게 나타나고 있는 것은 당연한 것이다. 이 분야의 아커(Aaker 1990)는 상표자산은 〈그림 9-8〉과 같이 다섯 가지를 구성한다고 주장하고 있다.

상표는 기업의 무형자산(invisible asset)으로서 상표가치를 기르는 일은 기업의 전략적 관리의 대상이 되고 있다. 강한 상표파워를 지니고 있는 글로벌 기업들은 강한 상표명을 이용하여 제품의 시장침투를 용이하게 하고 있다.

〈그림 9-8〉 상표자산의 구성요소

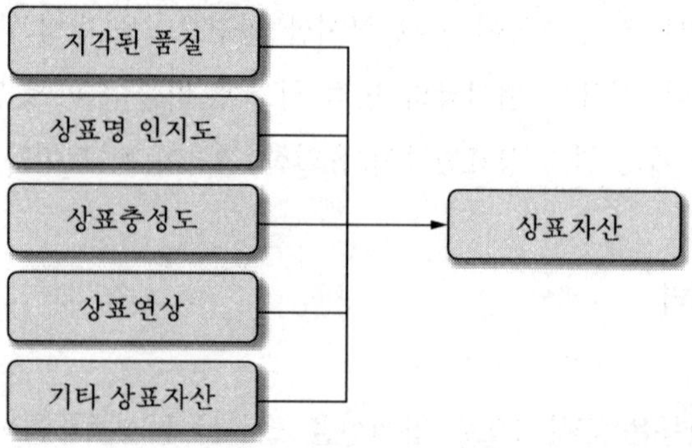

결국 경쟁에서 기업이 이기고 성장할 수 있다는 것은 많은 소비자들에게 자사의 상표만을 선호하여 상표충성도를 높이고 다른 기업 상표를 선호하는 소비자들로 하여금 자사 상표를 선호하여 선택할 수 있도록 상표변경(brand switching)을 하는 소비자들의 수를 증가시키면서 시장점유율을 확대시키는데 있다.

기업이 성공적인 광고를 하고 있다는 것은 잠재 소비자들의 마음속에 다른 기업과 다른 차별화된 요소를 가지고 파고들 수 있다는데 있으며, 이는 상표이미지, 상표인지도, 상표연상도, 상표충성도를 높이는 결과를 가져다주며 시장점유율 확대와 성장의 결과로 나타난다.

4. 세계 50대 상표파워

세계적 상표 컨설팅업체인 영국의 인터브랜드사(Interbrand)는 〈표 9-1〉에서 보는 바와 같이 2007년 7월 상표가치가 높은 글로벌 기업의 상위 100개 기업의 상표를 조사한 결과를 발표하였다. 이들의 상표가치는 기업의 재무제표와 전문가 보고서를 근거로 미래수익 잠재력을 수치화한 것이다.

영국의 유명상표 가치평가 전문기관인 인터브랜드 그룹은 2007년 발표한 코카콜라의 상표가치가 653억 달러에 이른다고 발표하였다. 어디서 이런 엄청난 상표가치가 창출되는 것일까? 코카콜라의 대문자 C가 여러 개 들어간 필기체로 그려진 지금의 코카콜라 로고는 1886년 코카콜라를 처음 개발한 존 팸버튼 박사의 동업자 프랭크 로빈슨이 처음 만들었다. 이 로고는 1백년이 지난 지금까지 거의 바뀌지 않고 있다.

〈표 9-1〉 세계기업의 50대 상표자산 가치

Rank 2007	Brand	Brand Value 2004 ($m)	change	Country
1	Coca Cola	65,324	-3%	미국
2	Microsoft-Windows	58,709	3%	미국
3	IBM	57,091	2%	미국
4	General Electric	51,569	5%	미국
5	Nokia	33,696	12%	스웨덴
6	Toyota	32,070	15%	일본
7	Intel	30,954	-4%	미국
8	McDonald's	29,398	7%	미국
9	Disney	29,210	5%	미국
10	Mercedes	23,568	8%	독일
11	Citibank	23,443	9%	미국
12	Hewlett-Packard	22,197	9%	미국
13	BMW	21,612	10%	독일
14	Marlboro	21,283	0%	미국
15	American Express	20,827	6%	미국
16	Gillette	20,415	4%	미국
17	Louis Vuitton	20,321	15%	프랑스
18	Cisco	19,099	9%	미국
19	Honda	17,998	6%	일본
20	Google	17,837	44%	미국
21	Samsung Electronics	16,853	4%	한국
22	Merrill Lynch	14,343	10%	미국
23	HSBC	13,563	17%	영국
24	Nescafe	12,950	4%	스위스
25	Sony	12,907	10%	일본
26	Pepsi	12,888	2%	미국
27	Oracle	12,448	9%	미국
28	UPS	12,013	12%	미국
29	Nike	12,004	10%	미국
30	Budweiser	11,652	0%	미국
31	Dell	11,554	-6%	미국
32	JP Morgan	11,433	12%	미국
33	Apple	11,037	21%	미국
34	SAP	10,850	8%	독일
35	Goldman Sachs	10,663	11%	미국
36	Canon	10,581	6%	일본
37	Morgan Stanley	10,340	6%	미국
38	IKEA	10,087	15%	스웨덴
39	UBS	9,838	13%	스위스
40	Kellogg's	9,341	6%	미국
41	Ford	8,982	-19%	미국
42	Philips	7,741	15%	네덜란드
43	Siemens	7,737	-1%	독일
44	Nintendo	7,730	18%	일본
45	Harley-Davidson	7,718	0%	미국
46	Gucci	7,697	8%	이탈리아
47	AIG	7,490	New	미국
48	e-Bay	7,456	10%	미국
49	AXA	7,327	New	프랑스
50	Accenture	7,296	8%	미국

자료원: http://www.interbrand.com, 2007. 7.

전체적으로는 상위 100개 기업 중 미국 기업이 53개 기업으로 과반을 넘었으며, 유럽에서는 독일 10개 기업, 프랑스 9개 기업, 영국 5개 기업, 스위스 4개 기업, 네덜란드 3개 기업, 이탈리아 2개 기업, 스웨덴 1개 기업, 스페인 1개 기업, 핀란드 1개 기업으로 36개 기업이 올랐으며, 일본은 도요타, 혼다, 소니, 닌텐도, 캐논, 파나소닉, 렉서스, 닛산 등 8개 기업이 올라있어서 세계 경제에서 일본이 차지하는 위상에 비해 세계적인 상표로 진입을 시작한 것으로 나타났다.

한국은 3개 기업으로 삼성전자가 21위에 올라 상표가치는 168억 달러로 가장 큰 성장률을 기록한 것으로 나타났고, 현대자동차가 72위로 상표가치는 44.5억 달러를 기록하였고, LG전자가 97위로 상표가치는 31억 달러를 기록한 것으로 나타났다.

제 5 절 글로벌 상표확장전략

높은 상표자산을 가지고 있는 글로벌 기업은 아직 인지도가 낮은 신제품을 창출하였을 때 이전의 다른 제품군에 붙여진 상표를 그 제품군으로 확장 사용하는 상표확장(brand extension)전략을 가능하게 하고, 기존 상표명과 확장 상표명 사이의 적합성에 성공하면 상표연상, 품질연상, 상표인지를 강화시켜 지속적인 경쟁우위를 보장해 준다. 즉, 상표확장전략은 신제품을 개발하였을 때 새로운 상표를 개발치 않고, 기존에 상표자산을 확보하고 있는 상표를 부착함으로써 비용절감을 하려는 전략이므로 강한 상표명을 가지고 있는 글로벌 기업들이 많이 사용하고 있는 전략이다.

1985년 실시된 닐슨 조사에 의하면 미국 소매점에 소개된 신제품 가운데 40% 이상이 상표확장 제품이었고, 1994년 실시한 조사에서는 상표확장 제품 외에 동일 제품군 내의 상표확장 제품까지 포함하면 신제품의 96%를 차지하는 것으로 나타났다. 글로벌 기업들이 만들어 내는 제품들은 세계 전역으로 확산되어 사용된다. 한국시장에서 인지도가 높은 글로벌 상표들은 〈표 9-2〉와 같다.

〈표 9-2〉 한국에서 글로벌 상표의 인지도 순위

산 업	순 위
자동차	벤츠, BMW, 볼보, 포드, 크라이슬러, 도요타, 혼다
전자제품	소니, 필립스, 파라소닉
컴퓨터	IBM, 애플, 매킨토시, 마이크로소프트, 휴렛패커트, 컴팩, 인텔
스포츠용품	나이키, 아디다스, 휠라, 리복, 폴로, 르까프, 아식스
화장품	샤넬, 랑콤, 크리스찬디올, 시세이도, 존슨앤존슨, 에스테로데, 피에르가르뎅
의 류	버버리, 폴로, 게스, 베네통, 리바이스, 피에르 가르뎅
유통업체	까르푸, 월마트, E마트, 킴스클럽, 세븐일레븐, 마크로, 프라이스 클럽
항 공	일본항공, 노스웨스트, 유나이티드, 캐세이퍼시픽, 싱가포르, 에어프랑스, 델타

글로벌 지향기업들이 택하고 있는 글로벌 상표전략은 1~2개 세계적인 상표를 개발하여 집중적으로 키우는데 국한하지 않는다. 때로는 현지 상표나 OEM이라 불리는 주문자상표 생산방식을 선택하기도 한다. 글로벌 상표전략은 이들 전체를 포괄하여 펼쳐지는 전략이다. 〈표 9-3〉은 우리에게 잘 알려진 글로벌 기업들이 현지 상표를 이용하고 있는 것을 알 수 있다.

〈표 9-3〉 글로벌 상표 이용현황

	전체 상표 수	50 % 이상의 시장에 진출한 상표 수	1개 국가에서만 사용되는 상표 수
Colgate	163	6 (4 %)	59 (36 %)
Kraft	238	6(3 %)	104(44 %)
P & G	217	18 (8 %)	80 (37 %)
Quaker	143	2(1 %)	55(38 %)
Unilever	471	17(4 %)	236(50 %)

자료원: Boze, Betsy V. and Charles R. Patton(1995), The Future of Consumer Branding as Seen from the Picture Today, *Journal of Consumer Marketing*, vol. 12(4), p.22.

제6절 글로벌 인터넷 상표전략

역사적으로 대규모 대중매체로서 책, 신문 또는 잡지를 포함한 정기간행물, 라디오, TV 그리고 인터넷 등이 나타났다. 인터넷이 가지고 있는 양방향성(interactivity)은 어느 매체도 가지지 못한 강력한 것이다.

양방향성은 사용자가 지시사항을 입력하면 사이트에서는 사용자가 원하는 방식대로 요구한 정보를 전달하는 것을 말한다. Amazon.com에 주제어를 입력하면, 그 주제에 맞는 책의 리스트가 화면에 나타난다.

저자나 책 목록으로도 할 수 있는데 이러한 양방향성이 장기적으로 인터넷 상표명의 성공에 결정적인 역할을 할 것이다. 인터넷 분야에서 선도 기업으로서 소비자들의 마음속에 자리 잡고 있는 기업들을 보자.

- 인터넷에서 가장 성공적인 정보사이트를 만들어낸 것은 ABC, NBC, CNN, 뉴욕타임스, 월스트리트 저널, 타임, 비즈니스위크, 뉴스위크가 아니라 야후(Yahoo)나 구글(Google)이다.
- 인터넷에서 가장 성공적인 서점을 만들어낸 것은 Barnes & Noble, Waldenbooks, Borders가 아니라 Amazon.com이다.
- 인터넷에서 가장 성공적인 경매사이트를 만들어낸 것은 Sotheby's, Christie's가 아니라 eBay이다.
- 최고의 인터넷 서비스 제공업체는 AT & T, Microsoft, Cable vision이 아니라 America Online이다.

아마존은 세계에서 가장 큰 강이고, Amazon.com은 '지구촌 최대의 서점(Earth's biggest bookstore)'이라고 사이트를 PR하여 충격을 주면서 감정을 움직인다. 이 문구는 사업 분야를 확실하게 말해 주고 있을 뿐만 아니라 그 분야에서 자신이 리더임을 강하게 주장하고 있다.

인터넷 서점에서 Borders나 Barnes and Noble이 추월하지 못할 뿐만 아니라 격차를 좁힐 것 같지 않다면, Amazon.com의 사이트를 그대로 따라 하지 않고 경영,

경제 서적 전문업체 등 분야를 특성화시켜 새로운 분야에서 1인자가 되는 전략을 짜는 쪽으로 수정할 필요가 있을 정도로 Amazon.com의 상표파워는 경쟁자들에게 영향을 미치고 있다.

컴퓨터 기업인 Dell.com은 창업자의 이름을 상표명으로 사용하면서 델회장이 언론의 주목을 받으면서 상표에 혜택을 주고 있다. 경쟁사인 컴팩과 다른 점이다. 델(Dell)은 오직 하나의 PC라는 하나의 제품만을 생산, 직접 판매라는 오직 하나의 유통방법을 이용하여 하나의 시장만을 공략하여 오늘날 PC분야에서 IBM을 능가하고 있다.

[사례 9-1] 델컴퓨터의 저가 주문제품전략

Ⅰ. 서 언

2002년에 시작된 저가형 PC를 대표하는 델컴퓨터와 게이트웨이의 창업자들 사이에 치열한 경쟁은 우리들의 관심을 끌었는데, 이들은 델컴퓨터(Dell Computer)의 마이클 델과 게이트웨이(Gateway)의 테드 웨이트이다. 이들은 1980년대 PC시장의 무한한 발전가능성을 예상하고 벤처사업을 시작하였고 억만장자가 되었다.

Ⅱ. 델과 게이트웨이의 출현

1. 델컴퓨터

1) 델컴퓨터의 출현

마이클 델은 1984년 열 아홉 살의 나이에 텍사스대학의 기숙사 방에서 1,000달러로 델컴퓨터를 창업하였다. 그는 중간상을 배제하고 소비자들에게 직접 컴퓨터를 팔면

돈을 벌 수 있을 것이라는 생각을 하고 이 사업을 시작하였다. 그는 소비자들을 직접 상대함으로써 그들의 욕구를 정확히 파악할 수 있고, 그 결과 저가형 PC로 소비자들이 원하는 컴퓨터를 공급할 수 있을 것이라는 생각을 하게 되었다. 델컴퓨터는 창업 후 3년이 지난 1987년에 영국에 지사를 개점하면서 글로벌 시장으로 진입하였다.

2) 델컴퓨터의 시장점유율 상승

경기침체는 델컴퓨터에게 시장점유율을 높일 수 있는 행운의 기회로 작용하였다. 4년 동안 델컴퓨터의 세계시장 점유율은 8 %에서 15 %로 증가하였다. 이러한 시장점유율의 상승은 델컴퓨터의 저가격전략을 강화하면서 고비용 위주의 라이벌 기업들에게 압박을 가한 덕분이었다.

2002년 5월 휴렛패커드가 컴팩을 인수하면서 델컴퓨터를 제치고 세계 최고의 PC제조업체로 부상하였다. 그러나 2003년 델컴퓨터의 시장점유율은 13.1 %에서 14.9 %로 상승한 반면에 휴렛패커드는 합병전의 18.3 %였던 시장점유율을 지키지 못하고 14.9 %로 떨어졌다. 그리고 2003년 말에 델컴퓨터의 시장점유율은 18.3 %, 휴렛패커드는 15.7 %를 기록하고 있다.

델컴퓨터와 게이트웨이는 직접적인 경쟁자이다. 이들은 모두 인터넷 마케팅을 주로 하는 업체이기 때문이다. 이들의 차이점이 있다면 게이트웨이가 수백 개의 '게이트웨이 컨트리' 매장이 있어서 고객들이 실제로 매장에서 PC를 평가해 보고 구입할 수 있다는 것이다. 이러한 시스템이 구비되어 있는데도 불구하고 게이트웨이는 델컴퓨터에게 가격경쟁력에서 밀렸다. 따라서 2001년 60억 달러의 매출을 기록하였으나〈표 1〉, 10억 달러의 손실을 기록하며 위기를 맞이하고 있다〈표 2〉.

〈표 1〉 최상위 경쟁기업의 시장점유율 (단위: 백만 달러)

		2000	2001	2002	2003
델컴퓨터	매출	31,888	31,168	35,404	41,444
	시장점유율	35.3 %	37.8 %	57.6 %	62.7 %
게이트웨이	매출	9,252	5,937	4,171	3,402
	시장점유율	10.6 %	7.4 %	6.8 %	5.2 %

주) 델컴퓨터: 다음해 1.31일, 게이트웨이 : 12.31일, 휴렛패커드 : 10.31기준. 휴렛패커드는 PC부문에 한정. 자료 : 각사 Annual Report.

〈표 1〉은 각 기업의 경쟁력 변화를 잘 보여주고 있다. 델컴퓨터는 지속적으로 경쟁력이 강화되고 있는 반면에, 다른 기업들의 경쟁력은 하향곡선을 그리고 있다. 2001년 델컴퓨터는 눈부신 성장을 하였음을 보여주고 있다.

〈표 2〉 델컴퓨터와 경쟁기업의 순익 비교 (단위: 백만 달러)

		2000	2001	2002	2003
델컴퓨터	순익	2,236	1,246	2,122	2,645
	3기업의 비중	37.0 %	66.6 %	100 %	99.3 %
게이트웨이	순익	253	-1,014	-297	-514
	3기업의 비중	4.2 %	의미없음	의미없음	의미없음

주) 델컴퓨터 : 다음해 1.31일, 게이트웨이 : 12.31일, 휴렛패커드 : 10.31 기준. 휴렛패커드는 PC부문에 한정.

자료원 : 각사 Annual Report.

2. 게이트웨이

게이트웨이는 1985년 테드 웨이트에 의해 창업되었다. 그는 친구 마이크 해먼드와 1만 달러로 시골의 집에서 중고 컴퓨터 사업을 시작하였다. 그의 사업은 직접 고객들과 거래를 터서 고객의 필요와 욕구에 맞게 최저 가격에 최고의 가치 있는 컴퓨터를 제공한다는 사고에서 시작하였다.

게이트웨이는 창업 첫 해 10만 달러의 총수익을 기록하였고 예상을 초월한 성장이 계속되었다. 1989년에는 컴퓨터 분야 최초로 인터넷 판매를 시작하였다. 1992년에 웨이트는 고객에게 추가비용 없이 소프트웨어를 선택하게 하는 제도를 도입하였다. 그러나 시장점유율은 계속 하락하여 델컴퓨터와 힘겨운 경쟁을 하고 있다.

웨이트는 긴축경영체제에 돌입하였고 해외 사업을 줄였다. 웨이트는 델컴퓨터와의 경쟁에서 애플 컴퓨터와의 경쟁으로 전략을 수정하였다. 이는 가격경쟁에서 델컴퓨터를 대응할 수 없다는 판단에서였다.

Ⅲ. 델컴퓨터의 경쟁우위전략

1. 저 비용구조전략

델컴퓨터는 다른 기업들이 개발해 놓은 기술에 의존하여 저가격 컴퓨터를 범용상품으로 변화시키면서 고가격 상표를 시장에서 밀어냈다. 델컴퓨터의 저가격 전략은 대적할 기업이 없었으며, 이러한 저가전략에도 불구하고 델컴퓨터는 높은 수익을 기록하고 있다.

델컴퓨터는 2001년 연구개발을 비롯한 운영비용이 10 %에 불과한데, 이 비율은 컴팩이 20 %, 게이트웨이가 21 %, 휴렛패커드가 22 % 그리고 시스코의 경우 45 %에 이르고 있다.

델컴퓨터는 어떤 기술이 개발된 후 그것이 표준화되고 가격이 저렴해지고 나면, 그 기술을 이용하여 시장에 진출하는 전략을 쓰기 때문에 연구개발 비용을 절약할 수 있다.

2. 우수한 마케팅전략

2000년 델컴퓨터는 광고에서 스티븐이라는 인물을 등장시켜 졸업기념으로 델컴퓨터를 사달라고 조르는 과정을 보여주었다. 이 광고를 통하여 젊은 PC사용자들 사이에 델컴퓨터의 인지도와 인기가 높아졌다.

2002년 후반 델컴퓨터는 광고에서 스티븐을 빼고 젊은 '델 인턴사원들'을 내세웠다. 이 광고도 젊은 층을 표적으로 하고 있다. 또한 델컴퓨터는 전국의 대형 쇼핑몰에 특별전시 공간을 마련하였다. 이러한 전시공간의 운영으로 델컴퓨터는 임대료를 일반 매장보다 적게 내면서 큰 성과를 거두고 있다.

3. 가격경쟁전략

2002년 크리스마스를 앞두고 PC제조업체들은 가격을 낮추기 시작했다. IBM이나 휴렛패커드처럼 고가격 시장을 겨냥하는 대기업들도 저가격 위주인 델컴퓨터를 따라 가격을 낮추기 시작한 것이다. 이는 PC업계에 가격경쟁을 촉발하였다.

휴렛패커드는 중간상을 거치지 않고 소비자들과 직거래를 하는 노력을 증가시켰다. 이러한 경쟁기업들의 파격적인 할인혜택과 맞서기 위해 델컴퓨터는 딜러들을 대상으로 무상표 PC를 판매하기 시작하였다.

Ⅳ. 결 론

2002년 말 PC시장에서 가격경쟁이 시작되었다. 이는 가격인하로 인하여 궁극적으로는 모든 기업이 파멸로 갈 수밖에 없다. 어떤 기업이 제반 비용을 줄여서 제품의 가격을 경쟁기업과 비교할 수 없을 정도로 낮출 수 있고, 다른 경쟁기업이 따라올 수 없다면 이 전략은 하나의 마케팅전략이 될 수 있다. 기업들이 저가격 전략을 사용할 수 있다면, 적자생존의 분위기를 조성하여 기업에게는 최대의 효율성을 보장해 주어서 좋고, 고객은 가격이 낮아서 좋은 마케팅전략이라 할 수 있다.

생각해 볼 문제

1. 델컴퓨터와 게이트웨이의 경쟁에서 델이 승리한 결정적인 요인은 무엇이라고 생각

하는가?

2. 2000년 경기가 하향곡선을 그리고 있을 때 델컴퓨터는 가격경쟁을 시작한다. 델컴퓨터의 결정은 잘한 것인가에 대해 논의해 보자.

3. IBM, HP 등의 경쟁자들과 델은 어떠한 차별적인 요소를 가지고 경쟁하고 있는지를 인터넷 등을 조사하여 토의하여 보라.

[사례 9-2] 스타벅스의 글로벌 상표전략

Ⅰ. 스타벅스의 탄생

1971년 스타벅스(Starbucks)는 커피 애호가들이 집에서 커피를 만들어 마시는 고급커피를 판매할 목적으로 시애틀에서 최초 점포를 개점하였다. 이 시기에 미국에서는 대부분의 커피가 비용절감을 최우선시 하여 제공되었고 소비자들이 슈퍼마켓에서 직접 커피를 구입하였다. 따라서 스타벅스는 전문점에서 신선하고 풍부한 맛과 향을 제공하는 개념의 커피를 제공한다는 혁신적인 아이디어를 생각하였다.

1983년에 미국 워싱턴주 시애틀에서 그라운드 커피를 팔던 스타벅스의 사장 하워드 슐츠는 이탈리아 여행에서 밀라노 길가의 수많은 에스프레소 바를 보고 이러한 개념을 미국에 도입할 것을 결심하였다. 그는 이탈리아인들이 '바리스타'라 불리는 조리사가 원두커피를 우유와 섞어 증기를 낸 다음 거품을 덮어 내놓으며, 고객들과 대화를 나누면서 시간을 보내는 동네 사랑방 구실을 하는 커피전문점의 모습을 보았다. 정열적으로 일하는 바리스타와 고객들 사이의 공감대를 형성한 친분관계가 있는 듯 보였다.

하워드 슐츠는 1987년 정식으로 인수한 스타벅스에 이러한 개념을 도입하였다. 스타벅스는 독특한 문화공간을 창출할 수 있을 것이라는 확신을 갖고 사업 착수를 건의한 것이다. 이러한 아이디어는 스타벅스가 세계적 커피체인으로 성장하는 계기를 마련하였다. 스타벅스가 이렇게 단기간에 강력한 브랜드를 구축할 수 있었던 것은 무엇 때문일까?

Ⅱ. 스타벅스의 경영전략

스타벅스는 점포를 확장하는데 2가지 전략을 효율적으로 사용하고 있다. 즉, 합작투자를 이용한 파트너십과 현지화이다. 글로벌 시장에서 스타벅스의 성공은 지역 규제에 대한 지역 파트너들의 권리와 다른 나라의 특정 이슈를 발견하는 스타벅스의 능력에 있었다.

스타벅스의 2006년 말 매출액은 77.9억 달러를 기록하고, 순이익은 5억 6,430만 달러를 기록해 지난해 같은 기간보다 26%가 성장한 것으로 나타났다. 2007년 7월에 인터브랜드사가 발표한 '상표가치 톱 100'에서 88위를 기록하였다. 상표가치는 36억 달러로 전년보다 17% 성장하였다. 스타벅스는 한국, 일본, 중국 및 싱가포르에 진출하여 직영 점포를 운영하고 있다. 이제 스타벅스는 아이스크림, 서적, CD 등도 팔고 있다.

Ⅲ. 스타벅스의 상표전략

1. 상표전략

최근 미국의 거리에는 커피 잔을 들고 오가는 사람들이 눈에 띄게 늘어났다. 서해안 시애틀의 어시장 거리에서부터 워싱턴의 백악관 앞길에 이르기까지 남녀노소를 막론하고 자랑스럽게 들고 다니는 이들의 종이 잔에는 대부분 하얀 바탕에 동그란 녹색 상표인 스타벅스가 찍혀 있다.

스타벅스 커피의 상호는 소설 '모비딕'에 나오는 커피를 사랑하는 일등 항해사 '스타벅스'의 이름에서 기원한다. 스타벅스 로고에 나오는 여인상은 상반신을 벗은 반은 여자이고 반은 새의 요정으로 아름다운 목소리의 '사이렌'이라는 여인을 심벌로 선택하였다.

스타벅스의 성공비결은 조화(harmony)와 대조(contrast)가 절묘하게 교차하는 특유의 일관성 있는 스타일로 자연스럽고 환경 친화적인 요소와 현대적이고 인공적인 요소를 적절하게 결합한데 있다. 이는 미국 전역에 걸쳐 시각적인 일관성과 통일적인 외관의 창출로 소비자들의 감성을 사로잡았다.

2. 제품차별화전략

미국의 값싼 커피들이 주류를 이루고 있는 시장에서 스타벅스가 고급화전략을 시도한다는 것은 매우 위험이 따르는 일이었다. 슐츠는 최고급원두만을 제공하기 위해 세계 오지까지 커피원두를 찾으러 가며 품질에 따라 원두의 정확한 등급을 설정하였다.

스타벅스는 원두를 까다롭게 선택하는 것으로 유명하다. 그들은 항상 신선한 커피를 공급하기 위해 1주일이 넘은 원두는 사용하지 않는 철저한 품질기준을 준수함으로써 최상의 커피를 제공하였다. 또한 당일 볶은 원두만 사용하며 커피 맛의 기본이 되는 물은 특수 여과장치로 세 번 정수하여 사용한다. 매장분위기 또한 이국적인 분위기를 위해 이탈리아 전통의 에스프레소 바를 연상시키게 하였다.

스타벅스는 인간의 오감을 만족시킴으로써 문화상표로 자리 매김하고 있다. 원두의 향을 끌어내고 풍부한 커피 맛을 내며 제품의 진열과 실내 인테리어 디자인을 꾸미고, 현대 음악을 깔고 항상 청결하고 아늑한 분위기의 테이블과 의자를 배열하여 고객의 오감을 만족시키려는 문화적 노력을 하고 있다.

3. CI전략

스타벅스의 CI(Cooperate Identity)전략은 자연적인 느낌의 구성요소와 현대적인 느낌의 구성요소를 계획적으로 혼합하고 있다. 카운터와 상표디자인이 있는 부분의 밝은 나무 색조와 갈색 봉투, 긴 머리를 내려뜨리고 있는 여인상이 등장하는 초록색 로고는 환경을 의식하고 있다. 이 여인은 자연에서 갓 태어난 모습으로 현대적인 면과 중후함의 메시지를 함께 전달한다. 스타벅스의 미학은 여기에서 그치지 않고 감촉을 도입했다.

제품포장의 내용물을 매끄럽고 곧으며 단단하면서도 부드러운 느낌을 주게 만들었다. 이는 원두의 단단함과 대비돼 고객들에게 강한 인상을 심어주었다. 또 각 유형의 커피마다 상이한 시각디자인으로 포장을 장식했다. 각각의 커피는 고유한 색의 소인과 아이콘, 색채 조합 그래픽을 가지고 있다. 스타벅스의 스타일이 고객들을 끌어들이는 것은 계획되고 낯익은 시각적 요소를 깔끔하고 조직적이고 일관되게 사용하면서도 다양한 요소들을 변화시켜 시각적 자극을 주기 때문이다.

스타벅스는 미국 기업 풍토에서 개인 기업으로선 최초로 1989년부터 아르바이트생을 포함한 전체 사원에게 의료보험과 주식배정 혜택을 제공하였다. 또한 스타벅스는 기업의 분위기와 이미지에 어울리는 음악을 엄선하여 매장에서 들려주고, 또 이러한 음악이 담긴 CD를 판매하였다. 이렇게 함으로써 고객들은 스타벅스의 커피숍에서 느끼는 훈훈한 기분을 집안에서도 즐길 수 있게 하였다.

Ⅲ. 스타벅스의 글로벌화

1. 기업의 이미지전략

스타벅스의 기업사명문은 '세계에서 가장 훌륭한 커피의 최고 조달자로서의 스타벅스를 달성하고 성장으로써 확고한 원칙을 유지하는 것'이다. 다음과 같은 지침 원리는 스타벅스의 의사결정을 적절하게 측정하도록 도와준다.

- 훌륭한 작업 환경을 제공하고 서로서로 존경과 품위로 대한다.
- 비즈니스 방법에 있어서 다양성을 필수요소로 포용한다.
- 최고 수준의 기술로 신선한 커피를 매입하여 배달하고 커피원두를 볶는다.
- 고객들이 항상 만족할 수 있도록 노력한다.
- 우리 사회와 환경에 적극적으로 공헌한다.
- 수익성은 미래의 성공에 필수적이라는 것을 인식한다.

스타벅스의 목적은 세계인들의 대부분이 인식하고 존경받는 상표가 되는 것이다. 이러한 목표를 달성하기 위해서 스타벅스는 그들의 소매점 운영을 2가지 방법으로 빠르고 지속적인 확장을 계획하고 있다. 하나는 기존 시장에서 그들의 시장 점유율을 높이는 것이고, 다른 하나는 새로운 시장에 점포를 개설하는 것이다. 스타벅스의 소매 목적은 선도적 소매상이 되는 것이고, 표적시장에서 최상의 품질로 우수한 커피상표로 인식되는 것이다. 부가적으로 스타벅스는 최상의 고객서비스를 마련하고 고객충성도를 최고로 높인다.

2. 글로벌화 전략

스타벅스의 글로벌화는 각 지역별로 신뢰할 수 있는 기업에게 라이센싱을 통해서 이루어지고, 일부는 현지기업과 합작파트너십을 하고 있다. SCI(starbucks coffee international)는 라이센싱을 통한 스타벅스의 글로벌화와 상표관리를 맡고 있다.

1) 북아메리카 진출

시애틀에서 확산된 스타벅스는 고급커피숍 체인이다. 이들은 시애틀에서 가장 높은 빌딩 입구에 차린 1호 점포는 개업 반년 만에 하루 1,000명이 몰려오는 시민의 사랑방이 되었다. 2호 점포에 이어 연락선이 오가는 캐나다의 밴쿠버 여객터미널에 3호 점포를 내는 등 박차를 가한 결과 점포 당 연간 매출액이 50만 달러에 이르렀다. 시카고 점포를 포함 17개에 지나지 않던 점포는 1991년에 이미 100개를 돌파하였다.

2) 아시아 진출

현재 스타벅스는 아시아 16개국에 진출하여 있다. 즉, 일본, 싱가폴, 한국, 중국, 대만, 홍콩, 말레이시아, 인도네시아 등이다. 스타벅스는 유럽 이상으로 잠재성이 있는 아시아에 진출하고 있다. 이 지역 고객들의 수익은 그들 국가의 경제 성장률을 상회하고 있고, 그들 대부분은 서구형 라이프사이클로 개방되어 있다. 아시아에서 커피소비 성장률도 매년 20-30% 증가하고 있어서 아시아를 성숙된 시장으로 보고 있기 때문이다. 따라서 스타벅스는 아시아 운용 개발에 100만 달러를 투자하고 합작투자 파트너십에 200만 달러를 투자하고 있다.

1995년 10월 25일 스타벅스는 SAZABY와 합작투자 계약을 맺었다. 일본 합작투자 파트너십인 스타벅스커피 제팬은 소매업자와 레스토랑 판매자로써 일본에 스타벅스 소매점을 개점하는 권리를 갖고 있다. 이들의 제휴는 일본 소비자들에게 새롭고 유일한 전문커피 경험을 제공하기 위해서였다.

일본은 미국, 독일에 이어 세계에서 3번째로 큰 커피 소비국이기 때문에 스타벅스의 글로벌 확장 계획의 필수 부분이다. 일본은 또한 태평양지역에서 가장 큰 경제국이기 때문에 진출에 적당한 국가였다. 2005년 말 현재 스타벅스는 일본에 630여개의 점포를 가지고 있다.

생각해 볼 문제

1. 스타벅스가 글로벌 성공을 하고 있는 이유를 여러분이 스타벅스를 이용하고 있는 소비자의 관점에서 소비자들의 어떠한 욕구를 충족시켜 주고 있어서 성공하고 있는지를 분석하고 토의하여 보라.

2. 한국에 진출한 스타벅스의 현황에 대하여 인터넷 등을 통하여 조사하고, 스타벅스의 상표전략을 뒤따르는 한국 기업들에는 어떠한 것들이 있는지를 토의하라.

[사례 9-3] 코닥의 글로벌 상표확장전략

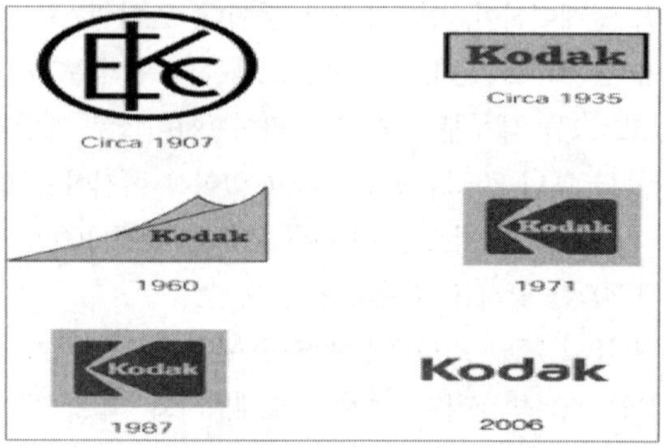

Ⅰ. 코닥의 탄생

미국의 한 빈민촌에 아버지를 일찍 여의고 어머니만 모시고 사는 조지 이스트만(George Eastman)이라는 소년이 있었다. 그들 모자는 어려운 생활을 하였지만, 조지의 어머니는 아들이 잠들기 전에 함께 손을 잡고 기도하는 일을 하루도 빠뜨리지 않았다. 어머니는 침상을 눈물로 적시며 간절히 기도했다.

조지는 사진관에 취직하여 성실하게 일하며 주인이 가르쳐 주는 기술을 열심히 배웠다. 얼마 후 조그만 가게를 내 독립하기로 했다. 1881년 사진의 대중화를 위해 조지 이스트만은 뉴욕주 로체스터에 이스트만 건판필름회사를 설립하고 간편한 휴대용 필름을 만들어 특허를 받아 팔기 시작하였다. 미국은 물론 세계 여러 나라에서 신제품에 대한 주문이 쏟아져 들어왔다. 공장을 짓고 생산라인을 늘려도 수요를 따르기 힘들었다. 이렇게 하여 필름의 대명사로 세계 시장을 석권한 이스트만 코닥(Kodak)이 시작되었다.

Ⅱ. 코닥의 상표전략

1888년 조지 이스트만은 'KODAK'이라는 상표명을 등록하였는데, 그는 'K'라는 알파벳이 소비자들에게 강렬하게 인식되고 쉽게 잊혀 지지 않는 힘이 있다고 생각하여 'K'자를 앞뒤에 붙여 KODAK이라는 상표명을 만들었다. 당시 상표명은 창업자의 이름을 붙여 사용하는 것이 일반화되어 있었지만, 소비자들에게 차별화된 이미지를 주기 위하여 'KODAK'이라 명하고 노란색을 사용함으로써 소비자들의 시선을 잡을 수 있었다.

이러한 상표명과 칼라는 코닥의 가장 값진 상표자산이 되고 있다. 코닥은 기업 상표이면서 동시에 제품상표인 구조를 가지고 있다. 모든 제품을 코닥이라는 하나의 상표명으로 커뮤니케이션함으로써 소비자들이 상표에 대한 신뢰를 할 수 있어 상표인지도를 제고시키는 상표구조를 구사하고 있다.

이러한 코닥의 전략은 저비용 대량생산, 제품 및 서비스의 국제적인 유통, 대규모적인 광고 및 선전, 고객욕구의 발굴 및 충족, 부단한 연구 활동을 통해 기업의 성장력을 육성하고, 종업원 대우의 공정성 및 자주성을 강조하며, 이윤은 영업활동의 강화와 확장에 재투자하는 것이다.

Ⅲ. 코닥의 상표확장전략

1. 가격경쟁의 심화

코닥은 필름시장에서 경쟁우위를 확보하고 있던 1990년대 전반기 동안 일본의 후지가 선보인 저가격 제품과의 치열한 경쟁으로 75~80 %였던 기존의 시장점유율이 70 %로 감소하였다. 이에 코닥은 자사 제품의 판매활성화를 위해 최초의 저가 상표인 'Funtime'과 프리미엄 상표인 'Royal Gold'를 새롭게 출시하면서 상표개편 작업을 단행하였다.

2. 상표차별화를 통한 확장전략

코닥의 이러한 상표개편 작업이 처음은 아니었다. 1988년 코닥 회사는 새로운 이름과 모양으로 새롭게 디자인된 제품으로 VR-G 필름계열을 성공적으로 대체한 적이 있었다. 1985년에 출시된 아마추어용 35㎜ 칼라필름인 VR-G 라인은 당시 가장 빠른 성장을 보이고 있던 시장을 겨냥했으며, 미국에서 전체 칼라필름 시장의 약 70 %를 점유하였다. 'Kodak Gold'라고 불렀던 이 필름의 제품포장은 눈에 띄기 쉽게 검정색에 금박으로 상표명이 새겨졌으며, 제품의 질과 특징을 나타내는 'Gold'라는 상표명은 유통과 포장의 복잡성을 줄이기 위해 세계적으로 동일하게 적용되었다.

Funtime은 소매업체들의 유통업자 상표와 경쟁사의 저가격 제품을 겨냥해서 출시되었다. 코닥의 대표적인 상표인 'Gold'에 비해 20 %정도 가격이 싼 'Funtime'은 광고도 내보내지 않고, 봄과 가을로 코닥의 기존 매장에서 수량을 한정시켜 판매하였다. Royal Gold는 기존의 프리미엄상표의 대체 제품으로 일반 Gold보다는 20~25 % 정도 높은 가격이고 기존 제품보다는 조금 낮은 가격에 책정되었다.

Royal Gold의 광고 목표는 제품의 질과 가치를 효과적으로 전달하고, 목표시장을 전문가나 그에 가까운 아마추어뿐만 아니라 일반 대중에 이르기까지 확대하는 것이었다. 사람들이 사진을 찍는 장소와 이유가 다르다는 사실을 알게 된 코닥의 한 관계자는 이러한 새로운 상표 포트폴리오가 소비자들의 사진촬영 습관에 적합할 것으로 기대하면서 다음과 같이 말하였다.

코닥은 광고에서 소비자들과 감성적인 관계를 강조하고 있다. 아기의 출생, 졸업 등 매우 소중한 추억들을 간직하고 싶으신 분들을 위해 Royal Gold 필름을 선보입니다. 저희는 아기의 웃음, 뒤뜰에서 공받기 놀이를 하는 아버지와 아들의 모습과 순간들을 담아두기 위해 계속해서 Gold 필름을 출시하고 있습니다.

3. 상표확장전략의 결과

코닥의 새로운 상표전략은 상반된 결과를 가져왔다. 1994년 Royal Gold 상표는 판매 예상 기대치를 초과하였고, 그 결과보다 많은 광고지원을 받을 수 있었다. 반면, Funtime의 판매는 기대에 못 미쳐 몇 가지 변화가 요구되었다. Funtime 제품의 포장에 필름이라는 표시가 뚜렷이 표기되지 않아 소비자들의 혼돈을 초래했고, 가격도 Gold계열과 크게 차이가 나지 않았다.

따라서 코닥은 다른 새로운 이름의 저가형 필름을 출시하기로 결정하였고, Funtime의 판매가 성공적이지 못했던 대형 할인점, 통신판매회사 등의 소매상을 표적시장으로 판매하기로 결정하였다. 코닥은 이 제품에 '사진의 즐거움을 위해서(Photos for the fun of it)'라는 광고개념을 도입하였고, 이에 부합할 수 있는 새로운 포장방법과 라벨을 도입하였다.

유통은 1년 내내 대형 양판점을 통하여 판매하기로 하였다. 코닥은 상표에 대해서는 그 판매가 활발하였던 약국과 같은 소매점에서 판매를 계속하면서 보다 많은 멀티팩을 제공하기로 하였다. 1996년 미국의 Total Research가 실시한 상표조사결과에 따르면, 미국 소비자들은 세계에서 가장 신뢰도가 높고 호평 받는 상표로 코닥을 지목하고 있다.

생각해 볼 문제

1. 코닥의 상표확장 전략의 내용에 대하여 토의하고, 후지필름과의 경쟁관계에서 이러한 전략이 어떻게 타당한가를 토의하여 보라.

2. 필름회사에서 카메라 등 새로운 제품을 출시하여 상표확장을 하고 있는 기업들의 경쟁에서 소비자들이 어떻게 반응하고 있는지를 토의하여 보라.

이 페이지는 비워 둡니다.

제1부: 기업의 글로벌 지향성과 글로벌마케팅

제1장: 한국 기업의 글로벌 지향성

제2부: 글로벌 환경 및 경쟁분석

제2장: 글로벌 거시환경 분석

제3장: 글로벌 경쟁환경 분석

제4장: 글로벌 경쟁원천 분석

제3부: 글로벌 진입 및 협력전략

제5장: 글로벌시장 진입전략

제6장: 글로벌 제휴 및 네트워킹 전략

제4부: 글로벌 STP 및 표준화 · 현지화 전략

제7장: 글로벌 시장의 STP전략

제8장: 글로벌 표준화와 현지화 전략

제5부 글로벌마케팅 믹스전략

제9장: 글로벌마케팅의 제품전략

제10장: 글로벌마케팅의 유통전략

제11장: 글로벌마케팅의 촉진전략

제12장: 글로벌마케팅의 가격전략

제13장: 글로벌마케팅의 인터넷전략

제6부: 글로벌마케팅 조직

제14장: 글로벌마케팅의 조직구조

제 10 장

글로벌마케팅의 유통전략

20세기 경제학에서 마케팅이 갈라져 나올 때 경제학에서 풀지 못한 구체적인 문제를 유통에서 언급하면서 시작되었다. 글로벌 마케팅도 다국간 생산체제가 이루어짐으로써 유통문제가 중요하게 되었다.

본 장에서는 글로벌 유통업체들의 종류에는 어떠한 것들이 있는지를 살펴보고, 글로벌 유통관리에서 가장 중요한 구성요소인 유통구조, 유통경로, 물적 유통에 대해 살펴보고 글로벌 유통이 성공하기 위한 정보기술과 공급사슬 관리에 대해 이해하고자 한다.

제 1 절 글로벌 기업의 유통경로전략
제 2 절 글로벌 유통업태전략
제 3 절 글로벌 물적 유통전략
제 4 절 글로벌 유통과 정보기술 도입전략
제 5 절 글로벌 유통과 SCM전략

사례 10-1 : 까르푸의 소매점 글로벌전략
사례 10-2 : 토이저러스의 글로벌전략

제 1 절 글로벌 기업의 유통경로전략

생산지에서 소비지까지 파이프라인을 통해 원유를 이동할 수 있는 것처럼, 기업에서 만든 제품을 소비자에게 이동시키려면 제품 이동의 파이프라인이 있어야 하는데 이를 유통경로라고 한다.

한국 기업들이 해외 지향, 현지 지향, 글로벌 지향으로 변해 가면서 제품의 유통경로가 복잡하게 변해 간다. 특히, 기업이 본국에서 생산하느냐? 해외에서 생산하느냐? 글로벌 경영으로 생산하느냐? 이러한 지향점에 따라 유통경로가 상이하다.

1. 글로벌 시장지향의 유통경로전략

〈그림 10-1〉에서 보듯이 본국에서 제품을 생산하는 경우에는 해외로 간접 수출이든, 직접 수출이든 수출경로가 필요하다.

〈그림 10-1〉 글로벌 지향의 해외수출, 해외생산 유통경로

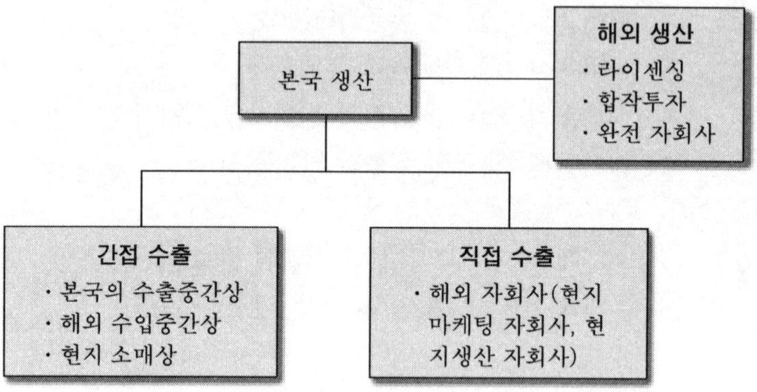

1) 간접 수출경로전략

간접 수출의 경로전략은 국내 수출 중간상, 해외 수입 중간상, 현지 소매상 등이 제품의 제조업자들에게 수출실무 서비스를 제공하기 때문에 제조업자로서는 그들을

활용하는 것이 편리하다.

이러한 유통경로는 〈그림 10-2〉에서 보듯이 여러 대안의 간접 수출경로(indirect export channels)를 활용하는 간접 수출전략을 사용할 수 있다. 이는 특정 기업이 수출 업무, 해외시장 운영 등에 대한 자체의 경험, 전문성, 투자 등이 없이도 해외시장을 개척할 수 있는 장점이 있다.

〈그림 10-2〉 간접수출의 유통경로전략

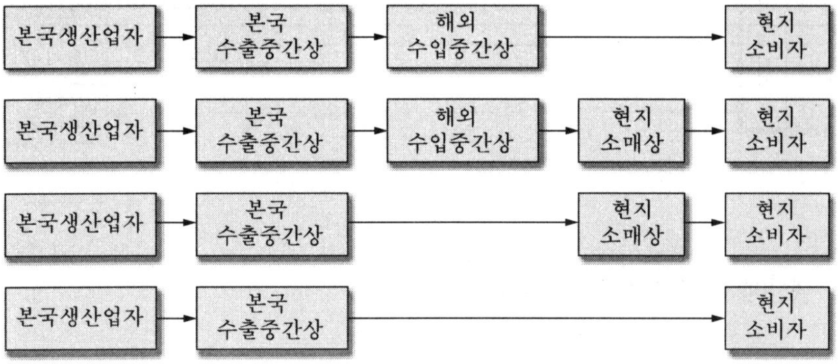

2) 직접 수출경로전략

직접 수출의 유통경로전략은 특정 제조업자가 수출 업무의 전부를 국내 수출 중간상에 위임하지 않고 직접 수행하는 것을 말한다.

〈그림 10-3〉에서 보듯이 여러 대안의 직접 수출경로(direct export channels)를 활용하는 직접 수출전략을 사용할 수 있다. 이는 특정 제조업체가 관심 있는 지역시장에 해외지사, 현지 마케팅회사, 현지생산 자회사 등을 자체 소유로 설립하여 현지 유통기구로서 활용할 수 있다.

〈그림 10-3〉 직접 수출경로전략

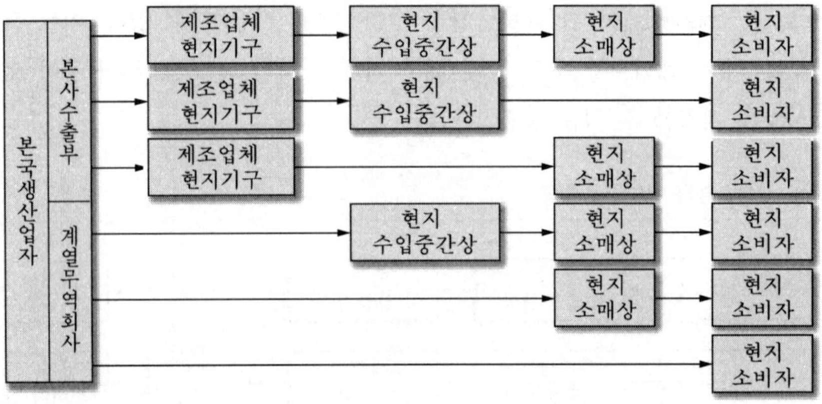

2. 글로벌 생산에 따른 유통경로 전략

글로벌 생산에 따른 유통경로전략은 〈그림 10-4〉와 같이 라이센싱에 의한 유통경로전략, 합작투자에 의한 유통경로전략, 완전 자회사에 의한 유통경로전략 등을 이용할 수 있다.

〈그림 10-4〉 글로벌 생산에 따른 유통경로전략

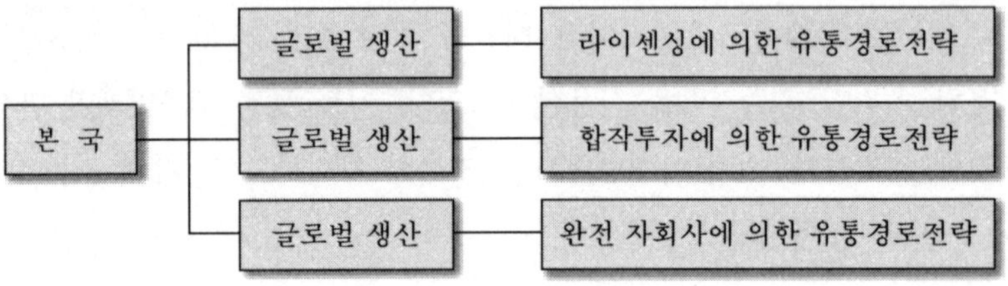

1) 라이센싱에 의한 유통경로 전략

라이센싱에 의한 유통경로전략은 특허권, 상표권, 노하우 등 무형적 재화를 통하여 그 사용권에 대한 대가로 일정한 로열티와 라이센싱료(licensing fee)를 받는다. 이러한 전략을 통하여 유통경로전략을 형성하면 자본 지출이 적고, 글로벌 시장진입 속도가 빠르며, 글로벌 시장에 대한 지식습득 및 기술이전이 빠르다는 장점이 있다.

2) 합작투자에 의한 유통경로 전략

합작투자에 의한 유통경로전략은 합작 당사자가 제조를 공동으로 담당하고 유통은 해당국 기업이 담당하는 전략으로 업무가 분담된다. 합작투자에 의한 현지 유통경로전략을 수립할 때 해외 유통기업은 일반적으로 보다 많은 이윤과 기술적 이점 때문에 합작투자를 선호한다.

3) 완전 자회사에 의한 유통경로 전략

완전 자회사에 의한 유통경로전략은 기업 활동의 글로벌화가 진전되어 글로벌마케팅의 필요성이 대두됨에 따라 나타난 전략이다. 이러한 필요성에 의해 나타난 완전 자회사를 통한 현지 유통경로전략은 해당국에서 한국 제품을 많이 수입하여 판매해온 현지 수입-유통업체를 인수하여 자회사로 설립하는 것이 좋다.

3. 글로벌지향 유통경로 전략

글로벌 시장에 제품을 성공적으로 침투시키기 위한 유통경로전략을 결정하기 위해서는 여러 요인들이 고려되어야 한다.

- 특정 국가시장의 경쟁구조를 분석하는 것이 중요하다. 특정 국가의 유통업체 수를 분석하고, 서로의 반응에 따라 경쟁강도에서 차이가 나타나기 때문에 이러한 경쟁강도의 정도를 분석하면서 유통경로를 결정하는 것이 좋다.
- 고객의 특성은 유통경로 결정에서 가장 중요한 영향요소이기 때문에 고객의 수, 지리적 분포, 소득, 쇼핑 습관, 판매 방법에 대한 반응 등의 차이를 국가에 따라 분석해야 한다.
- 제품의 표준화 정도 · 부피 · 서비스를 필요로 하는 정도 등 제품특성은 유통경로 결정에 크게 영향을 미친다. 따라서 컴퓨터와 같은 제품의 경우에는 제품의 가격도 비싸고, 복잡하기 때문에 고객들의 욕구에 초점을 맞추어 잘 설명을 해야 하고, 잘 훈련된 판매원들을 갖추어야 한다. 철강이나 시멘트와 같이 부피와

무게가 나가는 산업재의 경우에는 운송과 보관 여부가 유통경로 결정에 중요한 변수가 될 수 있다.

- 기존에 존재하는 중간상인들의 특성을 고려해야 한다. 좋은 유통업자를 만난다는 것은 매우 중요하며, 이들의 여부에 따라 유통경로 결정에 변화가 나타날 수 있다. 여러 유통경로 중에서 어떠한 유통경로를 설정하는가 하는 것은 글로벌 기업의 성장에 매우 중요하다.

제 2 절 글로벌 유통업태전략

유통경로를 통한 제품 이동과정에 참여하는 경로구성원에는 제조업자, 중간상, 그리고 구매자들이 포함된다. 여기서 중간상은 유통경로 중에서 제조업자와 소비자 사이에서 활동하는 조직체나 개인들이다. 중간상의 역할은 도매상이나 소매상에 의해서 수행된다.

여기서 도매상은 최종 소비자에게 판매하지 않고, 주로 소매상이나 다른 도매상, 기업 고객들에게 판매하는 중간상을 말하며, 소매상은 주로 최종 소비자들에게 제품을 판매하는 중간상을 말한다. 글로벌 기업 중에서 대표적인 소매기업은 월마트로서 '글로벌 500'에서 제시한 것처럼 매출액 순위에서 세계 1 위의 기업이 되었다.

1. 양판점전략

양판점(General Merchandise Store)은 다수의 점포망을 가지고 상품을 저렴하게 판매하며 물량 위주의 영업방식을 선택하는 체인사업으로, 그 효시는 1902년에 설립된 페니(JC Penney)와 1925년 설립된 시어즈(Sears)이다.

양판점은 의류 및 생활용품을 다품종 대량 판매하는 대형 소매점이다. 슈퍼마켓과 백화점의 중간 정도이며, 상품구색, 서비스는 백화점에 가깝고, 다점포화를 통해서 중앙 집중구매로 원가를 절감시킨다는 점에서 슈퍼마켓에 가깝다.

이러한 양판점의 경쟁원천은 대량구매에 의해 비용을 최소화하고 대량판매를 위해 낮은 수준의 가격을 결정하는 전략을 수행하고 있다. 그리고 대부분의 양판점은 체인스토어 형식으로 경영하고 있기 때문에 고객의 변화에 빠르게 대응할 수 있다.

시어즈는 1942년에 해외의 소매 아울렛으로 쿠바의 하바나(Havana)에서 첫 점포를 개점하였다. 1947년에는 멕시코시티에 점포를 개점하였고, 남·중 아메리카 및 유럽에 점포를 개점하고 있다. 1980년대 들면서 시어즈는 다각화를 통하여 외국 소매시장에 적극적으로 진출하였고, 2000년에 캐나다에 진출하여 가장 큰 소매점이 되었다.

2. 슈퍼마켓전략

미국의 슈퍼마켓(Supermarket)은 1930년에 뉴욕의 롱아일랜드에서 마이클 컬렌(Michael Kullen)이 마을에 있는 쓰지 않던 차고를 이용하여 'Warehouse Grocery'를 개점하면서 시작되었다.

슈퍼마켓은 '주로 식품을 취급하는 셀프서비스 방식의 매장으로 매장면적 400㎡~2,500㎡ 이하의 소매점포'라고 정의하고 있다. 슈퍼마켓은 비교적 다양한 상품을 취급함으로써 고객으로 하여금 일괄구매가 가능하도록 한 소매점이며, 최근에는 편의점이나 할인점 등과 같은 다른 업태와의 경쟁과 고객욕구의 다양화로 인하여 일상용품에서 벗어나 의류, 농산물, 어류, 축산물 등도 취급하고 있으며, 영업시간을 확대하는 등 경쟁에 대응하려는 노력을 하고 있다. 이러한 슈퍼마켓 업태의 경쟁원천은 셀프서비스를 통한 비용절감과 다양한 품목을 취급하는 다점포화를 들 수 있다.

대표적인 업태는 벨기에의 딜헤이즈 리 라이온(Delhaize Le Lion)으로 글로벌시장의 매출액이 전체 매출액의 83.2%로 세계에서 가장 국제화 비율이 높은 글로벌 기업이다. 1974년에 딜헤이즈 리 라이온은 글로벌화를 추진하였고, 그 일환으로 미국의 캐롤라이나 주에서 당시 22개 점포의 슈퍼마켓을 경영하고 있던 'Food Town Stores'를 인수하여 대주주가 되었다. 1985년에는 애틀란타에 대형의 'Cub Food Shop'를 개점하였으며, 1986년에는 미국의 대형 식품도매업자와 합병하여 대형 점포를 경영하는 'Super Discount Market'을 설립하였다.

딜헤이즈 아메리카(USA)는 미국의 남동부에서 'Food Lion', 'Cash & Carry', 'Save & Pack' 등의 상호로 슈퍼마켓을 운영하고 있다. 미국에서는 'Food Lion'이라는 점포명칭으로 슈퍼마켓 사업을 전개하고 있으며, 주력 업태로서의 역할을 하고 있다. 또한 하이퍼마켓 업태의 'Cub Foods'는 성장을 지속하고 있다.

3. 전문할인점전략

카테고리킬러(Category Killer)는 특정 상품계열로 상품을 한정하여 취급하고, 대량·집중구매에 의하여 합리적인 가격으로 경쟁력을 강화한 전문 소매업이다. 카테고리킬러는 홈디포트(가구, 주택용품), 토이저러스(완구), 북저러스(서적), 오피스디포트(사무용품) 등이 대표적이다.

토이저러스(ToysЯus)는 1984년부터 글로벌화를 추진하여 해외에 점포를 진출하기 시작하여 캐나다와 싱가포르에 점포를 개설하였고, 영국(1985), 홍콩(1986), 서독(1987), 말레이시아(1988), 프랑스(1989)와 대만(1989)에 진출하였고, 1990년대에 들어 미국시장이 포화상태에 이르자 공격적으로 해외시장을 개척하기 시작했는데 호주, 벨기에, 네덜란드, 포르투갈, 스위스 등을 중심으로 해외진출을 계속하였다.

1991년 12월에는 일본시장에 진출하여 5년 만인 1996년 10월에 50개 점포를 달성하였다. 한국에는 2007년 12월에 롯데 마트에 점포를 개설하였다.

이러한 해외에서의 성공은 미국 상품이 인기를 갖고 있다는 점과 완구품목이 언어장벽을 쉽게 극복할 수 있다는 특성에 기인한다.

4. 슈퍼센터전략

슈퍼센터(supercenter)는 하이퍼마켓을 개량한 소매업으로 슈퍼마켓과 드러그스토어(drug stores)를 통합한 거대 복합점(combination store)이다. 이는 할인점에 슈퍼마켓의 장점을 결합한 형태로 할인업계에서 가장 빠른 성장세를 보였다. 이는 기존의 할인점보다 더 깊고 넓은 상품구색을 갖추고 있으며, 슈퍼마켓 못지않게 상품을 갖추고 있는 업태이다.

이는 할인점과 소매점 각각의 장점을 결합한 업태로 폭넓은 상품구색, 낮은 가격, 일괄구매 등의 강점으로 미국 소매업계에서 핵심 업태로 부상하고 있다. 점포의 규모도 할인점보다 더 크며, 평균 3,000~5,000평의 매장규모를 갖고 있다.

월마트는 슈퍼센터의 개념으로 글로벌화를 추진하고 있다. 이들은 1991년에 완전자회사로 멕시코에 진출한 것을 시작으로 본격적으로 추진되어 1992년에는 푸에트리코에 진출하였고, 1994년에는 캐나다에 진출하였으며, 1995년에는 브라질과 아르헨티나에 진출하여 남아메리카 시장을 장악하였다.

1996년에는 합작투자로 중국, 인도네시아에 진출하여 아시아지역에 진출하는데 성공하였으며, 1998년에는 네덜란드의 C&C 소매기업인 마코로의 점포를 인수함으로써 한국에 진출하여 2006년 철수하였다.

1998년 독일에 진출한 여세를 몰아 1999년 7월 26일에는 영국의 식품·의류스토어인 ASDA를 인수·합병하였다. ASDA는 1965년에 형성된 기업으로 1999년 합병 당시 영국을 중심으로 19개 디포트와 244개의 할인점을 보유하고 있는 슈퍼스토어로 이들은 신선식품, 일용잡화, 의류, 가정용품, 레저 및 예술품을 경쟁자들보다 10% 싼 가격으로 제공하던 기업이다.

2000년에 월마트는 영국에서 최초로 'ASDA-Wal Mart'라는 명칭으로 슈퍼센터를 개점하였고, 월마트가 글로벌전략으로 진출한 결과는 아르헨티나, 브라질, 캐나다, 멕시코, 푸에트리코, 중남미 그리고 영국에 있고, 합작투자로는 중국과 일본에 진출하고 있다.

5. 하이퍼마켓전략

하이퍼마켓(Hypermarket)은 프랑스에서 형성되었으며, 미국의 월마트 등이 도입한 소매업태로 낮은 가격, 소박한 상품진열 등으로 경제성을 높이고 있다. 최초의 하이퍼마켓은 프랑스 소매기업인 까르푸에 의하여 1963년에 파리 근교에 개점되었다.

하이퍼마켓은 슈퍼마켓과 유사한 형태의 방대한 셀프서비스 매장으로 식품과 비식품을 혼합하여 판매한다. 프랑스와 대부분의 유럽시장에서 하이퍼마켓은 소매업계의 가장 큰 비중을 차지하고 있다.

까르푸의 글로벌화는 하이퍼마켓이라는 개념을 창안하여 1969년 벨기에에 해외 1호 점포를 개점한 이래 스위스, 영국과 이탈리아, 스페인, 그리스, 포르투칼, 터어키 등 유럽에서 성공을 거둔 뒤 1975년 남아메리카에 진출하여 브라질에 진출하였고, 1982년에 아르헨티나에 진출하여 이들 나라에서 최대의 유통업체로 자리 잡았고, 1994년에는 멕시코에 진출하였다.

1989년에 대만을 시작으로 아시아시장에 진출하였고, 중국에는 현지 자본과 합병으로 1995년에 북경에 하이퍼마켓을 개설하였으며, 말레이시아에는 1994년 9월에 쿠알라롬프르시 교외에 개점하였다. 타일랜드에는 1994년에 최대의 유통기업인 센트럴과 합병기업을 설립하면서 진입하였고, 한국에는 1996년에 진입하여 2006년 철수하였다. 1998년에 들면서 해외 진출은 가속화되어 인도네시아, 콜롬비아, 칠레, 체코 등도 1호 점포가 개설되었다.

6. 무점포판매전략

점포 없이 우편, 전화 또는 기타 통신매체 등을 통하여 거래되는 방식이 급증하고 있다. 케이블쇼핑, 통신판매, 인터넷홈쇼핑, 다단계판매, 방문판매, 자동판매기 등 다양한 형태로 전개되고 있다. 텔레비전을 통하여 케이블쇼핑 채널을 볼 수 있고, 컴퓨터 인터넷을 통하여 인터넷홈쇼핑이 급속도로 증가하고 있음을 볼 수 있다.

독일의 오토 페어잔트(Otto Versand)는 통신판매업계에서 유일한 글로벌 기업으로서 유럽을 시작으로 북아메리카, 남아메리카, 아시아 등 세계 20개 국가에 진출하고 있다. 미국에서는 스피겔그룹(Spiegel group)이 자회사로 활동하고 있다. 스피겔그룹은 통신판매의 스피겔, 고급의류품의 'Eddie Bauer', 1993년에 매수한 부인복을 판매하고 있는 'Newport News' 등 3개 기업으로 구성되어 있다. 유럽에서는 3 Suisses그룹과 Grattan/ Freemans그룹이 활동하고 있다.

아시아시장에서는 1998년 오토는 Crate & Barrel을 매수하여 진출하였고, Otto Sumisho그룹은 일본에 진출하여 住友오토, 3 Suisses, Royal 등 3사가 합작투자로 화장품 전문 통신판매기업인 Createurs Beaute Japan을 설립하고 있다. 중국에서 '상하이 오토 메일오더', 대만에서는 '오토 차이니스 메일오더', 한국에서는 1997년 6월에 '오토 두산 메일오더'를 현지 자본과 합병해서 통신판매 사업을 수행하고 있다.

제3절 글로벌 물적 유통전략

1. 물적 유통시스템의 중요성

제품이 생산자에게서 소비자에게 이동하는 과정에서는 도매상과 소매상 외에 제품을 옮기고 보관하는 기능, 즉 물적 유통을 담당하는 기관의 도움이 필요하다. 이러한 물적 유통경로는 제품을 생산된 곳으로부터 사용되는 곳으로 옮기기 위한 모든 활동을 말한다.

〈그림 10-5〉 고객지향적 물류시스템

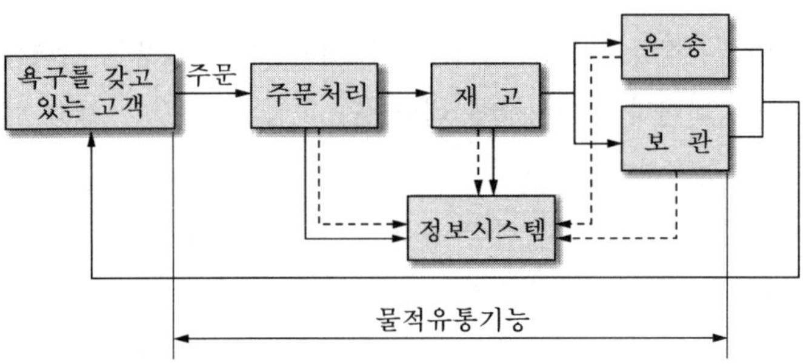

이러한 활동에는 〈그림 10-5〉에서 보듯이 고객이 주문을 하고, 판매원이 주문을 처리하며, 판매예측을 통하여 판매하기 위한 재고를 결정하며, 제품의 운송과 보관을 어떻게 할 것이며, 물적 유통정보 시스템을 어떻게 구축해야 효율적인가 하는 과제가 이에 해당된다.

한국 기업들이 글로벌마케팅 활동을 확대해 나가면, 시장의 확대로 인하여 물적 유통의 중요성은 더욱 커지게 된다. 따라서 다음과 같은 이유에서 한국 기업들은 물적 유통의 합리적 운영을 강조할 수밖에 없다.

- 글로벌마케팅의 확대에 따른 글로벌 생산-물적 유통시스템의 구축 및 합리적 운영의 필요성 증대

- 해외 시장의 개방화의 증대
- 증가하는 글로벌마케팅 경쟁의 심화
- 국제 무역의 자유화와 무역관행의 표준화 경향
- 글로벌마케팅 비용에서 물적 유통비용 비중이 높아짐

2. 글로벌 생산-물적 유통전략

한국 기업이 글로벌화를 추진하여 글로벌 생산-마케팅 단계로 발전하면, 그 기업이 수행해야 하는 글로벌 물적 유통기능은 점차 복잡하고 어려워져 중요해 진다. 글로벌 생산-마케팅 활동을 통하여 여러 지역시장에 제품을 공급해야 하는 글로벌 기업으로서 다음과 같은 대안적 전략 중의 하나를 선택하여 수행해야 한다.

- 한국 시장에 대해서는 자체 소유 또는 타인 소유 한국 공장으로부터 제품을 공급하고, 시장규모가 큰 지역시장에 대해서는 현지생산 자회사로부터 제품을 공급하며, 나머지 지역시장에 대해서는 한국 공장 또는 해외생산 자회사들로부터 수출로 공급한다.
- 한국 시장에 대해서는 한국 공장 또는 자체 소유 해외 공장으로부터 제품을 공급하고, 주요 지역시장별로 다수의 자체 소유 현지공장을 운영함으로써 제품을 현지 시장에 공급하는 동시에 나머지 지역시장에 대해서는 수출로 공급한다.
- 이러한 전략적 대안 중에서 어느 하나를 선택하는 동시에 한국 시장, 지역 시장에서 운영하는 타인 소유 기업들과 라이센싱 계약, 하청계약 및 턴키프로젝트(turnkey projects)에 참여하여 제품을 현지에서 공급하거나 수출로 공급한다.
- 이러한 세 가지 전략적 대안 중에서 하나를 선택하는 것에 추가하여 여러 지역시장에 위치한 타인 소유 기업들로부터 제품을 매입하여 다양한 시장에 현지공급 또는 수출로 공급한다.

한국의 글로벌 지향기업들은 이러한 전략적 대안 중에서 가장 합리적이고 이익이 있다고 판단되는 어느 하나를 선택하여 활용해야 한다.

제4절 글로벌 유통과 정보기술 도입전략

기업 활동이 글로벌화되면 될수록 유통과 물류를 정보기술과 연결하지 않으면 성공할 수 없다. 소매업체에서의 혁신은 이러한 정보네트워크의 확산에 의해서 가능해졌다.

월마트가 세계 1위의 유통기업이 될 수 있었던 배경에는 정보기술을 활용하면서 접근하였기 때문이다. 글로벌 유통에서 이용하는 정보기술은 EDI, POS, ID카드, RFID 등이다.

1. 전자식 정보교환시스템

기업과 기업 사이의 일상적 거래과정에서 교환되는 거래서류를 양측의 컴퓨터와 통신망을 통해 컴퓨터가 이해할 수 있는 표준화된 형식과 코드체계를 이용하여 직접 전송하고 처리하게 하는 전자식 정보교환방식(EDI: Electronic Data Interchange)을 의미하고, 컴퓨터와 컴퓨터, 터미널과 컴퓨터가 네트워크로 연결된다.

생활용품 제조업체인 P & G는 대형 소매상인 월마트와 주문·배달과정을 전자식 정보교환시스템으로 통합시켰다. 주문과정에서 두 기업의 주문, 배달, 회계 부서를 하나의 컴퓨터로 연결시켜 주문 즉시 조달이 가능하도록 만들었다.

2. 바코드와 POS시스템

유통업체에서 거래되는 제품에는 바코드(bar code)가 부착되어 있다. 이 마크에는 제품에 관한 정보가 특정 형태의 조합으로 기호화되어 있어서 스캐너가 이 정보를 정확·신속하게 읽을 수 있다.

제조업자가 이 코드를 인쇄하는 경우도 있고, 유통업체가 코드를 부여하여 스티커 형식으로 부착할 수 있다. 이 바코드는 판매시점에 자료를 수집·처리하여 경영활동에 이용하는 POS(Point of Sales)시스템을 가능하게 해 주었다.

백화점이나 슈퍼마켓에서 제품을 구입할 때, 판매원은 스캐너로 제품에 부착되어 있는 바코드를 읽고 통신기능을 갖춘 금전등록기의 키보드에 입력시키면, 이는 제품명, 가격, 수량 등 거래 관련 정보가 입력되어 있는 스토어 컨트롤러라는 대용량 PC나 미니컴퓨터로 전송되고, 이 스토어 컨트롤러는 자동으로 정보를 주고, 판매 후 판매 파일, 재고 파일, 구매 파일 등을 자동으로 갱신하고 기록하여 놓는다.

3. 소비자 ID카드

어떤 속성을 가진 소비자가 언제 어떠한 제품을 구입하는가에 대해 분석할 수 있게 하는 것이 소비자 ID카드이다. 대한항공이나 아시아나, 노스웨스트 등 항공사를 이용하는 대부분의 고객들은 해당 항공사에 자신들의 신상에 관한 정보를 제공하고 ID 카드를 발급받음으로써 기업과 긴밀하게 관계를 맺으면서 양측이 이점을 누리고 있다. 유통기업은 이러한 ID카드를 만들어 고객을 충성고객으로 유도하여 지속적으로 자사를 이용하도록 유도하고 있다.

4. 무선주파수 인식기술

최근 유통업체들은 무선주파수 인식기술(RFID: Radio Frequency Identification)을 도입한 첨단쇼핑 공간 창조에 나서고 있다. 독일의 메트로는 RFID 기술을 활용한 자동 계산, 무선기기를 이용한 재고관리, 고객지원 등을 구현한 '퓨처 스토어(Future Store)'를 선보였다. 또한 메트로는 100여 개의 납품업체들이 RFID 칩을 화물 운반대와 포장에 부착하여 10개의 메트로 중앙보급 창고에 공급하기 시작했다.

RFID는 자동화 자료수집 장치로 이 무선통신 시스템은 RF 테그와 RF 리터로 구성되어 있다. 이 시스템은 고객, 화물 등에 객체를 식별하는 정보를 부착하고, 이러한 부착된 정보를 무선통신 매체를 이용하여 비접촉으로 해독하며, 기존의 어플리케이션을 작동하게 한다.

이를 기존 바코드방식과 비교해 보면 RFID에서 바코드 라벨은 RF 태크와 유사하고 스캐너는 RF 리더와 유사하다. 스캐너로 바코드에 정보를 입력하듯이 RF 리더는 RF 태그의 자료를 접촉하지 않고 전파를 발사하여 되돌아오는 전파에서 RF 태그의 자료를 읽는 방식이다.

이러한 RFID는 물류관리나 소매업에 적용할 수 있다. 물류관리는 반환용 컨테이너가 복잡한 물류과정에서 분실될 수 있기 때문에 팔레트, 화물, 반환용 컨테이너 등에 RFID를 부착하여 비용을 획기적으로 절감시킬 수 있다. 또한 용기에 부착된 스마트 레이블이나 고정 태그를 통해서 정확한 배송정보가 제공됨으로 용기의 효율적인 이용과 회수가 가능하다.

소매업에서는 스마트 태그와 휴대용 컴퓨터를 사용하여 재고를 관리한다. 라벨을 이용하여 제품의 위치를 찾고 떨어진 장소에서 태그에 담긴 정보를 읽음으로써 판매원은 신속하게 고객이 원하는 모양, 크기, 색상을 찾아줄 수 있다.

창고업에서도 작업자들은 RFID 스캐너를 이용하여 선반이나 박스를 읽어서 개별화물을 조사할 수 있고, 만약 화물이 잘못 위치해 있을 경우 경고를 보내줄 수 있다. RFID를 이용할 경우 자동보고서 작성이 가능하고, 사람의 수고와 오류를 줄이고 노동력을 절감할 수 있다.

이러한 RFID의 적용 사례는 일본에 진출한 월마트가 자신과 거래하는 일본 제조업체와 도매업체에 RFID 태그의 사용을 요구하고 있고, 영국의 테스코는 특정 상품이 부족해지면 진열대에서 자동으로 인식하여 사무실로 메시지를 보내면 직원이 부족한 물건을 진열대에 채우거나 진열대의 상품이 갑자기 많이 줄어들 경우 도난경고를 보낸다.

독일의 메트로는 현재 개점하고 있는 점포에 공급사슬, 재고관리, 판매대에 이르는 전체 유통과정에 걸쳐 RFID를 도입하였다. 이들 메트로 '퓨처 스토어'는 첨단기술을 활용하여 공격적으로 기업이미지를 제고하고 고객에게 새로운 가치를 제공함으로써 경쟁관계에서 우위를 점유할 수 있는 계기로 삼고 있다.

5. 정보기술전략의 영향

이러한 정보기술은 글로벌 유통에 많은 영향을 미치고 있다. 제품의 재고관리, 수송관리, 머천다이징, 촉진관계 등에 영향을 끼쳐 기업의 경쟁력을 결정함으로써 거시적으로 유통구조와 유통산업의 경쟁력에 영향을 미치고 있다. 점포 운영이 자동화되고, 다점포화, 대형화를 가능하게 해주며 이로 인해 진입장벽을 형성하여 산업의 경쟁구도를 변화시키고 있다.

글로벌 유통에서 정보기술의 활용은 〈표 10-1〉과 같이 요약할 수 있다.

〈표 10-1〉 정보기술의 경로기능에 활용 "예"

유통기능 / 정보기술	마케팅	구매 · 재고관리	물류관리
온라인 자료베이스 (Online DB)	· 인터넷 주문 · 시장분석 · 마케팅전략의 효율성 측정 · POS시스템	· 자동구매시스템 · 재고통제 · POS시스템	· 배달스케줄관리 · 선적관리
스캐닝 (Scanning)	· 가격표시 · 계산서 발부 · 소비자 ID카드 · 판매사원 방문보고	· 재고통제	· 선적자동화 · 입고자동화 · 창고내 이동
텔레커뮤니케이션 (Telecommunication)	· 화상회의 · 소비자접촉 · 이동통신	· EDI	· 수송차량의 위치확인
사무자동화	· 전자우편	· LAN	
로보틱스 (Robotics)			· 선적, 하역 · 포장

제 5 절 글로벌 유통과 SCM전략

글로벌마케팅에서 공급사슬관리(SCM : Supply Chain Management)가 중요해지고 있다. 이는 고객가치를 창출하기 위하여 공급사슬 내의 기업들 간에 협력적인 운영체제를 구축하는 것을 말한다. 제품개발에서 최종 판매에 이르는 공급체인 내의 기업들이 협력하여 유통정보를 공유하고 시장변화에 대응할 수 있는 시스템을 구축하는 전략이다. 또한 공급체인 상의 관련 기업들이 정보공유를 통해서 시장 내 성공가능성을 높이면서 손실을 최소화하는 전략이다.

1. 공급사슬의 기본개념

공급사슬(supply chain)은 가치사슬(value chain)을 통해 고객에게 제공되는 제품과 서비스를 글로벌 기업 내외의 관련 기능과 통합한다. 즉, 제조업체가 부품을 조달하는 부문, 판매를 담당하는 부문, 제품을 생산하는 부문, 운반하는 부문 및 이것을 전반적으로 관리하고 계획하는 부문을 포함하는 개념이다.

〈그림 10-6〉에서 보듯이 제조업체에게 제품, 부품 및 자재 등을 제공해 주는 공급자가 있는데 공급자에게 원자재를 공급하는 것을 인바운드 SCM이라고 한다. 기업의 제품을 구매하는 고객 등이 존재하게 되는데, 제조업체의 제조분야를 떠나 고객까지에서 발생하는 것을 아웃바운드 SCM이라고 한다. 즉, 공급사슬 관리는 인바운드와 아웃바운드 전체 SCM을 합리화하는 것이다.

〈그림 10-6〉 공급사슬관리의 개념

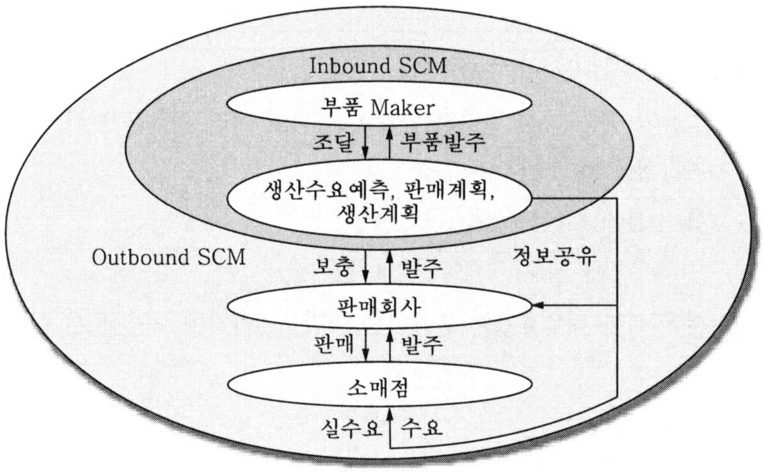

공급사슬관리는 기업 내·외 전체를 최적화하는 것이기 때문에 과정에 대한 이해가 필요하다. 우선 기업내부의 활동을 보면 크게 제품을 언제 어떻게 누구를 위해 생산해서 배송할 것인가에 대한 계획부문과 그것을 구매, 조달하는 부문, 그리고 이것을 보충하여 제조하고 창고에 보관하고, 배달하는 부문과 물건을 팔기 위한 판촉부문의 기능으로 나누어볼 수 있다.

기업 외부의 활동은 원재료만을 공급하는 공급자가 있을 수 있고, 제조기업이 만든 제품을 판매하는 도매상, 양판점, 소매상이 있으며, 최종소비자가 궁극적으로 제품을 소비하는 가치사슬을 구축하고 있다. 따라서 이러한 모든 요소를 최적화시키고자 하는 것이 SCM이다.

2. 공급사슬관리의 목적

그러면 공급사슬을 관리하는 목적은 무엇인가? 글로벌 기업이 마케팅에 성공하기 위해서는 관련 기업들의 협력을 통하여 비용을 절감하고 시장대응 능력을 강화해야 한다.

글로벌 기업들은 시장변화에 따른 재고의 변동 폭을 줄이기 위해 생산과 마케팅을 연계하여 이들 간의 차이를 최소화하고 시장기회를 포착하기 위해 공급체인 상에 있는 부품기업, 제조기업, 유통기업이 협력하여 마케팅, 생산, 물적 유통 및 지원 기능을 재구축하고 있다.

이러한 공급사슬관리의 목적은 채찍효과(bullwhip effects)를 제거하는 것인데, 이러한 효과는 네 가지 원인에 의해서 발생한다.

- 각 기업의 독자적인 수요 예측
- 기업들이 주문 즉시 발주하는 것이 아니고 여러 주문을 모아 일괄 발주
- 가격정책에 따라 발주량의 변동
- 재고 고갈에 대비한 가수요의 발생

따라서 이러한 채찍효과를 통제하는 방법은 3가지를 제시할 수 있다.

- 유통정보의 공유
- 기업간 재고, 가격, 수송전략의 조정
- 유통비용 절감과 리드타임 단축 등 성과개선 활동의 제시

이러한 효과를 통제하는 기법들은 〈표 10-2〉와 같다.

〈표 10-2〉 채찍효과의 통제기법

원 인	해결기법	활용기업
수요 예측	· POS(판매시점) 정보공유 · EDI/인터넷 활용 · VMI(공급자주도형 재고관리)활용	· P & G, 3M, Wal-Mart, Motorola, Apple, Dell 등
주문일괄처리	· EDI/인터넷 활용 · 로지스틱 아웃소싱	· GE, P & G
가격안정화	· EDLP(Everyday Low Price) 정책 · 활동기준 원가	· 식품기업
제품가수요	· 재고량 추정을 주문이 아닌 과거 자료를 근거로 하여 결정	· Texas Instruments GM, Hewlett-Packard

자료원: H. L. Lee, V. Padmanabhan, and Scungjin Whang(1997), "The Bullwhip Effect in Supply Chains," *Sloan Management Review*, Spring, p. 99.

3. 글로벌 SCM전략

이러한 글로벌 SCM전략에는 다음 세 가지가 있다.

1) 수평적 글로벌 공급사슬전략

이는 한 글로벌 기업이 글로벌 시장에서 여러 생산 공장들을 소유하고 경영하고 있으면서 이 공장들로 글로벌 생산네트워크를 구성하는 것이다. 이 공장들은 서로에게 반제품을 공급해 주는 관계에 있기보다는 각자 유사하거나 서로 다른 완제품을 주로 생산하여 공급하는 관계가 되어야 한다.

이 경우에 글로벌 기업이 중요시해야 하는 의사결정 문제는 글로벌 공급사슬에 포함된 공장들 간에 생산을 위한 원재료, 완제품 및 생산용량 등을 어떻게 효율적으로 조정·통합하여 네트워크 전체의 관점에서 최적의 성과를 얻을 수 있을 것인가에 대한 결정과 본사와 자회사 간의 통합문제를 중시해야 한다.

2) 수직적 글로벌 공급사슬전략

이는 글로벌 기업이 경영하는 생산시스템과 그 생산시스템에 원재료나 반제품을 공급하는 공급자 및 생산시스템의 완제품을 분배하는 시스템이 형성하는 수직적 구조의 공급사슬이다.

이 경우에 글로벌 기업이 중요시해야 하는 의사결정 문제는 생산시스템이 효과적인 생산 활동 수행을 위하여 필요한 모든 투입자원을 조달하고, 생산된 제품을 적시에 판매하기 위해 분배하는데 활용 가능한 대안 중 최적의 것을 선택하는 것이다.

3) 글로벌 공급사슬 관리전략

이는 기본적으로 소유권을 통한 수직적 통합과는 다르다. 수직적 구조의 글로벌 공급사슬 관리와 관련하여 공급자와 생산자, 생산자와 유통자 간의 조정·통합을 가능하게 하는 장기적 관계의 구축이 필수이다.

4. 공급사슬관리의 핵심 포인트

공급사슬관리의 핵심 포인트는 공급사슬 전체 길이의 단축, 공급사슬의 투명성 확보, 공급사슬 전체를 체계적으로 관리할 수 있는 시스템 구축, 및 공급사슬 과정의 정보시스템 모형화 등이 있다.

1) 공급사슬 전체 길이의 단축

글로벌 기업들은 협력업체에서 고객까지 연결된 경로의 전체 길이, 특히 운송에 걸리는 시간과 공급사슬 중간 중간에 잠기는 재고에 대해 관심을 기울여야 한다. 공급사슬 안에 있는 재고는 그것이 부품이든 반제품이든 완제품이든 간에 전체 공급사슬의 한 부분을 차지하기 때문에 재고가 있는 만큼 공급사슬의 전체 길이가 더 길어진다.

따라서 〈그림 10-7〉에서 보듯이 가능한 한 이 길이를 짧게 만드는 것이 중요하다.

〈그림 10-7〉 공급사슬 길이의 단축

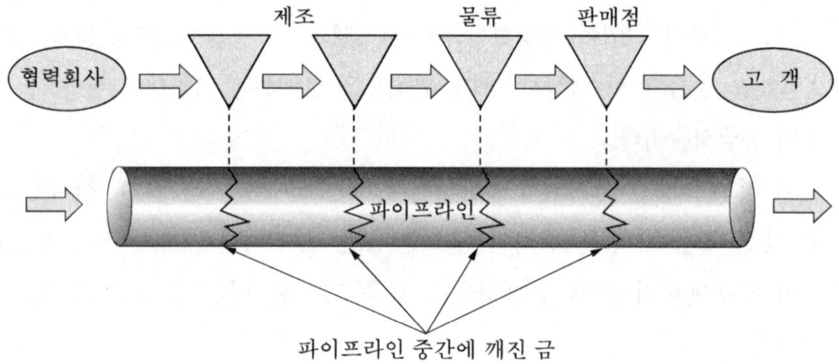

공급사슬은 파이프라인과 같이 만드는 것이 가장 좋다

국내 기업들은 공급이나 수요의 변동으로 일어나는 생산, 물류 또는 마케팅의 위험요소를 방지하기 위한 보호 장치로 재고를 갖는다. 그러나 이러한 것은 경쟁력을 약화시키는 요인이 되는데 그 이유는 재고로 인해서 고객의 욕구와 시장의 변화에 대응할 수 있는 유연성이 떨어지기 때문이다.

글로벌 기업은 얼마나 빨리 적은 비용으로 수요에 대응할 수 있는가 하는 것이 경쟁력을 좌우하기 때문에 재고를 가지고 있는 만큼 많은 비용이 발생하여 경쟁력을 약화시킨다. 따라서 선진 기업들은 재고를 보유하는 대신에 납기기간을 줄이는 시스템을 구축함으로써 재고를 보유하지 않거나 최소한의 재고를 가지고 있으면서 글로벌 시장의 요구에 빨리 대응하고 비용도 작게 소요되는 길이가 짧은 공급 사슬을 구축하여 경쟁력을 강화하고 있다.

2) 공급사슬의 투명성 확보

이는 공급사슬을 구성하는 기업 간에 협력이 잘 되면 정보의 공유로 인하여 전체 공급사슬을 파악할 수 있어서 공급사슬을 효율적으로 관리할 수 있기 때문에 공급사슬에 대한 정보의 투명성 확보가 중요하다. 공급사슬의 투명성은 관련 기업 간의 공유된 정보시스템을 활용하여 공급사슬 내의 각 단계에서 발생하는 일을 적기에 파악할 수 있도록 해야 한다.

3) 공급사슬 전체를 체계적으로 관리할 수 있는 시스템 구축

공급사슬을 구성하는 각 단위들은 밀접하게 연결되어 있기 때문에 공급사슬의 한 부분에 어떤 의사결정을 내리면 그 결과로 인해 공급사슬의 다른 부분에도 많은 영향을 주게 된다. 전체 공급사슬을 보고 관리를 하기 위해서는 수요와 공급 간에 서로 연결된 공급사슬 내의 과정이 연계되어 서로 조화를 이룰 수 있도록 체계적인 관리가 필요하다.

4) 공급사슬 과정의 정보시스템 모형화

이러한 모형의 효율성이 공급사슬관리의 성능과 품질을 좌우하는 결정적인 요소가 되고 있다. 이러한 시스템의 요건은 적시에 정확하게 수요를 예측할 수 있는 시스템이어야 하며, 공급사슬 내에서 정보공유가 가능해야 한다는 것과 설비, 자재 등의 제약이 정보시스템에 반영되어야 한다.

5. 공급사슬의 구성요소

공급사슬의 구성요소는 공급자, 생산자, 유통업자, 소매점, 고객 등이 있다. 이것은 고객에 대한 서비스 및 지원 등이 포함되는데 〈그림 10-8〉과 같다.

〈그림 10-8〉 공급사슬의 구성요소

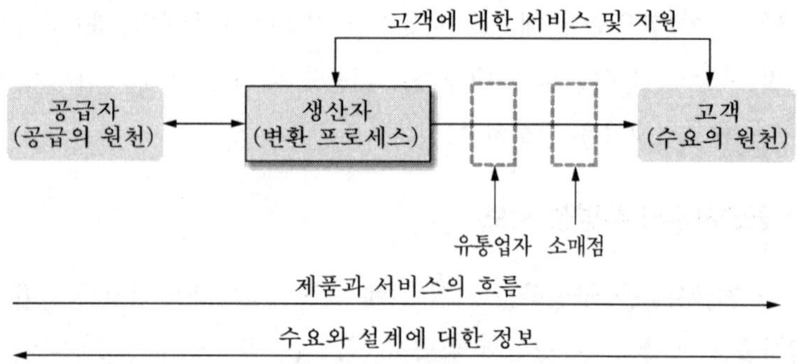

공급사슬관리는 고객에게 제품과 서비스를 제공하는데 필요한 모든 업무와 과정을 효과적이고 효율적으로 설계·구축·운영하는 것이다.

글로벌 공급사슬관리는 공급사슬의 지역적 범위가 글로벌하게 전개된 공급 사슬을 말하며, 글로벌 공급 사슬을 관리하기 위해서는 국가별 기반구조, 임금수준 및 임금체계, 세법, 국가 간의 운송방법과 물류체계, 글로벌 업무과정의 정립 및 정보 시스템의 구축 등 단일국 내의 공급사슬보다는 더 많은 요인을 고려해야 한다.

[사례 10-1] 까르푸의 글로벌 소매점전략

Ⅰ. 까르푸의 창설

까르푸(Carrefour)는 하이퍼마켓의 원조로 우리에게 잘 알려져 있다. 까르푸는 1959년에 프랑스의 마르셀 푸르니에, 디뉴스 디포네, 쟈크 디포네 등 3명에 의해서 창설되었다.

1960년에 그들은 매장면적 650㎡의 슈퍼마켓을 개점하였고, 이 점포가 성장함에 따라 1963년에 파리 교외에 매장면적 2,500㎡, 주차 공간 400대 규모로 당시에는 근대적이고 초대형 셀프서비스 점포를 개점한 것이 하이퍼마켓의 태동이 되었다.

까르푸가 1963년 파리 교외에서 선보인 하이퍼마켓은 슈퍼마켓과 할인판매점, 창고소매업의 장점을 결합한 업태였다. 즉, 하이퍼마켓은 창고형 매장처럼 운영되고, 누구에게나 개방된 소매업체이다.

까르푸의 기본개념은 일괄구매로써 식품, 비식품, 내구재 등을 함께 취급하지만, 쇼핑센터를 만들어 전문점, 식당, 오락시설 등을 유치시키는 사례도 있다. 이들은 일상생활에 필요한 식품 및 비식품 등을 한 점포에서 구매할 수 있도록 하고 있다. 동시에 식품부문의 신선도관리에 관한 노하우가 매우 뛰어나며, 대규모의 주차시설을 고객에게 무료로 제공하고 있다.

Ⅱ. 까르푸의 경영전략

1. 영업실적

소매업에서 프랑스 기업의 경쟁력은 세계 최고수준이며, 그 중심에는 까르푸가 있다. 까르푸는 새로운 유통분야인 하이퍼마켓 부문에서 독보적인 지위를 유지하고 있다. 까르푸의 2008년 1월 23일 현재 매출액은 전년대비 6.8 % 성장한 821억 4,850만 유로로 프랑스의 소매업 중에서 가장 큰 규모를 자랑하고, 순이익은 18.67억 유로를 기록하고 있다.

〈표 1〉에서 보듯이 2007년도 업태별 매출액은 821.4850억 유로 중에서 하이퍼마켓 부문이 60.0 %를 점유하고 있고, 슈퍼마켓 부문이 전체 매출액의 17.4 %를 점유하고 있으며, 하드디스카운트스토어 부문이 전체의 9.2 %를 점유하고 있고, 기타 부문이 전체 매출액의 13.4 %를 점유하고 있는 것으로 나타났다. 전체 매출액의 지역적 비율을 보면, 프랑스가 45.8 %인 376.2억 유로, 해외가 54.2 %인 445억 유로로 나타났는데, 아메리카 10.0 %인 82.11억 유로, 유럽이 37.5 %인 308.37억 유로 및 아시아 6.7 %인 54.8억 유로로 나타나고 있다.

〈표 1〉 까르푸의 국가별 매출액(백만 유로) (2007.12.31)

지 역	합 계	HM Carrefour	SM Champion	HDS Shopi	기타 (CVS,C&C)
프랑스	37,620 (45.8 %)	20,261	8,190	2,608	6,561
프랑스 외 유럽	30,837 (37.5 %)	16,855	5,464	4,198	4,320
라틴 아메리카	8,211 (10.0 %)	6,770	659	645	137
아시아	5,480 (6.7 %)	5,381	-	99	-
합 계	82,148 (100.0 %)	49,267 (60.0 %)	14,313 (17.4 %)	7,550 (9.2 %)	11,018 (13.4 %)

자료원 : Annual Report 2008.3.6.

2. 점포경영전략

소매부문을 점포 유형별로 보면, 핵심 점포인 하이퍼마켓에 부가하여 슈퍼마켓, 하드 디스카운트점, 편의점의 4개 유형의 소매점을 경영하고 있다. 도매부문에서는 C & C 외에 업무·급식부문 등의 식품서비스 분야에서 세력을 확대하고 있다.

프랑스 내에 하이퍼마켓 194개 점포, 슈퍼마켓 604개 점포, 하드디스카운트 840개 점포, C&C 61개 점포를 전개하고 있다. 1997년에는 프랑스 동북부 지역에서 'Cora'라는 점포명칭의 하이퍼마켓 55개 점포와 'Marche'라는 점포명칭의 슈퍼마켓 140개 점포를 경영하고 있는 그룹인 에테코를 매수하여 1999년 초부터 'ED'명칭으로 개칭하고 있다.

3. 유통업자 상표전략

혁신적 유통을 도입한 까르푸는 상품개발에서도 다양한 종류의 혁신을 이루고 있다. 유통업자 상표전략은 '무상표'라 불리는 형태의 유통업자 상표를 까르푸가 최초로 출시하였다. 1976년에 '독립상품(independent products)'이라는 이름으로 판매한 상품이 그것이다. 1977년에는 미국에서 'generic'상품이 세계 소매업계에서 크게 유행하였다.

까르푸의 식품 관련 유통업자 상표는 7,000개 품목을 상회하며, 프랑스의 매출액에서 유통업자 상표의 점유율은 28 %에 달하고 있다. 프랑스의 식품 소매업계에서 유통업자 상표의 비율은 매출액의 10 % 정도로 나타나고 있기 때문에 까르푸가 유통업자 상표에 강함을 보여주고 있다. 많은 유통업자 상표 중에서 'Carrefour Bio'는 유기농산물 상표로 살충제나 화학비료를 사용하지 않은 청과물이나 유기농산물을 원료로 한

캐첩, 쥬스 등에 부착하고 있다.

Ⅲ. 적극적인 글로벌전략

까르푸는 경쟁기업과의 과감한 합병을 실행하고 있고, 전자상거래 분야에서 오라클(Oracle)과 전략적 제휴를 맺고 인터넷을 통한 기업간 인터넷 상품거래소인 '글로벌 넷(Global Net)'을 개설하였다.

1. 글로벌 시장진출전략

까르푸는 프랑스 국내에서 대형 점포에 대한 규제가 강화되고, 시장이 포화상태에 이르면서 이를 극복하기 위해 해외시장에 활발하게 진출하는 글로벌전략을 추구하였다. 최초로 해외에 진출했던 것은 1973년 스페인으로 하이퍼마켓에 진출하여 전개하였고, 하이퍼마켓은 유럽, 중·남아메리카, 아시아에 성공적으로 진출하고 있다.

까르푸는 〈표 2〉에서 보듯이 2008년 1월말 현재 20개국에 7,906개 점포를 진출하였고, 7,985개 점포를 프랜차이즈 형태로 진출하여 총 29개국에서 14,991개 점포를 개점하고 있다. 하이퍼마켓이 1,163개 점포, 슈퍼마켓이 2,708개 점포, 하드디스카운트점이 6,166개 점포, 편의점이 4,800개 점포, C&C가 154개 점포에 달한다.

2. 유럽의 진출전략

1969년 하이퍼마켓 업태를 중심으로 해외 1호 점포를 개점한 이래 1973년에 스페인을 시작으로 그리스, 포르투갈, 이탈리아, 터키, 폴란드, 벨기에, 스위스, 루마니아 등 유럽에서 큰 성공을 거두었다. 2007년말 현재 프랑스 외의 유럽에는 하이퍼마켓 399개 점포, 슈퍼마켓 957개 점포, 하드 디스타운트 3,136개 점포, 편의점 212개 점포, C&C 17개 점포 등 4721개 점포를 진출하고 있다.

3. 아시아의 진출전략

까르푸는 남아메리카에서의 성공으로 자신감을 얻어 1989년에 대만을 시작으로 아시아시장에 진출하였다. 1989년에 대만의 타이페이에 '家樂福(까르푸)'의 1호 점포를 개점하였으며, 2007년 12월 말 현재 대만에 48개 점포, 중국에서는 현지자본과 합병으로 1995년에 베이징에 하이퍼마켓을 개설하여 1996년에 최대의 격전지인 상하이에 2호 점포를 개점하고, 3호 점포는 심천에 개점하였다. 그 후도 진출이 계속되어 2007년 12월 말 현재 112개의 하이퍼마켓과 275개의 하드디스카운트 점포가 개점하고 있다.

말레이시아에서는 1994년 9월에 1호 점포를 쿠알라롬프르시 교외에 개점하였다. 그래서 1995년에 말레이시아의 대기업 그룹인 이서크 이스마엘과의 합병기업을 발족해서 2007년 12월 말 현재 12개 점포를 개설하고 있다. 까르푸가 타일랜드 최대의 유통기업인 센트럴과 합병기업을 설립했던 것은 1994년으로 2007년 12월 말 현재 27개 점포가 되고 있다. 한국에는 1996년의 1년간 서울시 교외 등을 포함하여 3개 점포가 개설되어 2005년 말에는 27개 점포가 되고 있으나 2006년 3월에 이랜드에게 매각하였다.

〈표 2〉 까르푸의 국가별 진출 점포수와 진출형태 (2007.12.31)

국가명	진출년도	HM	SM	HDS	CVS	C&C	합 계
프랑스	1960	194(218)	604(1021)	840(897)	-(3245)	61(134)	1699(5515)
스페인	1973	155(161)	86(87)	2072(2912)	3(3)	- (-)	2316(3163)
브라질	1975	150(150)	38(38)	243(300)	5(5)	- (-)	436(493)
아르헨티나	1982	59(59)	103(103)	329(395)	- (-)	- (-)	491(557)
대만	1989	48(48)	- (-)	- (-)	- (-)	- (-)	48(48)
포르투갈	1991	- (-)	- (-)	348(471)	- (-)	- (-)	348(471)
그리스	1991	28(28)	197(210)	300(397)	32(216)	- (-)	557(851)
이탈리아	1993	58(59)	247(277)	- (-)	177(1015)	17(20)	501(1579)
터키	1993	19(19)	99(99)	416(519)	- (-)	- (-)	534(637)
말레이시아	1994	12(12)	- (-)	- (-)	- (-)	- (-)	12(12)
중국	1995	112(112)	- (-)	275(275)	- (-)	- (-)	387(387)
타일랜드	1996	27(27)	- (-)	- (-)	- (-)	- (-)	27(27)
폴란드	1997	72(72)	247(277)	- (-)	- (-)	- (-)	319(349)
싱가포르	1997	2(2)	- (-)	- (-)	- (-)	- (-)	2(2)
인도네시아	1998	37(37)	- (-)	- (-)	- (-)	- (-)	37(37)
콜롬비아	1998	46(46)	- (-)	- (-)	- (-)	- (-)	46(46)
스위스	2001	na	na	na	na	na	na
루마니아	2001	11(11)	- (-)	- (-)	- (-)	- (-)	11(11)
아랍에미레이트	1995	na	- (-)	- (-)	- (-)	- (-)	na
일본	2000	-(7)	- (-)	- (-)	- (-)	- (-)	- (7)
벨기에	2000	56(56)	79(280)	- (-)	- (257)	- (-)	135(593)
도미니카	2000	na	- (-)	- (-)	- (-)	- (-)	na
오만	2000	na	- (-)	- (-)	- (-)	- (-)	na
카타르	2000	na	- (-)	- (-)	- (-)	- (-)	na
튜니지	2001	na	- (-)	- (-)	- (-)	- (-)	na
이집트	2002	na	- (-)	- (-)	- (-)	- (-)	na
사우디아라비아	2004	na	- (-)	- (-)	- (-)	- (-)	na

알제리	2006	na	- (-)	- (-)	- (-)	- (-)	na
기타		-(39)	-(108)	- (-)	-(59)	- (-)	-(206)
합 계		1086 (1163)	1702 (2708)	4823 (6166)	217 (4800)	78 (154)	7906 (14991)

주) -: consolidated store network, (-): stores under banners
자료원 : Annual Report 2008.3.6.

1998년에 들면서 해외 진출은 가속화되어 인도네시아에 1호 점포가 개설되었다. 2007년 12월 말 현재 37개 하이퍼마켓을 개설하고 있다. 일본은 2001년에 1호 점포를 프랜차이즈로 개점하고 있다.

4. 남아메리카의 진출전략

1975년 남아메리카에 진출하여 브라질에 진출하였고, 1982년에 아르헨티나에 진출하여 이들 나라에서 최대의 유통업체로 자리 잡았으며, 1998년에 콜롬비아에 진출하였다. 2007년 12월 말 현재 브라질의 점포수는 하이퍼마켓과 하드디스카운트 점포를 포함하여 436개 점포가 되고, 매출액도 스페인과 비슷해 해외에서의 쌍벽을 이루고 있다. 아르헨티나의 점포수는 하이퍼마켓, 슈퍼마켓 및 하드디스카운트점포를 포함하여 491개 점포를 운영하고 있다.

1990년 세계 1위의 소매업이 된 미국의 월마트가 적극적인 글로벌화를 추진함에 따라 세계 각지에서 까르푸와 치열한 경쟁을 하게 되었다. 1994년에 월마트가 먼저 진출하고 있는 멕시코에 까르푸가 진출하면서 치열한 경쟁이 시작되었다. 1995년에는 까르푸가 진출해 있던 브라질과 아르헨티나에 월마트가 진출하면서 경쟁이 격렬해졌다.

생각해 볼 문제

1. 까르푸의 독특한 형태인 하이퍼마켓에 대해 논의해 보고, 미국에서는 실패하였는데, 이에 대한 이유를 토의하여 보라.

2. 까르푸는 인수합병으로 인하여 같은 업종에도 복수의 상호가 존재하고 있다. 까르푸의 업태전략에 대해 논의해 보고, 한국 기업에 주는 시사점에 대해 논의해 보라.

[사례 10-2] 토이저러스의 글로벌 유통전략

Ⅰ. 토이저러스의 창설

토이저러스(ToysRus)는 미국 완구시장의 20~25 %를 점유하고, 세계 완구 매출의 20 %를 점유하고 있는 세계에서 가장 큰 완구 카테고리킬러(단일제품범주 만물상)이다. 토이저러스는 1948년 전후 베이비붐 시대에 맞추어 25세의 젊은 나이에 찰스 라자러스가 워싱턴 DC에서 부친이 운영하던 자전거 수리점을 아동용 가구점으로 전환하면서 완구품목을 추가한 'Children's Supermart'라는 점포를 운영하면서 시작되었다.

토이저러스는 미국의 완구 전문할인점으로 카테고리킬러의 대표적인 기업이다. 취급품목은 완구를 비롯해서 어린이용 비디오게임 등 정보, 게임기 등도 있고, 과자, 어린이용 의류, 종이 기저귀, 문구, 그림, 스포츠용품, 자전거 등 어린이를 위한 모든 것을 구비하고, 이를 가장 낮은 가격으로 판매하고 있다.

완구는 토이저러스가 취급하는 상품군의 하나에 불과하지만, 완구부문에서 두드러진 판매능력을 발휘하고 있어 완구 카테고리킬러로 불리고 있다.

Ⅱ. 토이저러스의 성장

1. 사업의 구성

1952년에 찰스는 '유아용 가구 및 완구 슈퍼마켓'이란 상호로 완구용품도 취급하였으며, 1958년 현재의 토이저러스라는 상호의 대형 매장을 세워 다양한 완구용품을 저렴한 가격에 판매하게 되었다. 1호 점포인 완구 슈퍼마켓은 '매일 할인의 날'이라는 혁신적인 컨셉트를 도입하여 크게 성공하였다. 1966년에 백화점 체인 인터스테이트(Interstate)에 의해 인수되었다.

할인점인 '인터스테이트 스토어'의 산하 기업으로 합병되었으나, 토이저러스는 점포를 재조직되면서 성장하였고, 그 후 2호 점포부터 완구의 할인점을 전개하기 시작하여 토이저러스의 점포수가 44개로 늘어나는 순조로운 성장을 한 반면에 모기업인 '인터스테이트 스토어'는 K-마트와의 경쟁에서 패배하여 도산하였다.

1977년 말 재조직화 작업이 끝난 후 모기업인 인터스테이트는 시장에서 철수하게 되었고, 1978년에 찰스 라자러스는 경영능력을 인정받아 인터스테이트 스토어의 회생을 위한 최고책임자로 임명되어 상호를 '토이저러스'라고 바꾸어 점포를 운영하게 되었다. 그 후 토이저러스는 급속하게 성장하였다.

이들은 완구시장에서의 경험과 성공을 바탕으로 키즈저러스라는 아동복 할인점으로 최초의 사업다각화를 시도하였다. 이 점포는 어린이용 유명상표 의류를 시중 가격보다 30~60%를 싸게 파는 오프프라이스점으로 점포 규모는 토이저러스의 절반인 평균 2,000㎡의 규모로 매장은 GAL, GIRL, GUY, BABE, SHOE, TYKE 등 6개 부문으로 나뉘어 있다.

이들 대부분의 매장은 토이저러스 옆에 개설됨으로써 시너지효과를 거두었고, 유통·판매과정에서 축적한 노하우를 유감없이 발휘하였다. 이러한 경쟁력을 바탕으로 1992년 경쟁사인 '차일드월드'와 '라이오넬사'를 파산상태로 내몰면서 시장을 장악하게 되었다. 또한 키즈저러스도 성공을 거두어 1993년에는 아동복 및 아동장신구 시장의 대표적 업체였던 '키즈센트럴'을 몰락케 하였다.

그러나 할인점에서 완구류를 취급하면서 방대한 매장규모를 바탕으로 가격 소구력, 다점포망이 주는 편리성의 이점이 있어 토이저러스에게 큰 위협이 되고 있다. 이들 할인점들은 완구부문을 강화하고 매장공간도 확대하고 있어 이들 할인업태들은 토이저러스의 강점이었던 폭넓은 상품선택이라는 점에서 점점 경쟁력을 높이고 있기 때문이다.

2. 사업의 다각화전략

토이저러스의 평균 점포면적은 약 1,200평이며, 취급품목은 어린이용 비디오, 문구 등 18,000개 품목을 취급하였다. 매장의 형태는 창고형 매장으로 하고 있는데 그 이유는 점포 내에 상품을 진열하는데 많은 비용이 소요됨으로 이를 절감하기 위해서이다. 이와 같은 창고형 매장운영을 통한 비용절감 외에도 현금무배달 방식, 집중구매, POS 시스템의 활용을 통한 재고관리 및 발주, 정보관리 등을 통해 철저하게 비용을 절감함으로써 경쟁력을 확보하였다.

현재 토이저러스의 본부는 뉴저지주에 두고 있으며, 2007년 말 기준으로 세계 35개국에 1,550개의 점포망을 보유하였다. 점포 전개는 4개 부문으로 다각화하고 있는데, 어린이용 완구를 주로 취급하고 있는 토이저러스와 토이저러스 인터네셔널, 어린이 의류를 취급하고 유아용품을 취급하는 '베이비저러스', 1998년에는 아마존닷컴과 제휴하여 온라인 서비스인 Toysrus.com와 Babiesus.com 등을 개점하고 있다.

1) ToysЯus USA전략

이는 미국에 588개의 점포를 가지고 있으며, 고객을 즐겁게 하는 태도를 새로이 창출하고 상품화하는 변화를 시도하였다. 점포를 새롭게 단장하고 가치 있는 가격결정을 강조하며 상품구색을 풍부히 하고 있으며 보다 편리하고 접근이 용이하게 변화시키고 있다.

2) ToysЯus International전략

이는 1984년에 싱가포르와 캐나다에서 1호 점포를 개점하였다. 1992년에 진출한 일본은 2006년 150개 토이저러스와 17개 베이비저러스를 운영하고 있다. 현재는 프랜차이즈 조직을 포함하여 35개국에서 토이저러스 713개 점포를 개점하고 있다.

3) BabiesЯus USA전략

키즈저러스(KidsЯus)는 1983년에 경쟁적인 가격으로 높은 품질의 유명상표 아동복을 폭넓게 선택할 수 있도록 다양한 상품을 제공하기 위해 많은 점포를 개점하였다. 146개 이상의 점포를 보유한 미국에서 가장 큰 의류상점의 하나가 되었지만, 1996년에 개점한 BabiesЯus와 2003년 통합되었다. 현재 259개 점포를 개점하고 있다.

이러한 상점들은 젊은 부부들의 욕구를 일괄구매 형태로 충족하는 것이다. 즉, 어패럴, 가구, 승용차용 안전의자, 침대, 흔들의자 등 모든 어린이용품을 갖추고 있다. 이들은 고객만족을 통해서 지속적인 상표충성도를 구축하였다.

4) Imaginarium전략

이는 완구 점포보다 더 많으며, 1999년에 'Я'패밀리와 결합하여 개점하고 있고, 200개 장소에 개점하고 있으며, 추가로 700개의 장소에 '상점 내 상점'의 형태로 토이저러스 매장 내에 개점하였다. 또한 이들을 모두 단일 매장 내에 배치하여 어린이용품 시장을 하나로 통합하여 만든 슈퍼스토어인 키즈월드 등도 개점하고 있다.

3. 토이저러스의 점포전략

도이저러스는 평균 매장 규모 4,500㎡에 완구류, 기저귀, 이유식, 이동용 스포츠용품 등 어린이들을 위한 상품을 폭넓게 취급하고 있다. 따라서 토이저러스는 각 상품영역마다 내역과 코드번호를 명시해 놓은 표지판을 달아 놓았고, 매장 입구에는 알파벳 순으로 상품 품목리스트와 코드번호가 적혀 있는 팜프렛을 비치해 놓고 있어 판매원의 도움 없이 원하는 상품을 빠른 시간에 찾을 수 있도록 편리성을 제공하고 있다.

토이저러스는 점포의 모든 제품에 대해 균일성을 요구하고 있다. 모든 점포에서 동일한 제품을 주문한대로 본사에서 매입하고 가격결정을 하며, 모든 상품구색의 결정을 본사에서 직접 수행함으로써 점포는 단지 본사의 판매망이었다.

토이저러스는 경쟁 심화에 따른 판매관리비 등의 증가가 원인이 되어 처음으로 이익이 감소하는 쓰라린 경험을 하게 되었다. 이러한 난관을 타개하기 위해 'Concept 2000'과 '키즈월드'라는 두 가지 전략을 제시하였다. 'Concept 2000'은 2000년까지 미국 내 전체 점포의 실내배치 및 장식 등을 완전히 현대적이고 고객편의 위주로 바꾸는 것이었다.

기존과는 달리 상품 재고형 매장을 철폐하였으며, 서비스 강화전략을 도입하여 매장 중앙에 있는 정보센터를 통해 개인정보를 컴퓨터로 관리하거나 상품 설명 및 포장 등의 서비스도 제공하였다. 토이저러스, 키즈저러스, 베이비저러스 등을 단일 매장 내에 모두 배치하는 '키즈월드' 사업도 병행해 가고 있다.

4. 토이저러스의 성공전략

토이저러스의 성공전략은 4가지 경영전략으로 요약된다.

1) 카테고리킬러 전략

토이저러스는 카테고리킬러 전략을 이용하여 성공하였다. 토이저러스는 대형 규모, 유명 상표명, 폭넓은 상품구색으로 소비자들의 선택의 폭을 넓혀주었다. 이러한 점포는 미국 시장에서 가장 큰 점유율을 얻은 후, 낮은 비용, 셀프서비스 등 할인점 개념을 도입하였다.

미국에서 빠른 수송과 재고 축소, 빠른 자본 회전율을 유지하는 컴퓨터를 이용한 재고시스템을 구축하였다. 이 시스템은 보다 나은 커뮤니케이션 기술을 위해 계속적으로 개선되었다.

토이저러스는 트럭회사를 소유하여 운영하고 있다. 토이저러스는 높은 시장점유율로 할인능력을 보유하고, 공급사슬을 유지하기 위해 트럭회사를 사용하였다. 대부분의 상품가격은 다른 소매상과 경쟁하고 있지만, 할인율을 크게 하고 있다. 토이저러스는 크리스마스에 쿠폰을 활용하고 있다.

2) 저가격 상품전략

토이저러스가 취급하고 있는 18,000개 품목의 상품이 저가격으로 판매되고 있다. 일반적으로 저가격 판매는 저마진 판매라는 인식이 강하지만, 토이저러스는 싸게 팔지만, 높은 마진을 유지하고 있다. 이것을 가능하게 하는 방법은 상품의 대량 매입과 해외에 아웃소싱하는 것이다. 이는 적극적인 구매력의 결과로 매입비용이 경쟁자들보다 낮을 수 있기 때문이다.

3) 창고형 매장과 셀프서비스전략

점포설비 측면으로 점포를 임대료가 싼 교외에 창고스타일로 설비하여 셀프서비스 판매방식과 센트럴 체크아웃방식을 채용하여 점포 투자와 운영비용을 철저히 절감하는데 있다.

4) 효율적인 관리와 충동구매 촉진전략

상품관리 측면으로 천정 높이까지 진열돼 있던 상품들을 고객들의 어깨선 높이까지로 낮춤으로써 고객들이 상품을 쉽게 구매할 수 있게 함과 동시에 다른 판매대의 상품들까지 한눈에 볼 수 있게 해 충동구매 비율을 높이는 전략을 구사하였다. 또한 재고로스의 발생 원천이 되고 있는 재고는 원칙적으로 갖지 않는다. 즉, 막대한 양의 점포 재고가 있지만, 철저한 관리에 의해 로스가 발생하지 않도록 한다는 전략이다.

이는 18,000개 품목을 관리하는 POS 시스템을 조기에 도입하고, 컴퓨터에 의한 단품관리를 철저히 하여 팔리지 않는 상품을 제거하는 작업이 계속 진행되기 때문이다. 또한 신상품의 도입에는 매우 신속하고 민감하여 어린이들에게 인기 있는 상품은 조기에 가장 좋은 위치에 진열함으로써 고객을 유인하는 적극적인 전략을 수행하였다. 1980년대 이 업계의 히트 상품은 비디오 게임이었는데, 상품 도입을 빠르게 진행시켜 다품목 상품 구성을 했던 것으로 유명하다.

5) 철저한 교육과 독특한 광고전략

셀프서비스를 선택하고 있지만, 종업원 교육이 철저히 이루어지고 있고, 서비스 상담 판매가 이루어지고 있다. 손님이 환불을 원할 때는 절대로 이유를 물어보지 않고 모두 환불해 주는 것을 핵심 역량으로 하고 있다. 토이저러스의 머천다이징 능력과 서비스로 인해 시중보다 싸게 판매할 수 있어서 매출 구조가 견고하다. 결과적으로 매입비용이 적고, 경비를 적게 들여 높은 수익을 실현하게 되는 것이다.

토이저러스의 강점은 독특한 광고에 있다. 토이저러스의 캐릭터인 기린이 미국 어린이들에게 매우 친근하게 느껴지는 것은 가공의 기린 동물가족(아버지-제프리, 엄마-끼끼, 아이-지)을 전략적으로 부각시킨 데 있다.

Ⅲ. 토이저러스의 일본 유통전략

1. 일본진출전략

토이저러스는 세계에서 가장 큰 완구 소매업이다. 1984년에 글로벌화를 시작한 이 회사는 캐나다, 유럽, 홍콩, 싱가포르에 진출하였다. 일본은 완구시장의 규모를 보고 진입하였지만, 일본의 법률과 규제를 받고 있다. 가장 큰 진입장벽은 정치적으로 소규모 점포를 보호하기 위한 대점법의 시행이었다.

일본의 유통시스템은 사회적, 정치적 이유에서 비효율이 나타나고 복잡하다. 일본 경제정책의 입안자들은 소규모 상점의 네트워크를 보호해 왔다. 도매상들은 일본의 거래회사나 제조업자에 의해 대형 유통업자와 연계되어 있었다. 일본 노동자의 20% 는 이들 유통업태에 고용되어 있다. 이들을 보호하기 위해서 소매 규제가 만들어졌고,

이러한 시스템의 대부분은 터무니없이 높은 가격을 창출하고 있다.

그러나 이러한 사고의 변화 압력은 1988년 미국으로부터 나타났고, 다이에와 같은 일본 대형 소매업으로부터 나타났으며, 대형 유통업자가 제공하는 저가격을 지켜본 소비자들에 의해 나타났다. 1994년에 일본 소비자들은 토이저러스의 일본 파트너인 딘 후지타(Den Fujita)에 의해서 저가격으로 어디서나 구입할 수 있다는 경험을 하였다. 1994년 초에 토이저러스는 맥도널드 제팬과 제휴로 일본에 16개 아울렛을 개점하였기 때문이다.

1) 일본 완구시장의 규모분석

일본의 완구 소매시장은 소규모의 완구 전문점에 의해 지배되어 왔다. 일본 통계보고서는 여가제품에서 세분하여 완구를 분류하지 않고 있지만, 1991년 음악시장의 규모가 약 3조 3천억 엔으로 나타났다. 일본에서 가장 큰 완구 소매상은 점포당 2.3억 엔을 올리는 1,992개 점포를 가진 '키디랜드'였다. 119.6억 엔을 올리는 52개 점포가 있고, 1,032개 점포에서 79억 엔을 올리는 토이저러스와 비교되고 있다.

당시 일본에서 21개 완구 컴퓨터 게임 체인이 있었다. 가장 큰 점포는 펠리칸(Pelican)으로 71개 점포를 보유하고 있었고, 29,000개 완구와 스포츠 용품 소매상은 일본에서 생산된 제품을 취급하는 5,692개 도매상의 네트워크에 의해 상품을 제공받고 있었다. 일본에는 완구 제조업체 15,000개가 있지만, 이들의 일부만이 50명 이상의 종업원을 고용하고 있었다. 대부분은 1~2명으로 운영하는 영세업체였다. 대부분의 제품은 TV와 연결하여 사용하는 컴퓨터 게임기였다.

2) 진입장벽의 극복전략

토이저러스는 우선 1989년에 일본 시장에 진입을 결정하였고, 맥도널드 제팬과 라이센스 계약을 체결하였다. 일본 시장진입은 토이저러스 제팬이 80 %, 맥도널드 제팬이 20 %를 소유하는 법인을 설립하였다. 새로운 합작투자의 부사장은 맥도널드 제팬에서 맡았고, 고용자는 모두 일본인이었다. 본부는 동경에서 20분 거리에 있는 가와사키 시에 두었다.

두 회사는 지역에서는 경쟁자이지만, 합작법인은 미국에서 대규모 시장점유율과 훌륭한 마케팅능력을 갖춘 토이저러스와 어린이 등 젊은 가족의 표적시장과 커뮤니케이션 네트워크를 갖추고 시장에 대한 지식이 많고 우수한 조사기법을 가진 일본회사가 만든 맥도널드 제팬의 만남은 금상첨화였다.

일본 진입 결정 후 많은 이슈가 집중되었고, 일본은 토이저러스의 소매 혁명을 받아들이는 것이 늦었다는 목소리가 커졌다. 주요 일본 제조업자들은 거래선을 제공하였고, 중간 도매상을 통해 파는 것보다 토이저러스에서 직접 구입하는 것을 더 선호하였다.

토이저러스는 시장선도자가 되기 위해 일본 시장에 대해 경험이 있는 맥도널드 제팬과 제휴한 것이다. 맥도널드 제팬이 일본 시장에 진입했을 때 유통과 공급체인을 완성하는데 있어서 겪었던 이슈를 그대로 토이저러스는 직면하게 되었고 이러한 맥도널드 제팬의 경험은 토이저러스의 일본 진출에 커다란 도움을 주었다.

3) 일본시장의 침투전략

토이저러스의 시장진입 시기는 운이 좋았다. 일본은 1989년 버블경제가 최고에 달했지만, 1991년 12월에 토이저러스가 일본에 최초의 점포를 개점할 때 일본 경제는 회복기에 들어서고 있었다. 'Everyday Low Prices'의 슬로건은 품질만큼 가치를 중시하는 많은 일본 소비자들에게 어필되었고, 서비스를 최소화함으로써 성공하였다.

최초 점포의 매장 면적은 3,000㎡로 18,000품목의 재고를 보유함으로써 미국에서 '카테고리킬러'라 불리는 형태였다. 이것은 개점된 점포의 경쟁우위를 점유하기 위한 전략이었다. 첫 점포는 1991년 12월에 이바라키현의 니가타의 교외에 개점하였다.

1993년 이 회사는 15개 점포를 개점하였으며, 맥도널드 제팬의 시장조사에 따르면 젊은 가족을 보유한 교외를 표적시장으로 하였다. 오사카, 나가사키로 제한하였지만, 대부분의 점포는 주요 도시의 근교에 위치하였고, 1시간 운전 거리에 위치하였다. 땅값이 비싼데도 불구하고 점포에서는 주차장을 마련하였다.

토이저러스의 최초 광고매체 전략은 비용이 비싼 TV나 라디오보다는 신문에 칼라 전단을 끼웠다. 신문이 가정에 배달되기 전에 끼워졌으며, 광고 전단지는 어머니와 아이들이 있는 가정에 배달되었다. 광고지역은 점포 근교로 한정하였다.

4) 입지와 포지셔닝전략

토이저러스 제팬은 공급 상품의 반 이상을 미국으로부터 수입하였다. 일본시장에 진입하기 전에 토이저러스는 8개국에서 점포를 운영하고 있었다. 이러한 경험은 아시아 문화에서 성공한 홍콩, 싱가폴 2개의 점포를 통해서 얻었다. 이것은 토이저러스가 아시아지역 상황에 적응하려는 의지를 가지고 있었기 때문이다. 점포 규모는 회사방침이 3,000㎡ 이상이었지만, 일본의 제휴사는 히메지(hemeji)에 있는 효고(hyogo)의 새로운 점포는 2,800㎡로 결정하였다.

토이저러스는 EDLP에 집중하는 것보다는 일본 소비자에게 가치를 제공하는 긍정적인 혁신으로 기초적 시스템을 포지셔닝하였다. 이들은 셀프서비스, 폭넓은 상품 선택, 낮은 가격, 경제적 포장을 통하여 할인을 제공하였다. 토이저러스는 할인점을 수용함으로써 전문소매업의 적소시장을 조화하여 가정에 성공적으로 제공하였다. 토이저러스 제팬은 낮은 수익률에도 불구하고 운영비가 미국에 ⅓ 정도이고, 외환 차이를 이용해 수익성이 있는 고품질 제품을 수입하여 판매하였다.

5) 가격보다 우수한 품질 제공전략

일본에서 두 개의 동등한 제품을 주고 소비자들이 그 중 하나를 선택하는 경우 차이는 품질이 가격 이상이어야 한다. 따라서 토이저러스는 일본에서 저품질에 따른 저가격은 성공할 수 없다는 것을 알았고, 브랜드 면에서 가격보다는 재고 보유에 신경을 쓰는 마케팅을 수행하였다. 그러나 그 후에 가격 경쟁자가 나타남으로써 이러한 전략은 젊은이 시장에서 제품이 상대적으로 너무 비싸게 인식되어 토이저러스에게 중요한 문제로 대두되고 있다.

생각해 볼 문제

1. 토이저러스의 성공전략에 대해 논해 보라.

2. 토이저러스의 일본시장 진입전략에 대해 논해 보라.

제1부: 기업의 글로벌 지향성과 글로벌마케팅

- 제1장: 한국 기업의 글로벌 지향성

제2부: 글로벌 환경 및 경쟁분석

- 제2장: 글로벌 거시환경 분석
- 제3장: 글로벌 경쟁환경 분석
- 제4장: 글로벌 경쟁원천 분석

제3부: 글로벌 진입 및 협력전략

- 제5장: 글로벌시장 진입전략
- 제6장: 글로벌 제휴 및 네트워킹 전략

제4부: 글로벌 STP 및 표준화 · 현지화 전략

- 제7장: 글로벌 시장의 STP전략
- 제8장: 글로벌 표준화와 현지화 전략

제5부 글로벌마케팅 믹스전략

- 제9장: 글로벌마케팅의 제품전략
- 제10장: 글로벌마케팅의 유통전략
- **제11장: 글로벌마케팅의 촉진전략**
- 제12장: 글로벌마케팅의 가격전략
- 제13장: 글로벌마케팅의 인터넷전략

제6부: 글로벌마케팅 조직

- 제14장: 글로벌마케팅의 조직구조

제11장

글로벌마케팅의 촉진전략

마케팅은 기업과 시장 사이의 커뮤니케이션 과정이며, 이는 통합적으로 이루어져야 한다. 글로벌마케팅은 여러 나라에 진출하여 마케팅을 하기 때문에 국가별로 문화 차이를 극복할 수 있어야 마케팅이 성공할 수 있다.

본 장에서는 다문화에 대한 이해를 시작으로 하여 대면 커뮤니케이션, 글로벌 커뮤니케이션 과정, 글로벌 기업문화의 관리, 글로벌 커뮤니케이션 전략에 대하여 살펴보고, 글로벌 촉진믹스에 대하여 보다 구체적으로 학습하고, 글로벌마케팅의 촉진도구로서 중요성이 대두되는 스포츠마케팅에 대하여 논하고자 한다.

제 1 절 글로벌 다문화전략
제 2 절 글로벌 대면커뮤니케이션 전략
제 3 절 글로벌 커뮤니케이션 과정
제 4 절 글로벌 기업문화전략
제 5 절 글로벌 커뮤니케이션전략
제 6 절 글로벌 촉진믹스전략
제 7 절 글로벌 촉진도구로서 스포츠마케팅전략

사례 11-1: 맥도널드의 광고전략
사례 11-2: 베네통의 촉진전략

제 1 절 글로벌 다문화전략

글로벌마케팅이 관계마케팅으로 발전되고 있는 시대적인 배경에서 관계와 네트워크를 통한 PR마케팅에 대한 강조는 타당성이 크다고 할 수 있다. 기업이 글로벌화되면 문화가 다른 여러 나라에 자회사를 두고 마케팅 활동을 수행하게 되어 문화차이를 관리하는 커뮤니케이션전략이 중요해 진다. 문화는 사회조직, 언어, 교육, 종교, 습관 등의 복합체로 구성되며, 이는 소비자행동에 영향을 미치고 있다.

1. 문화의 독특성과 보편성

기업 활동의 글로벌화에서는 각 나라 문화의 독특성을 유지하지만, 전체적으로는 개별 문화가 약화되는 문화적 보편성의 영역이 중요해진다. 이러한 문제는 지역화와 표준화에 관계된다.

자기 문화에 대한 진정한 이해는 다문화의 접촉에 의해 가능하기 때문에 자기 문화에 지나치게 몰입되면 글로벌 커뮤니케이션은 성공할 수 없다. 즉, 자기 문화에 대한 이해는 자기의 내적 통찰에 의해서 이루어지지만, 다문화와 접촉함으로써 형성되는 동태적 정보를 공유하여 나타나는 상호작용을 통해서 보다 깊이 이해될 수 있다.

머독(Murdock)은 인간의 문화에는 다양한 패턴이 있지만, 어느 사회에서나 공통적으로 보이는 문제해결을 위한 수단이나 방법은 문화적 보편성의 영역에서 현실적인 차이가 있다고 주장한다. 우리는 문화적 차이를 인정하고 다문화 사이의 상호작용을 통해서 자기문화 중심주의(ethnocentrism)에서 벗어날 수 있다.

2. 자기 준거기준과 다문화 커뮤니케이션전략

소비자들은 행동하고 판단할 때 무의식 내부에서 자신에 입력된 정보를 탐색하는 자기준거 기준(SRC : Self Reference Criteria)을 가지고 있다. 이는 글로벌마케팅 관리자가 자국의 문화적 가치관, 경험, 지식 등으로 구성된 자신의 무의식적인 준거를 마케팅 의사결정 기준으로 삼을 때 나타난다. 자기준거 기준의 형성에 가장 큰 영향을 미치는 것은 특정 소비자가 성장한 문화적 환경이다.

소비자들은 문화적으로 같은 자기준거 기준을 갖는 사람끼리 커뮤니케이션을 통해 배경을 형성한다. 여기에 너무 집착하면 소비자들은 자기의 준거 틀 이외에는 모든 것을 볼 수 없다는 단점이 있다. 이러한 단점을 극복하려면 준거의 틀을 강하게 형성하고 있지 않은 소비자들과의 상호작용을 필요로 한다. 이들은 다문화의 소비자들과 커뮤니케이션 하는 것보다 외부의 혁신적 자극을 받아서 자기의 준거 틀에서 자기 자신을 직시하는 경향이 높기 때문이다.

그러나 이러한 자기 재해석이나 재정의는 다문화의 행동패턴에 관한 정보를 증대시키는 것만으로는 달성되지 못한다. 자기와 이질적인 준거의 틀을 가지고 있는 소비자들과의 상호작용을 통해서 달성할 수 있지만, 이는 예상하기 어려운 면이 많다. 이는 지구상에 존재하는 모든 문화에 관한 자료를 소비자의 기억에 모두 저장시키는 것은 불가능하기 때문이다.

3. 다기업 문화와 커뮤니케이션전략

글로벌 기업은 본사와 다수의 글로벌 자회사 사이의 커뮤니케이션이 효율적으로 이루어져야 한다. 이러한 다문화 커뮤니케이션에서는 기업문화의 유형에 따라 커뮤니케이션이 달라야 한다. 이러한 기업문화의 환경적응 기능은 〈그림 11-1〉에서 보듯이 퀸과 킴벌리(Quinn & Kimberly 1984)가 유형화하고 있다.

이 모형에서 분류의 기준은 구성원이 소속된 조직을 통제 중시 또는 유연성 중시로 인식하는 점과 조직이 내부지향인가, 외부지향인가 하는 점이다. 이러한 관점에서 보면 다음과 같은 유형이 나타난다.

〈그림 11-1〉 퀸과 킴벌리의 문화유형

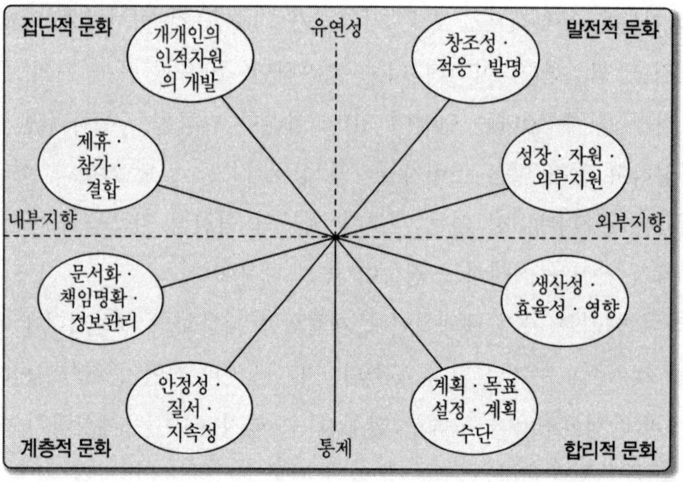

자료원: Quinn and Kimberly(1984), "Paradox, Planning and Perseverance", *The Challenge of Managing Corporate Transitions,* Dow Jones Irwin, p. 300.

1) 집단적 문화전략

이는 유연성을 중시하고 내부 지향적인 집단적 문화이다. 이러한 문화의 핵심은 소비자들이 감성을 중시하는 실존주의적인 신뢰에 있다. 이 조직에서는 개개인들이 조직에 귀속의식이나 멤버십으로 목표 달성에 협력한다. 조직 형태로서는 인적 자원의 개발을 중시한 조직이 된다.

2) 발전적 문화전략

이는 유연성을 중시하고 외부 지향적인 발전적 문화이다. 이러한 문화의 핵심은 미래 지향적인 변화에 있다. 이 조직에서는 소비자들의 기본적 욕구를 새로운 것에 도전하여 이상을 추구하는데 있으며 개개인의 업무의 중요성을 명확하게 표시함으로써 조직 내의 구성원들이 목표 달성에 협력하게 한다. 조직 형태로서는 성장과 자원 획득을 강조한 유기적인 매트릭스 조직이 있다.

3) 계층적 문화전략

이는 통제를 중시하고 내부 지향적인 계층적 문화가 있다. 이러한 문화의 핵심은 현재 지향적인 안정성에 있다. 이 조직에서는 소비자들의 기본적인 욕구를 안전과 생명에 두고 개개인의 역할을 명확하게 규정하여 규칙이나 규제에 의해 조직의 요구를 충족하는데 있다. 조직 형태로서는 안정과 통제를 강조한 계층별 피라미드 조직이 있다.

4) 합리적 문화전략

이는 통제를 중시하고 외부 지향적인 합리적 문화이다. 이러한 문화의 핵심은 목표지향성이 강한 목표 달성에 있다. 이 조직에서는 개개인의 달성 목표가 명확해서 달성에 따른 동기부여가 예상되지만, 소비자들은 목표 실현에 협력한다고 생각하며, 조직과 인간과의 관계는 계약적이다. 조직 형태로서는 계획성·생산성·효율성을 중시한 시장형 조직이 있다.

제 2 절 글로벌 대면 커뮤니케이션전략

1. 동태적 정보와 대면 커뮤니케이션전략

글로벌 커뮤니케이션 네트워크에서 대면 커뮤니케이션(face-to-face communication)은 상당히 중요한 역할을 한다. 이는 커뮤니케이션 과정에 참가자로서 특정 메시지의 송신자와 수신자가 대면해서 수행하는 것이다. 고도의 정보화 사회에서는 텔레커뮤니케이션을 이용하여 다문화 사이에 상호작용을 수행할 수 있다. 그러나 이러한 경우에 상대와 직접 대면하지 않기 때문에 정보의 의미적 공유와 투입 및 효과가 다르게 나타날 수 있다.

안면이 없는 사람이나 기계를 통해서 상호 작용하는 데는 한계가 있다. 글로벌 커뮤니케이션 네트워크에서 하드웨어가 어떻게 발달되든 소프트웨어의 진보가 이루어지지 않으면 그 네트워크는 효율성이 떨어진다. 인간 커뮤니케이션의 상호작용 방법은 텔레커뮤니케이션의 기술적 진보에 비해 눈에 띄는 진보가 아니기 때문에 경시되는 경우가 있지만, 이러한 소프트웨어 측면이 기업의 글로벌 커뮤니케이션 네트워크의 성공에 열쇠가 되고 있다.

비대면적 커뮤니케이션은 자기 자신, 커뮤니케이션 상대, 관여하는 커뮤니케이션

과정에 대하여 감정이입이 나타나지 않는다. 즉, 유통에서 주문이나 발송의 교신에 의한 상호작용에서는 감정이입을 문제로 하는 서로의 생활권으로 상호침투가 크지 않다.

이러한 커뮤니케이션의 대부분은 컴퓨터에 입력하고 있는 다양한 예측 가능한 상황에 대한 문서를 그대로 전송하는 일이 가능하기 때문이다. 그러나 이러한 커뮤니케이션은 인간이 부여하고 있는 것에 커뮤니케이션 본래의 목적이 있는 동태적 불확실성 하에서 동태적 정보의 의미적 공유를 떠나 공식화된 비인적 커뮤니케이션이라고 한다. 비인적 커뮤니케이션과 대면 커뮤니케이션을 함께 사용하면서 글로벌 경쟁력을 높여 가야 한다.

2. 메시지의 명시성과 언어 커뮤니케이션전략

1) 고-저 배경과 언어 커뮤니케이션전략

커뮤니케이션 문제의 가장 핵심은 언어의 문제에 있다. 인간 커뮤니케이션을 가능하게 하는 도구는 언어이지만, 비언어 커뮤니케이션(nonverbal communication)도 중요한 역할을 하고 있다. 커뮤니케이션 과정은 송신자와 수신자가 메시지를 상호교환함으로써 성립되지만, 메시지를 형성하는 최소 요소는 자극이다. 인간의 오감에 자극을 주는 것이 메시지이다.

언어 커뮤니케이션은 이러한 자극의 일부를 용이하게 전달하도록 하지만, 비언어 커뮤니케이션과의 상승 작용이 되려면 인간적인 커뮤니케이션 과정을 통해서 이루어져야 한다. 대면 커뮤니케이션이 중요한 이유는 이러한 자극을 효율적으로 활용하는 것이 가능하기 때문이다. 그러나 언어는 다문화 사이에서 커뮤니케이션 도구로 가장 중요하다.

언어 커뮤니케이션이 공헌하려면 원활하고 치밀한 상호작용이 이루어져 의미, 지식 및 가치 체계의 공유가 일어나야 한다.

홀(Edward T. Hall)은 배경이 다문화 사이의 상호작용에 대단히 큰 영향을 준다고 주장하고 있다. 저배경 사회에서는 메시지의 송신자와 수신자 상호간에 투입되는 배경의 완성도가 낮기 때문에 상대와 자신과의 관계에서 어떠한 인간인가, 어느 것이 서로 가장 원하는 상호작용인가 하는 것을 깊이 있게 판단하지 않기 때문이다. 이러한 상황 하에서는 오감을 통해서 명확한 소구를 하는 자극을 이용함으로써 보다 정보량이 많은 기억을 교환해야 한다.

〈그림 11-2〉에서 보듯이 인간 커뮤니케이션에 의해서는 배경, 정보, 의미의 3개가 하나로 되어 메시지가 형성된다. 정보에 담긴 의미를 공유하는 것이 커뮤니케이션의 최대 목적이다. 그러나 의미는 단독으로는 역할을 하지 못한다.

〈그림 11-2〉 인간 커뮤니케이션의 배경, 정보, 의미의 기능

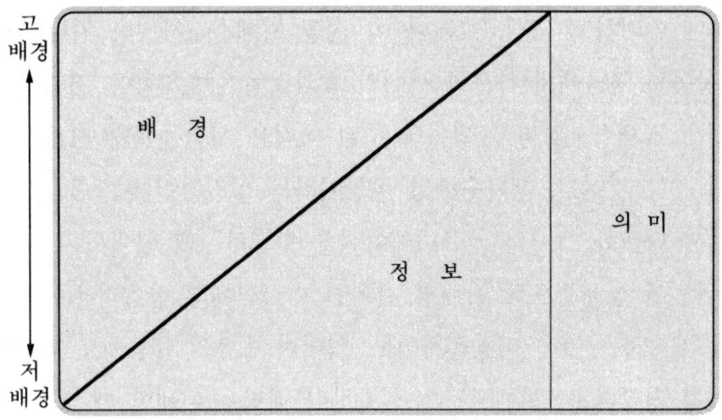

자료원: Edward T. Hall, *Beyond Culture,* Anchor Press/Doubleday, New York, 1976.

특정 메시지에서 의미의 양이 지니는 것은 고배경 사회에서 정보량은 적고, 역으로 저배경 사회에서 정보량은 증대된다. 저배경 사회에서는 보다 명시적인 커뮤니케이션 형태, 즉, 보다 높은 수준에서 언어 커뮤니케이션을 이끄는 상호작용이 적은 사회의 체계적 균형이 유지되지 않기 때문이다.

2) 고배경 커뮤니케이션의 한계

홀은 미국이 저배경 사회이고, 일본은 고배경 사회라고 주장하고 있다. 고배경 문화(High Context Culture)인 한국, 일본 등은 글로벌 커뮤니케이션에서 약점을 가지고 있다. 이러한 나라의 사람들은 다문화의 사람과 접촉할 때 처음에는 저배경 상태에 있어서 동질적 문화의 사람에 의해 투입되는 공통의 배경에 의존하여 저배경 커뮤니케이션을 수행하게 된다. 그러나 자기 문화권에서 배경 수준의 고-저의 차이점은 다문화 사이의 상호작용에서 커뮤니케이션 성과를 달성하지 못할 가능성이 있다.

저배경 사회인 미국에서 사람들은 자기 문화에서의 커뮤니케이션 성과를 다문화

사이의 상호작용에서 수행하여도 유효하지만, 고배경 사회인 한국이나 일본의 사람들은 보통 단계의 커뮤니케이션 성과를 수행한다고 해도 효율적으로 이끌기 어렵다.

고배경의 메시지는 여운이 많고 상상력이 개입될 여지가 많다. 음악, 미술, 문학과 문화의 벽을 초월해서 인간에게 감명을 주는 예술은 모두 고배경의 메시지를 발송하고 있다. 고배경 커뮤니케이션 성과는 사람들에게 편안함을 주고 사람들의 상호작용에 기여하고 있다. 그러나 이 점을 과대평가하거나 지나치게 의존하는 것은 기업 활동의 영역에서 다문화 사이의 효과적인 상호작용을 저해할 수 있다.

기업의 경제적·경영적 행동의 주된 목적은 사람들에게 시간과 비용의 경제성을 보장해 주는 것이고, 생활수준의 향상이라는 실질적인 이점을 주는데 있다. 이러한 분야에서 다문화 사이의 커뮤니케이션을 수행하는데 있어서 고배경 사회에 해당하는 한국인이 상대적으로 저배경 사회인 미국인에게 상호작용으로 고배경 메시지의 송신을 계속하는 것은 비효율적이고, 의미적 공유의 유효성도 기대할 수 없다.

고배경 커뮤니케이션에서는 수신자들이 배경을 이해할 때 많은 시간과 노력을 필요로 하기 때문에 고배경 커뮤니케이션 성과는 정보처리의 경제성을 추구한 결과로 나타난다. 이러한 경제성이 형성되려면, 상대가 자기와 같은 배경을 공유하고 있어야 한다. 그러나 커뮤니케이션의 효율화를 목적으로 하는 배경은 그 배경의 환경과의 상호작용에 의해서 부정적 방향으로 작용함으로써 원활한 커뮤니케이션의 저해요인이 될 수 있다.

특정 문화의 배경 수준이 낮을 경우에는 투명해져 외부에서 이해가 가능하지만, 배경 수준이 높으면 불투명성이 강해지고 이에 비례해서 외부에서 배경을 이해하는 것은 매우 어렵다. 고배경 메시지는 저배경 상황에서 상대의 설명 부족, 소극적인 상호작용을 지향하고 있는 인상을 준다.

한국인의 행동은 다문화의 사람이 보면 한국인의 문화적 행동패턴에 대해 지식을 갖고 있지 않기 때문에 야기되는 것이 많다. 그러나 중요한 것은 한국인 자신이 다문화 사이의 상호작용에서 고배경 상황에서의 커뮤니케이션 패턴, 정보량이 많은 언어 메시지에 의존하고 있다는 것이다.

상호의 배경이 명확하지 않는 상황에서는 고배경 메시지가 효과적인 커뮤니케이션 성과를 기대하지 않는 경우도 있다. 이러한 경우는 송신자와 수신자의 쌍방의 연계가 자기를 희생하면서도 상대를 좋아할 경우, 양자 간에 존경하는 마음으로 명확한 상하 관계나 지배 관계가 존재할 경우 쌍방에 이익이 있을 경우 등이다.

이러한 상황 하에서는 송신자와 수신자 사이에서 배경이 상호작용의 효율성을 형성하고 효율성이 떨어지는 쪽은 현재화하지 않는다. 커뮤니케이션 성과의 불일치가 공포나 이익의 영향력이 우려될 경우에는 쌍방에서 어느 쪽도 배경이 현재화되지 않아서 타협하거나 무시하는 형태로 조정되고 있다.

기업조직에 소속되어 있는 사람은 애정적으로 견고하게 결합되어 있지 않다. 매우 실질적인 이점을 기대하여 조직에 소속되기 때문이다. 그러나 기업 활동을 수행하는 것은 실질적인 이점만으로 지속하는 것은 불가능하다. 실질적인 이점의 기대와 커뮤니케이션 성과의 불일치 때문에 균형이 깨지고, 부정적 방향으로 작용할 때는 고배경 메시지를 보내는 것은 커뮤니케이션을 경시하게 하기 쉽다. 이것을 피하기 위해서는 다문화 사이의 상호작용에서 될 수 있는 대로 정보량이 많은 명료한 메시지의 교환을 커뮤니케이션의 기본패턴으로 사용하는 것이 필요하다.

3) 사회의 커뮤니케이션 패턴에 기초한 PR

글로벌 기업은 대상 국가의 커뮤니케이션 패턴이 함축적(implicit)인가 설명적(explicit)인가에 따라 PR의 전략적 접근이 달라야 한다. 함축적인 커뮤니케이션의 패턴이 많은 고배경 사회와 설명적인 커뮤니케이션 패턴이 많은 저배경 사회에 대한 이해를 바탕으로 다문화권에서 전략적인 PR프로그램을 계획하고 수행할 수 있다.

〈그림 11-3〉에서 보듯이 한국이나 일본 사회는 고배경 사회의 특성을 보이고 있다. 즉, 뚜렷한 언어적 명시성이나 계약관계를 상대적으로 중시하지 않는 사회라고 할 수 있다.

미국 기업들은 기업 활동의 모든 행위를 계약에 상세하고 명확하게 하는 함축적 커뮤니케이션에 익숙해져 있다. 한국과 같은 고배경 사회에서는 야박하게 보이는 이러한 일이 당사자 간에 분쟁이 생기면 일방적인 불이익이나 사업관계가 나빠지는 것을 막을 수 있다. 이렇듯 한 사회의 커뮤니케이션 패턴은 중요한 영향을 미치고 있다.

PR활동에서도 사회의 커뮤니케이션 패턴은 중요한 이해 척도가 된다. 따라서 PR활동을 전개하는 환경이 고배경 사회인가 저배경 사회인가를 명확하게 이해하여 이를 바탕으로 PR전략을 수행하여야만 성공할 수 있다.

〈그림 11-3〉 국가별 고배경과 저배경의 분류

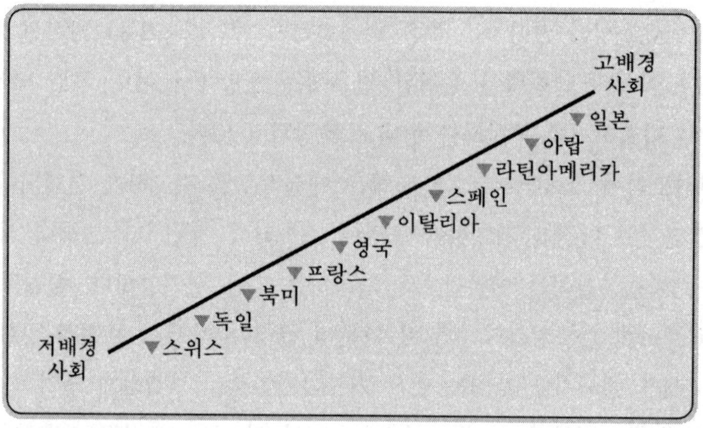

제 3 절 글로벌 커뮤니케이션 과정

1. 글로벌 커뮤니케이션의 과정

글로벌마케팅에 있어서 광고, 인적판매, PR, 판매촉진 등을 포함하는 글로벌 커뮤니케이션의 과정은 〈그림 11-4〉와 같다.

- 정보원천(information source)은 특정 표적시장의 특정 공중에게 전달할 메시지를 가진 글로벌마케팅 관리자를 의미한다.
- 부호화(encoding)는 정보원천으로부터 메시지가 의도한 대로 수신자에게 효과적으로 전달되도록 메시지를 단어, 그림, 기호 및 상징으로 전환시키는 것을 의미한다. 이는 메시지가 정보원천의 의도대로 해독되지 않으면 커뮤니케이션은 일어나지 않는다.
- 메시지 경로(message channel)는 의도된 수신자에게 기호화된 메시지를 전달하는 목표 국가의 TV, 신문, 판매원, 광고매체 등 매체들을 의미한다.
- 해독(recoding)은 정보원천으로부터 전달받은 기호화된 메시지의 의미를 수신자가 해석하는 과정을 의미한다.

〈그림 11-4〉 글로벌 촉진과 커뮤니케이션 과정

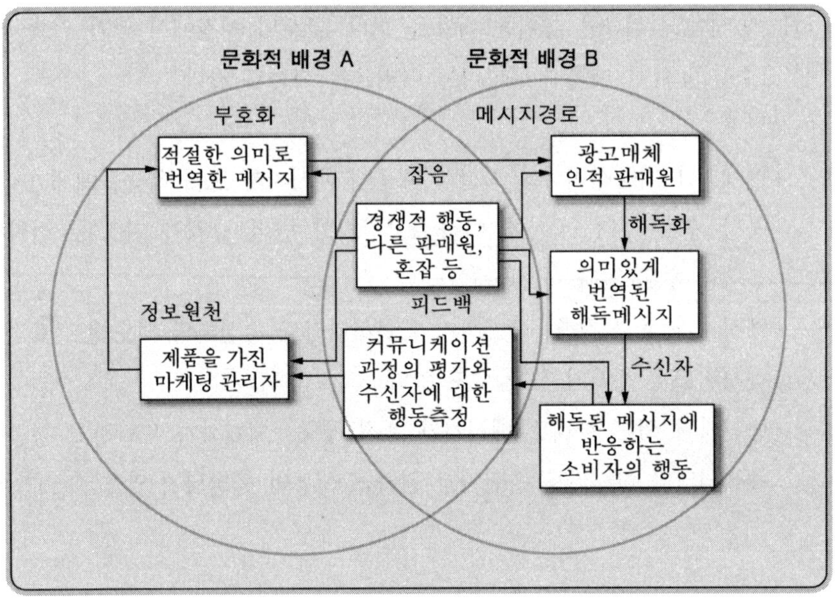

- 수신자(deceiver)는 정보원천으로부터 전달되는 기호화된 메시지를 받는 표적 청중을 의미한다.
- 피드백(feedback)은 표적 수신자로부터 커뮤니케이션 과정 및 기호화된 메시지의 효과 등에 대한 평가 정보가 정보원천으로 역류하는 과정을 의미한다. 정보원천은 이 피드백을 분석하여 커뮤니케이션 효과를 평가할 수 있다.
- 잡음(noise)은 경쟁사들의 광고, 인적판매 활동, 최종 수신단계에서 발생하는 혼란과 커뮤니케이션 장벽, 장애물 등 커뮤니케이션 과정 자체보다는 외적 요소로부터 오는 영향을 의미한다.

2. 글로벌 커뮤니케이션전략의 장애요인

글로벌 커뮤니케이션 과정에서 잡음을 일으키기도 하고, 국경을 초월한 커뮤니케이션을 빈번히 왜곡시키고 오해하게 만드는 요인 중의 하나가 문화적 차이이다. 특히, 언어, 촉진활동에 대한 정부 통제력, 언론매체의 가용성, 경제력, 현지 유통기관들, 광고대행사의 가용성, 소비자 욕구와 선호도, 전통적 가치관 등의 차이가 글로벌 커뮤니케이션의 장애요인들이다.

이러한 장애요인들은 글로벌마케팅을 하는 기업들의 글로벌 커뮤니케이션을 제한하는 동시에 실패율을 높이는 작용을 한다. 글로벌 시장에서 국가 간의 커뮤니케이션 요소들의 차이 때문에 나타나는 어려움은 다음과 같다.

- 매체의 비가용성이나 부적합성 때문에 메시지가 표적 청중들에게까지 도달하지 못할 수도 있다. 국가에 따라 TV광고의 법적 규제가 다르고, 적합한 매체가 부족할 수도 있다.
- 메시지가 표적 청중들에게까지 도달하더라도 송신자의 의도대로 표적 청중들이 메시지를 이해하지 못할 수도 있다.
- 송신자가 의도한 대로 메시지가 표적 청중들에게까지 도달하고 청중들에 의해 해석되었다 하더라도 송신자가 원하는 행동이 유발되지 않을 수도 있다.

제 4 절 글로벌 기업문화 접근전략

글로벌 경영에서 기업문화의 관리를 유형화하면 본사 문화와 자회사 문화의 유지와 변화를 축으로 〈그림 11-5〉와 같이 글로벌 기업문화의 접근전략은 4개로 분류할 수 있다.

1) 침투접근전략

이는 본사의 문화 이전이나 침투를 목적으로 할 때 이용할 수 있는 전략이다. 기업문화는 가치의 공유화가 전사적으로 확산되고 깊이 침투하는 강한 문화가 되고 방향성이 같은 기업행동을 촉진해서 기업의 경영효율을 높인다. 글로벌 경영에서는 경영이념이나 경영 목표의 침투나 공유가 중요하기 때문에 기업문화의 형성에 깊이 관계되고 있다.

〈그림 11-5〉 글로벌 기업문화의 접근전략

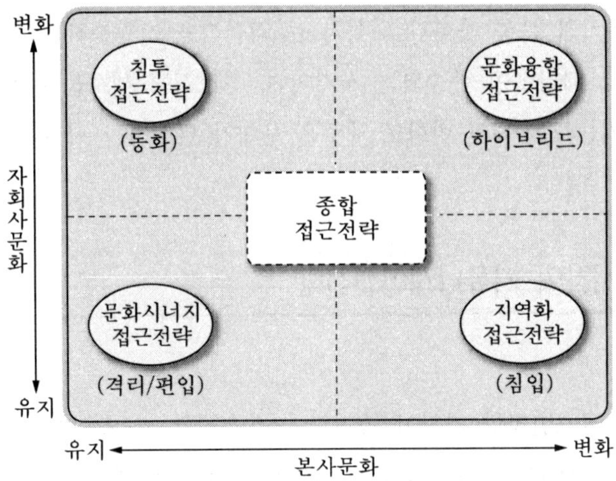

자료원: 根本 孝, 吉本容子著, 國際經營과 企業文化, 學文社, 1994

2) 지역화 접근전략

이는 현지에 동화되어 해외 자회사 문화를 유지하고 본국의 본사 문화를 변화시켜 현지에 적응하는 전략이다.

3) 문화융합 접근전략

이는 본사의 기업문화와 현지의 기업문화 모두를 변화시켜 새로운 기업문화를 창조하는 것이다. 글로벌 경영에서 이상적인 전략모형이다.

4) 문화 시너지 접근전략

이는 기업문화의 다양성과 그 유지를 중시하는 것이다. 다문화의 통합은 불가능하여 창조성을 중시하는 관점이기 때문에 다양한 문화는 상호 상승효과를 극대화하는 기업경영이다.

실제로 글로벌 경영에서 필요한 것은 다양성의 존중과 통합의 공존이다. 다양성을 존중하고 유지하여 기업문화의 통합성을 실현하는 것은 핵심 문화의 기반이 되는 핵심 가치의 형성에 의한 통합의 추구와 다양한 비핵심 문화의 시너지에 의한 창조성의 추구가 중요하다.

이러한 기업문화는 침투기, 교류기, 창조기, 심화기를 거쳐 변화한다. 침투기는 다문화가 본국의 본사 문화가 의식적·무의식적으로 침투하는 시기이고, 교류기는 상호의 문화, 다양성이 존중되는 시기이며, 창조기는 새로운 문화를 구축하는 시기이며, 심화기는 지속적인 변화로 새로운 문화가 탄생하는 시기이다.

제 5 절 글로벌시장의 커뮤니케이션전략

한국의 글로벌지향 기업이 촉진활동을 수행할 때, 광고와 같은 대중촉진에 주로 의존하는가, 인적 촉진(personal promotion)에 주로 의존하는가에 따라 촉진전략은 다음 세 가지 전략 중의 하나를 선택할 수 있다.

1. 글로벌 푸쉬전략

글로벌 푸쉬전략(push strategy)은 〈그림 11-6〉에서 보듯이 제조 기업이 현지국에 있는 중간상인 도매상과 소매상에게 영향을 주어 자사 제품을 유통경로 상 다음 단계의 소비자에게 권유하도록 하는 전략이다. 이는 대상에 따라 유통기관을 대상으로 하는 푸쉬전략과 최종소비자를 대상으로 하는 푸쉬전략이 있다.

〈그림 11-6〉 글로벌 푸쉬전략

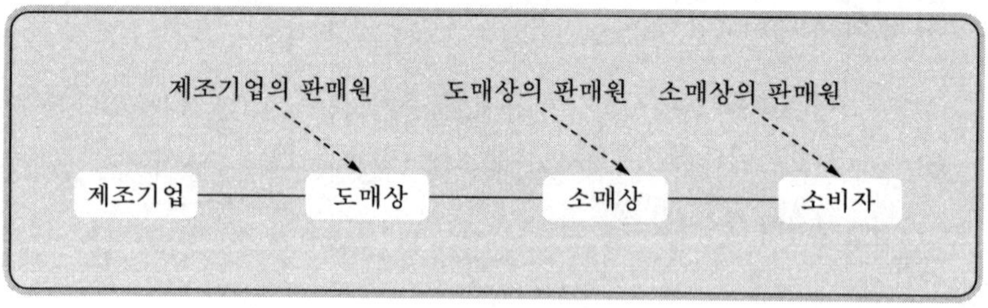

1) 유통기관 대상 푸쉬전략

이는 자사 제품을 글로벌 시장의 현지 유통업체들이 취급해 주어야 글로벌 소비자들에게 판매될 수가 있다. 그러므로 글로벌 기업의 해외시장의 현지 자회사들은 현지 유통기관들에게 가격할인, 신용판매, 가격리베이트, 점포임대료, 광고비, 판촉비, 판촉차량, 판매보너스 등 적절한 유인을 제공하면서 자사 제품을 취급하고 판매하도록 설득해야 하는데 이러한 방법의 하나가 유통기관 대상 푸쉬전략이다.

2) 최종 소비자 대상 푸쉬전략

이는 일선 판매원을 동원하여 최종 소비자들로 하여금 구매결정을 하고 실제로 구매하는 행위를 수행하도록 글로벌 인적판매를 강조하는 전략을 말한다.

2. 글로벌 풀전략

〈그림 11-7〉에서 보듯이 글로벌 풀전략(global pull strategy)의 핵심은 광고를 통하여 자사 제품에 대한 수요를 끌어들이는 것이다.

〈그림 11-7〉 글로벌 풀전략

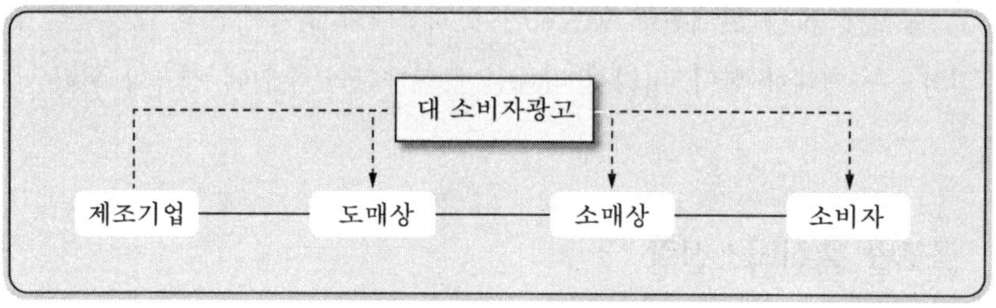

현지 유통경로의 마지막 단계에 위치한 최종 소비자들을 대상으로 광고를 수행하여 최종 소비자들의 수요를 유발하게 하고, 완전 수요가 소매상과 도매상을 거쳐서 현지 자회사에게 도달하도록 만드는 전략을 말한다.

풀전략에서 핵심은 광고이고 판매촉진 등은 부수적인 수단으로 사용한다. 따라서 글로벌 풀전략을 활용하려면 자체 상표명을 부착한 제품을 마케팅 해야 하며 상표광고에 많은 비용을 투입해야 한다.

3. 글로벌 푸쉬-풀전략

글로벌 기업들은 여러 지역에서 활동하고 있어서 이들 지역에 푸쉬전략이나 풀전략 중 어느 하나만 사용하는 것은 촉진 목적을 효율적으로 달성하기 어렵기 때문에 두 가지 전략을 함께 병용하는 푸쉬-풀전략(push-pull strategy)을 활용하려고 한다.

이 전략은 〈그림 11-8〉에서 보듯이 특정 해외 시장에서나 현지 대형 기업들과 글로벌 기업들의 현지 자회사들이 활용하고 있는 전략이다.

〈그림 11-8〉 글로벌 푸쉬-풀전략

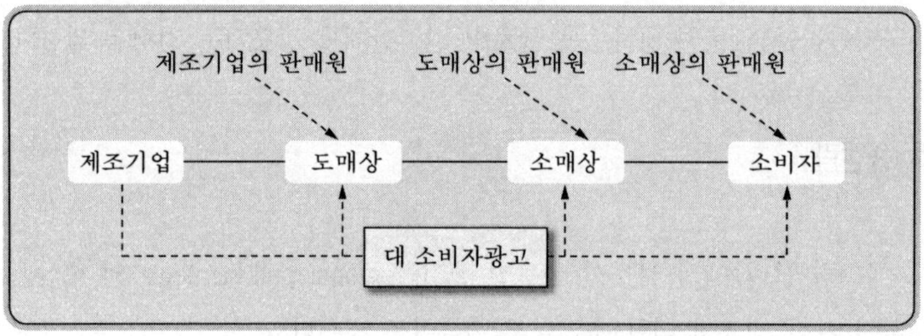

특정 기업들이 글로벌 시장에서 이 전략을 활용하려면, 대규모로 광고를 해야 하고, 동시에 많은 판매원을 동원하여 인적판매와 유통기관을 대상으로 글로벌 푸쉬전략을 수행해야 한다. 따라서 막대한 촉진예산의 투입이 전제가 된다.

제 6 절 글로벌 촉진믹스전략

글로벌 촉진믹스는 글로벌 광고, 글로벌 인적판매, 글로벌 PR 및 글로벌 판매촉진 등 크게 네 가지가 있다(〈그림 11-9〉 참조).

〈그림 11-9〉 환경, 마케팅 믹스, 촉진믹스와의 관계

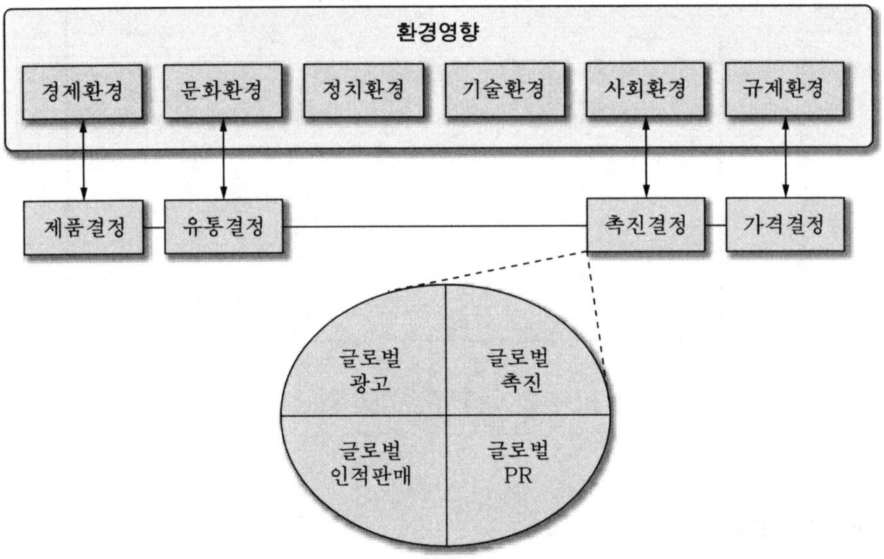

마케팅 믹스에서 촉진은 중요하지만, 다른 마케팅 믹스 변수들과 관련성 속에서 효과를 볼 수 있다는 것을 유념해야 한다. 새로운 기술에 많은 투자를 하여 나타나는 신제품의 경우, 소비자들이 인지하지 못하는 경우가 대부분이기 때문에 대단위 촉진을 벌여야 하고, 이 경우 제품의 가격이 높이 책정될 수밖에 없다.

글로벌 기업에서 만든 제품을 세계적으로 판매하기 위해서는 글로벌 기업과 글로벌 제품에 대한 정보를 글로벌 소비자들에게 알리고 그들이 구매하고 싶은 욕망을 불러일으켜야 한다. 촉진은 행동유발로 이끄는 커뮤니케이션 과정이다.

〈그림 11-10〉에서 보듯이 소비자들은 AIDA(Attention, Interest, Desire, Action)라는 단계를 거쳐 특정 제품을 받아들인다.

AIDA의 주의단계에서는 광고와 같은 비인적 정보원의 효과가 크게 나타나지만, 행동단계로 넘어갈수록 인적 정보원의 중요성이 커져간다. 신제품을 글로벌 시장에 판매하고자 할 때, 처음에는 광고를 통하여 그 제품에 대하여 인지시키고, 능력 있는 판매원을 통하여 실제 구매로 연결시키는 것이 효과적이다.

〈그림 11-10〉 구매행동단계와 정보의 상대적 중요성

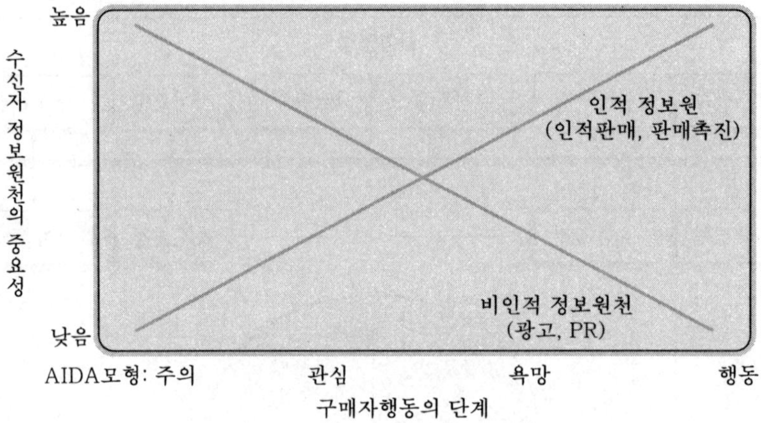

1. 글로벌 광고전략

글로벌 광고(global advertising)는 해당국의 텔레비전, 라디오, 신문, 잡지 등의 매체를 중심으로 하여 많은 소비자들을 대상으로 하지만, 기업에서 만든 제품을 일방적으로 전달한다는 점에서 한계가 있고, 인터넷 등이 중요한 시대에서는 이메일을 통하여 일 대 일로 연결시켜 가는 방법도 유용하게 나타나고 있다.

1) 광고의 표준화와 현지화전략

글로벌 광고에서 최대의 쟁점은 세계에 표준화된 광고를 할 것인가, 현지의 사정에 맞는 현지화된 광고를 할 것인가에 대한 결정이다. 표준화된 광고를 하면 비용을 절감할 수 있고, 글로벌 이미지를 창출하여 세계적으로 접근할 수 있으며, 광고에 대한 통제와 조정이 가능하다는 장점이 있다. 따라서 신제품의 개발 속도가 빠른 경우 광고는 세계적으로 신제품을 동시에 소개하여 확산효과를 크게 할 수 있다.

한편 현지화는 문화적 차이가 강하여 문화 사이의 저항이 강하게 나타나는 경우에 효과가 있다. 일반적으로 글로벌 시장에서는 소비자들의 경제적, 문화적 환경에서 많은 차이가 나타나고 소비자들이 신제품을 수용하는 과정에서 많은 차이가 나타나기 때문에 현지화로 접근성을 높게 할 수 있다.

2) 글로벌 광고관리

(1) 광고 목적

보다 명확하고 측정 가능한 목표를 결정하는 것은 글로벌 광고의 성공에 가장 중요하다. 글로벌 광고의 목표는 크게 글로벌 목표와 지역별 목표로 나눌 수 있다.

어떠한 경우든 목표는 전체적인 가이드라인과 통제 지침을 제공하기 위해서 계량적인 목표가 되어야 한다. 현지국 수준에서 설정된 목표는 보다 구체적이면서 개별 시장에서 측정 가능한 목표가 되어야 한다. 즉, 인지도 증가, 이미지 개선, 시장점유율 증대 등이 목표가 될 수 있는데, 어떠한 목표든지 측정이 가능해야 한다.

(2) 예산

글로벌 광고의 예산은 설정된 광고의 목표와 매체, 메시지, 통제 등을 연결시켜 고려되어야 한다. 즉, 달성해야 할 목표에 대한 대응치를 예산으로 설정해야 하지만, 이는 자원제약으로 인하여 실제로 실행하기가 어렵다.

〈표 11-1〉은 15개 국가의 소비재 마케팅 관리자에게 광고예산 설정방법에 관한 설문을 수행한 결과를 보여 주고 있다. 대다수의 기업들이 목표 과업법(objectives-task method)을 수용하고 있는 것으로 나타났다.

〈표 11-1〉 광고예산 설정방법

광고예산 설정방법	응답기업 비율
목표-과업법	64 %
매출액 비율법	48 %
경영자 판단법	33 %
가용자금법	12 %
경쟁기업 지출수준	12 %
전년 대비 소폭 증가	9 %
전년 수준	3 %
기타	10 %

자료원: Nicolas Synodinos, Charles Keown, and Laurence Jacobs(1989), "Transnational Advertising Practices", *Journal of Advertising Research*, Vol. 29, pp. 43-50.

(3) 매체

글로벌 광고에서 사용할 매체는 현지국 시장에서의 매체 획득 가능성, 제품 자체, 표적 청중들의 매체 습관 등을 고려하여 선택해야 한다. 글로벌 광고는 국가에 따라 규제가 다르기 때문에 매체 획득 가능성은 이에 부합하는 매체를 선택하는 것이 중요하다. 유럽 국가들의 제품에 따른 규제 내용은 〈표 11-2〉와 같다.

〈표 11-2〉 유럽 국가의 특정 제품에 대한 광고규제

국가	담배	주류	의약품
영 국	방송광고 금지 : 인쇄광고에 허가필요	방송광고 금지 : 타 매체광고 자율규제	보건자문위의 의견 사전수렴 : 특정 의약품 광고금지
프 랑 스	1993년부터 금지	알코올 도수 1.2% 이상의 경우 금지	보건당국의 사전승인 필요
네덜란드	방송광고 금지	모든 매체에 제한적으로 허용	모든 매체에 제한적으로 허용
이탈리아	금지	엄격히 제한	엄격히 제한 : 일부 의약품 TV광고 금지
아일랜드	잡지 이외의 모든 매체에서 금지	방송광고 금지 : 인쇄광고 제한적 허용	특정 의약품 광고 금지 : 기타 의약품 규제

자료원: Euromonitor(1992), *European Advertising, Marketing, and Media Factbook*, London: Euromonitor

이러한 매체전략은 표적 국가의 청중 특성을 고려해야 하는데, 글로벌 광고에 성공하기 위해서는 표적 청중을 잘 선정하고 매체를 잘 이용하면서 올바른 메시지를 전달할 수 있어야 한다. 그 국가에 맞는 표적 청중을 찾기 위하여 마케팅조사가 필요하다.

또한 호의적인 기업이미지를 심기 위하여 현지국의 정부와 지역공동체 등과 공중관계를 잘 하기 위한 이벤트를 연결시키면서 광고를 할 수도 있다. 광고가 목표로 하는 표적 청중을 선정하는 작업도 표준화와 현지화에 따라 달라질 수 있다. 광고예산의 낭비를 최소화하면서 글로벌 표적 청중에게 잘 도달하게 하면 광고 효과가 높아질 수 있다.

글로벌 매체의 선택에 있어서 글로벌 매체, 잡지의 경우를 보면, 이들은 세계판(worldwide edition) 외에도 지역 광고주를 위하여 지역판(regional edition)을 제공하고 있다. 타임(Time)지는 133가지 판을 제공하면서 광고주가 다르게 분포되어 있는 소비자들을 대상으로 광고할 수 있게 하고 있다.

이외에 글로벌 매체로서 뉴스위크(Newsweek), 이코노미스트(The Economist)와 같은 잡지들이 다양하게 있으며, 방송매체로는 CNN, BBC, MTV, 스타 TV 등이 있으며, 많은 글로벌 기업들이 이러한 글로벌 매체를 통해 광고를 수행하고 있다.

(4) 메시지

이러한 매체를 통하여 글로벌 소비자들에게 잘 전달될 수 있는 메시지를 전달해야 한다. 이러한 메시지는 소비자들의 행동에 대한 이해를 기반으로 그들이 구매동기, 태도, 구매의도를 고려하면서 접근해야 한다. 글로벌 기업은 경쟁사와의 관계에서 자신의 기업과 제품에 대하여 차별화된 이미지를 심을 수 있는 메시지를 잘 개발하여 접근해야 한다.

3) 글로벌 광고기능

글로벌 기업은 많은 나라에서 동시에 생산과 판매활동에 종사하고 있다. 따라서 광고도 많은 나라에서 구매자 계층을 대상으로 수행되어지고 있다. 이러한 글로벌 광고의 경우 광고의 기능은 판매자가 구매자에게 메시지를 전달하는 것으로 변함이 없고, 광고의 기능인 교육기능, 설득기능, 정보기능의 역할도 똑같다.

그리고 광고의 기능이 다른 구매자에 단기적으로 작용해 가는 과정은 〈표 11-3〉에서 보듯이 글로벌 기업이 어디에서 광고를 수행해도 기본적으로 같다.

〈표 11-3〉 광고의 기능과 대상으로 하는 구매자집단

광고의 기능	대상으로 하는 구매자집단
교육기능	· 제품의 존재를 알고 있지 못한 사람들 · 제품의 성능에 대한 지식이 불확실한 사람들 · 제품이 제공하는 서비스를 필요로 하는 사람들 · 제품에 관심을 갖고 있는 사람들
설득기능	· 제품의 존재를 알고 있지만, 구매결정을 하지 못하는 사람들 · 구매비용에 제한이 있는 사람들 · 제품성능에 대해 불확실한 사람들 · 제품이 제공하는 서비스를 필요로 하는 사람들
정보기능	· 제품의 정기적 구매자들 · 구매예산에 여유가 있는 사람들 · 추가적 구매를 하고 싶다는 생각을 하고 있는 사람들

4) 글로벌 광고전략

글로벌 기업에서 광고의 기능-구매자라는 메시지 전달방식은 〈그림 11-11〉과 같이 나타낼 수 있다.

〈그림 11-11〉 글로벌 기업의 광고기능과 대상 구매자집단

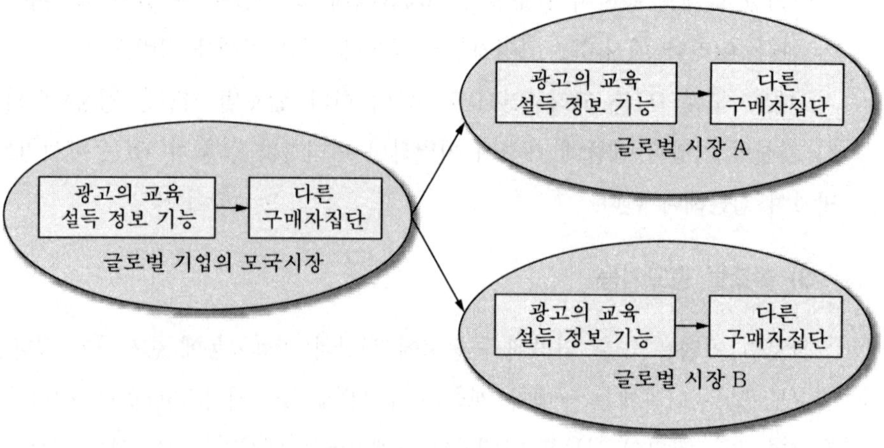

글로벌 기업 및 글로벌 자회사군(해외시장 A, B에서)이 구매자에 메시지를 보내고 있다. 그러면 글로벌 기업의 모국시장에서 메시지 전달방식 즉, 광고의 기능과 글로벌 시장 A 및 B에서 각자의 메시지 전달방식은 같은 것일까 다른 것일까. 같다고 한다면 글로벌 기업의 모국시장에서 활용되고 있는 메시지의 전달방식을 그대로 글로벌 시장 A 및 B에서도 활용할 수 있다. 다르다면 이들 시장에서 다른 메시지 전달방식을 선택하여 활용해야 한다.

특정 글로벌 기업이 모국시장과 글로벌 시장 A의 2개 시장에서 광고활동을 한다면, 2개 시장에서 메시지를 전달하고 있는 경우 광고기능은 2개의 시장에서 같거나 상이하게 하는 경우를 생각할 수 있다. 마찬가지로 구매자도 2개의 시장에서 같은 행동방식을 갖거나 다른 행동방식을 갖는다고 하는 경우를 생각할 수 있다.

따라서 2개 시장에서 선택할 수 있는 광고는 2개, 구매자의 유형도 2개이기 때문에 〈그림 11-12〉에서 보듯이 메시지의 전달방식은 4개이다.

- 사례 Ⅰ은 모국시장과 글로벌 시장 A에서의 광고가 같거나 극히 유사하고 또 2개 시장의 구매자도 유사한 경우이다. 즉, 미국 글로벌 기업에서 미국시장과 캐나다, 영국, 오스트리아 시장의 관계 등이 이러한 사례라 해당된다.
- 사례 Ⅱ는 모국시장과 글로벌 시장 A에서의 광고가 다르지만, 구매자 집단들이 유사한 경우이다. 미국 글로벌 기업들은 언어권시장에서 미국시장과 캐나다,

유럽시장과의 관계가 이 경우에 해당된다.

- 사례 Ⅲ은 모국시장과 글로벌 시장 A에서의 광고가 같지만 구매자집단이 다른 경우이다. 미국의 글로벌 기업에는 미국시장과 카리브해의 영어권 국가와의 관계 등이 이 경우에 해당된다.
- 사례 Ⅳ는 모국시장과 글로벌 시장 A에서의 광고도 다르고, 구매자집단도 다른 경우이다. 미국의 글로벌 기업에서는 미국시장과 아시아, 중동, 아프리카, 동구권 시장의 관계가 이 경우에 해당될 것이다.

〈그림 11-12〉 2개국 간의 광고와 구매자집단의 관계

모국과 글로벌 시장에서 구매자집단의 유사성		모국과 글로벌 시장 A에서의 광고의 유사성: 동등(유사성)	다름(비유사성)
	동등(유사성)	사례 Ⅰ	사례 Ⅱ
	다름(비유사성)	사례 Ⅲ	사례 Ⅳ

글로벌 광고전략에서는 단순히 4개의 사례를 생각할 수 있다. 글로벌 기업은 많은 글로벌 시장에서 광고를 해야 하기 때문에 매우 다양한 광고 메시지 전달방식으로 여러 글로벌 시장에서 많은 광고 메시지 전달활동을 하고 있다.

- (사례 Ⅰ) : 모국 시장과 글로벌 시장에서
  - 메시지 전달방식은 같다.(또는 유사)
  - 대상으로 하는 구매자집단도 같다 (또는 유사)
- (사례 Ⅱ) : 모국 시장과 글로벌 시장에서
  - 메시지 전달방식은 다르다
  - 대상으로 하는 구매자집단은 같다(또는 유사)
- (사례 Ⅲ) : 모국 시장과 글로벌 시장에서
  - 메시지 전달방식은 같다.(또는 유사)

- 대상으로 하는 구매자집단은 다르다
• (사례 Ⅳ) : 모국 시장과 글로벌 시장에서
  - 메시지 전달방식은 다르다
  - 대상으로 하는 구매자집단은 다르다

여기서 특정 글로벌 기업이 여러 글로벌 시장에서 광고활동을 하고 있을 때 모든 나라에서 사례 Ⅰ을 적용할 수 있는 극단적인 경우를 가정해 보자. 4종류의 메시지 전달방식 중 사례 Ⅰ의 경우에 글로벌 기업은 전체 글로벌 시장에서 단일 광고를 전개할 수가 있다. 즉, 이러한 글로벌 기업은 광고활동을 완전히 표준화할 수가 있다.

사례 Ⅳ의 경우에는 글로벌 기업이 각 해외시장마다 다른 구매자집단에 대해 다른 광고를 해야 하기 때문에 여러 시장에서 여러 개의 다른 광고활동이 필요하게 된다. 즉, 이러한 글로벌 기업은 광고활동을 완전히 현지화할 수 있다.

사례 Ⅱ, 사례 Ⅲ이라고 하는 2개의 중간적인 광고방식이 존재한다. 이들 2개의 방식에서는 다수 국가시장에서 메시지 전달방식은 다르지만, 구매자집단은 유사하고(사례 Ⅱ), 메시지 전달방식은 같지만 구매자집단이 다르다(사례 Ⅲ).

따라서 이 중간적 사례의 경우에는 어느 정도 공통성을 가진 광고방식을 글로벌 시장이 통합된 지역시장에 적용할 수 있다. 이들은 글로벌 시장을 소수로 글로벌화 또는 세분화한 다수로 글로벌화해서 그 각각의 글로벌 시장에 공통의 광고방식을 적용하는 경우를 나타내고 있다.

2. 글로벌 인적판매전략

인적판매(personal selling)는 판매원을 중심으로 소비자들과 교류를 통하여 촉진한다는 점에서 독특한 측면이 있다. 암웨이와 같은 글로벌 기업의 경우에는 인적판매를 네트워크방식을 적용시켜 글로벌화한 것으로 유명하다. 인적판매는 판매원이 판매노력을 통하여 잠재고객에게 접근하여 직접 판매를 유도하는 방식으로서 언어적으로 능력 있는 판매원을 선발해야 강력한 촉진활동이 된다.

오늘날 인적판매 활동은 잠재고객과의 양방향적인 교류를 통하여 제품에 대한 정보를 제공하고 호의적인 관계를 형성시켜 가기 때문에 잠재고객에게 제품을 판매한다는 기능을 넘어서 기업이 고객을 호의적으로 설득하면서 공중관계를 개선하게 하고, 시장과의 관계를 통하여 시장정보를 수집하는 등 넓은 기능을 수행하고 있다.

한국 기업들이 중국에 진출하여 글로벌마케팅을 수행하고자할 때 한족과 조선족을 통한 인적판매가 다를 수 있다. 한족이 그 사회에 맺고 있는 인적 네트워크가 강하게 형성되어 있는 경우가 많다. 중국에 진출하는 미국의 글로벌 기업들은 중국 현지인들 중에서 영어를 잘하는 이들을 판매원으로 고용하는데 중국사회에서 영어를 잘하는 이들은 고등교육을 받고 인적 네트워크를 잘 형성하고 있는 경우가 많아 판매망을 빠르게 확장하는 경향이 있다.

이러한 인적판매는 첨단기술제품과 같이 가격수준이 높은 제품일수록 판매에서 강력한 촉진수단이 되기도 하지만 훌륭한 판매원을 배출하기 위해서는 교육훈련 등 많은 비용이 수반된다.

글로벌 소비자를 설득하는 작업은 결코 쉬운 일이 아니므로 철저한 준비를 통하여 예상 잠재고객을 선별하고 그들에게 접근하기 위하여 정보를 수집하고 접근하여야 하는데 방문 전에 판매원의 방문을 사전에 알리고 시간 약속을 해야 한다. 상담이 시작되면 자기소개를 하고 제품을 보이면서 관심을 끌고 호기심을 유발시키는 등 신뢰를 획득하고 반대의견을 잘 처리할 수 있어야 한다. 이러한 과정을 거쳐 판매를 잘 종결시키고 판매 후 고객서비스를 하면서 고객을 유지해 나간다.

글로벌 기업은 훌륭한 판매원을 획득하기 위하여 선발과정을 거쳐 잘 훈련해야 하고, 동기유발시켜 지휘 통제하는 인사관리 과정을 필요로 한다. 글로벌 시장에서 판매를 성공적으로 하기 위해서는 그 나라의 문화와 관습은 물론 언어에서도 탁월한 능력을 구사할 수 있어야 하기 때문에 판매원의 지속적인 훈련과 관리가 절대적으로 필요하게 된다.

3. 글로벌 PR전략

글로벌마케팅으로 넘어가면 갈수록 국내 기업 환경이 아니라 글로벌 기업 환경에서 활동하게 되므로 촉진하고자 하는 특정 국가에서 지역사회와의 호의적인 관계를 통하여 기업과 제품을 촉진하고자 하는 PR(public relations)이 중요시된다.

글로벌 PR은 광고처럼 대중을 상대로 행하는 비인적 커뮤니케이션을 말한다. 그러나 광고와는 달리 스폰서 기업은 광고시간이나 지면에 대해 비용을 지불하지 않는다. PR활동을 통하여 기업은 제품에 대하여 긍정적인 정보를 알리는 반면, 부정적인 내용을 관리하는 일을 한다.

글로벌 PR은 제품에 대한 뉴스 형식이나 특집기사 형식을 갖는다. 매체기업에서 독자와 관련이 있고, 뉴스 가치가 있다고 생각하여 이러한 기사에 지면과 방송시간을 할애하는 것이다. 이런 점에서 PR은 혜택을 받게 되는 기업으로 볼 때 무료인 셈이다.

마케팅이 글로벌화 될수록 공중관계가 중요해지기 때문에 마케팅 믹스인 제품, 가격, 유통, 촉진이라는 범위에 공중관계를 더 포함시켜서 마케팅의 기능을 보아야 할 정도로 중요하게 다루어야 한다. 글로벌 기업들은 공중관계를 효율적으로 관리하기 위해서 스폰서십을 이용할 수 있다.

기업이나 상표를 테니스 경기나 페스티벌 같은 이벤트나 자선활동과 연계시킴으로써 기업 및 상표의 이미지 제고를 도모하는 경우가 있다. 이는 2006년 독일 월드컵에서도 수많은 기업들이 이러한 스폰서십에 관련되어 그들 기업과 제품들을 PR 하였다.

4. 글로벌 판매촉진전략

판매촉진(sales promotion)은 구매자의 즉각적인 반응과 구입을 자극하기 위해 시도하는 모든 마케팅 활동이다. 이에 비해 광고는 상표인지도 형성과 태도 변화를 목적으로 실시된다.

판매촉진에는 도매상과 소매상 등 중간상 대상 촉진에는 진열공제, 수량공제, 도매상 및 소매상 반응을 독려하기 위한 제품지원 등이 있다. 소비자를 대상으로 판매촉진을 하는 방법에는 쿠폰, 프리미엄, 샘플, 추첨/경품, 리베이트 등이 있다. 최근에 와서는 판촉비용이 광고비용보다 급격하게 증가하고 있다는 것은 시사하는 바가 크다.

글로벌 시장의 유통업체나 대규모 실수요자가 한국 기업들의 제품을 취급할 것인가 여부를 결정할 때 가장 중요시하는 것은 특정 제품의 시장성, 수요특성 등일 것이다. 따라서 글로벌 기업이 글로벌 시장에서 판촉활동을 할 때 다음과 같은 요소들을 고려해야 한다.

• 판매촉진은 소득수준이 낮은 국가에서 실시할수록 효과가 크다.
• 판매촉진 활동을 규제하는 정부정책, 법률 등은 국가 시장별로 상당히 다르다.
• 문화는 판매촉진 활동에 중대한 제재를 가할 수 있다.
• 판매촉진 활동을 하려면 소매상들을 개입시켜야 하는데 그들로부터 협력을 얻을 수 있는지를 고려해야 한다.

제 7 절 글로벌 촉진수단으로써 스포츠마케팅전략

1997년 골프신동으로 알려진 미국의 타이거 우즈(Tiger Woods) 선수가 마스터스 대회에서 돌풍을 일으키며 우승하고, 우즈 선수의 스폰서인 나이키는 세계적으로 엄청난 매출 증대와 커뮤니케이션 효과를 거둬 스포츠마케팅의 폭발성이 화제가 되었다.

한국 출신의 유명 스포츠인인 박찬호, 최경주, 박세리, 김미현 등이 스포츠계에서 우승하면서 스폰서 기업들의 마케팅 효과가 크게 증대되면서 관심의 대상이 되고 있다.

1. 스포츠마케팅전략

스포츠마케팅의 정의는 다양하게 나타나고 있지만, 뮬린, 하디와 수톤(Mullin, Hardy & Sutton 1993)은 '교환과정을 통해 스포츠 소비자들의 욕구와 기대를 충족시키는데 목표를 두는 활동의 총합'이라고 정의하고 있다.

1985년 미국 마케팅협회(AMA)는 스포츠마케팅을 '경기장에서 경기를 하는 것'부터 경기촉진, 스포츠 제품의 부가가치를 높이려는 노력, 팀의 성적 향상, 스타 창출, TV방송국에 대한 중계권 판매, 스폰서 모집, 선수나 팀에 대한 관리, 그리고 스포츠 기본 제품에서 파생하는 파생제품 판매 등의 모든 행위가 포함된다.

따라서 스포츠마케팅은 스포츠 자체의 마케팅(marketing of sports)과 스포츠를 이용한 마케팅(marketing with sports)으로 나눌 수 있다. 스포츠마케팅은 나이키, 아디다스, 프로스펙스, 르까프 등 스포츠 의류 및 용품 생산업체에게는 매출과 직결되는 마케팅 활동이고, 스포츠 팀과 경기연맹 등 스포츠 단체에게는 보다 많은 재원을 확보하기 위한 마케팅 활동이며, 기업에게는 스포츠를 이용해 기존의 광고 또는 PR활동 등을 보조해 주는 강력한 마케팅 커뮤니케이션 도구라 할 수 있다.

스포츠의 마케팅은 스포츠 경영학의 시각으로 관람 스포츠와 참여 스포츠 등 스포츠단체에서 많은 관중이나 회원을 확보하기 위한 활동이고, 스포츠 제조업 분야에서 스포츠 용품이나 시설 및 교육 프로그램을 판매하기 위한 마케팅 활동을 말한다. 이는 엄밀하게 스포츠 스폰서십을 말한다. 스포츠 스폰서십은 기업이 현금이나 물품 또는 노하우, 조직적 서비스를 제공함으로써 스포츠 스타, 팀, 연맹 및 협회, 스포츠 행사를 지원하면서 기업의 촉진 목표를 달성하기 위해 계획, 조직, 실행, 통제하는 모든 활동을 말한다. 즉, 스포츠를 이용한 마케팅은 스포츠를 촉진수단으로 이용하는 마케팅이다.

2. 스포츠마케팅의 특성

스포츠마케팅은 일반 마케팅에 비해 독특한 특성을 가지고 있다.

- 스포츠 이벤트 및 타이틀, 선수 및 경기장 시설물을 이용하여 광고노출효과를 누릴 수 있다.
- 스포츠의 인기를 이용함으로써 소비자들의 광고 수용도를 높일 수 있다.
- 대중매체를 이용한 대중시장과 스포츠 이벤트의 특성에 의한 특정의 표적시장이나 세분시장을 목표로 하여 광고를 보다 효율적으로 수행할 수 있다.
- 기업의 공익추구 측면과 사회 기여도를 강조함으로써 기업의 이미지를 향상시킬 수 있다.

3. 스포츠마케팅의 구성요소

스포츠마케팅이 성립되기 위해서는 〈그림 11-13〉에서 보듯이 관중을 중심으로 하여 스포츠경기(협회와 팀, 선수), 스폰서 기업, 방송과 출판의 대중매체, 글로벌 대행사가 연결되어야 한다.

〈그림 11-13〉 스포츠 마케팅의 구성요소

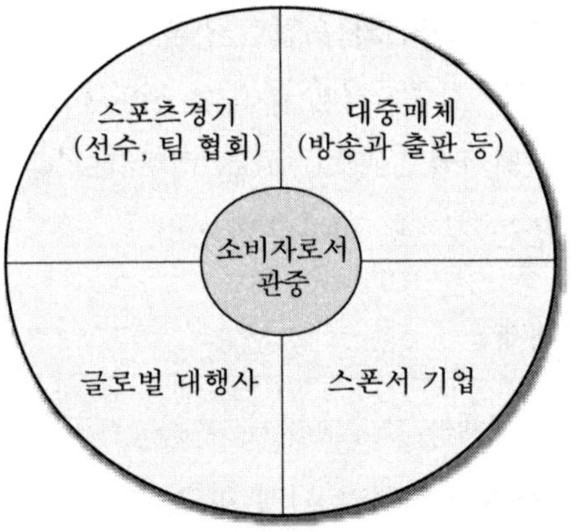

1) 소비자로서 관중

이는 제품으로서 스포츠 경기는 소비자로서 관중에게 다가가 돈과 시간을 스포츠 경기를 관람하는데 소비하게 한다. 역사가 오래되고 전통이 있는 경기일수록 소비자들을 만족시키는 과정을 지니고 있다.

2) 글로벌 스포츠 경기

이는 스포츠마케팅이 성립되려면 대상이 되는 스포츠 경기가 제품으로 나타난다. 스포츠 스타들은 팀으로서 소속한 단체의 명성에 기여하고, 여러 광고를 통하여 전달자라는 형태로 기업의 스포츠마케팅에 참여한다.

3) 글로벌 스폰서 기업

이는 기업들은 스폰서십을 통하여 촉진 캠페인을 광범위하게 펼치면서 기업 이름과 상표를 세계적으로 알리고 상표자산을 높이려고 한다. 스폰서들은 업체에 활력을 불어넣고 소비자들을 유인하면서 기업구성원들이 판매 캠페인을 적극적으로 수행할 수 있도록 판매 프로그램을 만들어낸다.

4) 글로벌 대행사

이는 미국의 대표적인 스포츠 대행사인 IMG는 프로선수들의 업무를 대행하고,

ISL은 세계 규모의 경기대회 대행을 담당하고 있다. IMG는 스포츠 선수들의 연봉 협상에서 TV중계, 광고에 이르기까지 일체의 활동에 대하여 서비스를 함으로써 선수들의 수입을 늘려주고 자신의 수입도 창출하고 있다.

ISL은 올림픽과 월드컵 등 국제 주요 스포츠 이벤트마케팅을 담당하면서 스포츠마케팅 기법을 고도화시키고 있다. 이들 대행사의 수입은 대회유치에서는 전체 예산의 15~20%를 받는 것으로 나타나고 있다.

5) 글로벌 대중매체

이는 TV와 같은 매체는 스포츠경기, 관중, 스폰서 기업을 연결시켜 준다. TV중계권료는 스포츠단체의 수입원이 되게 하고, 경기와 연결되어 시청자들에게 볼거리를 제공한다.

4. 스포츠마케팅의 효과

글로벌 기업은 스포츠마케팅 활동을 통해 자사 및 자사 제품의 인지도를 향상시키고, 이미지를 개선하거나 유지하려고 한다. 그러나 기업은 이외에도 사회적 책임의식 또는 참여의식의 부각이라든지, 고객 또는 거래 업체들을 환대하기 위해 이를 활용하며, 직원의 사기와 애사심을 높이고, 기존의 광고, PR, 판매촉진 활동 등을 지원하는데 유용한 도구로 이용하고 있다.

이와 같이 스포츠마케팅은 일차적으로 촉진효과와 이차적으로 제품판매의 확대를 목표로 한다. 이러한 스포츠마케팅의 장점은 다음과 같다.

- 소비자들의 스포츠 이미지 및 스포츠에 대한 관심을 촉진에 이용할 수 있다.
- 기존의 커뮤니케이션 장벽을 피해 나갈 수 있다. 방송법 또는 언론법에 나타나 있는 각종 규제와 광고의 명확한 구분, 광고의 표시규정, 간접광고의 금지, 시간별 광고 방송의 금지 등을 피할 수 있다.
- 특정 스포츠 종목이나 스포츠 이벤트를 통해 보다 손쉽게 글로벌 청중 또는 독자에게 접근할 수 있다.
- 스폰서십은 광고와 달리 인위적으로 창조된 환경에서 실시되는 것이 아니라 긍정적으로 자리잡고 있는 기존의 정서적 환경 아래에서 광고를 기피하는 대중에

게도 거부감 없이 자연스럽게 접근할 수 있다.

- 스폰서십이 제공하는 다양한 형태와 특성을 통해 경쟁에서 우위에 설 수 있다. 특히, 독점권을 확보할 경우 다른 경쟁사를 제압할 수 있는 유리한 위치를 차지할 수 있다.

한국 기업들은 세계적으로 개최되는 스포츠행사의 스폰서십을 통하여 기업을 세계적으로 알리는 것이 중요함을 깨닫고 적극적이고 주도적인 운영스타일을 보이고 있는 추세이다.

[사례 11-1] 맥도널드의 광고캠페인전략

Ⅰ. 서 언

맥도널드(McDnald)사는 햄버거의 대명사로 불릴 만큼 세계 최대 패스트푸드 체인업체로 자리를 굳게 지키고 있다. 영국의 이코노미스트는 각국 화폐의 구매력을 비교하기 위해 맥도널드의 대표적인 햄버거로 꼽히는 '빅맥' 판매가격을 기준으로 해마다 '빅맥지수'를 발표하고 있을 정도로 맥도널드의 인지도는 타의 추종을 불허한다.

맥도널드는 세계 최대 자동차 기업인 GM, 세계 최대 항공기 제조업체인 보잉보다도 더 널리 알려져 있다. 이처럼 맥도널드가 세계인의 입맛을 사로잡을 수 있었던 배경은 무엇보다도 세계 어느 매장에서나 똑같은 메뉴와 맛을 제공하고 있기 때문이다.

Ⅱ. 맥도널드 역사

맥도널드의 역사는 1955년으로 거슬러 올라간다. 당시 맥도널드의 창업자인 레이 크록은 조그만 햄버거 가게를 운영하던 맥도널드 형제로부터 프랜차이즈 사업권을 따냈다. 맥도널드 형제는 그 후 나머지 사업권마저 크록에게 넘겨 크록의 신화가 시작됐다.

크록은 품질, 서비스, 청결 등 고객 만족을 위해 모든 업무를 교육 책자로 만들어 사원들에게 이를 철저히 준수토록 지시했다. 이러한 크록의 경영전략은 오늘날 맥도널드의 회장겸 최고경영자(CEO)인 잭 그린버그 체제에서도 계속 이어지고 있다.

Ⅲ. 맥도널드의 경영철학

맥도널드의 경영에는 햄버거를 만들어 파는 장사이기에 앞서 '사람에 의한 사업'라는 철학이 짙게 깔려 있다. 크록은 일찍부터 '직원교육은 하루도 거르지 않고 해야 한다'라고 강조했다. 맥도널드의 직원교육은 세계 매장에서 똑같이 이뤄진다. 즉, 맥도널드의 유니폼을 입는 순간부터 모든 사람들은 학습자가 되는 셈이다.

시간제 직원에게는 비디오 교재를 사용한 기초교육을 실시하고 전담 트레이너를 붙여 한 달 동안 일 대 일 직무훈련을 실시한다. 매장사원들은 단순한 학습자의 위치에서 벗어나 조직 전체의 생산성을 높일 수 있도록 서로 코치를 해주는 교육자도 된다.

이러한 교육과정을 통해 경력을 쌓은 시간제 직원들에게는 정식사원으로 승진할 수 있는 기회가 주어진다. 실제로 시간제 직원들이 정식사원으로 올라서게 되는 경우가 50 %가 넘을 정도다. 맥도널드의 상표를 빌려 매장을 개설하는 프랜차이즈 계약에서도 교육훈련은 예외 없이 적용된다.

보통 20년 정도의 장기계약으로 이뤄지는 프랜차이즈의 점포사장이 되려면 9개월의 교육과정을 거쳐야 한다. 이 기간 동안 점포 사장은 청소에서 직원관리에 이르기까지 매장에서 일어날 수 있는 모든 일들을 직접 체험하는 교육을 받는다.

이런 교육훈련의 마지막 코스는 이른바 '햄버거대학'이다. 미국 일리노이주에 있는 햄버거 대학은 1961년 개설된 이래 전 세계의 맥도널드 직원들을 위한 최종 교육과정으로 운영되어 왔고 매년 15회에 걸쳐 약 3,000명의 졸업생을 배출한다. 햄버거대학의 교육은 매장운영, 인사관리, 품질 및 장비관리, 고객서비스 등에 관한 내용으로 이뤄진다. 실제 매장과 똑같은 세트에서 시뮬레이션 위주로 진행된다.

Ⅳ. 맥도널드의 광고캠페인전략

맥도널드의 'M'로고는 세계적으로 30년 이상 롱런하고 있는 장수상표로 각광받고 있다. 또 1963년 텔레비전 광고에 처음 출현한 맥도널드의 상징인 '로널드 광대'는 어린이들 사이에서 폭발적인 인기를 누리고 있어 산타클로스 다음으로 인지도가 높다.

1. 올림픽 공식후원 캠페인

2000년 시드니 올림픽기간 때 선보인 맥도널드의 새로운 광고전략인 'TOP(The Olympic Partnership Program)'은 큰 흥미를 유발시켰다. 맥도널드는 1976년부터 올림픽을 공식후원하며 자사 광고를 내고 있지만, TOP광고는 기존 방식과는 근본적으로 달랐다.

TOP광고는 오륜기 등 올림픽 로고를 자사 제품에 붙여 판매하고 경기장에 맥도널드 광고간판을 세우는 것은 물론 올림픽을 이용한 다양한 제품 판매촉진 캠페인을 펼칠 수 있는 법적 기반을 갖추고 있다. 또 이러한 캠페인은 나라별로 다양하게 나타났다.

호주에서 고객이 맥도널드 햄버거 세트를 구입하면 올림픽 경기종목이 적혀 있는 카드를 받아 이 경기 종목에서 호주 팀이 우승하면, 이 카드를 맥도널드 햄버거와 무료로 교환했다.

독일과 오스트리아에서는 5주 동안 햄버거 세트를 5번 바꿔 판매하는 '5주, 5대륙, 5개 햄버거' 캠페인을 펼쳤다. 아시아지역에서는 아이들을 위한 '해피 밀'에 올림픽 경기선수 장난감을 끼워 판매했다.

2. 맥도널드의 광고 현지화전략

한국 맥도널드는 전래 동화를 이용하여 광고를 하였다. '보름달이 중천에 떠 있고 호랑이 한 마리가 떡장수 아주머니에 달려들며 외치는 말', '불고기 버거 하나 주면 안 잡아 먹지'라는 멘트가 나온다. 이것은 광고의 현지화 전략의 하나로 제작한 광고이다. 한국 맥도널드(주)가 한국의 전래 동화를 익살스럽게 패러디한 TV광고의 한 장면이다. 이는 글로벌 기업이 현지화를 통하여 소비자에게 친숙한 이미지로 다가가기 위한 방법으로 자주 사용된다.

생각해 볼 문제

1. 맥도널드의 글로벌 광고캠페인전략의 차별적인 요소들이 무엇인가를 토의하라.

2. 맥도널드 광고의 현지화전략에 대하여도 논의하여 보라.

[사례 11-2] 베네통의 글로벌 촉진전략

Ⅰ. 그룹 배경

베네통(Benetton)은 세계에서 가장 큰 의류 관련 기업 중의 하나이다. 그들의 가장 큰 시장은 이탈리아(매출의 34 %), 독일(12 %), 일본(11 %), 프랑스(9 %) 등이다. 2005년에 비하면 12.7 % 상승한 것이다. EU 이외 지역의 매출액은 36 % 증가하였다.

2006년 베네통은 3개의 주요 상표가 있다. 블루 패밀리를 통합한 베네통의 통합색상 전략으로 60.8 %의 매출액을 점유하고 있는 베네통, 18.5 %의 매출을 기록한 Zerotondo, 11.8 %의 매출을 기록한 Sisley 등이다. 이들 의류 2/3 이상이 여성의류이다. 성인 의류를 취급하는 베네통 점포는 18~24세를 표적시장으로 하고 있다.

계약 시에는 제품의 품질과 가격을 고려해야 하며, 국제적 디자인에 주의를 해야 한다. 젊은이의 드레스는 점점 통합되고 있지만, 베네통은 지역에 따라 차별화 전략을 추구하여 이탈리아에서는 이탈리아 사람, 브라질에서는 브라질 사람, 인도에서는 인도 사람에 따라 차별화하고 있다.

Ⅱ. 베네통의 커뮤니케이션 전략

베네통의 초기 광고는 제품의 편리성보다는 제품의 품질에 집중하고, 울(wool)의 품질에 노력을 집중하였다. '베네통'이라는 로고는 1970년대에는 이탈리아에서도 지명도가 낮았기 때문에 제품 수용을 위한 광고 또한 적었다. 우선 미국 광고캠페인은 소규모 대리인에 의해 수행되었고, 베네통의 유럽과 국제적 성공이 강조되었다. 베네통은 8,041,753개의 스웨터를 만들었다. 이를 세계에 퍼져 있는 1,573개 베네통 점포를 통해서 팔았다. 이 캠페인은 단순한 모형으로 성공하였으나 미국에서 베네통의 공헌은 상대적으로 적었다.

1982년 루이치아노 베네통은 올리비에로 토스카니를 만났다. 그는 파리와 뉴욕에 스튜디오를 갖고 있는 잘 알려진 패션과 광고사진 작가였는데 베네통이 그를 만났을 때 그는 진, 발렌티아노, 에스피리트, 클럽 메드, 베타를 제안하였다. 토스카니는 베네통이 라이프스타일로 자신을 촉진할 수 있다는 확신을 갖고 있었다. 베네통은 토스카니의 제안 중 엘도라도를 선택하였고, 소규모 파리 대리인과 함께 토스카니가 포토그래퍼로 함께 일해 왔다.

1. '온 더 컬러스 인 월드와이드' 캠페인전략

이탈리아 의류제조업자이면서 소매업자인 베네통은 '유나이티드 컬러스'의 옷을 세계적으로 팔고 있는 회사로 잘 알려져 있다. 이 사례는 베네통의 글로벌 촉진전략을 초점으로 다루고 있다. 이것은 1984년 6월 올리비에로 토스카니(Oliviero Toscani)에 의해 논쟁의 여지가 있는 광고의 역할과 광고 부조화에 불만을 가진 고객들이 베네통의 독립적 소매업자들에게 이슈를 만들도록 하는데 초점을 맞추고 있었다.

프랑스의 새로운 감각에 이탈리아의 휴머니즘을 곁들인 '올 더 컬러스 인 월드와이드(all the color's in worldwide)' 캠페인이 완성되었다. 1년 뒤 다인종적 이미지를 이용한 통합정신을 광고의 주요 이미지로 내세웠다. 컬러풀한 캐주얼 의류의 광고임에도 인종·문화를 뛰어넘어 인간끼리의 연대감을 제창하며 하나의 통합된 세계를 지향하는 통합정신을 표현한 '유나이티드 컬러스 오브 베네통'을 제작하였다.

유나이티드 컬러스 오브 베네통(united colors of Benetton)은 1985년 겨울, 세계 각국의 어린이들이 각국의 국가를 디자인한 옷을 입고 있는 광고이다.

2. 사회고발로 유명한 베네통 광고전략

의류나 패션 산업에 대하여 잘 모르는 사람이라도 신문 등 대중매체를 접하는 사람이라면 적어도 '베네통'이라는 기업의 이름이나 상표는 잘 알고 있을 것이다. 충격적인 광고로 널리 알려져 있지만, 신부와 수녀의 키스 장면, 탯줄을 자르지 않은 갓 태어난 아기, 지면 가득하게 나열된 콘돔, 에이즈 환자의 임종 장면, 루치아노 베네통 회장의 누드 등 자극적이고 쇼킹한 베네통 메시지광고의 영향일 것이다.

전체 고객의 3/4 정도를 차지하는 유행에 가장 민감하고 개성이 강한 15~25세 정도의 고객들을 대상으로 대단위의 패션제품을 적재적소에 무리 없는 가격으로 공급하는 베네통의 저력을 아는 사람은 별로 많지 않다. 그들은 어떻게 이러한 일을 해낼 수 있을까.

Ⅲ. 마케팅 믹스 전략

1. 제품개발전략

주문체제가 잘 확립되어 있고 생산체제가 매우 유연하며, 세계 최고수준의 신속한 물류시스템을 갖추고 있다. 베네통은 정보수집 팀의 치밀한 사전조사 활동 및 디자이너들의 제품개발에 의하여 한 시즌에 5천여 가지의 디자인을 개발해 냈다. 또 색상도 2백 50종에 이른다. 이들 디자인과 색상이 서로 결합되고 여기에 사이즈의 변화까지 감안하면 한 시즌에 무려 2백 80만점의 서로 다른 옷이 생산될 수 있다.

베네통은 이러한 정보 및 제품개발능력을 바탕으로 1년에 춘하추동 2회의 메인 컬렉션과 2회의 플래쉬 컬렉션 등 모두 4차례의 컬렉션을 열고 있다. 메인 컬렉션에서는 각각 1천 5백~1천 6백 종의 의류가 선보이는데 이때의 반응에 기초하여 출시한 제품의 매출비중이 전체의 약 80 %에 이른다.

2. 유연생산전략

그러나 이들이 오늘날처럼 성공할 수 있었던 것은 나머지 20 %의 고객을 겨냥한 일련의 과정에 있다. 플래쉬 컬렉션은 메인 컬렉션에서 예상치 못한 최신 패션경향이나 소비자 기호변화를 신속하게 반영하기 위한 것이다.

이러한 과정을 통해 판매점 경영자들은 유행이나 소비자 기호변화에 따라 각자 주문한 색상을 일부 물량에 한해 생산라인이 바빠지는 시기에도 수정할 수 있으며, 판매 개시 1개월 뒤에는 추가주문을 할 수 있다. 이러한 수정 및 추가주문은 베네통의 후염 가공기술이 뛰어나기 때문에 가능하지만, 동시에 최후의 고객이나 미묘한 유행의 변화까지도 놓치지 않으려는 베네통의 집념의 결과라 할 수 있다.

베네통이 스웨터 생산에서 체득한 다양한 노하우는 베네통 의류의 질적인 경쟁력을 높이는데 큰 기여를 했다. 그 중 대표적인 것이 옷감의 가공성을 높인 소프트닝기술, 후염가공기술이다. 후염가공기술은 종래의 상식을 깨뜨린 혁명적인 발상으로 평가받고 있는데, 이러한 기술도 최종 고객까지도 놓치지 않으려는 노력의 결과였다고 하니 베네통의 고객욕구에 끝까지 대응한다는 집념은 대단한 것이었다.

3. 유통전략

위험을 분담하는 베네통의 독특한 판매시스템도 이들이 재고부담을 회피함과 동시에 마지막까지 고객의 요구에 대응하게 할 수 있는 기반이 된다. 베네통의 제품판매는 세계 7천여 개의 전문소매점에서 이루어진다. 판매 책임자들에 의해 엄선된 베네통 매장들은 베네통 의류만을 취급하며 자기가 판매책임자를 통해 주문한 물량에 대해서는 전적으로 책임을 진다.

베네통 본사는 각 소매점에서 팔다 남은 재고에 대해서는 책임을 지지 않는다. 대신 베네통 본사는 이들에게 상표 사용료를 전혀 받지 않음으로써 제품판매에 따른 고이윤을 보장해 준다. 베네통이 비교적 짧은 시간에 엄청난 매장을 확보하고, 세계 소비자에게 쉽게 접근할 수 있었던 것은 베네통 제품이 가지고 있는 최고의 경쟁력이 소매점 경영자들에게 성공의 보증수표와 같은 역할을 했기 때문이기도 하다.

그러나 소매점 경영자들 스스로가 자신이 주문한 물량에 대해 책임을 분담하는 동반자적 관계가 베네통의 발전에 더 큰 영향을 미쳤다고 할 수 있다. 급변하는 환경하에서 고객만족을 통한 기업의 성공과 발전을 위해 진실로 중요한 것은 소비자의 욕구변화를 끝까지 살펴보고 대응할 수 있는 신속한 능력 즉, 신속한 생산과 수송체제에 있다.

Ⅳ. 고객욕구 대응물류시스템전략

베네통이 이룬 성공의 열쇠는 고객의 욕구를 끝까지 파악하여 이를 신속하게 만족시키는 고객욕구 대응시스템이며, 그 핵심은 후염가공 공정을 통한 신속한 생산능력과 세계 최고수준의 물류시스템에 있다.

오늘날 베네통의 제품은 세계 7천여 개의 소매점에서 판매되고 있다. 이들이 일관된 생산체제의 효율성 확보를 위해 주로 이탈리아에서 대부분의 제품을 생산한다는 점을 감안한다면 빼놓을 수 없는 것이 카스트레트의 물류센터이다.

이탈리아 본사의 핵심 공정을 거친 대부분의 베네통 의류들은 이 물류센터를 거쳐 세계 매장으로 수송된다. 짧은 기간에 다양한 품목의 대단위 물량이 입·출고되기 때문에 센터는 규모가 크면서도 신속한 일 처리를 위해 첨단 수송시스템으로 무장하고 있다.

이러한 대규모의 첨단 물류센터보다 놀라운 것은 고객의 주문에 신속히 대응하려는 베네통의 수송전략이다. 베네통은 항공편을 이용한 수송을 많이 하기로 유명하다. 판매 물량의 예측 실수를 만회하기 위한 추가주문이 접수될 경우 20일 내에 세계 어느 매장에라도 제품을 배달하고 있으며, 긴급하고 새로운 판매기회의 포착을 위한 긴급주문을 하면 제품을 8일 이내에 각 매장에 수송한다.

생각해 볼 문제

1. 베네통의 글로벌 촉진전략은 세계적으로 독특한 것으로 유명하다. 베네통의 광고에 대하여 인터넷으로 조사하고, 그 촉진전략의 어떠한 면들이 세계 소비자들에게 파고들어 갔는가를 토의하여 보라.

제1부: 기업의 글로벌 지향성과 글로벌마케팅

- 제1장: 한국 기업의 글로벌 지향성

제2부: 글로벌 환경 및 경쟁분석

- 제2장: 글로벌 거시환경 분석
- 제3장: 글로벌 경쟁환경 분석
- 제4장: 글로벌 경쟁원천 분석

제3부: 글로벌 진입 및 협력전략

- 제5장: 글로벌시장 진입전략
- 제6장: 글로벌 제휴 및 네트워킹 전략

제4부: 글로벌 STP 및 표준화 · 현지화 전략

- 제7장: 글로벌 시장의 STP전략
- 제8장: 글로벌 표준화와 현지화 전략

제5부 글로벌마케팅 믹스전략

- 제9장: 글로벌마케팅의 제품전략
- 제10장: 글로벌마케팅의 유통전략
- 제11장: 글로벌마케팅의 촉진전략
- **제12장: 글로벌마케팅의 가격전략**
- 제13장: 글로벌마케팅의 인터넷전략

제6부: 글로벌마케팅 조직

- 제14장: 글로벌마케팅의 조직구조

제12장

글로벌마케팅의 가격전략

가격은 마케팅 실무에서 가장 중요한 쟁점이 되고 있다. 본 장에서는 생존부등식을 중심으로 가격이 생산성과 어떻게 관련되고 있는지를 살펴보고, 글로벌마케팅의 가격결정에는 어떠한 요인들이 영향을 미치는가를 살펴보고, 동시에 글로벌 가격전략에는 어떠한 것이 있는가, 규모와 경험곡선에 따른 가격전략 및 반덤핑과 글로벌 이전가격에 대해 자세히 연구하고자 한다.

제 1 절 글로벌 가격의 중요성
제 2 절 글로벌 가격결정의 영향요인들
제 3 절 글로벌 가격결정전략
제 4 절 규모와 경험곡선에 따른 글로벌 가격전략
제 5 절 반덤핑 규제 가격전략
제 6 절 글로벌 이전가격전략

사례 12-1 : 스칸디나비아항공의 가격전략

제 1 절 글로벌 가격의 중요성

글로벌마케팅에서 가격전략은 기업의 수익을 창출하는데 가장 직접적으로 영향을 미치고, 마케팅의 궁극적 성공 여부를 결정한다. 가격연구에서 유명한 돌란과 사이몬(Dolan & Simon 1996)은 〈그림 12-1〉과 같이 미국과 유럽 경영자들의 의사결정에서 가장 압박을 받는 마케팅 문제로 가격을 어떻게 결정하는가 하는 것이라고 밝힌 바 있다.

〈그림 12-1〉 압박을 주는 마케팅문제

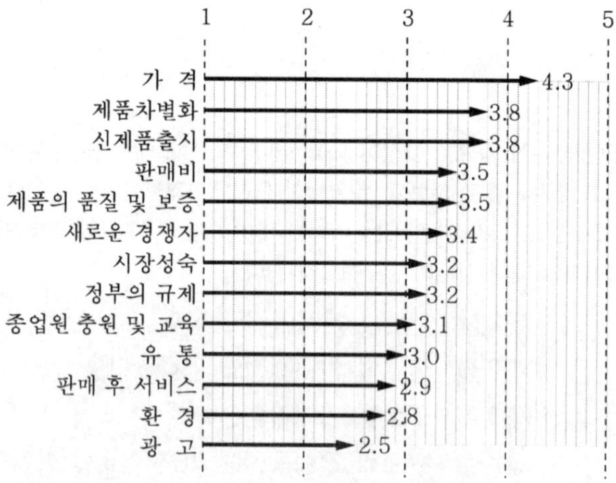

자료원: Dolan과 Simon(1996), Power Pricing, The Free Press 수정

이는 마케팅 믹스 요인 중에서 마케팅 실무에서 가격설정을 얼마나 중요하게 생각하는가를 나타내고 있다. 미시 경제학에서 마샬은 가격은 수요·공급의 법칙에 의해서 결정된다는 것을 보였다. 이 때 수요는 소비자들이 제품을 구매하고자 하는 의도를 말하며, 수요량은 구매하고자 의도된 양을 말한다. 공급은 생산자인 기업이 제품을 판매하고자 하는 의도를 말하며, 공급량은 생산자가 판매하고자 하는 양을 말한다. 소비자가 구매하고자 하는 양과 기업이 공급하고자 하는 양 사이에서 균형가격이 성립한다.

경제학에서 수요와 공급에 따라 균형가격이 결정된다는 것은 가격결정의 원리에서 아직도 가장 기초적인 개념이 되고 있으며, 실제 실무에서 많은 변형이 나타나고 있다.

경영학으로 넘어오면 생산자의 노력과 능력에 의해 결정되는 제품의 원가와 소비자가 느끼는 필요에 의해 결정되는 제품의 가치 사이에 제품가격이 결정된다고 보고 있다. 윤석철 교수(1991)는 〈그림 12-2〉에서 보듯이 제품의 원가를 낮추어서 생산자가 이득을 보기 위한 노력은 생산성의 노력이고, 제품의 가격보다 소비자들이 제품의 가치를 더 크게 받아들이도록 창조성을 높이는 노력이 필요함을 강조한 바 있다.

〈그림 12-2〉 생존부등식의 도식

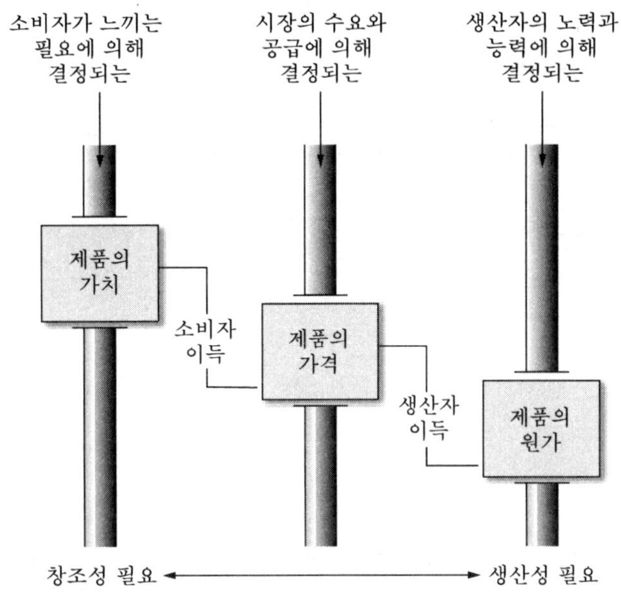

자료원: 윤석철(1991), 『프린시피아 매네지멘타』, 경문사, p. 21.

산업화의 초기에 있는 국가의 소비자들은 생산성을 중시할 것이고, 선진국에서는 창조성을 중시하게 되므로 가격결정은 그 국가의 시장상황에 따라 영향을 받게 된다. 여기서 실제 기업이 가격을 결정하는데 가장 크게 영향을 미치는 것 중의 하나가 경쟁제품의 가격이다. 경쟁강도가 높아질수록 경쟁기업들은 서로에 대하여 민감하게 반응하게 되므로 가격이 민감해지게 된다.

제2절 글로벌 가격결정의 영향요인들

글로벌 시장에서는 〈그림 12-3〉에서 보듯이 원가, 수요, 경쟁 강도, 유통경로뿐만 아니라 정부정책, 관세, 인플레이션이나 환율 변동이 가격에 크게 영향을 미친다.

〈그림 12-3〉 글로벌 가격의 결정요인들

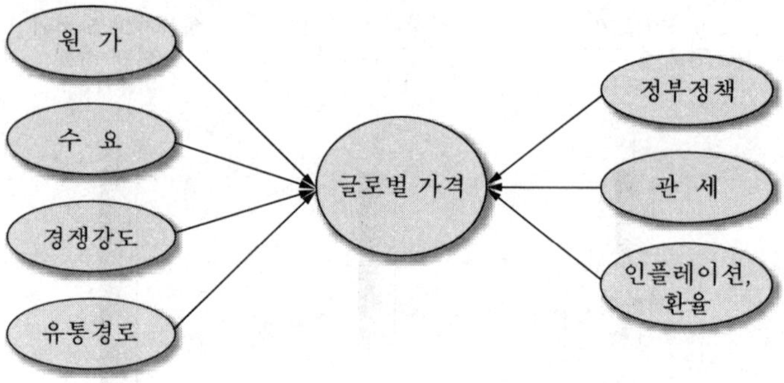

1. 원 가

글로벌 시장에서는 생산 비용, 마케팅 비용 및 유통 비용 등 제반 비용이 가격결정에 크게 영향을 미친다. 추가적 비용을 감안하여 가격을 결정하는 원가가산 가격결정(cost plus pricing)이 중요시된다. 생산 비용에 추가 비용을 가산하여 가격을 결정하는 방법은 환경의 범위가 넓어지고 지역에 따라 추가 비용이 발생하는 글로벌 상황에서 알맞은 가격결정 전략이 될 수 있다.

2. 수 요

글로벌 가격결정에서 비용은 가격의 하한선을 결정하는 반면에 수요는 가격의 상한선을 결정한다. 수요는 글로벌 고객의 구매력과 기호, 습관 및 대체 제품에 의해 영향을 받는다. 그러나 글로벌 가격결정에서는 각 국가의 시장마다 이러한 요인들이 다르기 때문에 같은 제품이라도 글로벌 시장에 따라 가격이 다르게 책정될 수 있다.

글로벌 시장에서는 수요 상태에 따라 시장을 세분화하기 때문에 목표 수요계층에 따라 가격결정이 달라진다. LG전자는 Sony가 지배하고 있는 인도시장에서 1999년 고소득층을 대상으로 '플래트론'을 Sony의 완전평면 TV보다 5% 비싸게 책정하여 가격과 품질 면에서 Sony보다 우월하다는 이미지를 심어 성공하였다.

국민소득이 낮은 국가의 경우에 일반적으로 소비자들이 가격에 민감하여 저가격 전략이 유용하지만, 소득 격차가 심한 국가의 경우, 고소득층을 대상으로 할 때 고가격 전략을 선택할 수 있다.

3. 경쟁강도

글로벌 가격결정에서 경쟁강도가 가격결정에 크게 영향을 미친다. 이러한 경쟁강도는 국가별로 다르다. 특정 국가에서는 독점이나 과점 상태를 유지하면서 경쟁할 수 있으나, 어떤 국가에서는 완전 경쟁에 가까운 상태에서 많은 경쟁자들과 경쟁하는 경우도 많기 때문이다.

이러한 현상은 글로벌 기업이 글로벌 시장을 대상으로 하는 경우에 자주 발생한다. 또한 경쟁의 본질이 국가에 따라 다른 경우가 있다. 글로벌 기업이 현지에 강력한 경쟁상대로 대두되는 현지 기업이 있는 경우에는 경쟁 강도가 더욱 강해질 수 있다.

4. 유통경로

글로벌 가격결정은 유통경로에 따라 영향을 받는다. 글로벌 기업은 각 국가마다 유통경로 구조가 상이하기 때문에 글로벌 소비자 가격, 공장도 가격 및 수출 가격 등에 영향을 받는다. 특히, 현지에 대형 유통업체들이 많이 있는 경우, 이들 시장 지배력으로 인하여 가격할인을 해줄 수밖에 없다. 또한 현지 시장에 대한 경험이나 정보의 부족으로 인하여 현지 유통업체에 대한 의존도가 높아지게 되면, 기업의 의도에 따라 가격을 제대로 결정할 수 없게 된다.

5. 정부정책과 규정

현지의 정부정책과 규정이 가격결정에 영향을 미친다. 선진국의 경우, 경쟁을 유도하는 정책을 택하여 공정거래법과 같은 가격과 관련되는 법규를 강력하게 집행하려고 한다. 많은 저개발국에서는 자국 기업을 보호하기 위하여 높은 관세율을 책정하여 자국 제품과 해외 수입제품과의 가격 차이를 유도하려고 한다.

6. 관　세

경제적 환경에서 다룬 것처럼 무역장벽을 극복하기 위해 EU, NAFTA, ASEAN, MERCOSUR 등의 지역블록화의 움직임을 보았다. 이러한 무역장벽을 없애기 위한 노력은 해외 투자기업으로 하여금 가격결정에 매우 유리한 요인으로 작용하지만, 그렇지 않은 국가에서 높은 관세에 의해 제품의 가격결정은 큰 제약을 받게 된다.

7. 인플레이션과 환율변동

현지 시장에서 인플레이션의 변화 폭이 급격하게 나타나 원자재 값의 폭등이 나타난다든가, 환율(foreign exchange)이 급격하게 변화하는 상황에서 제품의 원가에 유리하게 또는 불리하게 영향을 미친다. 인플레이션을 억제하기 위하여 현지국 정부가 가격 통제를 실시하게 될 가능성이 있다.

또한 인플레이션율이 높은 나라일수록 엄격한 외환 통제가 실시되는 것이 일반적이다. 따라서 글로벌 가격결정에 현지국의 인플레이션이나 환율 변동은 크게 영향을 미친다.

제 3 절　글로벌 가격결정전략

글로벌 시장에 제품을 진출시킬 때 신제품을 시장에 출시하는 기업이 선두 주자

일 경우에는 초기 고가전략을 사용할 수 있고, 후발주자인 경우에는 저가전략을 사용하면서 시장에 침투하려고 할 것이다.

가격결정 전략에서 잘 알려진 네글과 홀덴(Nagle & Holden 1995)에 따르면, 〈그림 12-4〉에서 보듯이 가장 일반적인 가격결정 방법인 원가가산 가격결정은 마케팅이 소비자와 경쟁자를 중심으로 이루어짐을 무시하고 있다고 주장하고, 원가뿐만 아니라 고객과 경쟁을 고려하여 가격결정 전략을 펼쳐야 한다고 주장한다.

〈그림 12-4〉 글로벌 가격의 결정요인들

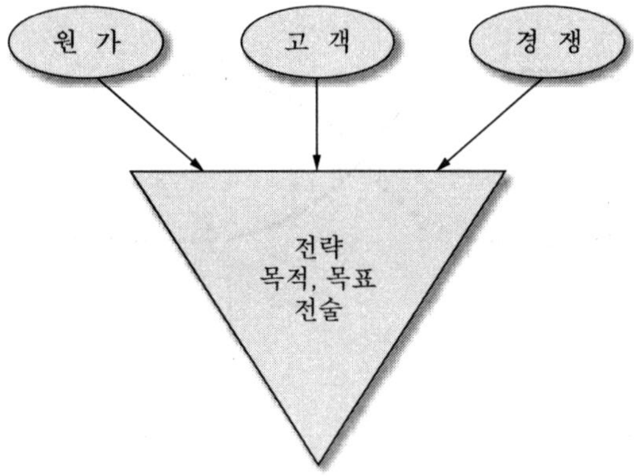

1. 원가가산 가격전략

원가가산 가격결정(cost plus pricing)은 제품의 생산원가에 부대비용과 기업이 원하는 마진을 더하여 가격을 결정하는 전략이다. 이는 일반적으로 수출경험이 적은 기업들이 선택하는 방법으로 기초적인 전략이나 시장 환경이나 경쟁 상황이 급격하게 변하는 상황에서는 적합하지 않다.

글로벌 상황에서는 유통, 보험 등 부대비용이 상승하는 가격상승 효과가 나타난다. 이 효과는 이윤의 폭을 줄여 경쟁력을 상실하게 하므로 제품의 원가를 낮추는 방법을 선택하거나 제품의 가치를 높이거나 해외생산을 적극적으로 고려해야 한다.

2. 초기 고가격과 침투가격전략

초기 고가격전략(skimming pricing strategy)은 〈그림 12-5〉에서 보듯이 글로벌 시장에서 신제품 가격의 설정에 있어서 도입기에 고가격을 설정하는 전략이다.

〈그림 12-5〉 침투가격과 초기 고가격 전략

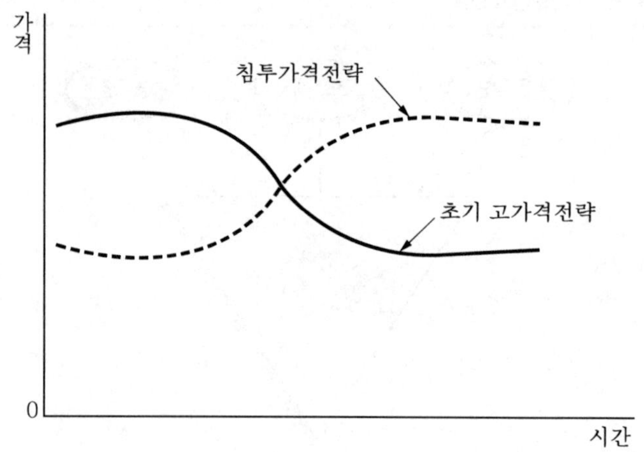

이는 제한적 수량의 판매를 통해 단기 수익을 극대화하는 것으로 가능한 최고 가격을 결정하여 높은 가격에도 불구하고 구매의사가 있는 고소득층의 소비자들에게 우선 판매하고 나중에 가격을 낮추어 다음 고소득층을 공략하는 방법이다.

진로소주는 일본시장에 진출하면서 '고품질 고가격 전략'을 수립하여 성공을 이루었다. 진로소주는 경쟁 제품인 진이나 트라이앵글보다 13% 가량 비싸고, 희석식 소주 중에서 가장 비싼 고급품이라는 이미지를 얻었다.

신제품의 혁신 정도가 깊어 그 제품에 대하여 구매하기를 바라는 소비자들이 많을 것이라 판단이 들고, 당분간 경쟁기업이 시장에 뛰어들 가능성이 적다고 판단되는 상황에서는 초기에는 높은 가격을 시간이 지남에 따라 가격을 낮추는 초기 고가격 전략을 사용하게 된다.

침투가격 전략(penetrating pricing strategy)은 저가격으로 제품을 시장에 진출시켜 짧은 시간 내에 시장에서 교두보를 형성하려는 전략으로서 가격에 민감한 소비자들이 많은 시장을 대상으로 경쟁사의 진입을 방지하기 위하여 사용할 수 있고,

자본력이 있는 후발기업의 경우 선발기업이 고가격을 책정할 때 시장에 침투하기 위해 사용한다. 그러나 후발기업이 저가격으로 돌아오면 선발기업도 급격하게 가격을 낮추어 경쟁에 대비해야 한다.

3. 경쟁가격전략

경쟁가격전략은 경쟁기업이 시장에 진입할 때 가격결정을 변화시키지 않기보다는 변화하는 전략으로 대비해야 한다. 선발기업이 초기에는 고가격을 설정하지만, 〈그림 12-6〉에서 c와 같이 후발기업이 경쟁에 뛰어 들어오기 전에 미리 가격을 낮추어 침투를 방해하는 전략을 사용할 수 있다. 또한 b처럼 후발기업이 경쟁에 뛰어든 직후에 가격을 낮추어 시장침투를 방해하는 전략을 사용할 수 있다. 그러나 자사의 글로벌 시장에서의 경쟁우위가 확실하다면 a처럼 경쟁자의 출현과 관계없이 일정한 가격전략을 수행할 수 있다.

〈그림 12-6〉 경쟁가격전략

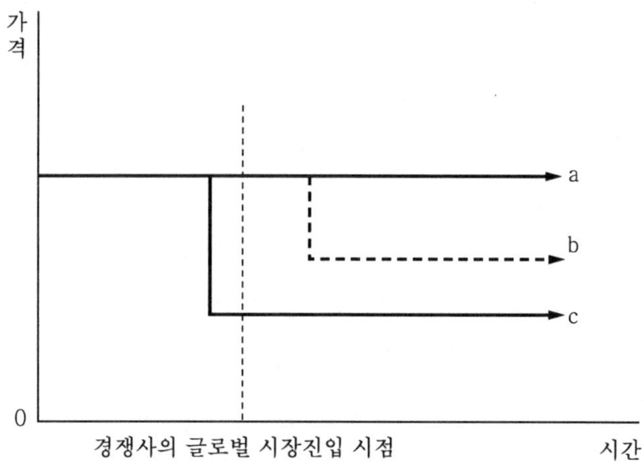

4. 경쟁원천과 글로벌 가격전략

더글러스 등(Douglas & Craig 1989)은 기업의 글로벌화 진전에 따라 글로벌 시장진입 초기의 '규모의 경제성'에서 현지시장 확장기에는 '범위의 경제성'으로 이행하고, 글로벌 합리화단계에 도달해서는 경영기능의 시너지가 가장 중요하다고 주장하고 있다. 규모의 경제성은 대량 생산과 대량 소비에 의해 단위당 비용을 인하하는 효과가 있다.

범위의 경제성은 생산되는 종류의 증가에 의해 제품의 단위당 생산비용이 낮아지는 효과를 말한다. 경영기능의 시너지는 생산과 마케팅 등의 경제 주체 간의 연계에 의해서 네트워크화의 경제성을 추구하는 것이기 때문에 이를 네트워크 경제성이라고도 한다. 이러한 경쟁우위의 원천은 〈표 12-1〉에서와 같이 내부 환경요인에 의해서 변화하고 있다.

〈표 12-1〉 환경변화와 글로벌 기업의 경쟁우위 원천과의 관계

경쟁원천	외부환경요인			내부환경요인		
	경쟁압력	소비자욕구 변화와 다양성	국제제품 수명주기의 길이	제품의 표준화정도	제품개발 비용	기업의 특수적 우위의 기업간 격차
규모의 경제성	↓	↓	↓	↓	↓	↓
범위의 경제성	↓	↓	↓	↓	↓	↓
네트워크 경제성	대	대	짧다	소	대	소

경쟁우위 원천에 이어 기업 글로벌화의 발전단계에 대응해서 가격설정이 어떻게 변화하고 있는가 하는 것을 나타내고 있다. 로빈슨(Robinson 1984)의 '국제 가격형성 전략매트릭스'에 따르면, 세계 표준가격(비용지향형 / 시장지향형), 이중 가격(비용지향형 / 시장지향형), 시장별 차별가격(비용지향형 / 시장지향형) 중에서 선택하는 것에 대해 언급하고 있으며, 관련성을 추구하면 〈표 12-2〉와 같이 요약할 수 있다.

〈표 12-2〉 경쟁우위에 따른 가격결정전략

글로벌화의 진전	경쟁우위의 원천	가격설정
수출 지향형	규모의 경제성	· 비용 지향형 글로벌 표준가격 · 비용 지향형 2중 가격
현지 지향형	범위의 경제성	· 시장 지향형 시장별 차별가격
글로벌 지향형	네트워크 경제성	· 시장 지향형 글로벌 표준가격 · 시장 지향형 시장별 차별가격

1) 수출지향 가격전략

규모의 경제성이 가장 중요시되는 단계는 해외 시장진입 초기의 전형적인 것으로 펄뮤터(Perlmutter 1969)가 이용한 다국적 기업 경영자의 글로벌 지향성으로 보면, 본국지향 단계에 해당한다. 이 단계는 제품 1단위당 평균 비용이 가격설정 기준으로 선택되기 쉽다. 표적시장의 규모나 잠재적 성장성에 대응해서 생산의 최적 최소규모가 산출되어 본국 내 집중생산으로부터 현지에서의 집중생산으로 전환하는 것이 좋다.

복수 국가를 대상으로 사업을 전개하면 대규모 유통네트워크를 확립하여 수송의 경제성을 달성하는 생산계획을 수립하기 쉽기 때문에 평균비용을 삭감하고 가격을 인하하여 표적시장 점유율을 신장시킬 수 있다. 본국 지향 경영자는 총비용을 고려한 가격지향이 되고, 비용지향의 세계 표준가격을 설정할 수 있다.

국내 시장에서 누리던 규모의 경제성을 활용해서 수출가격으로 이중가격을 적용하는 사례를 생각할 수 있다. 표적시장으로의 수출에 의한 진입 초기에는 본국시장 지향에서 평균 비용을 가격산정 기준으로 사용하고, 수출에는 한계비용을 가격산정 기준으로 사용하는 경향이 있어서 비용지향의 이중가격이 설정되기 쉽다.

2) 현지지향 가격전략

표적시장에 진입 후 시간이 경과하여 자사의 기존 제품의 수요가 증가하면 규모의 경제성을 추구하는데 한계가 나타나 경쟁우위의 중점이 범위의 경제성으로 전환된다. 이 단계는 기존 현지시장에서 침투에 중점을 두기 때문에 현지지향 단계이다.

가격전략은 기타의 마케팅 믹스 요소와 똑같이 현지시장 개척에 적합하도록 설정되어야 한다. 매출액의 증대가 나타나기 때문에 광고카피나 광고테마의 개발에 비용을 지출하여 가격전략에는 원가가산방식으로 설정되며 현지시장에서 수요의 가격탄력성, 경쟁기업의 가격결정 및 대체품의 가격에 관한 평가가 도입되어야 한다. 유효한 가격형성에는 각 국가에 설립된 자회사가 세분시장에 적합한 종류의 제품을 다양화하면서 범위의 경제성을 발휘할 수 있는가가 관건이다.

현지시장 조건이나 경쟁조건을 잘 알고 유통업자나 대리점과의 관계, 규제단체와 정부와의 관계 등이 구축되어야 하지만, 외국에 진입하는 비용을 상쇄할 때는 광범위한 제품을 유지하는 방법이 비용을 분산할 수 있다. 범위의 경제성을 발휘하려면 수요의 가격탄력성에 의존하여 차별적 가격과 경쟁적 가격을 동시에 달성할 수 있고, 시장 지향의 시장별 차별가격이 전개된다.

3) 글로벌 지향 가격전략

국가별로 독립된 마케팅전략을 수행하는 것은 다른 제품이나 세분고객을 대상으로 해서 마케팅전략을 전개하기 때문에 글로벌 시장의 통합화를 지향하는 글로벌 기업 내부에서도 비효율성이 생긴다. 이 때문에 국가 간의 사업 조정과 사업 개선에 압력을 가하고 경영시너지의 추구에 중점을 두는 글로벌 합리화 단계를 맞이한다.

글로벌 지향단계에서는 '가치사슬을 고려한 기업 활동'을 해당 국가에 배치(configuration)하고 그것을 조정(coordination)하는 것이 글로벌 경쟁전략의 요체가 된다. 본국 시장과 주요 해외 시장, 싼 생산 입지 사이에서의 생산 기능, 마케팅 기능, 서비스 기능, 연구개발 기능 등의 배치와 조정이 핵심 과제이다.

이러한 경영의 글로벌 배치와 조정, 통합에 의한 정책은 각 국가들에 제품의 표준화나 현지 시장여건의 변화나 욕구의 다양성에 대응하기 쉽다. 이는 글로벌 표준제품에 대한 수요 창출을 하면서 '글로벌 비용우위'와 '글로벌 차별화'를 적용할 수 있다. 세계 중에서 특정 세분시장에 집중하는 '글로벌 세분화'를 선택할 수 있으며, 글로벌 경영 시너지를 추구하는 전략의 전개 방향을 다르게 대응해서 가격 설정도 다르게 할 수 있다.

글로벌 원가 리더는 표준화 제품의 판매 시에 수요 조건이나 경쟁 조건을 고려한 시장지향의 세계 표준가격을 선택하지만, 이 경우 인터넷 판매가격이 병행될 가능성이 높다. 따라서 글로벌 세분화를 추구하는 기업은 시장지향의 시장별 차별 가격을 이용해야 한다. 글로벌 차별화를 선택한 기업은 원가 리더보다 높은 제품 가격을 설정해서 수요나 경쟁에 대응하고, 시장지향의 글로벌 표준가격을 시장별 차별가격으로 도입하는 것이다.

제 4 절 규모 · 경험곡선에 따른 글로벌 가격전략

경쟁우위 원천이 규모의 경제와 경험곡선에 영향을 받는다는 것을 강조한 바 있다. 규모의 경제는 단위당 판매를 많이 하면 단위비용이 줄어든다는 논리이다.

범위의 경제는 기업의 제품 포트폴리오를 넓히는 것을 말한다. 많은 기업들이 다수 제품들을 가지고 있는데 여러 제품들이 갖는 공동의 비용조합을 극대화할 수 있을 때 범위의 경제가 성립한다. 생산되는 제품의 종류가 증가하면서 공유비용을 넓힐 때 제품의 단위당 생산이나 판매비용이 낮아지는 현상이다.

이는 제품의 다각화를 꾀하는 경제적 근거가 된다. 공동의 투입을 통하여 얼마만큼 다양한 제품을 생산하여 비용을 낮추느냐에 달려 있다.

경험효과는 지식이나 경험이 축적되면 단위 비용이 감소한다. 이는 노동 효율의 향상, 작업의 전문화 및 작업 방법의 개선, 새로운 생산 공정, 설비 생산성 증대, 경영자원 믹스의 변경, 제품의 표준화와 규격화, 제품의 재설계 등의 요인에 의해서 발생한다.

기업의 외부 원가우위는 한 개나 두 개의 제품들이나 세분시장에 마케팅의 초점을 둠으로써 달성할 수 있다. 세계적으로 유통망을 형성하는 기업들은 유통분야에서 공급사슬관리를 잘 함으로써 재고와 수송비용 등을 절감할 수 있어서 경쟁력을 찾을 수 있다.

제 5 절 반덤핑 규제 가격전략

글로벌 가격전략에서 덤핑의 문제가 중요하게 대두되고 있다. 덤핑은 외국산 제품이 불공정한 가격으로 수입될 때 발생하는 것으로 국내 생산자를 보호하기 위하여 대부분의 나라들은 덤핑 판정을 받을 경우 반덤핑 관세를 물리거나 벌금을 부과한다. 덤핑을 판단하는 조건은 수출기업의 대상국에서 판매가격이 낮은 약탈적 덤핑(predatory dumping)이어야 하고, 수출기업의 수출품이 수입국의 국내 산업에 현저한 피해를 입혔다는 것이 입증되어야 한다.

이러한 반덤핑에 의한 규제는 일부 국가에서 해외 기업의 약탈적인 가격전략으로부터 국내 기업을 보호하기 위한 법적 장치를 만드는 것으로 활용된다. 반면에 일부 국가에서는 보호주의의 일환으로 국내 시장에서 해외 기업들의 경제활동 자체를 제한하려는 목적으로 이용되기도 한다. 이러한 반덤핑 제소는 다음과 같은 이유에서 증가하고 있다.

- 관세나 쿼터와 같은 전통적인 무역장벽의 활용이 점차 어려워짐에 따라 각 국가 정부들이 반덤핑과 같은 비관세 장벽을 적극적으로 활용하고 있기 때문이다.
- 제소기업과 피 제소기업 간의 권리의 심각한 불균형이 원인이 되고 있다. 일반적으로 제소기업은 잘못된 제소에 대하여 책임을 지지 않기 때문에 일단 제소하게 되고 자국이 관할이라는 이점을 가지고 있기 때문이다.
- 공정가격의 개념이 명확하지 않다는 점이다. 미국의 경우 수출국의 내수가격 이하로 수출하거나 또는 수출가격이 생산비용 이하일 경우에는 불공정 가격으로 규정하고 있기 때문이다.

제 6 절 글로벌 이전가격전략

글로벌 기업들은 글로벌 조직구조를 바탕으로 경영 활동을 전개하고 있기 때문에 부품, 완제품, 기술 등의 기업 내부 거래가 빈번하게 발생한다. 따라서 글로벌 이전가격의 적용이 중요한 이슈가 되고 있다.

글로벌 이전가격은 동일 기업의 해외 자회사 간에 원자재, 부품, 완제품, 서비스 등 많은 거래가 발생할 경우 이러한 거래에 적용되는 가격이다. 이러한 글로벌 이전가격전략은 3가지 대안이 있다.

1. 시장가격전략

이전가격전략은 시장가격(arm's length price)과는 상이하다는 문제가 있다. 시장가격은 글로벌 기업과 관련이 없는 구매자에게 적용되는 가격전략이다. 그러나 글로벌 기업들은 이익극대화를 위해 이전가격전략을 적절히 사용할 여지가 있다.

글로벌 기업들은 세율이 낮은 국가에 진출하여 이익을 많이 내는 것이 이익을 극대화하는데 유리하기 때문에 해당국의 자회사가 다른 국가의 자회사에 물건을 판매할 경우 높은 가격을 적용하고, 반대로 해당국으로부터 수입할 경우에는 낮은 가격을 적용하는 전략을 사용할 수 있다.

그러나 각국 정부는 조세수입을 확보하기 위해 노력하고 있기 때문에 글로벌 기업의 이전가격 적용에 제한을 가하는 경우가 많다. 따라서 시장가격의 조건은 다음과 같다.

- 세율이 높은 시장에서는 수익을 적게 내야 유리하기 때문에 원가를 올리는 것이 유리하다.
- 관련 회사에 제품을 수출하는 기업의 수익이 높아야 할 때 시장가격으로 이전할 수 있다.
- 관련회사에서 제품을 수입하는 기업의 경쟁력이 현지시장에서 아주 높을 때 시장가격이 유리하다.

2. 원가중심가격전략

이러한 원가중심가격의 적용은 단지 원가보전을 위해 가격을 적용하는 전략으로 가능한 저가격을 적용하는 전략이다. 이러한 가격전략은 다음과 같은 상황에서 적절하게 사용할 수 있다.

- 물건을 구매하는 자회사가 침투가격전략을 수립하면 원가중심가격이 필수적이다.
- 물건을 구매하는 자회사의 현지국 세율이 낮을 때 해당국에서 수익을 많이 내는 것이 바람직하다.
- 물건을 판매하는 국가의 세율이 높을 때 매출액을 줄이는 것이 이익극대화에 유리함으로 원가중심 가격전략이 적합하다.

3. 협상가격전략

글로벌 기업 사이에 협상을 통하여 이전가격을 결정하는 전략을 말한다. 이는 시장가격이 자주 변화하는 경우에 유용하게 사용할 수 있다. 그러나 협상가격 전략은 시장가격이나 원가중심 가격전략에 비해 그다지 많이 사용되지는 않는다. 일반적으로 시장가격이나 원가중심 가격전략이 80% 정도 사용되고, 협상가격 전략은 20% 정도 사용된다.

[사례 12-1] 스칸디나비아항공의 가격전략

Ⅰ. 서 언

1970년대 말 석유파동으로 인해 세계 항공업계는 큰 시련을 맞이하였다. 스칸디나비아항공(SAS : Scandinavian Airlines)은 1979년과 1980년 사이의 2년 동안에 3,000만 달러의 적자가 누적되었다.

따라서 SAS항공은 고객이 직원들과 만나는 15초의 짧은 순간이 기업의 이미지를 좌우한다는 인식 전환으로 1983년도 '올해의 최우수 항공사'가 되었고, 1986년에는 '고객서비스 최우수 항공사'로 선정되었다. 이렇게 SAS항공이 위기를 극복하고 최우수 항공사로 도약한 비결은 무엇일까?

Ⅱ. 결정적 순간의 포착

SAS항공은 스웨덴, 덴마크, 노르웨이 3개국의 민간과 정부가 공동으로 소유하고 있는 항공사이다. 이들은 15초라는 시간은 서비스 제공자가 고객들에게 서비스의 질을 보여줄 수 있는 극히 짧은 시간이지만, 자사에 대한 고객의 인상을 좌우하는 중요한 순간이라는 인식을 바탕으로 하고 있다. SAS항공은 서비스기업의 본질이 물적 자산의 집합이 아니라 일선 직원들이 개별 고객에게 제공하는 서비스의 질이라고 강조하고 있다.

1986년 SAS항공에서는 대략 1,000만 명의 고객이 각각 5명의 직원들과 접촉했으며, 1회 응대시간은 평균 15초였다. 따라서 1년에 5,000만 번 고객의 마음속에 기업의 인상을 새겨 넣는 순간들이 있었다. SAS항공은 진정한 자산은 만족한 고객들이라는 신념 아래 고객 중심적 기업으로 변화시켰다.

Ⅲ. 비즈니스고객의 정상요금전략

1981년 SAS항공은 원가절감 운동이 펼쳐질 상황이었으나, 비용은 사업의 목적 달성에 효과적으로 사용되기만 한다면 경쟁력을 높이기 위해 필요한 자원이라는 사고로 전환하였다.

1. 비즈니스 고객을 위한 제품 혁신

스칸디나비아항공(SAS)은 2007년 말 영국 승객들을 대상으로 '셀프 프린트 탑승권(Self-print boarding passes)'을 출시했다. 셀프 탑승권은 온라인 체크인(최대 22시간 전까지)을 하는 동안 고객이 직접 보딩 패스를 인쇄할 수 있으며, 휴대용 짐에 붙이는 바코트도 프린트가 가능해 공항에 도착하자마자 곧바로 검색대를 통과할 수 있다. 이렇게 체크된 짐들은 무인탑승수속기를 이용할 때는 빠른 수화물 검사대 이용이 필요하다. 셀프 탑승권은 런던의 히드로우, 런던시티(런던시티-코펜하겐노선 제외), 애버딘, 버밍엄, 맨체스터공항을 이용하는 영국 탑승객들이 이용할 수 있다.

2. 비즈니스 고객의 정상요금전략

SAS항공은 '출장이 많은 비즈니스 여행객들에게 세계 최고의 항공사가 된다'는 전략적 목표를 수정하였다. 항공시장에서 비즈니스 여행객들은 좋든 싫든 사업상 필요가 발생하면 이동해야 하는 사람들이기 때문에 가장 안정된 고객이라고 판단하고, 이들의 요구를 잘 충족시켜 줄 수 있는 서비스를 개발하여 할인하지 않은 정상요금전략으로 그들을 유치할 수 있었다.

3. 일반고객 할인가격전략

이들이 비즈니스 여행객들에 초점을 맞춘다는 전략은 일반 관광객 시장을 외면하거나 무시한다는 것을 의미하지 않는다. 비즈니스 여행객들에게 집중하면 할수록 일반 관광 여행객들을 보다 더 저렴한 요금으로 확보할 수 있다. 비즈니스 여행객들이 지불하는 정상요금만으로도 비행기 운항에는 아무런 지장이 없으므로 일반 관광객들에게는 저가전략으로 빈 좌석을 제공할 수 있다.

이러한 이유로 인해 SAS항공은 정상요금 지불 승객의 비율이 유럽에서 제일 높으면서도 일반관광 여행객들에게 가장 저렴한 항공권을 판매하고 있다.

생각해 볼 문제

1. SAS는 왜 비즈니스 고객을 표적시장으로 결정했는가에 대해 논의해 보고, 그것이 기업의 수익에 미치는 영향에 대해 논의해 보라.

2. SAS는 비즈니스 고객을 표적시장으로 하는 것과 셀프 프린드 탑승권의 도입은 어떤 관계가 있을까에 대해 논의해 보라.

이 페이지는 비워 둡니다.

제1부: 기업의 글로벌 지향성과 글로벌마케팅

제1장: 한국 기업의 글로벌 지향성

제2부: 글로벌 환경 및 경쟁분석

제2장: 글로벌 거시환경 분석
제3장: 글로벌 경쟁환경 분석
제4장: 글로벌 경쟁원천 분석

제3부: 글로벌 진입 및 협력전략

제5장: 글로벌시장 진입전략
제6장: 글로벌 제휴 및 네트워킹 전략

제4부: 글로벌 STP 및 표준화 · 현지화 전략

제7장: 글로벌 시장의 STP전략
제8장: 글로벌 표준화와 현지화 전략

제5부 글로벌마케팅 믹스전략

제9장: 글로벌마케팅의 제품전략
제10장: 글로벌마케팅의 유통전략
제11장: 글로벌마케팅의 촉진전략
제12장: 글로벌마케팅의 가격전략
제13장: 글로벌마케팅의 인터넷전략

제6부: 글로벌마케팅 조직

제14장: 글로벌마케팅의 조직구조

제 13 장

글로벌마케팅의 인터넷전략

1990년 World Wide Web의 등장은 불연속적 혁신으로서 시장과 마케팅 패러다임 자체를 변화시켜왔다. 인터넷은 거리의 개념을 소멸시키고 지구촌을 하나로 통합시켜 진정한 글로벌화의 의미를 가져다주고 있다. 인터넷은 세계인을 하나로 연결시키고 있다.

본 장에서는 인터넷의 등장과 확산, 인터넷 마케팅으로 패러다임의 변화, 그리고 구체적으로 들어가 인터넷 마케팅 믹스의 내용인 제품, 가격, 유통, 촉진에 대하여 각 절 별로 구체적으로 살펴보고자 한다.

제 1 절 글로벌마케팅의 인터넷전략
제 2 절 글로벌마케팅의 인터넷제품전략
제 3 절 글로벌마케팅의 인터넷가격전략
제 4 절 글로벌마케팅의 인터넷유통전략
제 5 절 글로벌마케팅의 인터넷촉진전략

사례 13-1: 아마존닷컴의 인터넷마케팅 전략

제 1 절 글로벌마케팅의 인터넷전략

1. 인터넷의 보급과 확산

여러 가지 면에서 인간의 삶을 바꾸어 놓는 혁신적인 발명품이 등장해 왔다. 인터넷 역시 그 중의 하나이다.

1980년대에 가정과 사무실에 파고들어 엄청난 변화를 가져온 PC의 보급으로 인하여 타자기나 워드프로세서를 생산하는 기업들이 문을 닫을 수밖에 없었다. 1981년 8월에 선보인 IBM PC가 등장하자마자 세계 컴퓨터업계의 양대 파워인 마이크로소프트사와 인텔사가 성장가도를 달려왔다.

1990년대 인터넷은 TV, 메인프레임 컴퓨터, 전자 칩, PC와 함께 우리가 살아가고 일하는 방식에 있어서 획기적인 변화를 가져왔다. 이러한 변화는 책, CD, 항공권, 컴퓨터, 가구, 미술품 및 사무기기까지도 인터넷을 통하여 판매하게 되었다. 즉, 인터넷마케팅을 기반으로 수행하는 인터넷시대가 등장한 것이다.

세계 인터넷의 이용자들이 폭발적으로 증가하고, 세계 인터넷 상거래 시장규모가 폭발적으로 증가하고 있는 현상을 보면, 인터넷을 이용하는 인터넷마케팅의 중요성을 깨닫게 한다. 2000년 이후 인터넷을 이용한 전자상거래는 급격한 성장을 보여 2006년 말 현재 세계 인터넷 상거래 시장규모가 B to B와 B to C를 포함하여 5조 230억 달러를 상회하고 있다.

2. 인터넷마케팅의 속성

인터넷을 도구로 하고 있는 인터넷마케팅(internet marketing)은 마케팅 활동이 인터넷이라는 가상공간에서 이루어지는 특성을 가지고 있다. 따라서 인터넷마케팅은 '컴퓨터들이 네트워크로 연결된 인터넷상에서 개인이나 조직이 상호간의 목적을 충족시키기 위해 마케팅 활동을 전개하는 것'으로 정의할 수 있다. 즉, 인터넷마케팅은 인터넷을 이용하여 고객의 필요와 욕구를 발견하고, 그들의 욕구를 충족시키기 위해 인터넷이라는 도구를 이용하여 제품이나 서비스를 제공하는 활동이다.

인터넷마케팅은 컨텐츠, 관계 형성, 고객화, 커뮤니케이션 및 공동체 형성 등의 요인에 의해서 형성되는 것으로 볼 수 있다. 인터넷마케팅의 속성은 인터넷 공동체, 상호작용 및 다양하고 상세한 정보 등이 있다.

1) 인터넷 공동체

인터넷 공동체(internet community)는 인터넷이 가상공간을 통하여 시간과 공간을 초월하여 광범위한 네트워크를 통해 일 대 일 커뮤니케이션, 다수 대 다수 커뮤니케이션, 일 대 다수 커뮤니케이션 등을 수행하면서 이념과 뜻을 같이 하는 동질의 공동체를 형성할 수 있다. 이러한 공동체를 이용하여 글로벌마케팅 관리자들은 그들의 제품을 촉진하는 등 다양한 마케팅 활동을 수행할 수 있다.

2) 실시간 상호작용

실시간 상호작용은 인간이 사회적인 존재이기 때문에 그들이 소속된 사회와 상호작용(interactive)을 하면서 살아간다. 이러한 상호작용을 보다 용이하게 하는 매체 중의 하나인 인터넷은 이메일, 포럼 등의 서비스를 통하여 고객과 실시간으로 상호작용할 수 있는 가장 훌륭한 도구로 진화 발전되어 왔다. 이러한 장점은 고객과의 상호작용을 통하여 제품개발부터 판매에 이르기까지 고객의 입장이 반영된 글로벌마케팅 전략을 수행할 수 있다.

3) 다양하고 상세한 정보

다양하고 상세한 정보는 인터넷이 어떠한 매체보다도 다양하고 상세한 정보를 제공할 수 있다. 인터넷마케팅은 이러한 깊이 있는 정보를 통하여 글로벌마케팅 활동을 수행하는데 인터넷이용자에 관한 정보획득과 동시에 그들에게 정보를 제공하는 역할을 수행하고 있다. 인터넷 매체는 개별 고객에게 깊이 있고 다양한 정보를 제공하여 고객들이 적당한 제품을 선택할 수 있도록 하며, 다양한 공동체를 이용하여 제품에 관한 정보를 실시간으로 제공할 수 있다. 인터넷마케팅은 인터넷의 특성을 이용하여 개별 고객에게 접근하고, 고객과의 관계를 지속적으로 유지할 수 있도록 하는 마케팅 수단이 되고 있다.

인터넷이 제공하는 가상공간에서의 상호작용은 가장 중요한 특성이다. 기업은 인터넷을 통하여 고객에 대한 정보를 체계적으로 확보할 수 있고, 적은 비용으로 고객과 일 대 일의 상호작용을 할 수 있다. 이러한 환경은 사이트간의 치열한 경쟁을 유발하여 기업들이 고객들의 욕구에 대한 정보를 수집하여 고객을 위한 최상의 서비스를 제공하는데 활용하도록 요구받고 있다.

3. 마케팅 패러다임의 변화

이러한 요구는 인터넷으로 인하여 대량생산, 대량판매, 매스 마케팅시스템에 본질적인 변화를 초래하여 고객지향의 개인화된 마케팅시스템의 도입을 가속화시키고 있다. 즉, 대표적인 일 대 일 마케팅 패러다임(one to one marketing paradigm)은 인터넷마케팅의 주류를 이루고 있으며, 이는 고객과의 지속적인 상호작용을 통하여 신뢰관계의 구축을 지향하고 있다. 이러한 마케팅 패러다임의 변화는 〈그림 13-1〉에서 보는 바와 같이 체계적인 변화로 나타나고 있다.

〈그림 13-1〉 마케팅 패러다임의 변화

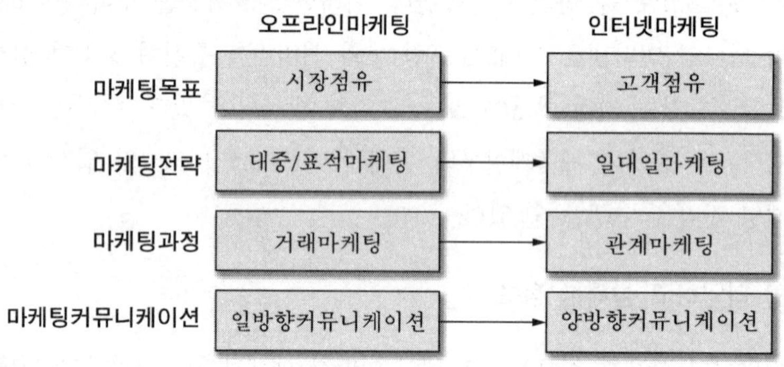

자료원: Pepper and Rogers의 On-to-One Media in the Interactive Future를 요약.

1) 마케팅 목표의 변화

인터넷마케팅에서는 시장점유율이 어떠한 의미를 제공하며, 이것을 어떻게 장기적으로 유지시킬 수 있는가? 본질적으로 시장점유율을 유지하는 목표가 기업의 이익에 어떠한 도움을 주는가 하는 문제를 제기할 수 있다.

인터넷마케팅에서 시장점유율을 유지하는 것은 매우 어렵다. 이는 소비자들이 인터넷을 통하여 비교쇼핑을 수행하기가 쉽고, 특정 사이트에서 다른 사이트로 구입경로를 변경하는데 들어가는 비용이 낮기 때문이다. 기업이 마케팅을 통해서 시장점유율을 높이기 위해서는 각종 판촉활동을 해야 하고, 상대적으로 저가격을 유지하기 위해서는 지속적으로 가격을 낮추어야 한다. 그러나 인터넷은 진입장벽이 낮기 때문에 가격이 높을 경우에는 언제든지 다른 기업들이 시장에 진입할 수 있다. 따라서 인터넷마케팅에서는 시장점유율이 기업의 장기적인 발전과 이익을 보장하는 지표가 되기 어렵다.

이러한 상황에서 인터넷마케팅은 새로운 고객을 창출하는 것보다 기존 고객을 유지하는 것이 비용을 낮출 수 있는 효율적인 방법이다. 이는 기존 고객에 대한 많은 정보를 이미 가지고 있어 기존 고객에게 판매하기가 용이하고, 고객이 제품에 대해 이미 알고 있기 때문에 서비스 비용이 절감되며, 고객이 다른 고객에게 제품을 소개함으로써 보다 많은 고객을 확보할 수 있기 때문이다.

인터넷마케팅에서는 시장점유율보다는 고객을 많이 확보하는 고객점유율을 높이는 것이 효율적이다. 이는 장기적인 관점에서 고객가치를 판단하고, 고객을 확보하고 유지하는 노력이 기업의 비용을 줄이고 이익을 높일 수 있는 방안이기 때문이다. 즉, 인터넷이 가지고 있는 특성으로 인하여 고객들은 비교쇼핑을 할 수 있고, 사이트 전환에 따르는 비용이 적으며, 시장에 진입이나 퇴출에 대한 장벽이 낮기 때문에 사이트를 자주 옮겨 다닐 수 있다.

따라서 인터넷마케팅에서는 고객의 정보를 수집하고, 거래가 많은 고객에게 보다 풍부한 서비스와 금전적 인센티브를 주어 거래를 장기적으로 유지하는 것이 기업의 이익을 증대시키는데 중요한 방법이다.

2) 마케팅전략의 변화

(1) 일 대 일 마케팅의 대두

인터넷마케팅은 대중 마케팅, 표적 마케팅, 일 대 일 마케팅 중 어느 것이 가장 효율적인가?

마케팅 활동은 고객을 세분화하고, 구매의사가 있는 고객을 표적으로 설정하여 이들을 대상으로 집중적인 마케팅을 수행하는 것이 효과를 높이는 방법이다. 즉, 대중 마케팅보다는 표적 마케팅이 더욱 효과적인 마케팅이 될 수 있다.

또한 누가 고객인가를 정확히 세분화하지 않는 대중 마케팅이나 표적시장 마케팅

보다는 일 대 일 마케팅이 더욱 효과적일 수 있다. 특히, 현대 사회에서는 고객들이 자기만을 위한 제품과 서비스를 요구하는 경향이 강하기 때문에 이러한 고객들의 요구에 대응하기 위해서는 대중 마케팅이 아닌 고객을 개인별로 차별화시키는 마케팅 활동에 대한 요구가 강하다.

이러한 흐름은 대중 마케팅이나 표적 마케팅보다는 일 대 일 마케팅을 통하여 효과적으로 활용할 수 있다. 이는 인터넷이 가지고 있는 상호작용성과 정보시스템에서 모든 활동이 이루어진다는 특성을 인터넷이 가지고 있기 때문에 사이트에 존재하는 정보시스템을 정비함으로써 고객에 대한 정보를 체계적으로 수집하고 마케팅에 활용할 수 있다.

따라서 오프라인의 마케팅전략에 변화가 나타나고 있다. 대량생산, 대중매체, 대중 마케팅이라는 기존의 패러다임은 개인화된 제품, 특성화된 광고, 고객과 상호작용할 수 있는 새로운 마케팅 패러다임인 일 대 일 마케팅으로 변화하고 있다.

이러한 일 대 일 마케팅은 인터넷에서 제공하는 상호작용을 활용하여 고객의 자료를 활용하는 마케팅 개념이며, 이러한 개념은 글로벌한 환경에서 전개되는 글로벌마케팅에 유용한 개념이다. 즉, 일 대 일 마케팅은 고객의 과거 구매기록, 구매형태, 구매후의 반응 등을 기록함으로써 정교하게 활용하는 마케팅 개념으로 고객과의 상호작용을 통해 개별 고객이 가지고 있는 욕구에 대응하는 개인화된 마케팅이다.

(2) 마케팅 과정의 변화

마케팅 과정은 마케팅조사 및 제품기획에서부터 제품의 판매와 A/S에 이르는 과정을 말한다. 인터넷마케팅의 목표와 전략이 변화함에 따라 마케팅 과정도 변화하게 된다.

오프라인의 마케팅 과정에서는 시장점유율을 중시하는 대중 마케팅이 전개되면서 특정한 제품을 판매하는 과정에 초점을 맞추어 왔다. 어떤 형태로든지 기업이 생산한 제품을 보다 많이 판매하는 것을 중시하고 있다. 이러한 마케팅 과정에서는 고객만족의 향상을 위하여 사안별로 대응하는 것 외에는 기존 고객에 대하여 특별한 관심을 두지 않았다.

그러나 고객점유율을 목표로 수행하는 일 대 일 마케팅에서는 고객과의 관계형성에 기반을 두는 교차판매(cross selling)를 중시하고 있다. 이는 개별 고객에게 다양한 제품을 반복적으로 판매하는 교차판매가 이루어지기 때문에 이를 위해서는 고객과의 관계를 장기적으로 어떻게 형성할 것인가가 중요한 문제로 부각되고 있다. 즉, 마케팅 과정에서 중심과제를 고객과 장기적인 관계를 유지하기 위한 관계 형성을 중시하는 방향으로 변화되는 것이다.

제 2 절 글로벌마케팅의 인터넷제품전략

오프라인 마케팅에서는 핵심제품(core product)이 중요하지만, 인터넷마케팅에서는 증폭제품(augmented product)이라는 개념이 매우 중요하다. 왜냐하면 인터넷마케팅에서는 제품을 구매할 때 손으로 직접 만지고 눈으로 확인하고 구매하지 않음으로 제품 개념 중에서 실체제품이 존재하지 않기 때문이다. 제품에서 중요한 하나의 차원인 실체 제품이 존재하지 않을 경우에는 그 차원을 극복할 수 있는 방향으로 제품전략을 전개해야 한다.

따라서 증폭제품의 개념을 최대한으로 활용하는 것이 유리하다. 증폭제품 즉, 제품에 대한 부가서비스를 제공하기 위해서는 인터넷에서의 구매결정에 필요한 다양한 정보와 구매단계의 편리성, 전자결재의 안정적 운영 등을 제공해야 한다.

고객서비스는 제품전략의 또 다른 요소이다. 인터넷마케팅은 글로벌 고객에게 이러한 제품에 대한 핵심제품을 알리고, 부가적인 차원의 서비스인 증폭제품을 제공함으로써 인터넷마케팅이 가지고 있는 기본적인 한계를 극복해야 한다. 이러한 부가서비스는 제품과 관련된 상세한 정보를 제공하고, 각 기능들의 편리한 사용법을 제시하며, 판매후의 이메일, 게시판 등을 통한 피드백과 사후서비스 등을 포함한다.

그러면 인터넷마케팅의 제품전략은 어떻게 할 것인가? 현대 사회는 급격한 글로벌화가 진행되고, 소비자들이 경제적으로 풍부해지면서 욕구도 다양화되고 있다. 소비자들은 값이 싸고 품질이 좋은 제품을 원하던 욕구가 인터넷 시대에는 자신의 개성을 표출할 수 있는 제품, 자신만을 위한 제품을 요구하게 된다. 즉, 글로벌 소비자들은 다양해진 자신의 기호를 반영해 줄 수 있는 제품을 원하는 것이다.

따라서 인터넷 제품전략은 이러한 글로벌 소비자의 변화에 대응하는 방법으로 고객 주문형 제품을 제공할 수 있고, 제품의 정보를 풍부하게 제공하는 전략을 수행할 수 있다.

1. 고객 주문형 제품제공전략

인터넷마케팅에서는 글로벌 고객들의 다양한 요구에 대응하기 위하여 제품의 구성을 다양화하는 한편 고객 주문형 제품의 판매를 추진할 수 있다. 인터넷마케팅에서는 단순히 실체 제품을 고객욕구에 맞게 만드는 것은 물론 제품에 부가된 각종 서비스, 판매를 위한 서비스, 사후 서비스도 소비자들의 개인적인 욕구에 맞게 대응해야 한다.

인터넷을 통해 글로벌마케팅으로 컴퓨터를 파는 델(Dell) 컴퓨터는 모니터의 크기, 메인보드, CPU, 메모리 등 글로벌 소비자가 원하는 사양을 사이트에서 입력하면 그 사양에 해당하는 컴퓨터의 가격을 알려준다. 그리고 소비자가 주문을 하면, 선택된 사양에 따라 PC를 조립하여 배송한다.

이처럼 인터넷에서는 궁극적으로 개별 고객을 위한 개인화된 제품을 제공하기 위해 노력하고 있는데, 단지 제품만을 개인적인 선호에 맞게 공급하는 것이 아니라, 서비스를 포함하는 총체적인 제품을 개인별로 차별화시키고, 제품을 만드는 과정에서도 개인이 직접 참여하여 스스로 만들어 가도록 하고 있다.

2. 제품 정보의 제공전략

글로벌 제품 정보의 제공전략은 3가지 방향에서 이루어질 수 있다.

1) 정보로 제품 포장

인터넷에서 고객들은 자신들이 수집한 정보를 바탕으로 제품에 대한 구매결정을 한다. 즉, 고객들로 하여금 자신의 사이트에서 제품을 구입하게 하기 위해서는 충분한 정보를 제공해야 한다.

정보 중심적 제품은 autobytel.com이 있다. 이 사이트는 각종 차에 대한 정보를 제공한다. 차의 기본적인 사양에서부터 전문기관에서 실시한 주행시험의 결과와 실제 승차 경험이 있는 사람들의 평가 등 승용차 구매에 필요한 모든 정보를 제공해준다.

이처럼 인터넷에서 제품은 정보를 이용하여 개념이 확장되는데, 일반적으로 제품

개념을 확장하기 위해서 사용되는 정보들로는 제품에 대한 소개뿐만 아니라, 고객의 입장에서 구매할 때 필요한 정보, 전문가 및 다른 소비자들에 의한 평가 정보 등이 있다.

2) 제품에 대한 가상적 체험 제공

가상적 체험은 소비자가 원하는 환경에서 제품을 가상적으로 소비할 수 있도록 하는 것이다. 이러한 제품에 대한 가상적 체험은 정보로 포장된 제품을 보다 심화시키는 역할을 한다.

가상적 체험은 인터넷의 상호 작용성을 이용하여 소비자들이 실제 제품을 눈으로 확인하고 느낄 수 없는 상황을 보완해 줌으로써 소비자들의 신뢰를 확보하고, 쇼핑의 즐거움을 더할 수 있는 좋은 전략이 된다.

3) 글로벌 제품의 디지털화

인터넷은 제품을 유통시키는 수단이 될 수도 있다. 제품을 디지털화할 수 있다면 통신라인을 통하여 제품을 유통시킬 수 있게 된다. 이러한 디지털 제품은 통신라인을 통하여 세계 어디에나 빠른 속도로 전송할 수 있어 유통 상의 문제를 최소화할 수 있다.

이러한 제품의 디지털화는 복잡한 유통과정에서 발생하는 각종 부대비용을 최소화함으로써 저가격으로 최종 소비자에게 전달할 수 있게 된다.

3. 제품차별화전략

인터넷마케팅에서는 지연, 사용자 인터페이스, 편리성, 이미지 해상도, 포맷, 성능, 사양, 포괄성, 성가심, 지원 등을 통해서 제품차별화전략을 수립할 수 있다.

1) 기다림의 대소

정보의 최신성에 큰 가치를 부여하는 소비자, 시간에 큰 가치를 가지는 소비자들은 기다림의 시간손실을 크게 인지한다. 따라서 글로벌 인터넷마케팅을 수행하는 기업은 초기 고객에게 높은 가격을 제시하고, 후기 고객에게는 저가격을 제시함으로써 가격에 민감한 소비자들을 유인할 수 있다.

2) 사용자 인터페이스(user interface)

고급 사용자와 중급 사용자를 구분하여 사용자의 수준에 맞도록 정보를 제공하는 것이다. 일반적으로 숙련된 고급 사용자들은 지불의사가 높으며, 정보의 조기 수용도가 높은 고객들이다.

3) 편리성(convenience)

소비자들이 정보서비스를 이용하는 시간과 장소를 한정해서 편리성을 통제하는 것이다. 가격에 민감한 소비자들은 불편함을 감수하려 하기 때문에 독립적인 집단으로 세분화를 할 수 있다.

4) 이미지 해상도(image resolution)

고객을 구분할 수 있는 유용한 기준이다. 전문적인 사이트 이용자들은 해상도가 높은 이미지를 원하며, 이에 대한 지불의사도 높다.

5) 포맷(format)

정보의 형태와 매체를 다르게 해서 버전을 차별화하는 것이다. 이는 정보의 제공형태에 따라 가격을 차별화할 수 있으며, 정보의 저장, 복사, 형태 변환에 따른 옵션에 따라 차별화할 수 있다.

6) 성능(capability)

소프트웨어의 가격을 성능에 따라 차별화된 가격으로 판매할 수 있다. 일반적으로 소프트웨어는 전문가용, 일반인용으로 구분하여 기능을 달리함으로써 가격을 차별화하고 있다.

7) 포괄성(comprehensiveness)

정보의 안전성에 높은 가치를 가지는 소비자들이 존재함으로 포괄성이 차별화의 기준이 될 수 있다. 이는 자료 검색 범위에 따라 가치를 다르게 설정하는 것이다.

8) 지원(support)

각종 기술지원, 부가서비스 등을 통하여 제품차별화를 기하는 것이다.

제 3 절 글로벌마케팅의 인터넷가격전략

글로벌 인터넷가격은 '기업이 제공한 재화나 서비스로부터 얻게 되는 편익에 대해 소비자들이 지불하는 대가'이다. 소비자는 재화나 서비스로부터 편익을 얻게 되는데 이러한 편익과 교환하는 대가로 소비자가 제품을 판매한 기업에 지불하는 화폐금액이다. 글로벌 기업의 입장에서 볼 때 제품, 유통, 촉진이 비용을 발생시키는 요소인 반면에 가격은 마케팅 믹스 중에서 유일하게 수익을 창출하는 요인이다.

글로벌 인터넷마케팅에서 가격은 변화에 따라 수요량의 변화가 매우 크기 때문에 매우 탄력적이다. 인터넷 제품의 가격결정은 제품의 성격에 따라 다양한 형태로 나타나고 있다. 이는 주문주기 가격결정, 사용기준 가격결정, 제품기준 가격결정으로 구분된다.

1. 주문기준 가격전략

주문기준 가격결정(order based pricing)은 공급자가 가격을 결정하는 것이 아니라 고객이 가격을 결정하는 방식이다. 이는 경매사이트에서 운영되는 경매가격이나 글로벌 고객이 직접 가격을 제시하여 이에 적합한 제품을 탐색하여 연결하는 역경매 가격(reverse auction pricing)이 이에 해당된다.

이는 거래당사자들이 제품에 대해서 느끼는 가격민감도를 전적으로 수용해서 당사자들이 원하는 가격을 직접 제시하거나 제품을 조정하고, 거래 당사자들이 거래시마다 직접 협상을 하게 하는 방법이다. 이 방법은 동태적 가격 또는 실시간 가격이라고도 하며, 경매제, 역경매제, 주문 상품제, 협상가격제 등이 있다.

1) 경매가격전략

인터넷마케팅에서 경매가격전략은 인터넷 사이트에서 경매할 제품을 모아서 제품에 대한 정보를 회원이나 소비자들에게 제공하고, 그들로 하여금 구매하고자 하는 금액을 제시하게 하여 가장 높은 금액을 제시한 고객에게 제품을 판매하는 방식이다.

이러한 인터넷마케팅에서 경매 가격전략은 오프라인 마케팅에서 한자리에 모여 이루어지는 제약을 극복함으로써 거래비용을 감소시킬 수 있고, 다수의 글로벌 구매자들이 입찰하는 형태의 거래가 가능한 특성으로 인하여 급속히 증가하는 추세를 보이고 있다.

2) 역경매 가격전략

역경매 가격전략은 구매하고자 하는 고객이 원하는 제품의 수량과 수용 가능한 최대 가격을 제시하면 판매하고자 하는 사람들이 팔고자 하는 수량과 가격을 제시하여 가장 저가격을 제시한 판매자의 제품을 구매하는 방식이다.

이 방식은 글로벌 구매자들의 경쟁으로 인하여 가격이 상승할 가능성이 적어 조달과 유사한 형태를 보인다. 이러한 역경매 가격전략에서는 글로벌 구매자가 제품 탐색을 하지 않음으로써 탐색 비용이 없으며, 가격협상의 주도권을 갖게 된다.

이러한 역경매 가격전략은 3가지 형태가 있는데, 상향식 경매와 유사한 형태로 판매자들만이 입찰조건을 볼 수 있는 공개형 역경매(open type reverse auction)와 구매자들만이 입찰정보를 알 수 있는 비공개형 역경매(closed type reverse auction), 구매자가 원하는 제품사양과 가격을 제시하면 프라이스라인이 직접 판매자들과 협상을 통하여 제품을 결정하는 프라이스라인형 역경매(name your own price)가 있다.

3) 주문 상품 가격전략

주문 상품 가격전략은 글로벌 고객으로 하여금 제시된 제품의 특성과 가격을 맞추어서 주문하도록 하는 방법이다. 이러한 방식은 제품이 여러 개의 하위 부품으로 조립되고, 각 하위 부품의 종류와 가격이 다양할 때 사용할 수 있는 방법이다. 컴퓨터를 판매하는 글로벌 기업인 델컴퓨터가 채택하고 있는 방법이다.

4) 협상가격전략

협상가격전략은 인터넷의 B to B시장에서 제품의 일정한 특성과 가격범위 내에서 상호간에 수요와 공급이 일치될 때 개별 기업들이 서로의 욕구를 정확히 일치시키기 위해서 컴퓨터, 전화 또는 기타 커뮤니케이션 도구를 통해서 의사소통을 하게 하는 가격전략이다.

이는 고정가격전략보다 많은 이점이 있다. 즉, 협상가격전략은 글로벌 소비자들이 지각한 제품 가격이 정확한가에 대한 판단을 내리기 어렵고 다른 글로벌 소비자들이 얼마의 가격에 제품을 사는가를 정확히 알 수 없는 경우에 합리적으로 가격을 결정할 수 있다.

2. 인터넷 경매를 통한 가격전략

최근 인터넷을 통한 경매가 활발하게 확산되고 있다. 일반적으로 판매하는 측에 대해 복수의 매입하는 측이 구매 희망가격을 제시하고 최고액을 제시한 자를 구매자로 결정하는 전략이다. 인터넷 경매가 이루어지고 있는 제품은 몇 천원부터 수백만 원의 것이 많다.

인터넷 경매는 네트워크에 개입해서 참가하는 것으로 인터넷 이용자이면 누구나 참여할 수 있고, 세계 어느 경매나 참여할 수 있으며, 경매가 이루어지는 장소에 나갈 필요도 없다.

인터넷 경매는 판매 상대가 기업과 개인의 경우로 나눌 수 있다. 기업이 판매자인 경우에는 재고처리에 이용하는 경우가 많다. 기업이 판매재고를 갖고 있고, 판매하는 측과 중개하는 경매사이트의 중개에 의해 이루어진다.

현재는 구매하고 싶은 사람이나 글로벌 기업에 경매 장소를 제공하는 형태의 사이트가 유행하고 있지만, 인터넷상에 최초로 경매 형식을 가지고 진입했던 것은 자사의 사이트를 통해서 판매하는 가상점포이었다.

eBay는 약 1,600종의 카테고리로 분류하고 있는데, 경매에 출품한 제품은 일반 제품뿐만 아니라 매니아나 수집가가 원하는 희소물품이 많다. eBay는 경매의 가상 공간과 시스템을 제공하는 것으로서 실제로 대금지불이나 제품 인도에는 판매하는 측과 매입하는 측에 직접 수행하고, eBay는 일체 관여하지 않는다는 방침을 정하고 있다.

제 4 절 글로벌마케팅의 인터넷유통전략

1. 인터넷 경로전략

인터넷마케팅에서는 고객들이 사이트를 통하여 접속된다. 이러한 사이트는 고객들이 쉽고 빠르게 접근하도록 하는 것이 가장 중요하다. 그러나 사이트를 구축할 때에 예술성에 치중하여 지나친 그래픽들을 사용할 경우 검색속도가 떨어져 고객의 불만을 초래할 가능성이 높다.

따라서 인터넷마케팅에서 검색속도를 향상시키기 위해서는 필요한 최소의 그래픽을 사용해야 하는데 이것이 많은 고객을 사이트로 유도하는 방안이다. 또한 인터넷기업은 제품검색 및 주문과정의 편리성을 확보하고, 택배 등 관련업체와 시너지효과의 창출이 중요하다.

2. 인터넷 물류전략

인터넷마케팅에서 가시적인 물류는 존재하지 않지만, 중요성은 상당히 크다. 아마존닷컴이 빠른 배송을 통하여 고객욕구를 충족시켜 주기 위해 별도의 창고를 소유하고 있는 것처럼 물류라고 하는 부분을 완전히 배제할 수는 없다. 이러한 물류관리를 어느 정도 체계화하여 효과적으로 운영하느냐 하는 것이 문제이다.

현재 인터넷에서 많이 거래되고 있는 제품들은 책, CD, 컴퓨터, 꽃, 포도주, 선물(gift), 항공권이나 입장권 등 소규모의 제품이 주종을 이룬다. 이러한 제품에 대한 배달은 주로 택배서비스를 이용하게 된다.

3. 인터넷 소매업전략

상거래 측면에서 범위를 국한시켜 보면, 인터넷 소매업은 채널지원형, 카테고리킬러형, 경매형, 수직적 포탈형의 4가지로 분류하여 특징을 살펴보고자 한다.

1) 채널지원형전략

채널지원형 소매업은 오프라인 채널을 지원하여 추가적인 매출을 올리고자 인터넷을 이용하는 것이다. 이는 폭넓게 사용되고 있는데, 모든 마케팅을 수행하는 기업들이 기존의 경로 이외에 인터넷 사이트를 통하여 추가적인 매출을 올리고 있다.

미국의 백화점들은 기존 경로인 백화점 영업이외에 인터넷 사이트를 구축하여 주문을 받은 후에 가장 가까운 지점에 주문을 전달하는 인터넷마케팅을 병행하고 있다.

2) 카테고리킬러형전략

카테고리킬러(category killer)는 특정 제품계열에 특성화하여 대량 구매 및 판매를 통하여 저비용을 실현하여 소비자에게 저가격으로 제품을 제공하여 경쟁우위를 추구하는 소매 업태를 말한다. 오프라인에서 토이저러스(완구), 홈디포트(가정용품), 오피스디포트(사무용품) 등이 이에 해당하며, 인터넷에서는 아마존닷컴(amazon.com)이 이에 해당한다.

3) 경매형전략

경매형 소매업은 구매자끼리의 입찰에 의해서 가격이 결정되는 비즈니스모형이다. 이는 시간과 장소의 제약이 없고, 경매대상 품목이 낙찰이전에 이동할 필요가 없다는 것이 특징이다.

이는 주로 C to C에서 채택되고 있는 비즈니스모형으로 eBay, 옥션, 프라이스키스 등이 경매형 사이트로 유명하다. 이들의 수익은 판매에 따른 수수료와 광고수입으로 실현되고 있다.

4) 수직적 포탈형 전략

수직적 포탈형 소매업은 인터넷 고객이 원하는 정보나 제품 및 서비스를 제공받고자 할 때 자신들의 사이트에서 인터넷 접속을 시작하고, 다른 사이트로 이동하지 않고 자신의 사이트에 머물도록 하는 비즈니스모형이다.

이는 고품질의 서비스나 컨텐츠를 구현하고 있는 경우에 가능하며, 이렇게 고객을 하나의 집단으로 구축하게 되면 집중적 광고가 가능하게 된다.

제 5 절 글로벌마케팅의 인터넷촉진전략

1. 인터넷 광고관리

광고는 현대 소비자들의 수요에 크게 영향을 미치고 있는 것 중의 하나이다. 갈브레이드(Galbraith)는 기업이 TV, 라디오, 신문, 잡지 등의 광고매체를 통해 소비자들의 수요를 창조하고 있다고 지적하고 있다. 이와 같이 현대사회에서 광고는 중요한 역할을 수행한다. 인터넷 광고는 특정 사이트에 기업의 광고용 배너를 게재하여 기업의 사이트로 연결시키거나 검색엔진이나 다른 사이트에 자신의 사이트를 연결시키고 그 대가를 지불하는 것을 말한다.

인터넷은 이러한 광고에 대한 탁월한 능력을 보유하고 있다. 목표 달성 능력이나 전달할 수 있는 정보량, 정보의 도달 범위, 상호작용, 표적화 능력, 비용 등의 측면에서 다른 매체에 비해 뛰어난 능력을 지니고 있다.

2. 인터넷 광고전략

인터넷에서 광고하는 방법은 사이트를 통한 광고, 삽입광고, 버튼광고, 배너를 이용한 광고 등이 있다.

1) 사이트를 통한 광고전략

하나는 인터넷 사이트를 이용하는 방식이다. 자신의 사이트는 말할 것도 없고, 다른 사이트에서 컨텐츠를 통하여 자신의 광고를 실시하는 것이다. 다른 사이트를 이용할 경우에는 상대 사이트에 스폰서로 나섬으로써 이 사이트의 컨텐츠와 자신의 광고를 결합시키는 방식이다.

이러한 접근을 통하여 수행할 수 있는 기법으로는 특정 페이지의 컨텐츠와 통합, 해당 사이트 내 미니 하부사이트 운영, 사이트에서 다음 페이지로 로딩되는 동안 작은 창이 열려 광고하는 틈새광고의 형태인 팝업(pop-up)이 있다.

2) 삽입광고전략

삽입광고는 인터넷 사이트에서 다른 사이트로 넘어갈 때, 시간적 틈새를 이용하여 광고를 삽입하는 것을 말한다. 이는 사이트 방문자들의 불만이 있을 수 있는 만큼 광고효과가 있다고 생각하는 광고주의 상술에 의한 형태이다. 주로 오락이나 성인사이트에서 사용하고 있는 기법이다.

3) 버튼광고전략

버튼은 배너광고의 일종으로서 인터넷 페이지의 어느 곳이나 위치시킬 수 있다. 이러한 버튼을 클릭하면, 버튼의 광고주에 연결된다. 버튼은 배너광고보다는 사이트를 통해서 연결됨으로 촉진된다. 이는 버튼의 대부분이 자유롭게 다운로드 받을 수 있는 소프트웨어로 연결되었기 때문이다.

최초의 버튼은 Netscape사가 제공한 'Download Netscape Now'이었다. 이는 사이트에서 표준적인 버튼이 되었다. 이 방법의 장점은 제공이 간단하고, 자신이 원하는 소프트웨어를 즉시 다운로드 받기를 원하기 때문에 자주 클릭하게 된다는 것이다. 또한 버튼은 상표충성도를 높이는데 결정적인 역할을 한다.

4) 배너를 이용한 광고전략

배너는 직사각형의 그래픽 형태를 가진 것으로 그 크기는 다양하고, 홈페이지나 사이트의 상단이나 하단에 위치하는 것이 일반적이다. 배너 디자인은 표적 고객에 초점을 맞춘 사이트일수록 효과적이고, 동일한 특정 광고를 보는 시간에 대한 빈도 차트, 고객들의 행위에 대한 의문, 긴급한 느낌 제공, 배너의 지속적 순회 등을 고려해야 한다.

(1) 배너광고의 유형

배너광고(banner advertising)의 크기와 광고 목적에 따라 기업 PR용 배너광고, 제품소개 배너광고, 경비절약형 버튼광고로 분류할 수 있다. 〈표 13-1〉에서 보듯이 배너광고는 정지형 배너, 애니메이션형 배너, 상호작용형 배너 등 3가지 유형이 있으며 장단점을 가지고 있다.

〈표 13-1〉 배너광고의 유형별 장단점

	정지형 배너	애니메이션형 배너	상호작용형 배너
장점	· 저렴한 제작비용 · 기술적 제한 적음	· 클릭률이 높다 · 더 많은 메시지 전달 가능	· 수용자 관여도가 높음 · 다양한 캠페인 전개 가능
단점	· 광고메세지의 한계 · 낮은 클릭률	· 웹 매체별로 제한 (5~20% 이용추가) · 파일 크기가 문제	· 제작비용과 기간이 많이 소요 · 로딩속도 지연

자료원 : 주우진 · 김재범, 『인터넷마케팅』, 경문사, p. 263.

- 정지형 배너(static banner)는 한 장의 그림으로 만들어져 정지되어 있는 배너이다.
- 애니메이션형 배너(animated banner)는 여러 장의 그림을 빠른 속도로 볼 때 움직이는 것 같이 보이게 하는 배너이다.
- 상호작용형 배너(interactive banner)는 다양한 프로그래밍을 통해 사용자의 마우스 움직임에 따라 움직이거나 반응하고 정보검색이나 입력까지 가능한 배너이다.

배너는 웹 페이지의 특정 위치에 있는 네모박스 형태의 공간으로 인터넷에서 가장 널리 사용되는 광고방법이다. 배너의 경우 처음에는 정태적 그래픽만을 지원했으나 최근에는 대부분 애니메이션을 지원하고 있다. 최근에는 Rich Media 기법을 이용하여 멀티매체 뿐 아니라 설문조사나 거래처리 등 다양한 기능을 제공할 수 있게 되면서 별도의 정보전달 매체로 발전하고 있다.

(2) 배너광고의 고려사항

효과적인 배너광고를 위해서는 배너 위치, 배너 문구, 그래픽 멀티미디어 디자인, 배너 크기 등을 고려해야 한다.

- 배너 위치는 웹 페이지 상에서 배너 광고의 위치는 상단에 위치하는 것이 효과적이라고 알려져 있다. 그러나 배너 광고에 멀티미디어 기능을 지나치게 많이 사용한 경우 로딩시간이 길어지기 때문에 노출이 적게 되는 경우가 많다. 따라서 상단과 하단에 같은 배너 광고를 하는 경우도 있지만, 텍스트 파일로 하여 로딩시간을 짧게 하는 것이 좋다.
- 배너 광고에서 클릭을 유도하는 것은 배너 문구와 디자인 요소이다. 따라서 이

들은 효과적이고 사용자들이 흥미를 유발할 수 있어야 한다. 또한 배너 문구는 읽기 쉬워야 하고, 방문자의 배너 클릭을 직접 제안하는 메시지여야 하며, 클릭하는 사람에게 주는 혜택을 설명하고, 클릭을 통해 제공되는 서비스가 목표임을 표현하며, 경품 제공을 적극적으로 활용하며, 익살스러운 문구가 효과적이다.

- 그래픽 멀티미디어 디자인은 배너의 색, 애니메이션, 사운드와 창의적인 그래픽 디자인의 개발도 광고효과를 높일 수 있다. 또한 멀티미디어 효과와 상호작용 효과를 구현하는 매체를 활용하면 클릭 수를 높이는데 효과적이다.
- 배너 크기는 웹 페이지 상의 배너 크기보다는 배너의 파일크기에 초점을 맞추어야 한다. 일반적으로 사이트에서 배너 크기는 크면 클수록 페이지가 다운되는 시간이 길어지기 때문에 10~15KB 정도로 제한하는 것이 효과적이다.

(3) 이메일의 활용전략

인터넷에는 광고를 내보낼 수 있는 수많은 메일 네트워크가 존재한다. 이러한 메일 네트워크를 이용하여 광고를 하게 되면 사용자의 특성에 따라 대단히 효과적인 표적화 광고를 할 수 있다. 최근에는 이메일을 통하여 단순히 메시지와 URL 링크를 제공할 뿐 아니라 HTML 형태로 보다 풍부한 정보를 전달할 수 있게 되었다.

이러한 이메일 촉진의 주의사항은 정확한 표적화가 이루어져야 하고, 스팸 메일로 인식되지 않도록 주의해야 하며, 목적이 명확하고 솔직해야 한다.

(4) 고유한 브라우저 활용전략

인터넷 기업들이 자체 개발한 브라우저를 이용하는 것이다. 이러한 방식은 Real Network의 RealPlayer, Alexa의 플러그인, 채팅 관련 플러그인 등이 있다.

3. 인터넷광고의 가격전략

노출(impression)에 근거한 가격결정 전략은 기존 광고 매체들이 일반적으로 사용하는 가격결정에 토대를 두고 있다. 이 방식은 광고가 소비자들에게 얼마만큼 노출되었는가에 근거하여 광고의 가격을 결정하는 것이다. 광고효과 측정이나 로그파일의 분석을 통해 인터넷 광고의 가격을 결정하는 모형으로는 균일가격모형과 CPM모형이 있다.

1) 균일가격전략

균일가격모형(flat fee model)은 일정한 계약기간 동안 일정액의 광고비를 지불하는 방식으로 인터넷 광고 초기에 많이 이용되던 방식이다. 이 모형은 사이트에 실린 광고에 대해 일정 금액을 부과하는데, 일정한 광고시간을 기준으로 가격이 결정된다.

이 모형은 글로벌 사업 환경에 따라 사업출발기금 형태, 프리미엄가격으로 나누어진다. 사업출발기금은 운영자가 그들이 필요로 하는 소요자금에 기초하여 광고가격을 결정하게 된다. 프리미엄 가격(premium price)은 검색엔진들이 인터넷 이용자들에 대한 노출횟수를 전혀 보증해 주지 않는 것이 일반적이지만, 유명 사이트 상에서 광고를 할 수 있다는 것은 매우 투자가치가 높은 것이다.

2) CPM전략

CMP모형은 기존 소비자에 대한 노출 횟수를 반영하지 않고 고정된 가격만을 제시하는 광고가격모형을 사용해 오던 많은 사이트들이 보다 많은 광고주들을 유치하기 위해 계약기간 동안의 노출횟수를 보증하는 방식을 선택하기 시작하였다.

인터넷 광고시장에서 가장 널리 사용되는 광고결정모형이 CPM모형이다. 이는 1,000번에 해당하는 노출에 대한 가격을 결정하는 전통적인 광고결정 모형으로 광고주의 입장에서는 광고 하나를 1,000명에게 노출시키기 위해 부담해야 하는 비용을 의미한다.

4. 인터넷 PR전략

인터넷 PR전략은 브로슈어 웨어, 인터넷 공동체, 인터넷 이벤트, 인터넷 고객서비스, 뉴스공지, 다양한 링크원천의 활용, 인터넷과 오프라인의 공동 PR 등이 있다.

1) 브로슈어 웨어전략

브로슈어 웨어(brochure ware)는 글로벌 소비자들에게 제품 및 서비스에 관한 정보를 상호작용 없이 제공하는 사이트를 말한다. 이는 비용을 적게 투자하여 사이트를 구축할 수 있기 때문에 PR 비용을 절감할 수 있다.

2) 인터넷 공동체전략

인터넷 공동체(internet community)는 특정한 주제에 대하여 활발한 토론이 일어나는 공동체로 이러한 공동체를 형성한 사이트는 글로벌 PR을 위해 효과적인 매체이다. 또한 이러한 공동체는 상대적으로 표적화가 잘 되어 있기 때문에 구성원들이 관심을 가지고 있는 주제에 관한 컨텐츠를 제공하면 자사 사이트에 주기적으로 방문하게 할 수 있다.

3) 인터넷 이벤트전략

인터넷 이벤트(internet event)는 사용자의 관심을 유발하여 그들을 사이트로 방문하도록 하는 PR의 수단이다. 이는 실시간 채팅을 통하여 사이트에 대한 우호적인 감정을 형성하게 하여 주기적으로 방문하게 할 수 있다.

4) 인터넷 고객서비스전략

인터넷 고객서비스는 실시간 채팅, 자동화된 이메일, 이메일 응대 등을 통하여 소비자들의 질문에 대한 답을 제공하는 것이다. 이러한 실시간 응대를 통해서 글로벌 고객들과 긴밀한 관계를 형성하고 유지해야 한다.

5) 뉴스공지전략

뉴스공지는 언론 매체에 자사와 관련되어 기사화될 만한 자료를 제공하는 활동이다. 이는 어느 촉진수단보다 글로벌 고객들의 신뢰도가 높아 PR 효과가 크다.

6) 다양한 링크원천의 활용전략

다양한 링크원천의 활용은 하이퍼링크 기술의 발달로 검색엔진이나 디렉토리와 같이 사이트로의 링크를 제공하는 다양한 종류의 사이트를 이용하여 글로벌 PR을 할 수 있다.

7) 인터넷과 오프라인의 공동 PR전략

인터넷과 오프라인의 공동 PR은 MSN이 한국 맥도널드와 함께 매장에서 고객들이 햄버거를 먹으며 인터넷을 즐길 수 있는 맥도널드 엠에스엔 존(McDonald MSN Zone)을 설치하였다.

5. 인터넷 판촉전략

판매촉진 활동은 제품이나 서비스의 판매를 촉진하기 위해 펼쳐지는 단기적인 자극 수단이다. 이는 일정 기간을 정해 놓고 할인 캠페인을 전개한다거나 저렴하게 구매할 수 있는 쿠폰을 제공하거나 구매하는 사람들을 대상으로 다양한 경품 행사를 수행하는 것이다. 이러한 방법들은 장기적인 관점이라기보다는 단기적인 관점에서 빠른 매출 증가를 목표로 하고 있다.

인터넷상의 가상공간에서는 글로벌 판매촉진 활동을 펼치기에 아주 적합한 수단이다. 많은 사람들이 모여 있고, 상호작용적인 의사소통이 가능함으로 인터넷에서 현실 세계보다 글로벌 캠페인을 체계적이고 광범위하게 수행할 수 있다.

따라서 인터넷에서는 경품 행사나 쿠폰을 이용한 캠페인이 활발히 전개되어 왔다. 특히 인터넷에 만연한 선물 문화와 동승한 이러한 캠페인은 많은 사람들의 호응을 얻으면서 널리 행해지고 발전해 왔다.

쿠폰이나 경품 행사가 사람들을 많이 유도할 수 있는 방안이 될 수 있다고 생각한 사람들은 이를 전문으로 하는 사이트를 속속 만들었다. 이들 사이트를 보고 싶으면 Yahoo!의 Coupons이나 Web Directories, Events 디렉토리를 방문하면 된다.

인터넷에서 쿠폰은 보다 싸게 물건을 구매하려는 사람들을 위하여 많은 인기를 누려 왔는데, 최근에는 지역별로 이를 특성화시켜 발전시키는 경향이 있다.

경품 행사의 경우 사이트에서 단독으로 수행하는 경우도 있으나, 다른 사이트나 네트워크와 연합하여 판매촉진 행사의 효과를 극대화시키기 위한 노력이 활발히 전개되고 있다. 특히 경품 행사는 자사의 제품이미지와 효과적으로 결합시키면서 창의적인 아이디어가 창출되는 아이디어의 장이 되고 있다.

[사례 13-1] 아마존닷컴의 인터넷 마케팅전략

Ⅰ. 아마존닷컴에 대한 세계의 평가

아마존은 인터넷을 이용하는 사람이라면 누구나 알고 있는 인터넷 서점이다. 이제 아마존은 세계에서 가장 긴 강이라는 인식을 넘어 가상세계에 건설된 지구상 가장 큰 서점이 되었다. 아마존의 어떤 점이 인터넷 마케팅을 성공으로 이끌고 있으며, 어떠한 성공이유가 있는지를 분석하면 시사점을 얻을 수 있다.

1997년까지는 아마존닷컴(Amazon.com)에 대한 평가가 부정적이었다. 그러나 1998년은 아마존의 해였다. 1998년 9월에 미국의 경제주간지 포브스(Forbes)는 '미국의 400대 부자'에 아마존닷컴의 최고 경영자인 제프리 베조스(Jeffrey Bezos)의 이름을 올렸다. 같은 해 9월 인터넷 잡지인 ZDnet는 '월드와이드웹에 가장 영향력 있는 10인'으로 제프리 베조스를 3위로 선정하였다.

이는 고객과의 관계를 중점으로 하는 새로운 판매모형을 개발한 점이 인정되었기 때문이다. 또한 미국의 컴퓨터잡지인 PC매거진은 '가장 영향력 있는 컴퓨터 관련업체'를 100개 기업을 선정하였는데 아마존닷컴을 33위에 올렸으며, 세계적 명성의 CNN방송도 12월에 '1998년의 경제분야 10대 뉴스'를 선정하여 발표하였는데 이중 전자상거래 분야에서 부상하는 기업으로 아마존닷컴을 5위로 선정하였다.

Ⅱ. 인터넷 서점의 출현

소비자를 향한 전자상거래의 대표적인 사례로 소개되는 것 중에서 가장 많은 것은 아마존닷컴이다. 세계의 모든 국가에서 모르는 사람이 없을 정도로 인터넷상에 있는 세계 최대의 서점이다.

컴퓨터 시스템 엔지니어인 제프리 베조스는 뉴욕의 월스트리트의 투자은행의 부사장이었지만, 인터넷의 놀라운 속도로 성장하고 있는 것에 착안하여 인터넷상에서 상품을 파는 사업을 시작하였다. 베조스는 컴퓨터, 서적, 음악용 CD 등 몇 개의 후보 제품을 선정했고, 신중하게 검토한 결과 서적을 선택하였다.

그들이 검토했던 20개의 상품 범주 중에서 가장 종류가 많은 것이 서적이었다. 서적 다음으로 종류가 많은 CD가 20~30만 종이었지만, 서적의 종류는 10배는 더 많았다. 컴퓨터를 사용하면 많은 종류의 책이름, 출판사명, 주된 내용, 가격 등의 자료를 효율적으로 관리하여 검색할 수 있기 때문이다.

베조스는 1994년 여름에 자신의 집 차고에 컴퓨터를 설치하고, 4명의 사원과 가상점포를 설립하고 소프트웨어를 개발하여 1995년 7월에 아마존닷컴(amazon.com)을 개설하였다. '아마존' 명칭은 세계 최대의 강물을 바다로 흘려보내고 있는 아마존 강의 이름에서 유래하였다. 아마존닷컴은 처음부터 성공한 존재는 아니었다.

1996년에 들어 월스트리트저널, 시애틀타임, 워싱턴포스트, 뉴스위크 등에 연이어 소개되면서 변화가 나타났다. 신문, 잡지는 100만 종류의 서적을 취급하는 '세계 최대의 서점'이라고 대서특필하였다. 그 결과 아마존닷컴으로의 접속은 급증하였다.

Ⅲ. 아마존닷컴의 포지셔닝전략

1. 다양한 품목과 높은 할인율

아마존닷컴의 매력은 그 품목이 많고, 할인율이 높은 것이다. 1995년에 사이트를 개발할 때 100만종의 서적을 취급하였고, 현재는 350만 종의 서적을 취급하고 있다.

〈그림 1〉에서 보듯이 아마존닷컴은 배송센터에서 베스트셀러를 보유하는 비즈니스 모형을 수용하고 있다. 물론 전체를 재고로서 보유하고 있는 것은 아니다. 주문이 극히 적다고 판단되는 것은 출판사에 주문해서 거래하면 된다. 이러한 책의 경우는 배달하는데 걸리는 시간이 다른 책보다 많이 걸린다는 메시지를 표시하게 된다. 진귀한 서적의 경우에는 46주가 걸릴 수도 있다.

현재 아마존닷컴은 서해안의 워싱턴 주와 동해안의 조지아 주에서 7개의 배송센터를 갖고 있다. 배송센터의 총면적은 32만㎡ 이상이 된다. 구입자가 기대하는 일시까지 책을 도착시키는 것이 많은 재고를 갖고 있다고 해서 가능한 것은 아니지만, 베스트셀러를 중심으로 상당수의 재고를 갖고 있다.

또한 배송센터의 배치를 소비자 근처에 입지해서 보다 빨리 고객에 책을 보낼 수 있도록 하고 있다. 이러한 배송 시스템에 의해서 현재 재고를 가지고 있는 책은 2~3일 내에 배송할 수 있다. 소비자들이 높은 배송료를 부담하면 다음날 배송을 선택할 수 있다.

〈그림 1〉 아마존닷컴의 비즈니스모형

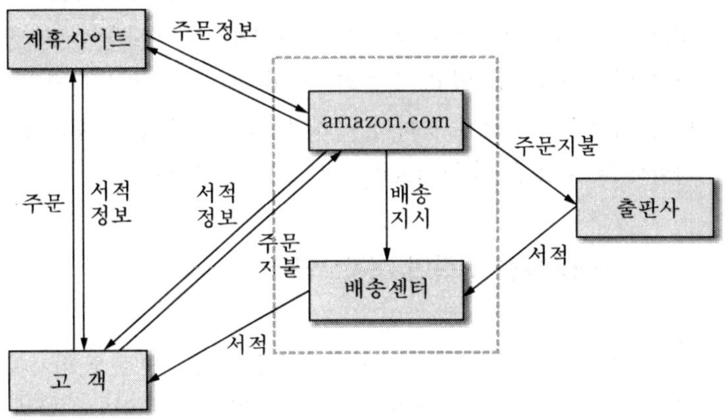

2. 저렴한 가격

한국에서는 서적이나 음악 CD를 할인하는 것이 쉽지 않지만, 미국에서는 소매점이 자유롭게 가격을 결정할 수 있다. 일반 서점에서 베스트셀러를 중심으로 가격할인을 행하고 있지만, 아마존닷컴은 거의 모든 서적의 가격을 20~40% 인하하여 판매하고 있다.

이 외에도 다양한 성공요인을 열거할 수 있다. 종류가 많은 서적을 선택하고, 컴퓨터가 대량의 정보로부터 필요한 정보를 검색하는 기능을 부가한 사이트를 구축해서 시장의 서점보다 싼 가격으로 판매하는 사업으로 조기에 거래를 성사시키는 것 등이다.

Ⅳ. 오프라인과의 경쟁전략

인터넷상에서 서적을 판매하고 있는 것은 아마존닷컴 만은 아니다. 125년의 역사를 가지고 있고, 미국 전역에 1,000개 이상의 서점을 개점하고 있는 Barnes & Noble(B & N)은 1997년 5월에 인터넷상에서 서적판매를 시작하였다. B & N은 미국 전역의 서적 시장에서 11~12%를 점유하고 있는 거대한 서점체인이다.

이들은 1996년 매출액이 아마존닷컴의 5배인 30억 달러를 넘어서고 있어서 오프라인의 우량기업으로 인터넷 사업에서도 두려울 것이 없지만, 이들이 아마존닷컴을 경계하고 있는 이유는 아마존닷컴의 성장속도와 점유율의 잠식이다.

B & N은 실제로 1,011개의 점포를 갖고 있기 때문에 종업원이 30,000명 이상 되지만, 아마존닷컴은 그 10%도 되지 않는다. 종업원 1인당 년간 매출액은 B & N이 10만 달러 정도이지만, 아마존닷컴은 이의 2.4배에 해당하는 38만 달러에 이른다. 이들

중 가장 큰 차이를 보이고 있는 것은 상품회전율이다.

1998년 12월 14일자 비즈니스위크의 기사를 보면, B & N의 연간 상품회전율은 1년 평균 3회인데 비해 아마존닷컴은 24회이다. 상품회전율이 낮아도 이익률이 크면, 충분한 이익을 얻을 수 있고, 상품회전율이 높아도 이익률이 낮으면 영업비용을 상쇄할 만한 이익을 창출하지 못하여 적자가 나는 것이다. 1998년 10월에 독일과 영국에서 자회사 'amazon.de'와 'amazon.co.uk'를 설립하였다.

V. 아마존닷컴 전략의 성공요인

아마존닷컴이 성공한 이유는 무엇일까? 종합적으로 소비자지향의 전자상거래 사이트를 성공요인으로 분석하지만, 아마존닷컴의 성공비밀을 탐색해 보자. 전자상거래의 선두주자 아마존닷컴이 성공한 요인은 후발업체뿐만 아니라 경쟁기업에게까지 하나의 기준이 되고 있으며, 인터넷사업의 모형을 제시해 주는 사례가 되고 있다. 아마존닷컴의 가치는 무엇인가?

1. 상품에 관련한 풍부한 정보의 제공

이는 소비자들이 책을 사기 위해서 먼저 책의 대체적인 내용을 알아야 한다. 그래서 대부분의 사람들은 한 권의 책을 사기 위해 광고를 보거나, 신간서적 안내를 받거나, 신문의 서평을 통해 자신이 고르는 책과 일치하는가를 먼저 확인하게 되고 책의 구매결정을 내리게 된다.

이 때 책 내용에 관한 정보가 중요하게 된다. 정보가 많으면 많을수록 또한 정보를 쉽게 획득할수록 소비자들의 의사결정은 쉬워지게 된다. 이는 책을 제목만 보고 사는 사람들은 거의 없기 때문이다. 아마존닷컴은 책에 대한 모든 정보를 컴퓨터상에서 제공함으로써 완전히 해결하고 있다.

2. 상품구색으로 소비자들의 선택권 보장

인터넷에서는 현실 세계의 서점에서처럼 진열대와 창고가 필요하지 않기 때문에 오히려 많은 양의 서적을 구비할 수 있으며 훨씬 다양한 상품구색을 소비자에게 제공할 수 있는 것이다.

아마존닷컴은 처음부터 100만 종의 서적을 취급하였다. 현재는 아마존닷컴이 소유한 책은 350만 권 이상이다. 아마존닷컴은 350만 권의 책과 관련된 자료베이스를 가지고 있어서 소비자들이 원하는 순간 세계 어디에서나, 어느 시간이나 아마존닷컴의 사이트에 등장하고 있다.

글로벌 소비자들이 필요로 하는 책과 관련한 거의 모든 서적 정보를 보유하고 제공함으로써 글로벌 고객들은 자신이 찾고자하는 책의 모든 정보를 즉석에서 확인해 볼 수 있고 구입까지도 가능하다.

3. 글로벌 소비자와의 공감대 형성

이는 아마존의 특징 중 하나로 글로벌 소비자와 지속적으로 이루어지는 '커뮤니티'이다. 아마존닷컴은 단지 책을 판매하는 것이 아니라 구매자가 구입하기 전에 필요한 책에 대한 정보검색 및 언론사와 이미 구입한 소비자 평가 등을 제공함으로써 책만 파는 서점이라는 인식을 바꾸고 보다 확실한 서비스를 제공함으로써 적극적으로 소비자의 요구에 대응하였다.

다른 책을 찾아보기 위해서 '추천서비스'를 클릭하면 친절하게도 아마존닷컴은 상대방의 이름을 화면에 출력하며 전에 구입했던 책과 관련이 있는 책 정보를 위에 올려주고 있다. 이 코너를 통하여 아마존닷컴은 끊임없이 소비자로부터 새로운 정보를 얻을 수 있을 뿐만이 아니라 소비자를 아마존닷컴의 서적 판매 협조자로 자연스럽게 모으고 있는 것이다.

소비자와 유기적인 연결고리를 통하여 그들의 욕구를 채워주고, 자그마한 부분까지도 놓치지 않고 끌어주는 아마존닷컴의 커뮤니티전략은 가장 이상적인 인터넷비즈니스 방법이라 할 수 있다.

4. 아이디어를 현실화시킬 수 있는 기술력

1986년 프린스턴대학에서 전자공학을 전공한 후 베조스는 한때 직접 컴퓨터기업을 차리기도 했으며, 1988년에는 뱅커스 트러스트에 입사해서 이 기업의 자산을 효율적으로 운영할 수 있도록 컴퓨터 프로그램을 개발한 재주꾼이었다. 이러한 베조스의 숨은 실력을 바탕으로 직접 자신의 소비자와 자산을 관리할 세계 최대의 인터넷 서점을 세우게 된 것이다.

아이디어를 현실화시키는 데는 부단한 노력이 필요한데, 베조스는 컴퓨터를 바탕으로 한 기술력을 소유하고 있었다. 이는 1997년 12월에 80만 번의 접속을 통하여 실제 인터넷 쇼핑몰의 홈페이지 로딩속도와 접속성공률을 분석하였는데 조사업체 중 아마존닷컴이 홈페이지 로딩속도가 4.9초로 가장 빠른 처리속도와 접속성공률을 보여주었다.

이처럼 웹 페이지의 디자인은 로딩속도를 고려해야 한다. 초기의 웹 페이지를 통신에 시간이 걸리는 그림이나 사진은 줄이고, 거의가 텍스트 화일로 전환하였다.

5. 지속적인 관계마케팅

아마존닷컴의 관계마케팅은 정보와 소비자 대응을 제외하고 재고, 배송, 금융 등의 활동은 서적 도매상에 의존하고 물류는 택배회사를 이용하며 지불시스템은 신용카드회사를 통해서 하고 있다. 또한 글로벌 소비자의 참여를 통해 보다 소비자와 밀접한 관계를 유지하기 위해 아마존 공동체를 만들기 위해 노력하고 있다. 아마존닷컴은 매력적인 컨텐츠를 보유하고 있다. 이들은 서적 정보, 출판사의 추천의 글, 저자의 말, 독자의 서평, 언론사의 서평, 추천도서 등을 제공하고 독자는 자신이 참여할 수 있는 범위 내에서 정보를 제공하고 있다.

6. 가격경쟁력

이는 정보시스템을 바탕으로 판매, 재고 그리고 수송구조를 혁신함으로써 낮은 원가구조를 갖게 되었고 이것으로 기존의 서점들보다 가격경쟁력에서 우위를 차지하게 되었다. 아마존닷컴은 판매 빈도가 높은 700여종의 책만을 재고로 보유하고 서적 도매상이나 택배업체를 이용한 결과 1996년에 42회의 재고회전율을 기록하였다.

7. 빠른 배송 속도

이는 책을 구입한 이용자가 예상하고 있는 시간까지 배송시간을 줄인 것이 최대의 비결이다. 일반적으로 배송을 선정하면 37일 후에는 도착하지만, 실제로 재고를 가지고 있는 책은 3일 정도에 배달된다. 또한 통상적인 배송료의 3배를 부담하면 다음날 배송도 가능하다.

아마존닷컴은 수요의 증가에 대응해서 배송센터를 증설하고 있지만, 그 배치는 미국 전역을 지리적으로 분담가능 하도록 고려하여 실제로 배송에 필요한 시간을 단축하고 있다.

생각해 볼 문제

1. 아마존닷컴 사례 전체를 체계적으로 분석하고, 본 장에서 제시하고 있는 이론과 연결하여 자세히 토의하여 보라.

2. 한국 인터넷 서점인 교보서적을 인터넷 자료를 조사하여 보고, 아마존닷컴의 시사점에 대해 토의하고 발전방안을 제시하여 보라.

제6부

글로벌마케팅 조직

제14장 글로벌마케팅의 조직구조

제1부: 기업의 글로벌 지향성과 글로벌마케팅

제1장: 한국 기업의 글로벌 지향성

제2부: 글로벌 환경 및 경쟁분석

제2장: 글로벌 거시환경 분석

제3장: 글로벌 경쟁환경 분석

제4장: 글로벌 경쟁원천 분석

제3부: 글로벌 진입 및 협력전략

제5장: 글로벌시장 진입전략

제6장: 글로벌 제휴 및 네트워킹 전략

제4부: 글로벌 STP 및 표준화·현지화 전략

제7장: 글로벌 시장의 STP전략

제8장: 글로벌 표준화와 현지화 전략

제5부 글로벌마케팅 믹스전략

제9장: 글로벌마케팅의 제품전략

제10장: 글로벌마케팅의 유통전략

제11장: 글로벌마케팅의 촉진전략

제12장: 글로벌마케팅의 가격전략

제13장: 글로벌마케팅의 인터넷전략

제6부: 글로벌마케팅 조직

제14장: 글로벌마케팅의 조직구조

제14장

글로벌마케팅의 조직구조

전략은 조직구조를 수반한다. 마케팅전략이 실행되기 위해서는 그 전략에 적합한 조직구조를 지녀야 한다. 특히 기업이 글로벌 지향성을 지니면, 기업이 국내에서 해외로 나아가 세계적인 시스템을 확보해야 하기 때문에 마케팅 조직구조에서 대변환이 나타날 수밖에 없다. 글로벌마케팅에는 어떠한 조직구조가 가장 효율적인 조직구조인가?

본 장에서는 전략에 따르는 조직변화에 대하여 살펴보고, 글로벌마케팅 조직구조를 결정하는 요인들에는 어떠한 것들이 있는지를 살펴보고자 한다. 그리고 구체적으로 들어가 글로벌 조직구조에는 어떠한 것들이 있으며, 기업이 진정으로 글로벌 조직이 되어 조정과 통합이 이루어지기 위한 통합 네트워크조직에 대하여 이해하고자 한다.

제 1 절 글로벌마케팅과 조직변화
제 2 절 글로벌마케팅 조직구조의 결정요인
제 3 절 글로벌마케팅 조직구조
제 4 절 글로벌마케팅의 통합 네트워크조직

제 1 절 글로벌마케팅과 조직변화

근본적으로 마케팅 활동은 계획, 실행, 통제의 과정을 거친다. 글로벌 마케팅 전략이 수립되면 실행하기 위한 조직을 갖추어야 한다. 즉, 마케팅전략이 빛을 발휘하기 위해서는 기업에 전략을 실행할 수 있는 부서나 기구가 있어야 하고, 이러한 부서나 기구가 조직으로 형성되어 있어야 전략을 실행할 수 있다.

찬들러(A. Chandler)가 조직이 전략에 종속되어야 한다고 본 것처럼 전략은 조직이 있어야 실현될 수 있다. 글로벌마케팅 전략 수립에 따라 조직구조는 계속 변해갈 수밖에 없다. 기업이 글로벌화되는 과정에서 어떠한 마케팅 전략을 수립하고, 그것에 적합한 마케팅 조직을 어떻게 변화시켜 만들 수 있는지를 살펴보자.

1. 수출부서와 해외지향 전략

기업의 해외시장 진출은 제품의 수출 활동으로 시작된다. 일반적으로 기업이 국내시장을 대상으로 해서 제품을 개발 · 생산 · 판매하다가 이것이 성공하면 해외시장에 진출하여 시장개발과 확보를 통해서 수출 활동을 전개한다. 그들의 제품이 해외에서도 상당히 수요를 확보하여 미래성과를 기대할 수 있으면 기업은 본격적인 수출전략을 수립하여 실행하는 것이다.

이 경우에 기업의 마케팅 활동은 국내시장을 대상으로 모든 것을 하게 되지만, 해외시장을 대상으로 하는 마케팅 활동도 필요하게 되어 수출마케팅(export marketing)의 전개가 필요하게 된다. 이러한 마케팅 활동이 효과를 거두어 수출 활동이 본격화되면 그 기업은 수출업무가 증대되어 그 업무를 처리하는 조직이 필요하게 된다. 특히 수출 활동을 종합상사에 의존하지 않고 독자적으로 전개하고 있는 기업의 경우에는 이러한 수출업무를 처리해야 하기 때문에 수출부서나 기구가 필요하게 되는 것이다. 기업은 〈그림 14-1〉과 같이 처음에 수출업무를 전문적으로 처리하는 조직으로서 국내 마케팅 부문에 수출부를 설치한다.

〈그림 14-1〉 수출부서의 조직구조

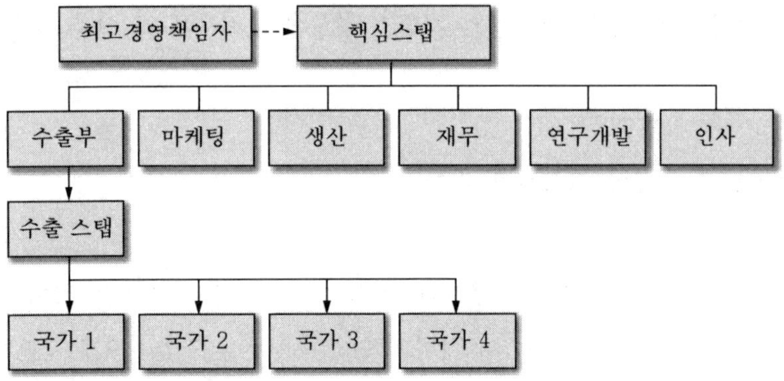

이 수출 부서에는 주로 외환 취급, 신용장, 무역통제, 통관수속, 국제수송, 해상보험 등의 업무를 처리하게 한다. 그러나 이 수출부서는 국내 마케팅 부문에 설치되어 있기 때문에 충분한 직원을 확보하여 수출업무처리를 수행하기가 어렵다. 또한 이러한 수출부서는 수출품이나 수출시장이 다양화되거나 수출 활동이 대규모로 전개되면 충분한 기능을 하기가 어렵다.

따라서 수출 활동이 더욱 활발하게 전개되고 수출량이 증가하며, 수출제품도 다양하게 되면 기업은 국내 마케팅 부문에서 독립된 수출 부서를 설치하든가, 대기업에서는 사업부제 조직을 선택하여 수출사업부를 설립하게 된다. 이러한 조직을 신설함으로써 기업은 국내 마케팅부문에 설치되었던 수출부서의 제약을 극복하고 보다 대규모의 수출 활동을 전개하게 되어 적극적이고 효율적인 수출업무를 수행할 수 있다.

그런데 기업의 수출 제품이나 수출시장이 다양화되고 성공 제품의 수출량이 증가하게 되면, 그 기업 전체의 마케팅 활동에 부여되는 역할이 상당히 크게 된다. 이 단계가 되면 기업은 증가된 수출 활동에 주력하면서 그것을 전사적으로 전개하게 된다. 제품의 수입국 시장의 상황을 보면, 외국에서 다수의 제품이 들어오고 있고, 극심한 기업 경쟁이 전개된다. 이러한 상황에 직면한 경우, 기업은 경쟁에서 살아남기 위해서 수출국 시장에 밀착된 현지화마케팅을 전개해야 한다. 즉, 현지 소비자나 유통업자에 대한 커뮤니케이션과 서비스 향상 등을 중시하는 현지화마케팅을 전개해야 한다.

이러한 활동을 전개하고자 할 때 기업들은 수출국 시장에 수출판매 자회사를 설립할 수 있다. 이러한 수출판매 자회사의 설립에 의해 현지시장의 정보수집, 광고 활동, 유통경로 구축 등을 통해서 해외 마케팅 활동을 전개하여 현지 소비자나 유통업자에 대한 커뮤니케이션과 서비스 향상에 노력하여 더 한층 수출을 촉진할 수 있다.

2. 해외 제조자회사 조직과 현지지향 전략

기업이 수출국 시장에 수출판매 자회사를 설립해서 수출을 촉진하지만, 수출국 시장에서 외국 기업의 제품이 많이 출현하여 보급률이 높아지게 되면 그 나라의 국제수지나 고용 등에 큰 영향을 미치게 된다.

이것은 제품의 수입국 정부에게는 중대한 문제이기 때문에 수입국 정부는 국내산업 보호, 국제수지 개선 등의 이유로 외국기업의 제품에 대해서 쿼터량이나 관세설정 등의 정책을 시행한다. 이것은 수출전략을 전면에 내세워서 수출이나 해외 마케팅 활동을 적극적으로 전개하고 있는 기업에게는 커다란 제약요인이 된다. 이러한 기업은 수출전략에 대한 새로운 전략을 수립하고 전개할 필요가 있다.

이러한 기업들은 쿼터량이나 관세설정 등의 현지국 정부에 대응해서 현지 조립생산으로 전환하여 완성품의 수출부터 현지에서 조립하는 전략으로 전환하는 것이다. 이 단계에서 기업들은 부품이나 반제품을 수출해서 그것을 현지에서 조립한 완제품을 현지에서 판매하지만, 이 전략도 지속적일 수는 없다. 현지국 시장에서 글로벌 기업들이 많은 제품을 출시해서 보급률이 높아지게 되면 상황은 크게 변화하기 때문이다. 한편 현지국 정부는 외국기업의 제품에 대해서 수입규제를 강화하는 동시에 그들의 현지 생산을 강하게 요청하고, 현지국에서 기업간 경쟁이 더욱 격렬해진다.

한국의 많은 기업들은 현재 이러한 상황에 직면하고 있지만, 기업들은 종래의 수출중심전략을 전개하고 있기 때문에 이제까지 많은 노력을 통해서 취득하고, 현재 중요한 수익원이 되고 있는 해외시장을 상실할 수가 있다. 이러한 사태를 피할 수 있는 새로운 전략으로 기업들은 현지 생산전략을 수립해서 해외제조 자회사를 설립하게 된다.

이러한 기업은 제품의 수출 활동으로 취득한 해외시장의 상실을 피하려는 목적으로 해외에 제조 자회사를 설립해서 현지 생산을 시작한다. 이것은 현지국 정부의 입장에서 보면, 수입국의 국제수지 개선, 고용기회 창출, 현지 관리자·기술자 육성 등의 이점을 얻을 수 있다.

이러한 전략이 성공하면 세계의 다수 지역에 제조 자회사를 설립해서 현지 생산을 본격화한다. 이러한 과정을 거쳐 글로벌 기업으로 성장해서 글로벌 사업 활동을 전개한다. 물론 마케팅 활동도 글로벌 시점에서 전개되기 때문에 글로벌마케팅의 중요성이 높아지게 된다.

기업이 세계의 다수지역에 제조 자회사를 설립해서 글로벌 시점에서 사업 활동을 전개하게 되면 해외 자회사의 활동에 대한 통제가 중요한 과제가 된다. 이것은 해외 자회사가 생산이나 마케팅 활동을 수행할 때 기업집단 전체로 보면, 경영 효율이 급격히 낮아지게 된다. 여기에 다국적 기업의 조직문제를 고려하면, 해외 자회사의 활동에 대한 통제가 중요한 문제로 대두된다.

그러면 해외 자회사의 활동에 대한 통제는 어떻게 되고 있는 것일까? 스톱포드(J. M. Stopford)의 조사에 의하면, 미국 기업에서 해외 자회사의 설립초기에는 해외 자회사에 대폭적인 권한과 책임을 부여하고 본사에서의 통제는 거의 하지 않기 때문에 이러한 단계에서는 본사가 해외 자회사의 활동을 통제하는 독립된 부문을 두지 않는다.

미국 기업의 경우, 초기에는 해외 자회사를 해외시장의 상실을 피하려는 의도에서 명확한 계획도 책정하지 않고 설립하고 있으며, 설립 초기단계에서는 규모도 작고, 기업 전체에 파급될 영향도 크지 않지만, 해외 자회사가 성장해서 규모가 확대되면 본사는 해외 사업에 관심을 돌려 기업집단 전체의 경영효율의 향상이라는 관점에서 활동을 통제하려고 한다. 해외 자회사의 마케팅 활동도 전사적 관점에서 조정·통제된다. 따라서 세계 다수지역에 있는 자회사의 활동을 관리·통제하는 조직이 필요하게 된다.

기업이 세계의 다수지역에 제조 자회사를 설립해서 본격적으로 해외 사업을 전개하게 되면 그것을 일괄적으로 관리·통제할 조직이 필요하게 된다. 이러한 단계가 되면 기업은 조직을 변화시켜 본격적인 해외 사업을 전개하기에 적절한 조직을 형성한다. 이러한 측면에서 가장 발전된 미국의 글로벌 기업의 경우, 국제사업부의 설립단계에서 글로벌 조직구조(global structure)의 형성단계로 발전한다.

한국 기업은 해외 사업의 역사가 짧기 때문에 많은 국제사업부의 단계에서 글로벌 조직구조의 형성은 아직은 미래에 이루어야 할 과제가 되고 있다. 여기서 미국의 글로벌 기업을 중심으로 해서 국제사업부와 글로벌 조직구조를 살펴보고자 한다.

3. 국제사업부 조직과 글로벌 지향 전략

기업은 세계 다수지역에서 제조 자회사를 설립해서 본격적으로 해외 사업을 전개하려면 그 활동을 일괄해서 취급하는 조직으로 국제사업부를 설립해야 한다. 미국 다국적 기업의 경우, 조사 대상기업 187개 사의 약 60% 이상이 해외에 5개 사의 자회사를 설립할 때까지 국제사업부를 유지하고 있는 것으로 나타났다. 일본 기업의 경우, 조사대상 기업 70% 이상이 최초 해외 자회사를 설립한 후 10년 동안은 국제사업부를 설립하여 유지하고 있다. 이 국제사업부의 설립에 따르면, 〈그림 14-2〉에서 보듯이 기업에는 해외 사업을 본격적으로 관리 통제하는 공식적인 조직이 최초로 형성된 것이다.

〈그림 14-2〉 국제 사업부의 조직구조

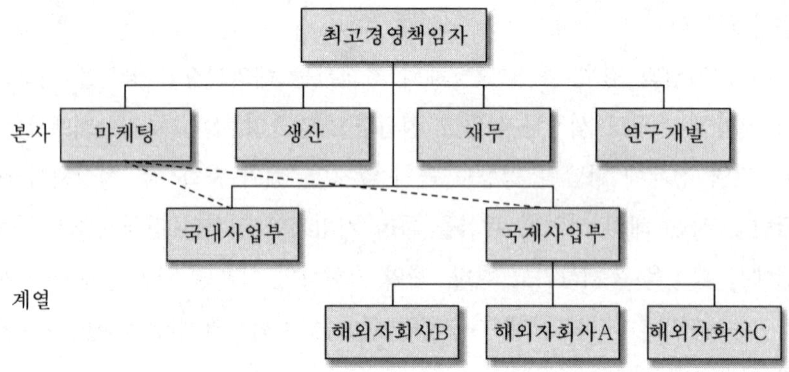

국제사업부는 기업의 해외 사업에 관한 활동을 전반적으로 취급하는 조직으로서 기업 내에서는 국내 사업부에서 독립된 형태로 설립되는 조직이다. 이것은 기업 내에서는 국내 사업부와 같은 지위이고, 해외 사업에 관한 권한과 책임을 부여하고 있다.

미국 글로벌 기업들은 일반적으로 국제사업부의 책임자에 부사장이 취임해서 해외 사업을 지휘하여 전개하며, 해외 자회사의 활동은 국제사업부에서 통제한다. 이러한 국제사업부는 글로벌화에 입각해서 본사의 스탭으로부터 해외 사업에 관한 조언을 듣고 국내 사업부에서도 지원을 받는다.

국제사업부의 가장 중요한 과제는 해외 자회사 활동의 조정에 있다. 이는 기업집단에서 경영 효율을 높이는 것이다. 즉, 해외 자회사간에 제품이전이 이행되는 경우 이전가격(transfer price)을 조정하려면 기업집단에서 과세 총액을 줄이는 것이다. 또 해외 자회사의 자금조달을 조정하려면 현지 자본시장과 국제 자본시장도 이용할 수 있다.

이때 국제사업부에는 본사에 의사결정의 집권화에 대한 압력이 높고, 해외 자회사의 활동에 대한 통제도 강화할 움직임이 나타난다. 그러나 미국 글로벌 기업의 경우에는 국제사업부의 초기단계에서 해외 자회사 활동에 대한 통제는 강하지 않다. 이것은 일반적으로 국제사업부의 최초 부장에는 수출부의 책임자였던 사람이 취임하는 사례가 많고, 이 사람은 해외 자회사의 관리에 경험이 없어서 처음에는 관리방식을 습득하는 것에 바빠서 해외 자회사를 적절하게 통제할 수 없기 때문이다.

결과적으로 해외 자회사의 활동에 대한 통제는 완화된다. 국제사업부의 부장이 경험을 축적하여 해외 자회사 활동에 대한 통제는 강화되지만, 국제사업부에는 다음과 같은 단점이 있다.

- 기업이 세계의 다수지역에 제조 자회사를 설립해서 생산이나 마케팅 활동을 전개하려면 다수지역의 다양한 정보를 수집·분석해야 되지만, 이것을 모두 국제사업부에서 수행하는 것은 용이하지 않다. 즉, 회계 등에 의한 정책과 수속의 측면에서 표준화할 수 있는 분야도 있지만, 마케팅 전략은 자회사 특히 현지사정에 적합한 것이어야 한다. 이 경우 국제사업부의 부장보다 자회사의 책임자가 필요한 의사결정을 하는데 좋은 입장에 있다.
- 국제사업부는 제품의 다양화에 충분히 대응할 수 없다. 일반적으로 국제사업부는 제품개발이나 제품기술에 관련해서 자율성이 낮고, 국내사업부에 의존도가 높다. 이 때 국제사업부는 다양한 제품에 관한 기술이나 정보를 국내사업부에서 입수해야 되지만, 국내사업부는 국내 사업에 관심을 집중시키고 있기 때문에 이러한 기술이나 정보를 국제사업부에 신속하게 제공하지 못하는 경우가 많다. 그 결과 국제사업부에서는 제품에 관해서 정보부족을 느끼고, 해외 자회사의 활동을 강력하게 통제할 가능성이 있다.

제 2 절 글로벌마케팅 조직구조의 결정요인

글로벌마케팅 조직구조의 최초 유형은 수출부 조직으로 기업의 국내 마케팅 활동에서 최초로 해외시장으로 수출 활동이 추가되어 부서가 새로이 보완되는 조직구조이다. 글로벌마케팅 활동을 전개하는 기업들은 독립된 활동을 상호 조정하여 운용을 극대화할 수 있는 환경에 따라 조직구조를 다음과 같이 선택하여 결정해야 한다.

1. 경영진의 능력

기업의 글로벌 경영 활동은 복잡화되기 때문에 이를 합리적으로 경영할 수 있는 전문적 지식과 능력을 갖춘 경영자가 필요하게 된다. 글로벌 기업은 이러한 전문적인 경영진의 확보 여부에 따라 조직구조가 달라질 수 있다. 특히, 글로벌 활동에서는 국가에 따라 경영진의 지식과 능력이 다르기 때문에 현지 자회사에 권한 위임을 하는데 문제가 많이 발생한다. 따라서 글로벌 기업들은 본사 또는 지역별 단위에서 의사결정을 수행하는 조직구조를 선택함으로써 이러한 문제를 극복할 수 있다.

2. 제품계열화의 다양성

제품별 조직에서는 전사적 글로벌마케팅 전략의 설정이나 통제가 본사의 최고경영자에 의해 수행되지만, 제품에 대한 전략이나 통제는 각 제품사업부의 책임자에 의해 수행된다. 따라서 글로벌 기업의 제품사업부는 해당 제품에 대해서는 글로벌 시장을 총괄할 수 있다. 그러므로 글로벌 기업이 취급하는 제품계열의 폭과 넓이에 따라 조직형태가 달라질 수 있다. 제품계열이 다양한 글로벌 기업은 지역별보다는 제품 위주로 분산하는 것이 바람직하다. 이는 제품이 다양화될수록 해외 자회사에 대한 글로벌 사업부의 관리・통제력이 보다 약해지기 때문이다.

3. 글로벌 경영활동의 비중

수출기업이 발전하여 각 지역에 제조 자회사를 두면, 현지에서 생산·마케팅 활동을 취급하는 권한과 책임을 지닌 조직구조를 필요로 하게 된다. 이를 위해서는 해외 사업을 효율적으로 전개하기에 적합한 해외 마케팅 활동의 전담부서가 형성되어야 하는데 이것이 글로벌 사업부 조직구조이다. 이러한 글로벌 사업부의 설립 초기에는 해외 자회사에 대한 관리·통제라는 것이 강하지는 못하다.

4. 현지 자회사의 입지와 특성

글로벌 기업이 진출하고자 하는 현지 또는 지역의 환경에 따라 조직구조가 달라진다. 즉, 글로벌마케팅 활동이 확대·심화되어 가며, 이에 따라 해외 자회사의 수요가 증대되어 나갈수록 글로벌마케팅 조직은 글로벌 사업부 조직구조만으로는 그 기능이 제대로 발휘되지 못하는 상황에 이른다.

글로벌 시장은 국내시장과 해외시장의 구분이 없어지기 때문에 세계를 해외시장으로 간주하여 의사결정을 하는 조직구조의 필요성이 나타나 글로벌 조직구조가 나타난다. 이들 조직구조에는 제품별 조직구조, 지역별 조직구조, 글로벌 조직구조 등의 조직형태가 일반적이다.

5. 경제블록화

글로벌 시장이 블록화됨에 따라 블록내의 무역장벽을 피하기 위하여 특정 지역별 조직을 구성하는 권한을 위임하게 된다. 이러한 상황에서 소수의 제품계열에 특성화되고, 해외시장 다변화 정도가 낮은 기업은 글로벌 사업부 조직을 선택하는 경향이 있다.

반면에 해외시장 다변화 정도는 낮지만, 다양한 제품계열을 취급하는 기업은 일반적으로 제품계열에만 특성화하는 기업으로 해외시장의 중요성 때문에 지역별 조직을 선택하는데 비해 해외시장의 수도 많고 취급하는 제품계열도 다양한 기업은 효율적인 해외 활동을 위해 매트릭스조직이 적합하다.

제 3 절 글로벌마케팅의 조직구조

기업의 글로벌화가 추진되어 세계의 다수지역에서 제조 자회사가 설립되어 동시에 제품계열이 다양화되면 기업들은 국제사업부에 대신할 새로운 조직을 형성할 필요가 있다. 미국 글로벌 기업의 경우, 국제사업부에 대신할 조직으로 글로벌 조직구조를 형성하고 있다. 글로벌 조직구조는 어떠한 조직이 있을까?

글로벌 조직구조는 국내시장과 국제시장을 구분해서 세계를 하나의 시장으로 보고 사업 활동을 전개하는 글로벌 규모의 조직이다. 이것은 본사의 최고경영자가 글로벌 시각으로 수립한 전략계획을 수립함과 동시에 세계 다수지역에 있는 자회사의 활동을 강력하게 통제하고 있는 조직이다. 글로벌마케팅도 글로벌 조직구조를 통해서 전개되는 것은 아직 드물다. 이러한 글로벌 조직구조에는 다음과 같은 조직이 있다.

1. 제품별 조직구조

제품별 조직구조(product structure)는 〈그림 14-3〉에서 보듯이 제품집단별로 사업부를 형성해서 그 사업부의 책임자에 제품집단에 관한 업무 전체에 해당하는 글로벌 책임을 할당하는 조직구조이다.

이러한 글로벌마케팅 조직은 다양한 최종 소비자를 대상으로 하여 제품계열이 다양화되어 고도의 기술능력을 필요로 하며, 운송비, 관세 및 기타 특정한 비용이 현지 생산에 영향을 준다.

전사적인 마케팅전략 계획수립이나 통제는 본사의 최고경영자에 의해 수행되지만, 제품에 관한 계획이나 통제는 각 제품사업부의 책임자에 의해 수행된다. 각 제품사업부의 책임자는 그 제품에 관한 업무 전체의 세계적 책임을 수행할 때 글로벌 시각에서 본사의 스탭으로부터 마케팅, 생산, 재무, 연구개발 등에 대해 조언을 받는다.

이 조직은 제품계열이 다양해서 제품이 이질적인 소비자 시장에 광범위하게 진입하는 경우, 또는 고도의 기술을 필요로 하는 제품을 해외에서 생산하는 경우에 적합하다. 반면에 이 조직에는 각 지역에서 제품 사업부문의 조정이 곤란하고 제품 사업부에서 각국의 환경이나 마케팅에서 충분한 지식과 경험이 부족하다는 결점이 있다. 그러나 이 조직구조는 글로벌전략을 수행하는 글로벌 기업에 적합한 조직형태이다.

〈그림 14-3〉 제품별 글로벌 조직구조

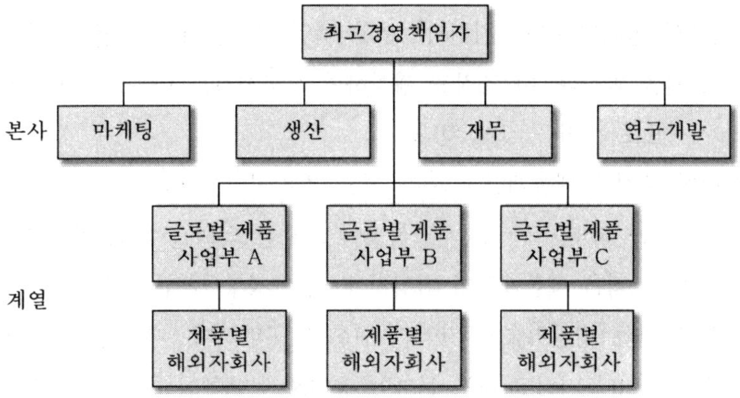

2. 지역별 조직구조

지역별 조직구조(area structure)는 〈그림 14-4〉에서 보듯이 세계를 지리적으로 분할해서 각 지역에 그 업무 전체에 대해서 책임을 갖는 지역책임자를 배치하는 조직구조이다. 이러한 조직구조의 특성은 다음과 같다.

〈그림 14-4〉 지역별 글로벌 조직구조

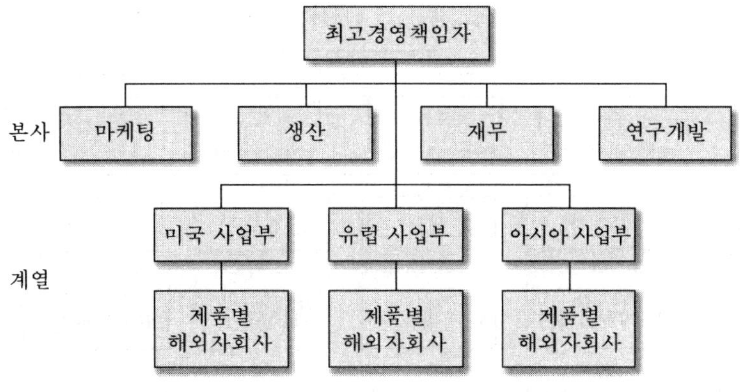

- 취급하는 제품의 수가 적은 경우나 제품의 수가 많더라도 상호관련 제품일 경우
- 세계에 걸쳐 마케팅 대상 제품의 차이가 큰 경우
- 지역별로 수요패턴의 차이가 큰 경우

이 조직구조의 경우 전사적인 전략적 계획의 수립이나 통제는 본사의 최고경영자에 의해서 행해지고, 각 지역사업부의 책임자는 본사의 스탭으로부터 각 직능분야에서 조언을 받는다. 이 조직을 형성하면 본국시장도 다수의 글로벌시장 가운데 하나의 시장으로 매력을 갖게 된다.

이러한 조직은 제품계열의 수가 적고, 소비시장을 대상으로 하는 제품을 갖고 있는 경우 또는 지역·국가별 시장특성이 중요한 의의를 갖고 있는 경우에 적합하다. 그러나 이 조직은 제품계열이 다양하게 있는 경우 지역 간의 조정이 곤란하고 신제품 아이디어와 생산기술의 지역간 교류가 곤란하며, 제품이 공급자에게서 글로벌시장에 최적 유통이라고 하는 문제에 용이하게 대처할 수 없다는 단점이 있다.

3. 직능별 조직구조

직능별 조직구조(functional structure)는 〈그림 14-5〉에서 보듯이 각 부문을 마케팅, 생산, 재무, 연구개발 등의 기능별로 분할해서 각 직능담당 책임자에게 글로벌 부문의 책임을 할당하는 조직구조이다.

〈그림 14-5〉 직능별 글로벌 조직구조

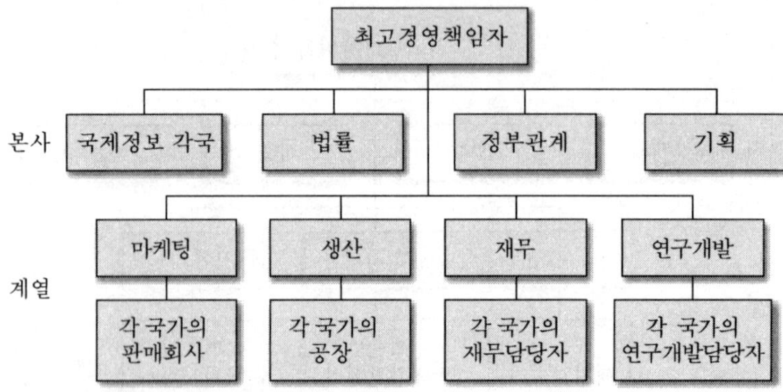

각 직능담당 책임자는 본사의 지역별 및 제품별 스탭으로부터 조언을 받는다. 이 조직은 미국 기업보다 유럽 기업들에서 많이 선택되고 있다. 이 조직구조는 제품이 소수의 규격품에 한정되기도 하고, 이러한 제품에서 국내 경영을 조직화하는데 적합하다. 그러나 이 조직에는 제품 노하우나 지역별, 국가별로 전문지식을 충분히 활용하기 어려운 단점이 있다.

4. 매트릭스 조직구조

매트릭스 조직구조(matrix structure)는 제품별, 지역별, 직능별 등이 단일 축을 기준으로 해서 형성되는 것으로 복수의 축을 기준으로 해서 형성된 조직구조이다. 〈그림 14-6〉은 혼다자동차(Honda Motors)의 글로벌 매트릭스 조직을 보여주고 있다.

〈그림 14-6〉 매트릭스 글로벌 조직구조(Honda의 글로벌 조직 "예")

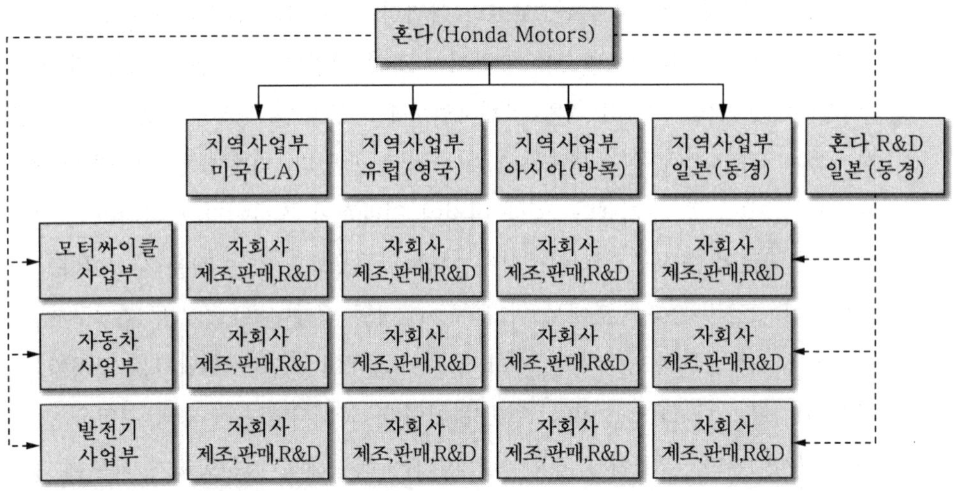

이러한 조직구조의 형태는 다양하지만 제품과 지역을 축으로 해서 형성되는 사례가 많다. 이 매트릭스 조직은 국내 기업보다 경영환경, 제품, 기술 및 경영 직능이 다양화된 글로벌 기업에 적합하다. 드럭커는 대다수의 관리자가 매트릭스의 조직구조에 개인적인 관심을 보이는 것은 의미가 없으나, 글로벌 기업에 속해 있는 관리자는 기업 내에서 모든 부문에 매트릭스의 사고를 해야 한다고 주장하고 있다.

매트릭스 조직의 전형적인 형태는 그리드형 조직구조(grid structure)이다. 이 조직구조는 미국 기업의 조직구조에서 볼 수 있던 단점을 보완하려는 의도에서 고안된 형태이다. 이것은 전통적인 글로벌 조직구조에서 유지되었던 명령일원화의 원칙을 타파하고, 제품별 사업부와 지역별 사업부가 동등한 입장에서 해외 자회사의 통제에 대응하는 것을 특징으로 하고 있다.

이 조직구조에서는 제품별 사업부와 지역별 사업부가 해외 자회사의 활동에 대해서 공동책임을 갖는 동시에 해외 자회사도 이들 조직에 대한 성과 등을 동시에 보고할 의무를 갖고 있다.

이러한 매트릭스 조직구조는 제품과 지역 등과 같은 복수의 축을 기준으로 해서 형성되기 때문에 환경의 불확실성에 대한 정보처리를 원활히 한다. 상이한 환경요인에 동시적으로 대응할 수 있다고 하는 점에서 최근 상당히 많은 관심을 집중시킨 동시에 그것을 선택하는 글로벌 기업도 증가하고 있다.

이 매트릭스 조직은 환경이 불확실하고 경쟁적 시장에 직면하고 있는 기업에는 유리하지만, 이 조직 형태에 본질적으로 내재하는 이원적 명령 계통에 의한 갈등, 이해대립의 발생, 책임의 이완, 보고의 복잡성 등과 같은 결점을 가지고 있다.

미국 기업의 경우 글로벌화를 통하여 글로벌 기업으로 성장하여 글로벌 조직구조를 형성하고 있다. 즉, IBM은 국제사업부에서 글로벌 조직구조로 잘 전환했지만, 화이자는 국제사업부를 유지하는 길을 선택하고 있다. 다우케미칼은 매트릭스 조직을 선택했지만, 곧 포기했다. 또한 이것이 일반적인 경향이라고 하더라도 전체적으로 보면 글로벌 조직구조를 형성하는 기업이 증가하고 있는 것은 사실이다.

이들이 글로벌 조직구조에서 나타나는 조직의 형태이다. 글로벌 조직구조를 형성하려면 국제사업부의 조직과는 달리 많은 국제적인 책임을 부담하는 경영자가 필요하게 되지만, 그들의 육성이나 확보가 어렵다. 국제사업부는 국제 경험을 습득하는 좋은 부서이지만, 그곳에서 경험이나 지식은 특수해서 전문화되기 때문에 경영 전반에 대한 경험이나 지식이 요구되는 글로벌 조직구조의 경영자에게는 큰 역할을 하지 못한다. 그런데 글로벌 조직구조를 형성하려면 그것이 어떠한 형태이든 다수의 글로벌 경영자가 필요하게 된다. 그 결과 글로벌 조직구조의 형성에는 다수의 글로벌 경영자의 육성과 확보가 불가결한 과제가 되는 것이다.

제 4 절 글로벌마케팅의 통합 네트워크조직

1. 전통적인 글로벌 조직구조의 한계

이제까지의 고찰에서 명확한 것은 기업이 해외시장에 진출하여 글로벌화하는 과정에서 여러 형태의 조직으로 변화할 수 있다는 것이다. 미국 기업의 경우 일반적으로 글로벌 기업으로 성장하는데 글로벌 조직구조를 형성하고 있다. 또 미국의 글로벌 기업이 형성되었던 글로벌 조직구조는 이러한 측면에서 크게 변화되어 유효한 기능을 수행하고 있다. 이것은 글로벌마케팅의 전개에서도 매우 중요한 문제이다.

본 절에서는 미국의 글로벌 기업이 형성하고 있는 글로벌 조직구조의 특징에 대해 고찰하고자 한다. 미국의 글로벌 기업이 형성하고 있는 글로벌 조직구조는 국내시장과 해외 시장을 구분해서 세계를 하나의 시장으로 보고 사업 활동을 전개하는 글로벌 규모의 조직이다. 즉, 본사의 최고경영자가 글로벌 시점에서 전략계획을 수립함과 동시에 세계 다수지역에 있는 자회사의 활동을 강력하게 통제하고 있는 조직이다. 마케팅 활동도 이러한 관점에서 전개된다.

이러한 조직구조에서는 국내 마케팅과 해외 마케팅의 구분이 없어지고 글로벌 시점에서 마케팅 활동이 전개됨과 동시에 본사에 의한 해외 자회사의 마케팅 활동의 조정·통제도 수행되고 있다. 여기에 마케팅 활동의 글로벌 규모에서 표준화라고 하는 과제가 발생하게 된다. 그래서 글로벌 조직구조에서는 본사에 의사결정의 집권화를 예상할 수 있다.

본사에 의사결정의 집권화가 예상되면 글로벌 시점에서 사업전개가 이행됨과 동시에 해외 자회사의 활동도 자유자재로 통제되며, 그 결과로서 기업집단 전체의 경영 효율을 최대로 할 수 있기 때문이다. 이러한 관점에서 글로벌 조직구조의 최대 특징이 있다.

미국의 글로벌 기업이 형성된 글로벌 조직구조에는 실제로 이러한 특징이 있다. 이 조직구조에는 기업집단의 경영 효율을 최대로 할 때 글로벌 관점에서 해외 자회사의 활동을 통제한다고 하는 기본적 전제가 있다. 그 조직구조는 집권관리시스템이 되기도 하고 피라미드형 조직이 되기도 하기 때문이다. 그러나 이것은 전통적인 경영학의 가설에 근거하는 것이기 때문에 미국의 글로벌 기업이 형성하고 있는 글로벌 조직구조는 전통적인 조직구조에서 유리한가를 고려해야 한다.

이러한 전통적인 경영학의 가설에 근거하는 글로벌 조직구조는 국제 환경의 변화가 극심해지면 현재와는 달리 크게 변화해야 한다. 시대가 변화하고 기업이 처한 환경이 크게 변화되면, 기업의 행동원리, 경영개념 및 방법은 당연히 변화해야 한다. 그래서 미국의 글로벌 기업이 형성시켰던 글로벌 조직구조는 현재 사용에 한계가 있으며, 차세대를 지향하는 새로운 조직의 형성이 필요하게 되는 것이다.

2. 글로벌 통합 네트워크조직

1950년대 중반에 세계시장에 군림하고 있던 미국의 글로벌 기업들은 현재 큰 도전을 받고 있다. 이들은 국제 환경의 급격한 변화, 일본 기업이나 유럽 기업의 글로벌화에 의한 격렬해진 국제 경쟁, 글로벌 기업에 대한 수입국 정부의 규제 강화, 해외 자회사의 성숙화 등 많은 문제에 직면하고 있다. 세계를 지배했던 미싱 제조업체의 싱거사(Singer)는 정교한 글로벌 사업을 전개하였지만, 기술혁신을 기반으로 한 일본의 미싱 제조업체에 대항하지 못하였다. 그래서 일본 기업이나 유럽 기업 등 격렬한 국제 경쟁에서 탈락하고 있다.

따라서 전통적인 글로벌 조직구조에 대응할 새로운 글로벌 조직의 형성이 요구되고 있다. 글로벌 기업조직에는 다음과 같은 조건을 요구하고 있다.

- 급변하는 국제 환경에 신속히 대응할 수 있는 유연한 조직이 되어야 한다. 글로벌마케팅의 전개와 밀접하게 관련되어 있는 시장 환경 등을 보면 글로벌 소비자의 가치관이나 욕구의 다양화, 제품수명주기의 단축, 기술혁신에 의한 신제품 등장 등 상상할 수 없을 정도로 급격히 변화하고 있다.
- 글로벌 전략과 현지화 전략을 병행해서 전개할 수 있는 조직이 되어야 한다. 글로벌 기업의 조직은 글로벌 전략과 현지화 전략이 병행적으로 수립되고 실행되는 것을 가능하게 해야 한다.
- 혁신 창출을 용이하게 하는 조직이어야 한다. 이제부터 글로벌 기업조직은 혁신이 창출될 수 있어야 한다.

- 해외 자회사의 개성을 존중해서 능력을 충분히 활용할 수 있는 조직이 되어야 한다. 해외 자회사는 기업에서 유익한 아이디어, 기술, 정보, 전문지식 등의 원천을 보고 그 능력을 활용하는 방법이 좋다.

글로벌 기업의 조직에는 이 이상의 조건이 요구되지만, 전통적인 글로벌 조직구조와는 다른 원리나 컨셉트를 기반으로 해서 새로운 네트워크조직을 형성할 필요가 있다.

〈그림 14-7〉에서 보듯이 전통적인 글로벌 조직구조에 대응해서 글로벌 네트워크 조직(global network organization)의 형성이 글로벌 기업에게는 중요한 과제가 되고 있다.

〈그림 14-7〉 통합 네트워크조직

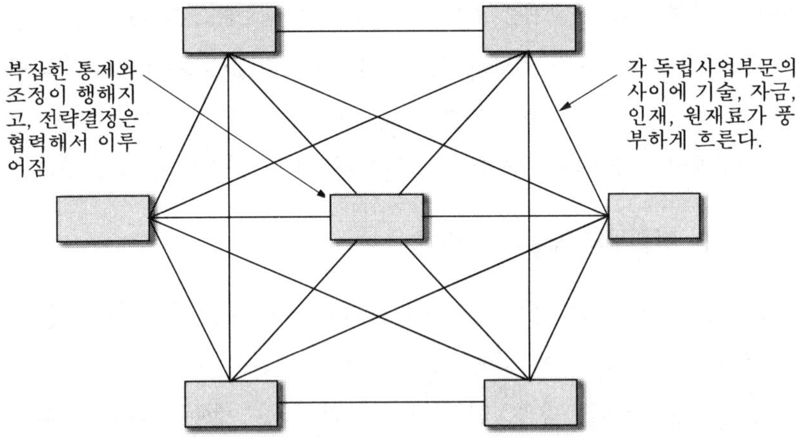

자료원: M. E. Porter(1980), *Global Competitive Strategy*, New-York: The Free Press.

3. 글로벌 네트워크조직의 특징

글로벌 네트워크조직은 글로벌 기업의 조직으로 고려되지만, 어떤 조직이 있는지를 살펴보아야 한다. 글로벌 네트워크조직은 글로벌 기업을 구성하는 조직 상황이 절대적으로 혁신을 창출하게 되는 인적·물적 자원, 자본, 정보 등과 같은 경영자원의 이전을 통해서 글로벌 규모에서 연결하고 있는 조직이다.

이 조직에는 각 조직의 연결 방법이 하나의 핵심이 되지만, 그것은 조직단위의 자율성이 유지되려면 느슨하게 연결되어 있는 특징이 있다. 이 때 글로벌 네트워크 조직에서는 본사와 해외 자회사의 사이에 지배와 피지배의 관계가 된다. 이러한 조직을 형성하고 있는 조직단위가 하나의 개체로서 주체적으로 존재하고 창조적 활동을 이행하면서 절대적인 혁신을 창출하고 있다.

이러한 점에서 전통적인 글로벌 조직구조와는 큰 차이가 있지만, 글로벌 네트워크 조직에는 다음과 같은 특징이 있다.

1) 혁신창출형 조직

현재의 글로벌 환경의 변화가 심하여 기업 간의 글로벌 경쟁시대에는 글로벌 기업은 집단에서 창조성을 발휘해서 절대적인 혁신을 창출해야 한다. 글로벌 네트워크의 전개와 관련해서 보면, 글로벌 소비자의 가치관이나 욕구의 변화를 먼저 파악하여 그러한 형태의 신제품 개발이나 신사업의 전개를 수행해야 한다.

그렇지 않으면 매우 격렬해지는 기업 간의 글로벌 경쟁에서 살아남을 수 없다. 여기에 혁신을 추구할 때의 역할이 조직에 요구되고 있지만, 글로벌 관점에서 혁신을 추구해서 창출한다는 점에서 글로벌 네트워크 조직의 특징이 있다.

2) 해외 자회사의 자율성 존중

글로벌 기업이 창조성을 발휘해서 절대적인 혁신을 창출하고 있을 때는 세계 다수지역에 있는 자회사에 의사결정의 권한과 책임을 부여하고, 그 자율성을 존중할 필요가 있다. 혁신은 종속적인 존재에서 창출되는 것이 아니라, 자율적인 존재에서 창출되는 것이다.

그래서 본사가 해외 자회사를 관리·통제해서 그것을 종속시키는 것이 아니라 자율성을 부여한다고 하는 사고가 필요하다. 글로벌 네트워크 조직에는 본사와 해외 자회사와 자회사 사이, 해외 자회사 사이에서 경영자원의 이전이 빈번하게 이루어지고 있기 때문에 그들의 자율성은 유지되어야 한다.

3) 약한 연결의 조직

글로벌 네트워크 조직에서는 해외 자회사의 자율성이 존중된다고 하는 것도 독립된 조직에서는 불가능하다. 본사와 해외 자회사, 해외 자회사와 자회사 사이를 어떠한 형태로 연결시키는가 하는 것이 중요하다. 네트워크 조직을 구성하는 조직단위를 연결하는 형태로서 약한 연결(weak tie)과 강한 연결(strong tie)이 고려될 수 있지만, 느슨하게 연결되어 있는 곳에서 이 조직의 특징이 나타난다.

강하게 연결되어 있는 경우 조직단위가 동태적이고 자유스러운 활동이 불가능하기 때문에 조직단위의 연결이 느슨하게 연결되어 있는 경우 자유스럽게 활동되고, 창의성이 발휘되어 혁신도 창출된다.

4) 가치 · 정보에 의한 통합

글로벌 네트워크 조직에서는 조직단위가 매우 느슨하게 연결되어 결합되어 있는데도 그것이 글로벌 기업의 조직으로서 하나의 통합을 갖고서 유지되고 있을 때에는 각 조직단위의 통합이 필요하게 된다. 전통적 조직에서 그것은 조직에서 일탈행위를 하지 않을 때는 규칙, 수속, 권위, 권한 등을 통해서 강한 결합이라는 방법으로 이행이 가능하다.

그러나 그 방법에서는 해외 자회사의 자율성을 저하시켜 혁신창출이 어렵다. 글로벌 네트워크 조직에서는 이러한 규칙이나 권위 등과 같은 것을 통해서 각 조직단위가 통합되게 되고, 가치 · 정보와 같은 눈에 보이지 않는 것도 통합되게 된다. 글로벌 네트워크 조직에서는 그것을 구성하는 해외 자회사와 여기서 태동하는 글로벌 구성원이 일정한 가치나 정보를 공유하는 것이어서 자연히 통합되어 있는 메커니즘이 되고 있다.

이러한 글로벌 네트워크 조직의 특징은 미국의 글로벌 기업이 형성했던 전통적인 글로벌 조직구조의 그것과는 크게 다르다. 글로벌 네트워크 조직은 시대나 사회의 요구에 부응하는 조직이어야 한다. 그래서 최근 미국과 유럽의 무역마찰의 심화나 급속한 일본 엔화의 상승에 의해 글로벌화를 추진하고 있는 한국 기업의 경우도 글로벌 네트워크 조직의 형성이 큰 과제가 된다.

글로벌 네트워크 조직은 그것을 지원하는 국제 정보통신시스템이 비약적으로 발전하면서 주목받고 있으며, 그것을 형성하는 기업도 증가하고 있다. 따라서 글로벌 마케팅도 이러한 글로벌 네트워크 조직을 통해서 동태적으로 전개되어야 한다.

참고문헌

루치아노 베네통 저, 백창현 역(1995), 『베네통이야기』, 명진출판

스티븐 P. 슈나즈 지음(1996), 손근상 옮김, 『모방전략』, 사민서각

오장균(2006), 『억대 연봉에 도전하는 세일즈 테크닉』, 청목출판사

오장균(2003), 『인터넷마케팅』, 청목출판사

윤훈현 · 김재수 · 오장균 · 구현서(2007), 『마케팅』, 청목출판사

유필화, 김용준, 한상만(2000), 『현대마케팅론』, 박영사

윤석철(1991), 『프린시피아 매네지멘타』, 경문사

이철 · 장대련(2006), 『글로벌시대의 국제마케팅 제2판』, 학현사

하워드 슐츠 · 도리존스 지음, 홍순명 옮김(2000), 『스타벅스 : 커피 한 잔에 담긴 성공신화』, 김영사

根本 孝, 吉本容子 著(1994), 『國際經營과 企業文化』, 學文社

諸上茂登 著(1994), グロバル經營の類型化について、明大商學論叢, 第76巻 第1号

諸上茂登 · 根本孝 編著(1996), 『グロバル經營の調整メカニズム』、文眞堂

Aaker, David A.(1991), Managing Brand Equity, The Free Press.

Agarwal, S. and S. N. Ramaswami(1992), "Choice of Foreign Market Entry Mode : Impact of Ownership, Location and Internalization Factors", *Journal of International Business Studies*, Vol. 23, No. 1, First Quarter.

Badaraco, Jr, Joseph L.(1991), *The Knowledge Link: How Firms Compete through Strategic Alliances*, Harvard Business School Press.

Bartlett, C. A.(1986), Building and Managing the Transnational: The New Organizational Challenge, in Porter, M. E. ed., *Competition in Global Industries*, Harvard Business Press.

Bartlett, C. A. and S. Ghoshal(1989), *Managing Across Borders*, Harvard Business School Press.

Bleeke, Joel and David Ernst(ed)(1993), *Collaborating to Compete: Using Strategic Alliances and Acquisitions in the Global Marketplace*, John Wiley & Sons, Inc.

Boze, Betsy V. and Charles R. Patton(1995), "The Future of Consumer Branding as Seen from the Picture Today", *Journal of Consumer Marketing*, vol. 12(4).

Bryan Lowell, et. al.(1999), *Race for the World: Strategies to Build a Great Global Firm*, McKinsey & Company Inc.

Buckly, P. J. and M. Casson(1987), "A Theory of Cooperation in International Business," University of Reading Discussion Paper in *International Investment and Business Studies*, No 102.

Buzzell, Robert D. and John A. Quelch(1988), *Multinational Marketing Management: Cases and Readings*, Harvard Business School Press.

Cateora and Graham(2007), *International Marketing*, 13th ed., McGrawhill.

Dolan R. and H. Simon(1996), *Power Pricing*, The Free Press.

Douglas, S. P. and C. S. Craig(1995), *Global Marketing Strategy*, McGraw-Hill, Inc.

Giloy, B. M.(1993), *Networking in Multinational Enterprises : The Importance of Strategic Alliances*, University of South Carolina.

Hall, Edward T.(1960), "The Silent Language in Overseas Business," *Harvard Business Review*, May-June.

Hall, Edward T.(1976), *Beyond Culture*, Anchor Press /Doubleday, New York.

Hanson Ward(2000), *Internet Marketing*, South-Western College Publishing, Ohio.

Hartley, Robert F.(2004), *Marketing Mistakes and Successes*, John Wiley & Sons, Inc.

Hofstede, Geert(1995), *Culture and Organizations : Software of the Mind*, IRIC, Netherlands.

http://www.carrefour.com

http://www.fortune.com

http://www.interbrand.com

http://www.kidsrus.com

http://www.toysrus.com

Johansson J. K.(2003), *Global Marketing*, third ed., Prentice -Hall.

Johansson J. K. and Hans B Thorelli(1985), "International Product Positioning", *Journal of International Business Studies*, Vol. 16, No. 3.

Kale Sudhir H.(1995), "Grouping Euro-Consumers : A Culture Based Clustering Approach", *Journal of International Marketing*, Vol. 3.

Keegan W. J.(1989), *Global Marketing Management*, 4th ed., Prentice-Hall International Editions.

Keegan, W. J.(1995), "Global Product Management", in Paliwoda, S. J. and Ryans, J. K. Jr. eds., *International Marketing Reader*, Routledge.

Keegan W. J. and Mark C. Green(2007), *Global Marketing*, 5th ed., Prentice Hall.

Keller Kevin Lane(1998), *Strategic Brand Management : Building, Measuring, and Managing Brand Equity*, Prentice-Hall.

Kern Horst, Hans Christian Wagner and Rosewitha Hassis (1990), "European Aspects of a Global Brand : The BMW Case", *Marketing and Research Today*, February.

Kim, W. C. and P. Hwang(1992), "Global Strategy and Multinational's Entry Mode Choice", *Journal of International Business Studies*, Vol. 23, No. 1, First Quarter.

Kogut(1983), *Structural Changes in World Industry 1983 : A Quantitative Analysis of Recent Developments*, Washington DC : World Book.

Kotabe, M. and K. Helsen(2003), *Global Marketing Management*, Wiley 3th ed.

Koten John(1984), "Car Markets Use 'Image' Map as Tools to Position Products", *The Wall Street Journal*, Vol. 22.

Kotler Philip(2000), *Marketing Management : Analysis, Planning, and Control*, 5th ed., Prentice-Hall, Inc.

Levitt, T.(1983), "The Globalization of Markets," *Harvard Business Review*, May-June.

Lilien G. and E. Yoon(1990), "The Timing of Market Entry : An Exploratory Study of New Industrial Products", *Management Science*, Vol. 36(may), pp. 568~585.

Markus, H. and S. Kitayama(1991), "Culture and the Self : Implications for Cognition, Emotion, and Motivation", *Psychological Review*, Vol. 98.

Mooij Marieke de(1994), *Advertising Worldwide*, 2rd, Englewood Cliffs, N.J. : Prentice-Hall.

Nagle Thomas T. and Reed K. Holden(1995), *The Strategy and Tactics of Pricing*, 2nd edition, Prentice Hall.

Paliwoda and Jr. J. K. Ryans, eds., *International Marketing Reader*, Routledge.

Perlmutter, H. V.(1969), "The Tortuous Evaluation of the Multinational Corporation", *Columbia Journal of World Business*, Jan.-Feb.

Porter, Michael E.(1980), *Competitive Strategy: Techniques for Analyzing Industries and Competitors*, New York : The Free Press.

Porter, Michael E.(1985), *Competitive Advantage*, New-York : The Free Press.

Porter, Michael E.(1986), *Competition in Global Industries*, Harvard Business School Press.

Porter, Michael E.(1990), *The Competitive Advantage of Nations*, The MacMillan Press, London and Bassingstoke.

Porter, Michael E.(1998), *On Competition*, New-York : The Free Press.

Quelch John A. and Edward J. Hoff(1986), "Customizing Global Marketing", *Harvard Business Review*, May-June.

Quinn and Kimberly(1984), "Paradox, Planning and Perseverance", *the Challenge of Managing Corporate Transitions*, Dow Jones Irwin.

Robinson R. D.(1984), *International of Business: An Introduction*, Dryden Press.

Root, F. R.(1982), *Foreign Market Entry Strategies*, Amacom.

Samovar, Larry A. and Rechard E. Porter(1991), *Some Definitions of Culture in Communication Between Cultures*, Wadsworth Publishing Company.

Sorenson, R. Z. and U. E. Wiechmann(1975), "How Multinationals View Marketing Standardization", *Harvard Business Review*, May-June.

Spekman, E. Robert, Lynn A. Isabella with Thomas C. MacAvoy(2000), *Alliance Competence: Maximizing the Value of Your Partnerships*, John Wiley & Sons, Inc.

Stopford J. M. and L. T. Wells(1972), *Managing the Multinational Enterprise/Organization of the Firms and Ownership of the Subsidiaries*, Basic Books.

Strauss, Judy and Raymond Frost(1999), *Marketing on The Internet*, Prentice- Hall.

Terpstra Vern and Ravi Sarathy(2000), *International Marketing*, eighth ed., The Dryden Press.

Toyne, B. and P. G. P. Walters(1989), *Global Marketing Management: A Strategic Perspective*, Allyn and Bacon.

Wheelwright S. C. and K. B. Clark(1992), *Revolutioning Product Development: Quanyum Leaps in Speed, Efficiency, and Quality*, New-York : The Free Press.

Wind J. and S. Douglas(1972), "International Market Segmentation", *European Journal of Marketing*, Vol. 6(1).

Young, Stephen, James Hamill, Colin Wheeler, and J. Richard Davies(1989), *International Market Entry and Development: Strategies and Management*, Harvester Wheatsheaf Prentice Hall.

Zimmerman Jan(2000), *Marketing on the Internet*, Maximum Press.

찾아보기

[ㄱ]

가치사슬(value chain) 296
가치와 태도 62
간접수출 122
간접수출경로(indirect export channels) 283
강한 연결(strong tie) 423
개인주의(individualism) 70
거시적 세분화 193
게이트웨이 267
경매제 385
경쟁가격전략 363
경쟁강도 359
경쟁라운드(competition round) 51
경제블록화 51
경제협력개발기구(OECD) 56
경험효과 108
고객맞춤(customization) 212
고배경 문화(High Context Culture) 68, 323
공급사슬(supply chain) 296
공급사슬관리(supply chain management) 296
공급자 교섭능력 81
광고(advertising) 334
교육 63
교차판매(cross selling) 380
구매자 교섭능력 82
구전커뮤니케이션 255
국가경쟁우위론 96
국가의 비교우위(comparative advantage) 88
국제 생산 라이센스 162
국제기술제휴 162
국제연구개발 컨소시엄 161
국제제품스왑(international product swap) 163
권력거리(power distance) 69
규모의 경제성(economy of scale) 104, 110
균일가격모형(flat fee model) 394
그린라운드(green round) 50
글로벌 가격결정전략 355
글로벌 광고 334
글로벌 기업문화의 접근방법 328
글로벌 네트워크조직(global network organization) 421, 423
글로벌 라이센싱 132
글로벌 배열과 조정 87
글로벌 세분화전략(global segmentation strategy) 87
글로벌 시너지 131
글로벌 아웃소싱(global sourcing) 175
글로벌 유통 293
글로벌 인수합병(Global M&A) 171
글로벌 저원가전략(global cost leadership strategy) 86
글로벌 전시(global rollout) 251
글로벌 제품전략 244
글로벌 조직구조(global structure) 409
글로벌 차별화전략(global differentiation strategy) 86
글로벌 촉진믹스 332
글로벌 커뮤니케이션 318
글로벌 커뮤니케이션과정 326
글로벌 포지셔닝 206
글로벌마케팅(global marketing) 27
글로벌지향기업 25
글로벌화(globalization) 18, 145, 207
기술과 물질문화 64
기술라운드(technology round) 51
기술융합(technological fusion) 19
기업문화 65
기업의 경쟁우위(competitive advantage) 88
까르푸(Carrefour) 302

[ㄴ]

나이키(NIKE) 183
남성적 문화(masculinity) 70
내부화유인(internalization incentive) 129
네트워크 경제성(economy of network) 107, 364

네트워킹(networking) 154
네트워킹체제 107

[ㄷ]

다양성추구전략 197
단계적 시장세분화 194
대면 커뮤니케이션(face-to-face communication) 321
대체품 위협 82
델컴퓨터(Dell Computer) 267
독립적 자아(independent self) 67
동남아시아국가연합(ASEAN) 55
등록상표 134

[ㄹ], [ㅁ]

라이센싱(licensing) 123
라이프스타일 세분화 202
매트릭스조직구조(matrix structure) 417, 418
맥도널드 97, 347
메시지 경로(message channel) 326
무선주파수인식기술(RFID)) 294
무역에 관한 일반협정(GATT) 50
문화적 환경(cultural environment) 60
문화차이 70
물적 유통(physical distribution) 291
미시적 세분화 199

[ㅂ]

바코드(bar code) 293
배너광고(banner advertising) 391
배열과 조정 94
범위의 경제성(economy of scope) 105
법률 63
법률적 환경(law environment) 48
베네통(Benetton) 350
본원적 경쟁전략 83
부호화(encoding) 326
북미경제권(NAFTA) 55
불확실성의 회피(uncertainty avoidance) 69
블루라운드(blue round) 50
비언어 커뮤니케이션(nonverbal communication) 322

[ㅅ]

사회적 자아(social self) 67
사회조직 64
삼성전자 35
삽입광고 391
상표자산(brand equity) 261
상표전환(brand switching) 262
상표충성도 262
상표파워(brand power) 261
상표확장(brand extension)전략 264
상호 의존적 자아(interdependent self) 67
상호작용 배너(interactive banner) 392
석유수출국기구(OPEC) 57
선호의 전환 210
세계무역기구(WTO) 49
소득분포분석 59
소비자 ID카드 294
소유우위(ownership specific advantage) 128
속도의 경제성(economy of speed) 106
수신자(deceiver) 327
수용자범주 254
수출마케팅(export marketing) 26, 406
슈퍼마켓(supermarket) 287
슈퍼센터(supercenter) 288
스칸디나비아항공 370
스키밍가격전략(skimming pricing strategy) 362
스포츠마케팅 343
시너지효과(synergy effect) 108, 160
시장세분화 기준 190
시장세분화(market segmentation) 190
시장의 글로벌화 20
신설합병 173
신제품 개발과정 249

[ㅇ]

애니메이션형 배너(animated banner) 392
약탈적 덤핑(predatory dumping) 367
약한 연결(weak tie) 423

양판점(General Merchandise Store) 286
언어 61
역경매 가격(reverse auction pricing) 385
역경매제 386
원가가산 가격결정(cost plus pricing) 358, 361
원가우위전략(overall cost leadership strategy) 83
원산지 이미지 256
원산지 효과 259
월마트 112
유럽공동체(EC) 51
유럽연합(EU) 51
유로 디즈니 72
이전가격(transfer price) 411
인구분석 58
인적판매(personal selling) 340
인터넷공동체(internet community) 377
인터넷마케팅(internet marketing) 376
일 대 일 마케팅 패러다임 378

[ㅈ]

자기준거기준(self-reference criteria: SRC) 318
잡음(noise) 327
저배경 문화(low context culture) 68
전략적 제휴(strategic alliance) 154, 155
전자식 정보교환방식(EDI) 293
정보원천(information source) 326
정치적 환경(political environment) 46
정치체제 64
제품공간지도(product space map) 207
제품별 조직구조(product structure) 414
제품수명주기(product life cycle) 246
제품의 표준화 227
제품의 표준화전략 230
조합의 경제성(economy of combination) 106
종교 62
주문기준 가격결정(order based pricing) 385
주문상품제 386
주문자상표생산(OEM) 163, 260
증폭제품(augmented product) 381
지식의 경제성(economy of knowledge) 109
지역별 조직구조(area structure) 415
직능별 조직구조(functional structure) 416
직접수출 122
직접수출 경로전략 283
직접투자(direct investment) 125
진입순서효과(order of entry effects) 139
진입장벽(entry barrier) 140
집중화전략(focus strategy) 84
집중화추구전략 197

[ㅊ]

차별화전략(differentiation strategy) 84
채널지원형 소매업 389
채찍효과(bullwhip effects) 298
침투가격전략 362

[ㅋ], [ㅌ]

카테고리킬러(category killer) 288, 389
코닥(Kodak) 276
클러스터링 세분화 194
클러스터분석(cluster analysis) 194
토이저러스(Toysrus) 308
투자 현지국가 시장상황 부응전략(national responsiveness strategy) 87
특허권 취득 134

[ㅍ]

파도타기원칙(the principle of surfriding) 18
판매촉진(sales promotion) 342
폭스바겐(Volkswagenwerk AG) 213
표적시장 선정(selecting target markets) 190
표준화(standardization) 225, 230
푸쉬-풀전략(push-pull strategy) 332
푸쉬전략(push strategy) 330
풀전략(pull strategy) 331
프랜차이징(franchising) 134
피드백(feedback) 327

[ㅎ]

하이퍼마켓(hypermarket) 289
합작투자(joint venture) 124, 135, 164
해독(decoding) 326
해외인수 173
해외지향기업 24
핵심제품(core product) 381
행동적 세분화 200
현지 보호시장 추구전략(protected market strategy) 87
현지마케팅(local marketing) 27
현지상표전략 261
현지적응화(local adaptation) 34
현지지향기업 25
현지화(localization) 228, 230
현지화 마케팅 238
현지화전략 229
협상가격제 386
환율(foreign exchange) 360
흡수합병 173

〈기타〉

AIDA(Attention, Interest, Desire, Action) 333
GM(General Motors) 213
KFC 97
LG전자 41, 142
POS(Poinr of Sales) 293

[저자 소개]

• 윤훈현

연세대학교 상경대학 경영학과 졸업(경영학사)
연세대학교 경영대학원 수료(판매관리 전공, 경영학 석사)
목원대학교 경영학과 조교수 역임
미국 University of Wisconsin(Madison) 경영대학원 객원교수
고려대학교 대학원 박사과정 수료(경영학 박사)
고려대학교 산업개발연구소장 역임
고려대학교 경영정보대학원장 역임
현 : 고려대학교 경상대학 경영학부 교수
　　고려대학교 경영정보대학원 교수
저서 :『21세기 경영학』(공저, 2004)
　　『현대경영학』(1998)
　　『현대소비자행동론』(1998)
편저 :『객관식 경영학연습』(1993)
역서 :『최신마케팅원론(Philip Kotler, Marketing : An Introduction)』, 제2판(1991),
　　제3판(1994), 제4판(1998), 제5판(2001), 제6판(2003)
　　『신마케팅론(Gilbert A. Churchill and J. Paul Peter : Marketing)』, 제1판(1996)
　　『소비자행동론』(Henry Assael, Consumer Behavior), 제6판(1998).
　　『마케팅관리론(Philip Kotler, Marketing Management』 제6, 7, 8, 9, 10, 11, 12판

• 오장균

한남대학교 경영학박사 마케팅전공
한국전자통신연구원(ETRI) 연구원 역임
한남대, 목원대, 대전대 강사 역임
재정경제부 장관표창(2001)
한국소비자교육원 교육이사
한국마케팅학회 이사
현 : 한남대학교 강의전담교수

저서 :『인터넷마케팅』,『마케팅조사』저술 외 다수
논문 : 한국소비문화학회, 한국기술혁신학회 발표논문 외 30여편

글로벌마케팅

2008년 7월 5일 초판인쇄
2008년 7월 10일 초판발행

저 자 윤훈현 · 오장균 공저
발행인 유 성 렬
발행처 **형 지 사**
서울특별시 영등포구 신길동 233-96
전화 (02) 849-6157(代) · 2820
FAX (02) 849-0817
등록 제318-2005-000030호

파본은 바꾸어 드립니다. 값 25,000원

http : //www.chongmok.co.kr

ISBN 978-89-92938-15-0